专利实务

ZHUANLI
SHIWU
GONGZUO
ZHINAN

专利实务
工作指南

于海东 —— 著

本书立足于专利工作实务，
以作者十多年的国际知名企业、
专业律师事务所的实务工作经验为基础，
总结专利诉讼、专利无效、
专利许可、专利交易、专利申请等专利细分业务板块的
主要业务内容及做法，
提出极具可操作性的实务工作意见。

知识产权出版社
全国百佳图书出版单位

图书在版编目（CIP）数据

专利实务工作指南/于海东著. —北京：知识产权出版社，2019.9（2019.11 重印）
ISBN 978 - 7 - 5130 - 6365 - 4

Ⅰ.①专… Ⅱ.①于… Ⅲ.①专利—工作—中国—指南 Ⅳ.①D923.424

中国版本图书馆 CIP 数据核字（2019）第 141874 号

内容提要

本书立足专利工作实务，以作者十多年的国际知名企业、专业律师事务所的工作经验为基础，总结专利诉讼、专利无效、专利许可、专利交易、专利申请等内容和做法，提出极具可操作性的意见。本书对专利工作具有非常实用的指导意义，适合企业知识产权工作人员、专利律师和知识产权研究人员阅读。

责任编辑：龚　卫　　　　　　　　　责任印制：刘译文
封面设计：张　冀

专利实务工作指南

于海东　著

出版发行：**知识产权出版社**有限责任公司	网　　址：http://www.ipph.cn
电　　话：010 - 82004826	http://laichushu.com
社　　址：北京市海淀区气象路 50 号院	邮　　编：100081
责编电话：010 - 82000860 转 8120	责编邮箱：laichushu@ cnipr.com
发行电话：010 - 82000860 转 8101	发行传真：010 - 82000893
印　　刷：三河市国英印务有限公司	经　　销：各大网上书店、新华书店及相关专业书店
开　　本：787mm×1092mm　1/16	印　　张：20
版　　次：2019 年 9 月第 1 版	印　　次：2019 年 11 月第 2 次印刷
字　　数：420 千字	定　　价：98.00 元

ISBN 978 - 7 - 5130 - 6365 - 4

目　录

专利诉讼篇

 # 技术特征的划分与权利要求的解释

对权利要求进行解构的主要目的就是将权利要求划分为一个个具体的技术特征并确定其具体含义，进而确定权利要求的保护范围，其可包括两个阶段：对技术特征的划分和对权利要求的解释。无论是在专利侵权诉讼程序中，还是在专利无效宣告程序中，双方当事人首先需要做的就是对涉案专利权利要求的技术特征进行划分，并对其具体含义进行准确界定，从而才能对被控侵权产品或方法是否对涉案专利构成侵权、涉案专利的权利要求能否被无效作出准确判断。

一、对权利要求技术特征的划分

北京市高级人民法院《专利侵权判定指南（2017）》第五条第一款规定："审理侵犯发明或者实用新型专利权纠纷案件，应当首先确定专利权的保护范围。发明或者实用新型专利权的保护范围应当以权利要求记载的技术特征所确定的内容为准，也包括与所记载的技术特征相等同的技术特征所确定的内容。"该条的第二款又进一步规定："确定专利权保

护范围时，应当对权利人作为权利依据所主张的相关权利要求进行解释，并对该权利要求进行技术特征的划分。"因此，在确定专利权的保护范围时，需要对权利要求所记载的技术特征进行划分。

对权利要求的技术特征进行划分就是将权利要求分解为一个个具体且独立的技术特征。技术特征是指在权利要求所限定的技术方案中，能够相对独立地执行一定的技术功能、并能产生相对独立的技术效果的最小技术单元或者单元组合。对技术特征的划分应当以具有相对独立的技术功能和效果为基准来进行，而不能简单地以标点符号或者语法结构为基准进行划分。关于权利要求技术特征的划分方法，最高人民法院在张某与大易工贸公司等侵犯专利权纠纷案 [（2012）民申字第 137 号] 中指出："划分权利要求的技术特征时，一般应把能够实现一种相对独立的技术功能的技术单元作为一个技术特征，不宜把实现不同技术功能的多个技术单元划定为一个技术特征。"北京市高级人民法院《专利侵权判定指南（2017）》第八条也规定："技术特征是指在权利要求所限定的技术方案中，能够相对独立地执行一定的技术功能、并能产生相对独立的技术效果的最小技术单元。在产品技术方案中，该技术单元一般是产品的部件和/或部件之间的连接关系。在方法技术方案中，该技术单元一般是方法步骤或者步骤之间的关系。"

二、对权利要求的解释

（一）用于解释权利要求的资料范围

《专利法》第五十九条第一款规定："发明或者实用新型专利权的保护范围以其权利要求的内容为准，说明书及附图可以用于解释权利要求的内容。"关于该条的具体含义，《最高人民法院关于审理专利纠纷案件适用法律问题的若干规定》（以下简称《专利纠纷问题规定》）第十七条对此作出了进一步解释，即"是指专利权的保护范围应当以权利要求记载的全部技术特征所确定的范围为准，也包括与该技术特征相等同的特征所确定的范围"；其中的"等同特征"，是指"与所记载的技术特征以基本相同的手段，实现基本相同的功能，达到基本相同的效果，并且本领域普通技术人员在被诉侵权行为发生时无需经过创造性劳动就能够联想到的特征"。与此同时，《最高人民法院关于审理侵犯专利权纠纷案件应用法律若干问题的解释》（以下简称《专利权纠纷问题解释》）第二条又补充规定："人民法院应当根据权利要求的记载，结合本领域普通技术人员阅读说明书及附图后对权利要求的理解，确定专利法第五十九条第一款规定的权利要求的内容。"从上述条文来看，权利要求的内容决定了专利的保护范围，但是说明书及附图可以用于解释权利要求的内容。

关于说明书及附图的解释作用，应当是指专利说明书及附图可以用以对权利要求字面所限定的技术方案的保护范围作出合理的解释，即把与权利要求书记载的技术特征等同的特征解释放进专利权保护范围，或者依据专利说明书及附图对某些技术特征作出界定。北京市高级人民法院知识产权庭在对外公布的《当前知识产权审判中需要注意的若干法律问题（2017）》中也指出："根据专利法第五十九条第一款规定，发明或者实用新型专利权的保护范围以其权利要求的内容为准，说明书及附图可以用于解释权利要求的内容。"根据该款规定，说明书及其附图可以用于解释权利要求。但具体的解释规则，专利法和专利法细则都没有规定，实践中完全依靠审判中总结的一些规则来执行。然而，在一些案件中，针对技术特征、技术术语的理解，不同的审查员和法官还是会作出不同的解释。"一般来讲，不能用说明书及附图所载明的具体实施方式来限定权利要求中的技术特征，特别是不能用说明书中的下位概念来限定权利要求中的上位概念；要坚持权利要求区别解释原则，即同一专利权利要求书中记载的不同权利要求有其各自不同的保护范围，也就是说独立权要求的保护范围要大于从属权利要求的保护范围，不能通过解释导致相反的结论。"

关于还有哪些资料可以用来解释权利要求，《专利权纠纷问题解释》第三条规定，可以运用权利要求书中的相关权利要求、专利审查档案对权利要求进行解释；如仍不能明确权利要求含义的，可以结合工具书、教科书等公知文献以及本领域普通技术人员的通常理解进行解释。此外，《最高人民法院关于审理侵犯专利权纠纷案件应用法律若干问题的解释（二）》（以下简称《专利权纠纷问题解释（二）》）第六条还规定："人民法院可以运用与涉案专利存在分案申请关系的其他专利及其专利审查档案、生效的专利授权确权裁判文书解释涉案专利的权利要求。专利审查档案，包括专利审查、复审、无效程序中专利申请人或者专利权人提交的书面材料，国务院专利行政部门及其专利复审委员会①制作的审查意见通知书、会晤记录、口头审理记录、生效的专利复审请求审查决定书和专利权无效宣告请求审查决定书等。"在邱某某与山东鲁班公司侵犯专利权纠纷案［（2011）民申字第1309号］中，最高人民法院认为，母案申请构成分案申请的特殊的专利审查档案，在确定分案申请授权专利的权利要求保护范围时，超出母案申请公开范围的内容不能作为解释分案申请授权专利的权利要求的依据。

由此可见，用于解释权利要求的资料可被分为两类，我们称其为"内部证据"和"外部证据"。其中，"内部证据"应当包括权利要求、说明书及附图、权利要求书中的其他相关权利要求、专利审查档案（包括相应的生效法律文书，如专利复审请求审查决定、专利无效宣告请求审查决定及相关的授权、确权行政判决）；而"外部证据"则可包括工具书、教科书等公知文献，本领域普通技术人员的通常理

---

① 根据中央机构改革部署，国家知识产权局原专利复审委员会并入国家知识产权局专利局，不再保留专利复审委员会。涉及原专利复审委员会的业务办理程序不变。

解，与涉案专利存在分案申请关系的其他专利及其专利审查档案，生效的专利授权确权裁判文书。关于内部证据与外部证据在解释权利要求的优先级问题上，北京市高级人民法院知识产权庭在其《当前知识产权审判中需要注意的若干法律问题（2017）》中指出："原则上内部证据优先，当说明书对技术特征有唯一、确定解释时，应按照说明书的内容进行解释。当说明书对该技术特征的解释存在矛盾时，这说明该专利存在说明书未充分公开的缺陷。在无效请求人未提出这个无效理由的情况下，法院应根据外部证据，按照本领域普通技术人员的通常理解进行解释。"因此，在解释权利要求时，应当坚持"内部证据"优先原则，当通过"内部证据"的适用能够明确权利要求的具体含义时，就无需再适用"外部证据"。此外，"摘要"也是专利申请文件中的重要组成部分，关于能否使用摘要来解释权利要求，北京市高级人民法院《专利侵权判定指南（2017）》第三十三条规定："摘要的作用是提供技术信息，便于公众进行检索，不能用于确定专利权的保护范围，也不能用于解释权利要求。"

（二）权利要求的解释原则

1. 专利权有效原则

北京市高级人民法院《专利侵权判定指南（2017）》第一条即规定："在权利人据以主张的专利权未被宣告无效之前，其权利应予保护，而不得以该专利权不符合专利法相关授权条件、应予无效为由作出裁判。"对于专利权有效原则，近几年的司法实践也存在一些例外，尤其是在专利权利要求的保护范围不清楚的情况下。例如，最高人民法院在柏某某诉成都难寻物品营销服务中心等侵害实用新型专利权纠纷案〔（2012）民申字第1544号〕中认为，准确界定专利权的保护范围，是认定被诉侵权技术方案是否构成侵权的前提条件。如果权利要求的撰写存在明显瑕疵，结合涉案专利说明书、本领域的公知常识以及相关现有技术等，仍然不能确定权利要求中技术术语的具体含义，无法准确确定专利权的保护范围的，则无法将被诉侵权技术方案与之进行有意义的侵权对比。因此，对于保护范围明显不清楚的专利权，不应认定被诉侵权技术方案构成侵权。在该案中，最高人民法院认为根据涉案专利说明书以及柏某某提供的有关证据，本领域技术人员难以确定权利要求1中技术特征"导磁率高"的具体范围或者具体含义，不能准确确定权利要求1的保护范围，无法将被诉侵权产品与之进行有意义的侵权对比，鉴于此，最高人民法院驳回了再审申请人的再审申请。此外，在诺基亚公司诉上海华勤通讯技术有限公司专利侵权纠纷案中，上海市第一中级人民法院、上海市高级人民法院也以涉案专利的权利要求保护范围不清为由，驳回了原告的诉讼请求。《最高人民法院关于审理侵犯专利权纠纷案件应用法律若干问题的解释（二）》（公开征求意见稿）第五条第二款曾规定："权利要求含义不明，运用法定的解释方法仍无法确定其限定的专利权保护范围，且不属于本解释第四条规定的情形的，人民法院可以裁定驳回起诉。"但是，在最终通过并颁布的司法解释中该款内容并未予以保留，由此可见，最高人民法院在此问题上尚未形成最终的定论。

2. 权利要求优先原则及例外

专利权的保护范围，须以其权利要求的内容为准，即以由专利申请人提出的并经国务院专利行政主管部门批准的权利要求书中所记载的权利要求的内容为准，不小于也不得超出权利要求书中所记载的权利要求内容的范围。说明书及附图对权利要求具有解释的功能，可以作为解释权利要求内容的依据。但是，相对权利要求的内容而言，说明书及附图只具有从属的地位，不能单以其作为发明或者实用新型专利权保护的基本依据，基本依据只能是权利要求的内容。

当权利要求与专利说明书出现不一致或者相互矛盾，从而使得该专利不符合《专利法》第二十六条第四款有关权利要求书应当得到说明书的支持的有关规定的，案件审理法院应当告知当事人通过专利无效宣告程序解决；当事人启动专利无效宣告程序的，法院可以根据具体案情确定是否中止诉讼。但当事人不愿通过专利无效程序解决，或者未在合理期限内提起专利权无效宣告请求的，则应当按照权利要求优先原则，以权利要求限定的保护范围为准。同一技术术语在权利要求书和说明书中所表达的含义应当一致，不一致时应以权利要求书为准。

（1）说明书对权利要求的用语无特别界定时的解释原则。

在罗某某诉深圳蓝鹰五金塑胶制品厂侵犯实用新型专利权纠纷案 [（2011）民提字第 248 号] 中，最高人民法院认为，在专利说明书对权利要求的用语无特别界定时，一般应根据本领域普通技术人员理解的通常含义进行解释，不能简单地将该用语的含义限缩为说明书给出的某一具体实施方式体现的内容。在徐某某与华拓公司侵犯发明专利权纠纷案 [（2011）民提字第 64 号] 中，最高人民法院指出，运用说明书及附图解释权利要求时，由于实施例只是发明的例示，不应当以说明书及附图的例示性描述限制专利权的保护范围。在盛凌公司与安费诺东亚公司侵犯实用新型专利权纠纷案 [（2011）民申字第 1318 号] 中，最高人民法院指出，未在权利要求书中记载而仅通过测量说明书附图得到的尺寸参数一般不能用来限定权利要求保护范围。当权利要求中引用了附图标记时，不应以附图中附图标记所反映出的具体结构来限定权利要求中的技术特征。北京市高级人民法院《专利侵权判定指南（2017）》第三十一条规定："附图标记可以用来帮助理解技术方案，当权利要求中引用了附图标记时，不应以附图标记所反映出的具体结构来限定权利要求中的技术特征。"该指南第三十二条同时又规定，专利权利要求一般是在说明书或者附图公开的实施例的基础上进行的合理概括，实施例仅仅是权利要求范围内技术方案的示例，是专利申请人认为实现发明或者实用新型的优选方式；专利权的保护范围不应受说明书中公开的具体实施方式的限制，但当权利要求实质上是实施方式所记载的技术方案的、以及当权利要求包括功能性技术特征时，专利权的保护范围应受说明书中公开的具体实施方式的限制。

（2）说明书对权利要求的用语有特别界定时的解释原则。

《专利权纠纷问题解释》第三条规定："说明书对权利要求用语有特别界定的，从其特别界定。"在福建多棱钢公司与启东八菱钢丸公司专利侵权案〔（2010）民申字第979号〕中，对于当事人存在争议的专利权利要求的技术术语，最高人民法院认为，虽然该术语在相关行业领域并没有明确的定义，但涉案专利说明书中的记载指明了其具有的特定的含义，并且该界定明确了涉案专利权利要求1的保护范围，所以应当以说明书的界定理解权利要求用语的含义。北京市高级人民法院《专利侵权判定指南（2017）》第二十七条第一款规定："说明书对技术术语的解释与该技术术语的通用含义不同的，以说明书的解释为准。"同时，该指南第二十八条又规定："对于专利权人在专利文件中的自定义词，应当依据说明书中的特定含义进行解释；如果说明书中没有明确定义，应当根据说明书中与该自定义词相关的上下文加以理解，将其解释为最为符合发明目的的含义。"

（3）权利要求存在瑕疵时的解释原则。

《专利纠纷问题解释（二）》第三条规定："因明显违反专利法第二十六条第三款、第四款导致说明书无法用于解释权利要求，且不属于本解释第四条规定的情形，专利权因此被请求宣告无效的，审理侵犯专利权纠纷案件的人民法院一般应当裁定中止诉讼；在合理期限内专利权未被请求宣告无效的，人民法院可以根据权利要求的记载确定专利权的保护范围。"同时，该解释第四条规定："权利要求书中的语法、文字、标点、图形、符号等存有歧义，但本领域普通技术人员通过阅读权利要求书、说明书及附图可以得出唯一理解的，人民法院应当根据该唯一理解予以认定。"在新绿环公司等与台山公司专利侵权案〔（2010）民申字第871号〕中，最高人民法院认为，如果对权利要求的表述内容产生不同理解，导致对权利要求保护范围产生争议，说明书及其附图可以用于解释权利要求。本案中，仅从涉案专利权利要求1对"竹、木、植物纤维"三者关系的文字表述看，很难判断三者是"和"还是"或"的关系。根据涉案专利说明书实施例的记载，"镁质胶凝植物纤维层是由氯化镁、氧化镁和竹纤维或木糠或植物纤维制成的混合物。"由此可见，"竹、木、植物纤维"的含义应当包括选择关系，即三者具备其中之一即可。在西安秦邦公司"平滑型金属屏蔽复合带制作方法"专利侵权案〔（2012）民提字第3号〕中，最高人民法院指出，当本领域普通技术人员对权利要求相关表述的含义可以清楚确定，且说明书又未对权利要求的术语含义作特别界定时，应当以本领域普通技术人员对权利要求自身内容的理解为准，而不应当以说明书记载的内容否定权利要求的记载；但权利要求特定用语的表述存在明显错误，本领域普通技术人员能够根据说明书和附图的相应记载明确、直接、毫无疑义地修正权利要求的该特定用语的含义的，应根据修正后的含义进行解释。在申诉人辽宁般若网络科技有限公司与被申诉人国家知识产权局专利复审委员会、一审第三人中国惠普有限公司发明专利权无效行政纠纷案〔（2013）行提字第 17 号〕中，最高人民法院指出，对于权利要求中字面含义存在歧义的技术特征的解释，应当结合说明书及附图中已经公开的内容，并符合本案专利的发明目的，且不得与本领域的公知常识相矛盾。在申请再审人洪某与被申请人国家知识产权局专利复审委员会、原审第三人宋某根实用新型专利权无效行政纠纷案〔（2011）行提字第 13 号〕中，最高人民法院认为："对于权利要求中存在的明显错误，由于该错误的存在对本领域技术人员而言是如此'明显'，在阅读权利要求时能够立即发现其存在错误，同时更正该错误的答案也是如此'确定'，结合其普通技术知识和说明书能够立即得出其唯一的正确答案，所以本领域技术人员必然以该唯一的正确解释为基准理解技术方案，明显错误的存在并不会导致权利要求的边界模糊不清。在无效宣告请求的审查过程中，如果不对权利要求中的明显错误作出更正性理解，而是'将错就错'地径行因明显错误的存在而一概以不符合《专利法》第二十六条第四款的规定为由将专利宣告无效，将会造成《专利法》第二十六条第四款成为一种对撰写权利要求不当的惩罚，导致专利权人获得的利益与其对社会作出的贡献明显不相适应，有悖于《专利法》第二十六条第四款的立法宗旨"。在申请再审人无锡市隆盛电缆材料厂、上海锡盛电缆材料有限公司与被申请人西安秦邦电信材料有限责任公司、原审被告古河电工（西安）光通信有限公司侵犯专利权纠纷案〔（2012）民提字第 3 号〕中，最高人民法院认为："权利要求内容的确定，应当根据权利要求的记载，结合本领域普通技术人员阅读说明书及附图后对权利要求的理解进行。但是，当本领域普通技术人员对权利要求相关表述的含义可以清楚确定，且说明书又未对权利要求的术语含义作特别界定时，应当以本领域普通技术人员对权利要求自身内容的理解为准，而不应当以说明书记载的内容否定权利要求的记载，从而达到实质修改权利要求的结果，并使得专利侵权诉讼程序对权利要求的解释成为专利权人额外获得的修改权利要求的机会。否则，权利要求对专利保护范围的公示和划界作用就会受到损害，专利权人因此不当获得了权利要求本不应该涵盖的保护范围。当然，如果本领域普通技术人员阅读说明书及附图后可以立即获知，权利要求特定用语的表述存在明显错误，并能够根据说明书和附图的相应记载明确、直接、毫无疑义地修正权利要求的该特定用语的含义的，可以根据说明书或附图修正权利要求用语的明显错误。"北京市高级人民法院《专利侵权判定指南（2017）》第十六条规定："权利要求与专利说明书出现不一致或者相互矛盾，明显违反专利法第二十六条第三款、第四款导致说明书无法用于解释权利要求的，告知当事人通过专利无效宣告程序解决。当事人据此启动专利无效宣告程序并申请中止本案审理的，可以裁定中止诉讼。当事人明确表示拒绝通过专利无效程序解决，或者未在合理期限内提起专利权无效宣告请求的，应当按照专利权有效原则，以权利要求的字面含义所确定的保护范围为准。但是本领域普通技术人员通过阅读权利要求书和说明书及附图，能够对实现要求保护的技术方案得出具体、确定、唯一的解释的，应当根据该解释来澄清或者修正权利要求中的错误表述。"该指南第三十四条又规定："当专利文件中的印刷错误影响到专利权保护范围的确定时，可以依据专利审查档案进行修正。权利要求书、说明书及附图中的语法、文字、标点、图形、符号等存有明显错误或歧义，但通过阅读权利要求书、说明书及附图可以得出唯一理解的，应当根据该唯一理解予以认定。"权利要求书中的撰写错误可以分为明显错误和非明显错误。为避免权利保护范围的不当扩大或限缩，确保权利的稳定性，对撰写错误的解释应是仅针对明显错误而言，对非明显错误法院不应依职权予以解释。而"明显错误"应当是指：对于本领域技术人员来说，如果其根据所具有的普通技术知识在阅读权利要求后能够立即发现某一技术特征存在错误，同时，结合其具有的普通技术知识，阅读说明书及说明书附图的相关内容后能够立即确定其唯一的正确答案的错误。

3. 折衷原则

北京市高级人民法院《专利侵权判定指南（2017）》第三条对折衷原则进行了规定："解释权利要求时，应当以权利要求记载的技术内容为准，根据说明书及附图、现有技术、专利对现有技术所做的贡献等因素合理确定专利权的保护范围。既不能将专利权的保护范围拘泥于权利要求书的字面含义，也不能将专利权的保护范围扩展到本领域普通技术人员在专利申请日前通过阅读说明书及附图后需要经过创造性劳动才能联想到的内容。"

4. 全面覆盖原则和等同原则

在解释权利要求时，应将权利要求中记载的全部技术特征所表达的技术内容作为一个整体技术方案对待，记载在前序部分的技术特征和记载在特征部分的技术特征对于限定保护范围具有相同作用；对于从属权利要求，其引用部分和限定部分所记载的技术特征均对其保护范围有限定作用。在判定被诉侵权技术方案是否落入专利权的保护范围时，应当审查权利要求所记载的全部技术特征。被诉侵权技术方案包含与权利要求记载的全部技术特征相同或者等同的技术特征的，应当认定其落入专利权的保护范围；被诉侵权技术方案的技术特征与权利要求记载的全部技术特征相比，缺少权利要求记载的一个以上的技术特征，或者有一个以上技术特征不相同也不等同的，应当认定其没有落入专利权的保护范围。在张某某与直连公司等专利侵权案［（2008）民提字第83号］中，最高人民法院认为，人民法院判断被控侵权技术方案是否落入专利权保护范围时，应当将被控侵权技术方案的技术特征与专利权利要求记载的全部技术特征进行对比；若被控侵权技术方案缺少某专利技术特征而导致技术效果的变劣，则应认定被控侵权技术方案未落入专利权的保护范围。

5. 禁止反悔原则

应当防止专利权人将其已经放弃的技术方案重新纳入专利权的保护范围；对于

仅在说明书或者附图中描述而在权利要求中未记载的技术方案，权利人在侵犯专利权纠纷案件中不得将其纳入专利权保护范围的；专利申请人、专利权人在专利授权或者无效宣告程序中，通过对权利要求、说明书的修改或者意见陈述而放弃的技术方案，权利人在侵犯专利权纠纷案件中不得将其纳入专利权保护范围的，但是权利人能够证明专利申请人、专利权人在专利授权确权程序中对权利要求书、说明书及附图的限缩性修改或者陈述被明确否定的，应当认定该修改或者陈述未导致技术方案的放弃。在再审申请人精工爱普生与被申请人专利复审委员会等发明专利权无效行政纠纷案 [（2010）知行字第 53 - 1 号] 中，最高人民法院认为，在专利授权确权程序中，申请人在审查档案中的意见陈述原则上只能作为理解说明书以及权利要求书含义的参考，而不是决定性依据，即专利权人在授权确权程序中的意见陈述并不必然导致禁止反悔原则的适用。

6. 最广义的合理解释原则

在孙某某与肯德基公司等专利侵权案 [（2009）民申字第 1622 号] 中，最高人民法院指出，应遵循说明书和附图可以用于解释权利要求、权利要求中的术语在说明书未作特别解释的情况下应采用通常理解、不同权利要求中采用的相关技术术语应当解释为具有相同的含义、考虑专利权人在专利授权和无效宣告程序中为保证获得专利权或者维持专利权有效而对专利权保护范围作出的限制等原则，正确地确定本专利的保护范围。在"无水银碱性钮形电池"实用新型专利权无效行政纠纷案 [（2012）行提字第 29 号] 中，最高人民法院指出，利用说明书和附图解释权利要求时，应当以说明书为依据，使其保护范围与说明书公开的范围相适应。在再审申请人李某某与被申请人国家知识产权局专利复审委员会、一审第三人、二审上诉人郭某、沈某某正输变电设备制造有限责任公司发明专利权无效行政纠纷案 [（2014）行提字第 17 号] 中，最高人民法院指出，在专利授权确权程序中解释权利要求用语的含义时，必须顾及专利法关于说明书应该充分公开发明的技术方案、权利要求书应当得到说明书支持、专利申请文件的修改不得超出原说明书和权利要求书记载的范围等法定要求，基于权利要求的文字记载，结合对说明书的理解，对权利要求作出最广义的合理解释。

（三）权利要求的解释方法

1. 权利要求文本的确定

确定专利权的保护范围时，应当以国务院专利行政部门公告授权的专利文本或者已经发生法律效力的无效宣告请求审查决定及相关的确权行政判决所确定的权利要求为准。权利要求存在多个文本的，以最终有效的文本为准。

2. 权利要求的解释视角

解释权利要求应当从本领域普通技术人员的角度进行。本领域普通技术人员，是一种假设的"人"，他能够获知该领域中所有的现有技术，知晓申请日之前该技术领域所有的普通技术知识，并且具有运用该申请日之前常规实验手段的能力。所属本领域普通技术人员，不是指具体的某一个人或某一类人，不宜用文化程度、职称、级别等具体标准来参照套用。当事人对本领域普通技术人员是否知晓某项普通技术知识以及运用某种常规实验手段的能力有争议的，应当举证证明。

3. 权利要求的澄清、弥补及修正

对权利要求的解释，包括但不限于澄清、弥补和特定情况下的修正三种形式，即当权利要求中的技术特征所表达的技术内容不清楚时，澄清该技术特征的含义；当权利要求中的技术特征存在瑕疵时，弥补该技术特征的不足；当权利要求中的技术特征之间存在矛盾等特定情况时，修正该技术特征的含义。

(四) 特殊情形下的权利要求的解释

1. 方法权利要求的解释

《专利权纠纷问题解释（二）》第十一条规定："方法权利要求未明确记载技术步骤的先后顺序，但本领域普通技术人员阅读权利要求书、说明书及附图后直接、明确地认为该技术步骤应当按照特定顺序实施的，人民法院应当认定该步骤顺序对于专利权的保护范围具有限定作用。"在 OBE 公司与康华公司专利侵权案［(2008)民申字第 980 号］中，最高人民法院认为，在方法专利侵权案件中适用等同原则判定侵权时，可以结合专利说明书和附图、审查档案、权利要求记载的整体技术方案以及各个步骤之间的逻辑关系，确定各步骤是否应当按照特定的顺序实施；步骤本身和步骤之间的实施顺序均应对方法专利权的保护范围起到限定作用。北京市高级人民法院《专利侵权判定指南（2017）》第二十条规定："方法专利权利要求对步骤顺序有明确限定的，步骤本身以及步骤之间的顺序均应对专利权的保护范围起到限定作用；方法专利权利要求对步骤顺序没有明确限定的，不应以此为由，不考虑步骤顺序对权利要求的限定作用，而应当结合说明书及附图、权利要求记载的整体技术方案、各个步骤之间的逻辑关系以及专利审查档案，从本领域普通技术人员的角度出发，确定各步骤是否应当按照特定的顺序实施。"

2. 权利要求中自行创设技术术语的解释

在再审申请人摩的露可厂与被申请人固坚公司侵害实用新型专利权纠纷案［(2013)民提字第 113 号］中，最高人民法院指出，在解释权利要求时，对于权利人自行创设的技术术语，一般可依据权利要求书、说明书中的定义或解释来确定其含义。如果缺乏该种解释或定义，则应当结合权利要求书、说明书、附图中记载的有关背景技术、发明目的、技术效果等内容，查明该技术术语的工作方式、功能、效果，以确定其在整体技术方案中的含义。北京市高级人民法院《专利侵权判定指南（2017）》第二十八条规定："对于专利权人在专利文件中的自定义词，应当依据说明书中的特定含义进行解释。如果说明书中没有明确定义的，应当根据说明书中与该自定义词相关的上下文加以理解，将其解释为最为符合发明目的的含义。如果专利权人在说明书中未对其自定义词的含义作出定义，同时本领域普通技术人员结合权利要求、说明书的上下文也无法予以清楚解释，导致无法确定权利要求的保护范围的，可以判决驳回原告诉讼请求。"

3. 使用环境特征的解释

使用环境特征是指权利要求中用来描述发明所使用的背景或者条件的技术特征。《专利权纠纷问题解释（二）》第九条规定："被诉侵权技术方案不能适用于权利要求中使用环境特征所限定的使用环境的，人民法院应当认定被诉侵权技术方案未落入专利权的保护范围。"在株式会社岛野与日骋公司侵犯发明专利权纠纷案[（2012）民提字第 1 号]中，最高人民法院认为，已经写入权利要求的使用环境特征属于必要技术特征，对于权利要求的保护范围具有限定作用；使用环境特征对于权利要求保护范围的限定程度需要根据个案情况具体确定，一般情况下应该理解为要求被保护的主题对象可以用于该使用环境即可，而不是必须用于该使用环境，但是本领域普通技术人员在阅读专利权利要求书、说明书以及专利审查档案后可以明确而合理地得知被保护对象必须用于该使用环境的除外。在再审申请人青岛太平货柜有限公司与被申请人中国国际海运集装箱（集团）股份有限公司、青岛中集集装箱制造有限公司发明专利权纠纷再审案中[（2014）民提字第 40 号]，最高人民法院也持与前述案件相同的观点，同时，该院又进一步指出，在被诉侵权产品已经具备专利权利要求的使用环境特征的情况下，其实际使用状态如何对侵权判定并无影响。在再审申请人华为技术有限公司与被申请人中兴通讯股份有限公司、杭州阿里巴巴广告有限公司侵害发明专利权纠纷案[（2015）民申字第 2720 号]中，最高人民法院指出，对于虽然未作为技术特征写入权利要求，却是实施专利方法最为合理、常见和普遍的运行环境和操作模式，应当在涉及方法专利的侵权判断中予以考量。北京市高级人民法院《专利侵权判定指南（2017）》第二十四条规定："写入权利要求的使用环境特征对专利权的保护范围具有限定作用。被诉侵权技术方案能够适用于权利要求记载的使用环境的，应当认定被诉侵权技术方案具备了权利要求记载的使用环境特征，而不以被诉侵权技术方案实际使用该环境特征为前提。但是，专利文件明确限定该技术方案仅能适用于该使用环境特征，有证据证明被诉侵权技术方案可以适用于其他使用环境的，则被诉侵权技术方案未落入专利权的保护范围。被诉侵权技术方案不能适用于权利要求中使用环境特征所限定的使用环境的，应当认定被诉侵权技术方案未落入专利权的保护范围。使用环境特征不同于主题名称，是指权利要求中用来描述发明或实用新型所使用的背景或者条件且与该技术方案存在连接或配合关系的技术特征。"

4. 封装式和开放式权利要求的解释

在胡某某"注射用三磷酸腺苷二钠氯化镁"专利侵权案[（2012）民提字第 10

号〕中，最高人民法院指出，对于封闭式权利要求，一般应当解释为不含有该权利要求所述以外的结构组成部分或者方法步骤；对于组合物封闭式权利要求，一般应当解释为组合物中仅包括所指出的组分而排除所有其他的组分，但是可以包含通常含量的杂质，辅料并不属于杂质。同时，该院还指出，专利权人选择封闭式权利要求表明其明确将其他未被限定的结构组成部分或者方法步骤排除在专利权保护范围之外，不宜再通过适用等同原则将其重新纳入保护范围。在再审申请人世纪联保公司与被申请人专利复审委员会等发明专利权无效行政纠纷案〔（2012）行提字第20号〕中，最高人民法院认为，"含有""包括"本身就具有并未排除未指出的内容的含义，因而成为开放式专利权利要求的重要标志；开放式和封闭式权利要求的区分在包括化学、机械领域在内的全部技术领域有普遍适用性。在该案中，最高人民法院同时认为，认定开放式权利要求相对于对比文件的区别技术特征时，如果对比文件的某个技术特征在该开放式权利要求中未明确提及，一般不将缺少该技术特征作为开放式权利要求相对于对比文件的区别技术特征。《专利权纠纷问题解释（二）》第七条第一款规定："被诉侵权技术方案在包含封闭式组合物权利要求全部技术特征的基础上增加其他技术特征的，人民法院应当认定被诉侵权技术方案未落入专利权的保护范围，但该增加的技术特征属于不可避免的常规数量杂质的除外。"但是该条第二款又规定封闭式组合物权利要求一般不包括中药组合物权利要求。北京市高级人民法院《专利侵权判定指南（2017）》第二十六条规定："采用'由……组成'表达方式的权利要求为封闭式权利要求，一般应解释为不含有权利要求所述以外的结构组成部分或方法步骤。医药、化学领域中涉及组分的封闭式权利要求是基于每个组分各自的特性而共同发生作用，无需其他物质即可产生特定的技术效果，但中药组合物权利要求除外。"

5. 功能性特征权利要求的解释

《专利权纠纷问题解释（二）》第八条第一款规定："功能性特征是指对于结构、组分、步骤、条件或其之间的关系等，通过其在发明创造中所起的功能或者效果进行限定的技术特征，但本领域普通技术人员仅通过阅读权利要求即可直接、明确地确定实现上述功能或者效果的具体实施方式的除外。"关于功能性特征的解释，《专利权纠纷问题解释》第四条规定："对于权利要求中以功能或者效果表述的技术特征，人民法院应当结合说明书和附图描述的该功能或者效果的具体实施方式及其等同的实施方式，确定该技术特征的内容"，即功能性特征的保护范围应限于说明书和附图描述的该功能或者效果的具体实施方式及其等同的实施方式。同时，《专利权纠纷问题解释（二）》第八条第二款又规定："与说明书及附图记载的实现前款所称功能或者效果不可缺少的技术特征相比，被诉侵权技术方案的相应技术特征是以基本相同的手段，实现相同的功能，达到相同的效果，且本领域普通技术人员在被诉侵权行为发生时无需经过创造性劳动就能够联想到的，人民法院应当认定该相应技术特征与功能性特征相同或者等同。"对于外观设计中的功能性设计特征，最高人民法院在"逻辑编程开关（SR14）"外观设计专利权无效行政纠纷案［（2012）行提字第 14 号］中认为，功能性设计特征是指那些在该外观设计产品的一般消费者看来，由所要实现的特定功能唯一决定而并不考虑美学因素的设计特征；功能性设计特征的判断标准并不在于该设计特征是否因功能或技术条件的限制而不具有可选择性，而在于一般消费者看来该设计特征是否仅仅由特定功能所决定，从而不需要考虑该设计特征是否具有美感；功能性设计特征对于外观设计的整体视觉效果通常不具有显著影响。北京市高级人民法院《专利侵权判定指南（2017）》第十九条规定："在确定功能性特征的内容时，应当将功能性特征限定为说明书及附图中所对应的为实现所述功能、效果不可缺少的结构、步骤特征。"但该指南第十八条第二款同时又规定，一般不宜认定为功能性技术特征的情形包括：

（1）以功能或效果性语言表述且已经成为本领域普通技术人员普遍知晓的技术术语，或以功能或效果性语言表述且仅通过阅读权利要求即可直接、明确地确定实现上述功能或者效果的具体实施方式的技术特征。

（2）使用功能性或效果性语言表述，但同时也用相应的结构、组分、材料、步骤、条件等特征进行描述的技术特征。

6. 医药用途发明权利要求的解释

在再审申请人卡比斯特公司与被申请人专利复审委员会发明专利权无效行政纠纷案［（2012）知行字第 75 号］中，最高人民法院指出，如果发明的实质及其对现有技术的改进在于物质的医药用途，申请专利权保护时，应当将权利要求撰写为制药方法类型权利要求，并以与制药相关的技术特征对权利要求的保护范围进行限定；如果权利要求中不产生特定毒副作用的特征没有改变药物已知的治疗对象和适应症，也未发现药物的新性能，不足以与已知用途相区别，则其对权利要求请求保护的医药用途发明不具有限定作用。最高人民法院还认为，用药过程的特征对药物制备过程的影响需要具体判断和分析；仅体现于用药行为中的特征不是制药用途的技术特征，对权利要求请求保护的制药方法本身不具有限定作用。

7. 其他类型权利要求的解释

（1）以方法特征限定的产品权利要求，方法特征对于专利权保护范围具有限定作用。对于权利要求中以制备方法界定产品的技术特征，被诉侵权产品的制备方法与其不相同也不等同的，应当认定被诉侵权技术方案未落入专利权的保护范围。

（2）实用新型专利权利要求中包含非形状、非构造技术特征的，该技术特征用于限定专利权的保护范围，并按照该技术特征的字面含义进行解释。其中，非形状、非构造技术特征，是指实用新型专利权利要求中记载的不属于产品的形状、构造或者其结合等的技术特征，如用途、制造工艺、使用方法、材料成分（组分、配比）等。

（3）产品发明或者实用新型专利权利要求未限定应用领域、用途的，应用领域、用途一般对专利权保护范围不起限定作用；产品发明或者实用新型专利权利要求限定应用领域、用途的，应用领域、用途应当作为对权利要求的保护范围具有限定作用的技术特征；但是，如果该特征对所要求保护的结构和/或组成本身没有带来影响，也未对该技术方案获得授权产生实质性作用，只是对产品或设备的用途或使用方式进行描述的，则对专利权保护范围不起限定作用。

（4）权利要求采用"至少""不超过"等用语对数值特征进行界定，且本领域普通技术人员阅读权利要求书、说明书及附图后认为专利技术方案特别强调该用语对技术特征的限定作用，权利人主张与其不相同的数值特征属于等同特征的，人民法院不予支持。

（五）外观设计专利保护范围的确定

在确定外观设计专利的保护范围时，应综合考虑如下几方面内容。

（1）外观设计专利权保护范围以表示在图片或者照片中的该专利产品的外观设计为准，外观设计的简要说明及其设计要点、专利权人在无效程序及其诉讼程序中的意见陈述、应国务院专利行政部门的要求在专利申请程序中提交的样品或者模型等，可以用于解释外观设计专利权保护范围。

（2）应当根据外观设计产品的用途，认定产品种类是否相同或者相近。确定产品的用途，可以参考外观设计的简要说明、《国际外观设计分类表》、产品的功能以及产品销售、实际使用的情况等因素。

（3）外观设计专利公告授权文本中没有设计要点的，专利权人可以提交书面材料，说明外观设计的独创部位及其设计内容。

（4）当事人提交的用以证明专利产品外观设计发展变化的相关证据，可以在确定保护范围时予以考虑。

（5）在确定外观设计专利权保护范围时，应当区分使用状态参考图与变化状态产品的使用状态视图。使用状态参考图是国务院专利行政部门在审查过程中对在简要说明中未写明外观设计产品使用方法、用途或功能的新开发的产品，或者在一些使用方法、用途或功能不明确的产品无法进行分类时，为了便于对该产品正确分类而要求专利申请人提供的视图。使用状态参考图不能用于确定外观设计的保护范围，但是可以作为确定产品类别的因素；变化状态产品的使用状态视图，应当作为确定产品外观设计保护范围的依据。对于变化状态产品的外观设计专利，被诉侵权设计与变化状态图所示各种使用状态下的外观设计均相同或者近似的，应当认定被诉侵权设计落入专利权的保护范围；被诉侵权设计缺少其一种使用状态下的外观设计或者与之不相同也不近似的，应当认定被诉侵权设计未落入专利权的保护范围。

（6）外观设计专利权请求保护色彩的，应当将请求保护的色彩作为确定外观设计专利权保护范围的要素之一，即在侵权判定中，应当将其所包含的形状、图案、色彩及其组合与被诉侵权产品相应的形状、图案、色彩及其组合进行综合对比。

（7）认定外观设计是否相同或者近似时，应当根据授权外观设计、被诉侵权设计的设计特征，以外观设计的整体视觉效果进行综合判断；对于主要由技术功能决定的设计特征以及对整体视觉效果不产生影响的产品的材料、内部结构等特征，应当不予考虑。通常对外观设计的整体视觉效果更具有影响的情形包括：①产品正常使用时容易被直接观察到的部位相对于其他部位；②授权外观设计区别于现有设计的设计特征相对于授权外观设计的其他设计特征。被诉侵权设计与授权外观设计在整体视觉效果上无差异的，应当认定两者相同；在整体视觉效果上无实质性差异的，应当认定两者近似。

（8）相似外观设计专利权的保护范围由各个独立的外观设计分别确定。基本设计与其他相似设计均可以作为确定外观设计专利权保护范围的依据。相似外观设计，是指对同一产品的多项相似外观设计提出一件外观设计专利申请并获得授权的外观设计专利。在多项相似外观设计中，应当指定一项作为基本设计。相似基本设计与某一相似外观设计之间具有相同或者相似的设计特征，并且二者之间的区别点在于局部细微变化、该类产品的惯常设计、设计单元重复排列或者仅色彩要素的变化等情形。

（9）成套产品的整体外观设计与组成该成套产品的每一件外观设计均已显示在该外观设计专利文件的图片或者照片中的，其权利保护范围由组成该成套产品的每一件产品的外观设计或者该成套产品的整体外观设计确定。成套产品设计，是指用于同一类别并且成套出售或使用的产品的两项以上外观设计，作为一件外观设计申请提出并获得授权的外观设计专利。对于成套产品的外观设计专利，被诉侵权设计与其一项外观设计相同或者近似的，应当认定被诉侵权设计落入专利权的保护范围。

（10）对于组装关系唯一的组件产品的外观设计专利，被诉侵权设计与其组合状态下的外观设计相同或者近似的，人民法院应当认定被诉侵权设计落入专利权的保护范围。对于各构件之间无组装关系或者组装关系不唯一的组件产品的外观设计专利，被诉侵权设计与其全部单个构件的外观设计均相同或者近似的，人民法院应当认定被诉侵权设计落入专利权的保护范围；被诉侵权设计缺少其单个构件的外观设计或者与之不相同也不近似的，人民法院应当认定被诉侵权设计未落入专利权的保护范围。

（11）应当以外观设计专利产品的一般消费者的知识水平和认知能力，判断外观设计是否相同或者近似。在认定一般消费者对于外观设计所具有的知识水平和认知能力时，一般应当考虑被诉侵权行为发生时授权外观设计所属相同或者相近种类产品的设计空间。设计空间较大的，可以认定一般消费者通常不容易注意到不同设计之间的较小区别；设计空间较小的，可以认定一般消费者通常更容易注意到不同设计之间的较小区别。

三、中国法的有关规定

《专利法》

第五十九条 发明或者实用新型专利权的保护范围以其权利要求的内容为准，说明书及附图可以用于解释权利要求的内容。

《最高人民法院关于审理侵犯专利权纠纷案件应用法律若干问题的解释》

第一条 人民法院应当根据权利人主张的权利要求，依据专利法第五十九条第一款的规定确定专利权的保护范围。权利人在一审法庭辩论终结前变更其主张的权利要求的，人民法院应当准许。

权利人主张以从属权利要求确定专利权保护范围的，人民法院应当以该从属权利要求记载的附加技术特征及其引用的权利要求记载的技术特征，确定专利权的保护范围。

第二条 人民法院应当根据权利要求的记载，结合本领域普通技术人员阅读说明书及附图后对权利要求的理解，确定专利法第五十九条第一款规定的权利要求的内容。

第三条 人民法院对于权利要求，可以运用说明书及附图、权利要求书中的相关权利要求、专利审查档案进行解释。说明书对权利要求用语有特别界定的，从其特别界定。

以上述方法仍不能明确权利要求含义的，可以结合工具书、教科书等公知文献以及本领域普通技术人员的通常理解进行解释。

第四条 对于权利要求中以功能或者效果表述的技术特征，人民法院应当结合说明书和附图描述的该功能或者效果的具体实施方式及其等同的实施方式，确定该技术特征的内容。

第五条 对于仅在说明书或者附图中描述而在权利要求中未记载的技术方案，权利人在侵犯专利权纠纷案件中将其纳入专利权保护范围的，人民法院不予支持。

第六条 专利申请人、专利权人在专利授权或者无效宣告程序中，通过对权利要求、说明书的修改或者意见陈述而放弃的技术方案，权利人在侵犯专利权纠纷案件中又将其纳入专利权保护范围的，人民法院不予支持。

第七条 人民法院判定被诉侵权技术方案是否落入专利权的保护范围，应当审查权利人主张的权利要求所记载的全部技术特征。

被诉侵权技术方案包含与权利要求记载的全部技术特征相同或者等同的技术特征的，人民法院应当认定其落入专利权的保护范围；被诉侵权技术方案的技术特征与权利要求记载的全部技术特征相比，缺少权利要求记载的一个以上的技术特征，或者有一个以上技术特征不相同也不等同的，人民法院应当认定其没有落入专利权的保护范围。

《最高人民法院关于审理侵犯专利权纠纷案件应用法律若干问题的解释（二）》

第三条 因明显违反专利法第二十六条第三款、第四款导致说明书无法用于解释权利要求，且不属于本解释第四条规定的情形，专利权因此被请求宣告无效的，审理侵犯专利权纠纷案件的人民法院一般应当裁定中止诉讼；在合理期限内专利权未被请求宣告无效的，人民法院可以根据权利要求的记载确定专利权的保护范围。

第四条 权利要求书、说明书及附图中的语法、文字、标点、图形、符号等存有歧义，但本领域普通技术人员通过阅读权利要求书、说明书及附图可以得出唯一理解的，人民法院应当根据该唯一理解予以认定。

第五条 在人民法院确定专利权的保护范围时，独立权利要求的前序部分、特征部分以及从属权利要求的引用部分、限定部分记载的技术特征均有限定作用。

第六条 人民法院可以运用与涉案专利存在分案申请关系的其他专利及其专利审查档案、生效的专利授权确权裁判文书解释涉案专利的权利要求。

专利审查档案，包括专利审查、复审、无效程序中专利申请人或者专利权人提交的书面材料，国务院专利行政部门及其专利复审委员会制作的审查意见通知书、会晤记录、口头审理记录、生效的专利复审请求审查决定书和专利权无效宣告请求审查决定书等。

第七条 被诉侵权技术方案在包含封闭式组合物权利要求全部技术特征的基础上增加其他技术特征的，人民法院应当认定被诉侵权技术方案未落入专利权的保护范围，但该增加的技术特征属于不可避免的常规数量杂质的除外。

前款所称封闭式组合物权利要求，一般不包括中药组合物权利要求。

第八条 功能性特征，是指对于结构、组分、步骤、条件或其之间的关系等，通过其在发明创造中所起的功能或者效果进行限定的技术特征，但本领域普通技术人员仅通过阅读权利要求即可直接、明确地确定实现上述功能或者效果的具体实施方式的除外。

与说明书及附图记载的实现前款所称功能或者效果不可缺少的技术特征相比，被诉侵权技术方案的相应技术特征是以基本相同的手段，实现相同的功能，达到相同的效果，且本领域普通技术人员在被诉侵权行为发生时无需经过创造性劳动就能够联想到的，人民法院应当认定该相应技术特征与功能性特征相同或者等同。

第九条 被诉侵权技术方案不能适用于权利要求中使用环境特征所限定的使用环境的，人民法院应当认定被诉侵权技术方案未落入专利权的保护范围。

第十条 对于权利要求中以制备方法界定产品的技术特征，被诉侵权产品的制备方法与其不相同也不等同的，人民法院应当认定被诉侵权技术方案未落入专利权的保护范围。

第十一条 方法权利要求未明确记载技术步骤的先后顺序，但本领域普通技术人员阅读权利要求书、说明书及附图后直接、明确地认为该技术步骤应当按照特定顺序实施的，人民法院应当认定该步骤顺序对于专利权的保护范围具有限定作用。

第十二条 权利要求采用"至少""不超过"等用语对数值特征进行界定，且本领域普通技术人员阅读权利要求书、说明书及附图后认为专利技术方案特别强调该用语对技术特征的限定作用，权利人主张与其不相同的数值特征属于等同特征的，人民法院不予支持。

第十三条 权利人证明专利申请人、专利权人在专利授权确权程序中对权利要求书、说明书及附图的限缩性修改或者陈述被明确否定的，人民法院应当认定该修改或者陈述未导致技术方案的放弃。

北京市高级人民法院《专利侵权判定指南（2017）》

一、发明、实用新型专利权保护范围的确定

（一）确定保护范围的解释原则

1. 专利权有效原则。在权利人据以主张的专利权未被宣告无效之前，其权利应予保护，不得以该专利权不符合专利法相关授权条件、应被宣告无效为由作出裁判。但是，本指南另有规定的除外。

专利登记簿副本，或者专利证书和当年缴纳专利年费的收据可以作为证明专利权有效的证据。

2. 公平原则。解释权利要求时，不仅要充分考虑专利对现有技术所做的贡献，合理界定专利权利要求限定的保护范围，保护权利人的利益，还要充分考虑权利要求的公示作用，兼顾社会公众的信赖利益，不能把不应纳入保护的内容解释到权利要求的范围当中。

下列情形属于不应纳入保护范围的内容：

（1）专利所要克服的技术缺陷的技术方案；

（2）整体上属于现有技术的技术方案。

3. 折衷原则。解释权利要求时，应当以权利要求记载的技术内容为准，根据说明书及附图、现有技术、专利对现有技术所做的贡献等因素合理确定专利权的保护范围。既不能将专利权的保护范围拘泥于权利要求书的字面含义，也不能将专利权的保护范围扩展到本领域普通技术人员在专利申请日前通过阅读说明书及附图后需要经过创造性劳动才能联想到的内容。

4. 符合发明目的原则。在确定专利权保护范围时，不应将不能实现发明目的、效果的技术方案解释到权利要求的保护范围中，即不应当将本领域普通技术人员在结合本领域的技术背景的基础上，在阅读了说明书及附图的全部内容之后，仍然认为不能解决专利的技术问题、实现专利的技术效果的技术方案解释到专利权的保护范围内。

（二）解释对象

5. 审理侵犯发明或者实用新型专利权纠纷案件，应当首先确定专利权的保护范围。发明或者实用新型专利权的保护范围应当以权利要求记载的技术特征所确定的内容为准，也包括与所记载的技术特征相等同的技术特征所确定的内容。

确定专利权保护范围时，应当对权利人作为权利依据所主张的相关权利要求进行解释，并对该权利要求进行技术特征的划分。

6. 权利要求书有两项以上权利要求的，权利人应当在起诉状中载明具体的权利要求。起诉状对此未记载或者记载不明的，应当要求权利人明确；经释明，权利人在一审法庭辩论终结前不予明确的，可以裁定驳回起诉。

7. 权利人主张以从属权利要求确定保护范围的，应当以该从属权利要求记载的附加技术特征及其直接或间接引用的权利要求记载的技术特征，一并确定专利权的保护范围。

8. 技术特征是指在权利要求所限定的技术方案中，能够相对独立地执行一定的技术功能、并能产生相对独立的技术效果的最小技术单元。在产品技术方案中，该技术单元一般是产品的部件和/或部件之间的连接关系。在方法技术方案中，该技术单元一般是方法步骤或者步骤之间的关系。

9. 在一审判决作出前，权利人所主张的权利要求被专利复审委员会宣告无效，权利人没有及时变更主张的权利要求的，可以裁定驳回权利人基于该被宣告无效的权利要求的起诉。

有证据证明专利复审委员会宣告上述权利要求无效的决定被生效的行政判决撤销的，权利人可以另行起诉。

权利人另行起诉的，诉讼时效期间从行政判决书送达之日起计算。有证据证明在行政诉讼期间被诉侵权行为一直在持续的，权利人另行起诉时可以就此主张权利。

10. 当事人不服一审判决向二审法院提起上诉，在终审判决作出前，一审判决所依据的权利要求被专利复审委员会宣告无效的，一般应当撤销一审判决，裁定驳回权利人基于该被宣告无效的权利要求的起诉。但是，有证据证明专利权人在法定期限内针对无效决定提起行政诉讼，在综合考虑在案证据、涉案专利技术难度、被告抗辩理由等因素的情况下，根据当事人的申请，可以裁定中止二审案件的审理。

有证据证明专利复审委员会宣告上述权利要求无效的决定被生效的行政判决撤销，权利人另行起诉的，在没有新的事实的情况下，应当参照原一审判决认定的事实和证据作出判决。

（三）解释方法

11. 确定专利权的保护范围时，应当以国务院专利行政部门公告授权的专利文本或者已经发生法律效力的无效宣告请求审查决定及相关的确权行政判决所确定的权利要求为准。权利要求存在多个文本的，以最终有效的文本为准。

12. 解释权利要求应当从本领域普通技术人员的角度进行。

本领域普通技术人员，是一种假设的"人"，他能够获知该领域中所有的现有技术，知晓申请日之前该技术领域所有的普通技术知识，并且具有运用该申请日之前常规实验手段的能力。

所属本领域普通技术人员，不是指具体的某一个人或某一类人，不宜用文化程度、职称、级别等具体标准来参照套用。当事人对本领域普通技术人员是否知晓某项普通技术知识以及运用某种常规实验手段的能力有争议的，应当举证证明。

13. 对权利要求的解释，包括但不限于澄清、弥补和特定情况下的修正三种形式，即当权利要求中的技术特征所表达的技术内容不清楚时，澄清该技术特征的含义；当权利要求中的技术特征存在瑕疵时，弥补该技术特征的不足；当权利要求中的技术特征之间存在矛盾等特定情况时，修正该技术特征的含义。

14. 一般应当将权利要求中记载的全部技术特征所表达的技术内容作为一个整体技术方案对待。独立权利要求的前序部分、特征部分以及从属权利要求的引用部分、限定部分记载的技术特征，对于保护范围具有限定作用。

权利要求包含两个以上的并列技术方案的，应当将每个并列技术方案分别确定为一个整体技术方案。

15. 解释权利要求，可以使用专利说明书及附图、权利要求书中的相关权利要求、与涉案专利存在分案申请关系的其他专利以及上述专利的专利审查档案、生效的专利授权确权裁判文书所记载的内容。

上述方法仍不能明确权利要求含义的，可以结合工具书、教科书等公知文献及本领域普通技术人员的通常理解进行解释。

本指南所称专利审查档案，包括专利审查、复审、无效程序中专利申请人或者专利权人提交的书面材料，国务院专利行政部门及其专利复审委员会制作的审查意见通知书、会晤记录、口头审理记录、生效的专利复审请求审查决定书和专利权无效宣告请求审查决定书等。

16. 权利要求与专利说明书出现不一致或者相互矛盾，明显违反专利法第二十六条第三款、第四款导致说明书无法用于解释权利要求的，告知当事人通过专利无效宣告程序解决。当事人据此启动专利无效宣告程序并申请中止本案审理的，可以裁定中止诉讼。

当事人明确表示拒绝通过专利无效程序解决，或者未在合理期限内提起专利权无效宣告请求的，应当按照专利权有效原则，以权利要求的字面含义所确定的保护范围为准。但是本领域普通技术人员通过阅读权利要求书和说明书及附图，能够对实现要求保护的技术方案得出具体、确定、唯一的解释的，应当根据该解释来澄清或者修正权利要求中的错误表述。

根据本条第二款仍然不能确定专利权的保护范围，可以判决驳回原告诉讼请求。

17. 在解释权利要求、确定权利要求书中记载权利要求的保护范围时，可以推定独立权利要求与其从属权利要求所限定的保护范围互不相同。独立权利要求的保护范围大于其从属权利要求的保护范围，在前从属权利要求的保护范围大于在后引用该在前从属权利要求的保护范围，但本领域普通技术人员根据专利说明书及附图、专利审查档案等内部证据，可以作出相反解释的除外。

18. 对于权利要求中以功能或者效果表述的功能性特征，应当结合说明书及附图描述的该功能或者效果的具体实施方式及其等同的实施方式，确定该技术特征的内容。

功能性特征，是指对于结构、组分、材料、步骤、条件或其之间的关系等，通过其在发明创造中所起的功能或者效果进行限定的技术特征。下列情形一般不宜认定为功能性特征：

（1）以功能或效果性语言表述且已经成为本领域普通技术人员普遍知晓的技术术语，或以功能或效果性语言表述且仅通过阅读权利要求即可直接、明确地确定实现上述功能或者效果的具体实施方式的技术特征；

（2）使用功能性或效果性语言表述，但同时也用相应的结构、组分、材料、步骤、条件等特征进行描述的技术特征。

19. 在确定功能性特征的内容时，应当将功能性特征限定为说明书及附图中所对应的为实现所述功能、效果不可缺少的结构、步骤特征。

20. 方法专利权利要求对步骤顺序有明确限定的，步骤本身以及步骤之间的顺序均应对专利权的保护范围起到限定作用；方法专利权利要求对步骤顺序没有明确限定的，不应以此为由，不考虑步骤顺序对权利要求的限定作用，而应当结合说明书及附图、权利要求记载的整体技术方案、各个步骤之间的逻辑关系以及专利审查档案，从本领域普通技术人员的角度出发，确定各步骤是否应当按照特定的顺序实施。

21. 以制备方法界定产品的技术特征对于确定专利权的保护范围具有限定作用。被诉侵权产品的制备方法与专利方法既不相同也不等同的，应当认定被诉侵权技术方案未落入专利权的保护范围。

22. 实用新型专利权利要求中包含非形状、非构造技术特征的，该技术特征对确定专利权的保护范围具有限定作用。

非形状、非构造技术特征，是指实用新型专利权利要求中记载的不属于产品的形状、构造或者其结合等的技术特征，如用途、制造工艺、使用方法、材料成分（组分、配比）等。

23. 产品发明或者实用新型专利权利要求未限定应用领域、用途的，应用领域、用途一般对专利权的保护范围不起限定作用。

24. 写入权利要求的使用环境特征对专利权的保护范围具有限定作用。被诉侵权技术方案能够适用于权利要求记载的使用环境的，应当认定被诉侵权技术方案具备了权利要求记载的使用环境特征，而不以被诉侵权技术方案实际使用该环境特征为前提。但是，专利文件明确限定该技术方案仅能适用于该使用环境特征，有证据证明被诉侵权技术方案可以适用于其他使用环境的，则被诉侵权技术方案未落入专利权的保护范围。

被诉侵权技术方案不能适用于权利要求中使用环境特征所限定的使用环境的，应当认定被诉侵权技术方案未落入专利权的保护范围。

使用环境特征不同于主题名称，是指权利要求中用来描述发明或实用新型所使用的背景或者条件且与该技术方案存在连接或配合关系的技术特征。

25. 主题名称中所包含的应用领域、用途或者结构等技术内容对权利要求所要保护的技术方案产生影响的，则该技术内容对专利权的保护范围具有限定作用。

主题名称是对权利要求包含的全部技术特征所构成的技术方案的抽象概括，是对专利技术方案的简单命名，其代表的技术方案需要通过权利要求的全部技术特征来体现。

26. 采用"由……组成"表达方式的权利要求为封闭式权利要求，一般应解释为不含有权利要求所述以外的结构组成部分或方法步骤。

医药、化学领域中涉及组分的封闭式权利要求是基于每个组分各自的特性而共同发生作用，无需其他物质即可产生特定的技术效果，但中药组合物权利要求除外。

27. 说明书对技术术语的解释与该技术术语的通用含义不同的，以说明书的解释为准。

被诉侵权行为发生时，技术术语已经产生其它含义的，应当采用专利申请日时的含义解释该技术术语。

28. 对于专利权人在专利文件中的自定义词，应当依据说明书中的特定含义进行解释。如果说明书中没有明确定义的，应当根据说明书中与该自定义词相关的上下文加以理解，将其解释为最为符合发明目的的含义。如果专利权人在说明书中未对其自定义词的含义作出定义，同时本领域普通技术人员结合权利要求、说明书的上下文也无法予以清楚解释，导致无法确定权利要求的保护范围的，可以判决驳回原告诉讼请求。

29. 在一份专利文件中，通常情况下相同的术语应当解释为具有相同的含义。不同的术语推定具有不同的含义，除非根据说明书的记载或本领域普通技术人员的惯常理解可以确定不同的术语具有相同含义的除外。

30. 说明书附图的作用在于用图形补充说明书文字部分的描述，使本领域普通技术人员能够直观地、形象地理解发明或实用新型的每个技术特征和整体技术方案。只有本领域普通技术人员在阅读权利要求及说明书后，能够从附图中直接地、毫无疑义地确定的技术内容才能用于解释权利要求中技术特征的含义。

由附图中推测的内容，或者无文字说明、仅仅是从附图中测量得出的尺寸及其关系，不应当作为相关技术特征的内容。

31. 附图标记可以用来帮助理解技术方案，当权利要求中引用了附图标记时，不应以附图标记所反映出的具体结构来限定权利要求中的技术特征。

32. 专利权利要求一般是在说明书或者附图公开的实施例的基础上进行的合理概括，实施例仅仅是权利要求范围内技术方案的示例，是专利申请人认为实现发明或者实用新型的优选方式。专利权的保护范围不应受说明书中公开的具体实施方式的限制，但下列情况除外：

（1）权利要求实质上是实施方式所记载的技术方案的；

（2）权利要求包括功能性特征的。

33. 摘要的作用是提供技术信息，便于公众进行检索，不能用于确定专利权的保护范围，也不能用于解释权利要求。

34. 当专利文件中的印刷错误影响到专利权保护范围的确定时，可以依据专利审查档案进行修正。

权利要求书、说明书及附图中的语法、文字、标点、图形、符号等存有明显错误或歧义，但通过阅读权利要求书、说明书及附图可以得出唯一理解的，应当根据该唯一理解予以认定。

 # 全面覆盖原则及其司法适用

一、全面覆盖原则的概念和内涵

专利权利要求的保护范围，是指被授予专利权的权利要求所及的技术方案的范围，即专利权利要求所覆盖的那些技术特征。关于应如何来界定专利权的保护范围，《专利法》第五十九条规定："发明或者实用新型专利权的保护范围以其权利要求的内容为准，说明书及附图可以用于解释权利要求的内容。"同时，《专利纠纷问题规定》又对此进行了补充规定，该司法解释第十七条第一款规定："专利法第五十九条第一款所称的'发明或者实用新型专利权的保护范围以其权利要求的内容为准，说明书及附图可以用于解释权利要求的内容'，是指专利权的保护范围应当以权利要求记载的全部技术特征所确定的范围为准。"上述规定体现出了专利侵权判定的一个重要原则，即"全面覆盖原则"。

所谓"全面覆盖原则"，是指被诉侵权产品如果包括了权利要求中所记载的全部技术特征，则落入专利权的保护范

围。在解释权利要求时，应将权利要求中记载的全部技术特征所表达的技术内容作为一个整体技术方案对待，记载在前序部分的技术特征和记载在特征部分的技术特征，对于限定保护范围具有相同作用；对于从属权利要求，其引用部分和限定部分所记载的技术特征均对其保护范围有限定作用。《专利权纠纷问题解释》第七条规定："人民法院判定被诉侵权技术方案是否落入专利权的保护范围，应当审查权利人主张的权利要求所记载的全部技术特征。被诉侵权技术方案包含与权利要求记载的全部技术特征相同或者等同的技术特征的，人民法院应当认定其落入专利权的保护范围；被诉侵权技术方案的技术特征与权利要求记载的全部技术特征相比，缺少权利要求记载的一个以上的技术特征，或者有一个以上技术特征不相同也不等同的，人民法院应当认定其没有落入专利权的保护范围。"

二、全面覆盖原则的司法解读

（一）"必要技术特征"与"多余指定原则"

我们注意到，《专利纠纷问题规定》使用的是"必要技术特征"而非"全部技术特征"。所谓"必要技术特征"，是指发明或者实用新型为解决其技术问题所不可缺少的技术特征，其总和足以构成发明或者实用新型的技术方案，使之区别于背景技术中所述的其他技术方案。对于一项权利要求而言，以独立权利要求为例，其包括前序部分和特征部分，其中，前序部分记载的是要求保护的发明或者实用新型技术方案的主题名称和发明或者实用新型主题与最接近的现有技术共有的必要技术特征，而特征部分记载的则是发明或者实用新型区别于最接近的现有技术的技术特征，这些特征和前序部分记载的特征合在一起，限定发明或者实用新型要求保护的范围。由此可见，一项权利要求所记载的技术特征并非全部都是必要技术特征，只有为了实现发明目的、为解决发明所要解决的技术问题所不可缺少的技术特征才能被界定为必要技术特征。如果一项技术特征虽被记载在权利要求中，但其并非为实现发明目的、为解决发明所要解决的技术问题所不可缺少的技术特征，则不属于必要技术特征。有鉴于此，《专利纠纷问题规定》使用"必要技术特征"而非"全部技术特征"，是否意味着被诉侵权产品只要具有涉案专利权利要求所记载的"必要技术特征"而无需具有"全部技术特征"即可落入涉案专利的保护范围，即"多余指定原则"是否也可适用？对此，该司法解释并未予以明确规定。

所谓"多余指定原则"，是指在专利侵权判定中，在解释专利独立权利要求和确定专利权保护范围时，将记载在专利独立权利要求中的明显附加技术特征（即多余特征）略去，仅以专利独立权利要求中的必要技术特征来确定专利权保护范围，判定被诉侵权物（产品或方法）是否覆盖专利权保护范围的原则。在以往的司法实践中，也出现过数起法院适用"多余指定原则"的案例，其中，最有影响的案件之一是专利权人周某诉北京奥美光机电联合开发公司和北京华奥电子医疗仪器有限公司侵犯"人体频谱匹配效应场资料装置及生产方法"发明专利一案［北京市中级人民法院（1993）中经知初字第 704 号民事判决］。在该案中，专利权人周某获得的产品专利的独立权利要求包括七个技术特征：①效应场发生器基体，②基体上的换能层，③换能控制电路，④加热部件的机械支撑和保护系统，⑤机械部件，⑥换能层上的由14 种包括金属氧化物、金属铬和氧化镧等混合稀土的组分及含量制成的模拟人体频谱发生层，⑦立体声发音系统和音乐电流穴位刺激器及其控制电路。法院认为上述技术特征①至⑥确定了频谱治疗仪专利的保护范围，技术特征⑦虽被写入独立权利要求，但结合专利说明书中的阐述，就该专利整体技术方案的实质看，技术特征⑦确不产生实质性的必不可少的功能和作用，显系申请人理解上的错误及撰写申请文件缺少经验所致，应视为附加技术特征。法院在此所称的"附加技术特征"就是多余技术特征，是法院在判定被诉侵权产品是否落入涉案专利保护范围时不予考虑的技术特征，只要被诉侵权产品能够覆盖涉案专利权利要求所记载的"必要技术特征"，而无论其是否覆盖了"全部技术特征"，均可通过"全面覆盖原则"的验证而对涉案专利构成侵权。

　　"多余指定原则"无形中扩大了专利权的保护范围，使横架于专利权人利益与社会公众利益之间的天平明显向专利权人一侧进行了倾斜，并且对公众对专利公示制度的信赖构成了挑战，其在司法实践中的适用引起了理论与实务界的广泛争议。有鉴于此，最高人民法院在大连仁达新型墙体建材厂诉大连新益建材有限公司侵犯专利权纠纷提审案件中［最高人民法院民事判决书（2005）民三提字第 1 号］首次明确在专利侵权判定中原则上不适用"多余指定原则"。在该案中，最高人民法院认为，凡是专利权人写入独立权利要求的技术特征，都是必要技术特征，都应当纳入技术特征对比之列。然而，在该案中最高人民法院的态度只是"并不赞成轻率的适用多余指定"，似乎对这一原则的适用只是持谨慎的态度，并无彻底抛弃的勇气。在该案宣判后不久，有研究指出最高人民法院对"多余指定原则"的态度并不十分明确，特别是该判决认为"凡是专利权人写入独立权利要求的技术特征，都是必要技术特征"，在侵权认定规则的适用上仍是先做必要技术特征与非必要技术特征的识别，从而认定"本案专利的全部必要技术特征为……"否定"多余指定原则"与在该案审理中仍继续进行必要技术特征的识别，造成自相矛盾。为彻底消除实践中的混乱，统一人们对"多余指定原则"和必要技术特征认识的有效途径应是修改最高人民法院的司法解释，删除其中的"必要"。此后，最高人民法院反对适用"多余指定原则"的态度逐渐明确，其在张建华与沈阳直连高层供暖技术有限公司、沈阳高联高层供暖联网技术有限公司侵犯实用新型专利权纠纷提审案中［最高人民法院民事判决书（2008）民提字第 83 号］认为，人民法院在判断被控侵权技术方案是否落入专利权保护范围时，应当将被控侵权技术方案的技术特征与专利权利要求记载的全部技术特征进行对比。如果被控侵权技术方案缺少专利权利要求记载的一个或者一个以上的技术特征，或者被控侵权技术方案有一个或者一个以上的技术特征与专利权利要求记载的相应技术特征不相同也不等同，人民法院应当认定被控侵权技术方案没有落入专利权的保护范围。同时，最高人民法院还将其反对适用"多余指定原则"的态度反映在其随后颁布或修订的司法解释中：最高人民法院在《专利权纠纷问题解释》第七条第一款中规定："人民法院判定被诉侵权技术方案是否落入专利权的保护范围，应当审查权利人主张的权利要求所记载的全部技术特征。"同时，为了响应理论与实务界的呼声，最高人民法院在《专利纠纷问题规定》中，明确用"全部技术特征"替换掉了"必要技术特征"。此外，《专利权纠纷问题解释（二）》第五条规定："在人民法院确定专利权的保护范围时，独立权利要求的前序部分、特征部分以及从属权利要求的引用部分、限定部分记载的技术特征均有限定作用。"至此，"全面覆盖原则"所对比的技术特征应该是指被记载在权利要求中的"全部技术特征"，而无论其是必要技术特征，还是非必要技术特征，即无需再进行"必要"与"非必要"技术特征的识别，"多余指定原则"彻底被抛弃。

（二）主题名称的"全面覆盖原则"的适用

在专利独立权利要求中有一个非常特殊的技术要素，即记载在前序部分中的"主题名称"。专利要求保护的发明或者实用新型技术方案的主题名称其本身并不能构成一个独立的技术特征，因此，在验证"全面覆盖原则"的时候，对于专利主题名称是否对专利的保护范围构成限定作用，审判实践对此看法不一：有的案件并不专门针对主题名称是否对专利保护范围有限定作用进行剖析，在侵权特征对比时，并不将主题名称作为一个技术特征进行专门对比，而是直接认定被诉侵权产品与涉案专利属于同一技术主题，如在珠海格力电器股份有限公司诉广东美的制冷设备有限公司侵害实用新型专利权纠纷案中［珠海市中级人民法院民事判决书（2012）珠中法知民初字第 165 号］，一审法院直接将被诉侵权产品主题认定为属于一种可拆装式空调室内机管路安装挡板；有的案件则直接认定主题名称对专利保护范围不构成限定作用，如在哈尔滨工业大学星河实业有限公司与江苏润德管业有限公司侵犯发明专利权纠纷案中［南京市中级人民法院民事判决书（2010）宁知民初字第 566 号］，一审法院认为，法律没有规定可以将主题名称用来限定独立权利要求的保护范围，发明的主题或者发明创造的名称对保护范围不起限定作用。对此，最高人民法院在哈尔滨工业大学星河实业有限公司与江苏润德管业有限公司侵犯发明专利权纠纷再审案中［最高人民法院民事判决书（2013）民申字第 790 号］认为，通常情况下，在确定权利要求的保护范围时，权利要求中记载的主题名称应当予以考虑，而实际的限定作用应当取决于该主题名称对权利要求所要保护的主题本身产生了何种影响。本案中，确定权利要求 2 和 6 的保护范围时，均应当考虑其主题名称对其所要求保护的主题本身实际上所起的限定作用。由此可见，权利要求中的主题名称虽非具体技术特征，但是在验证"全面覆盖原则"时，应当基于其对权利要求所要求保护的技术方案所实际起到的限定作用，来确定其是否对权利要求的保护范围产生影响，并进而决定是否需要将其作为一个"技术特征"来进行"全面覆盖原则"的验证。

（三）封闭式权利要求的"全面覆盖原则"的适用

一般而言，在通过适用"全面覆盖原则"来判定被诉侵权产品是否落入涉案专利的保护范围时，只要被诉侵权产品具有涉案专利权利要求所记载的全部技术特征，就可直接认定该被诉侵权产品对涉案专利构成侵权，而无论其是否还具有其他额外的技术特征。但是，这一侵权判定的方法对于组合物封闭式权利要求可能并不必然适用。最高人民法院在胡某某"注射用三磷酸腺苷二钠氯化镁"专利侵权提审案中〔最高人民法院民事判决书（2012）民提字第 10 号〕指出，对于封闭式权利要求，一般应当解释为不含有该权利要求所述以外的结构组成部分或者方法步骤；对于组合物封闭式权利要求，一般应当解释为组合物中仅包括所指出的组分而排除所有其他的组分，但是可以包含通常含量的杂质，辅料并不属于杂质。最高人民法院还指出，专利权人选择封闭式权利要求表明其明确将其他未被限定的结构组成部分或者方法步骤排除在专利权保护范围之外。同时，针对封闭式权利要求的侵权判定，最高人民法院在鑫宇公司与猴王公司侵害发明专利权纠纷再审案中〔最高人民法院民事判决书（2013）民申字第 1201 号〕认为，对于封闭式权利要求，如果被诉侵权产品或者方法除具备权利要求明确记载的技术特征之外，还具备其他特征的，应当认定其未落入权利要求保护范围。此外，最高人民法院还将其在审理上述案件中的态度反映在《专利权纠纷问题解释（二）》中，该解释第七条规定："被诉侵权技术方案在包含封闭式组合物权利要求全部技术特征的基础上增加其他技术特征的，人民法院应当认定被诉侵权技术方案未落入专利权的保护范围，但该增加的技术特征属于不可避免的常规数量杂质的除外。"同时，该条又指出，封闭式组合物权利要求一般不包括中药组合物权利要求，其背后的逻辑应当是对于中药组合物权利要求应当审查被侵权产品增加的技术特征对于技术问题的解决是否产生实质性影响。因此，在对组合物的封闭式权利要求适用"全面覆盖原则"的时候，不仅需要考察被诉侵权产品是否覆盖了封闭式权利要求中所记载的全部技术特征，还应当考察被诉侵权产品是否还具备其他未被该封闭式权利要求所记载的技术特征，如果有，那么就应当认定被诉侵权产品未落入该封闭式权利要求的保护范围。此外，由于"封闭式权利要求"不仅适用于组合物发明，也适用于其他技术领域的发明，因此，对于其他技术领域发明的封闭式权利要求，也应采取同样的侵权判定方法。

（四）方法权利要求的"全面覆盖原则"的适用

《专利权纠纷问题解释（二）》第十一条规定："方法权利要求未明确记载技术步骤的先后顺序，但本领域普通技术人员阅读权利要求书、说明书及附图后直接、明确地认为该技术步骤应当按照特定顺序实施的，人民法院应当认定该步骤顺序对于专利权的保护范围具有限定作用。"在 OBE 公司与康华公司专利侵权案〔（2008）民申字第 980 号〕中，最高人民法院认为，在方法专利侵权案件中，可以结合专利说明书和附图、审查档案、权利要求记载的整体技术方案以及各个步骤之间的逻辑关系，确定各步骤是否应当按照特定的顺序实施；步骤本身和步骤之间的实施顺序均应对方法专利权的保护范围起到限定作用。北京市高级人民法院《专利侵权判定指南（2017）》第二十条规定："方法专利权利要求对步骤顺序有明确限定的，步骤本身以及步骤之间的顺序均应对专利权的保护范围起到限定作用；方法专利权利要求对步骤顺序没有明确限定的，不应以此为由，不考虑步骤顺序对权利要求的限定作用，而应当结合说明书及附图、权利要求记载的整体技术方案、各个步骤之间的逻辑关系以及专利审查档案，从本领域普通技术人员的角度出发，确定各步骤是否应当按照特定的顺序实施。"

三、全面覆盖原则在中国法中的体现

《专利法》

第五十九条 发明或者实用新型专利权的保护范围以其权利要求的内容为准，说明书及附图可以用于解释权利要求。

《最高人民法院关于审理专利纠纷案件适用法律问题的若干规定》

第十七条 专利法第五十九条第一款所称的"发明或者实用新型专利权的保护范围以其权利要求的内容为准，说明书及附图可以用于解释权利要求的内容"，是指专利权的保护范围应当以权利要求记载的全部技术特征所确定的范围为准，也包括与该技术特征相等同的特征所确定的范围。

《最高人民法院关于审理侵犯专利权纠纷案件应用法律若干问题的解释》

第七条 人民法院判定被诉侵权技术方案是否落入专利权的保护范围，应当审查权利人主张的权利要求所记载的全部技术特征。

被诉侵权技术方案包含与权利要求记载的全部技术特征相同或者等同的技术特征的，人民法院应当认定其落入专利权的保护范围；被诉侵权技术方案的技术特征与权利要求记载的全部技术特征相比，缺少权利要求记载的一个以上的技术特征，或者有一个以上技术特征不相同也不等同的，人民法院应当认定其没有落入专利权的保护范围。

《最高人民法院关于审理侵犯专利权纠纷案件应用法律若干问题的解释（二）》

第五条　在人民法院确定专利权的保护范围时，独立权利要求的前序部分、特征部分以及从属权利要求的引用部分、限定部分记载的技术特征均有限定作用。

第七条　被诉侵权技术方案在包含封闭式组合物权利要求全部技术特征的基础上增加其他技术特征的，人民法院应当认定被诉侵权技术方案未落入专利权的保护范围，但该增加的技术特征属于不可避免的常规数量杂质的除外。

前款所称封闭式组合物权利要求，一般不包括中药组合物权利要求。

第八条　功能性特征，是指对于结构、组分、步骤、条件或其之间的关系等，通过其在发明创造中所起的功能或者效果进行限定的技术特征，但本领域普通技术人员仅通过阅读权利要求即可直接、明确地确定实现上述功能或者效果的具体实施方式的除外。

与说明书及附图记载的实现前款所称功能或者效果不可缺少的技术特征相比，被诉侵权技术方案的相应技术特征是以基本相同的手段，实现相同的功能，达到相同的效果，且本领域普通技术人员在被诉侵权行为发生时无需经过创造性劳动就能够联想到的，人民法院应当认定该相应技术特征与功能性特征相同或者等同。

第九条　被诉侵权技术方案不能适用于权利要求中使用环境特征所限定的使用环境的，人民法院应当认定被诉侵权技术方案未落入专利权的保护范围。

第十条　对于权利要求中以制备方法界定产品的技术特征，被诉侵权产品的制备方法与其不相同也不等同的，人民法院应当认定被诉侵权技术方案未落入专利权的保护范围。

第十一条　方法权利要求未明确记载技术步骤的先后顺序，但本领域普通技术人员阅读权利要求书、说明书及附图后直接、明确地认为该技术步骤应当按照特定顺序实施的，人民法院应当认定该步骤顺序对于专利权的保护范围具有限定作用。

北京市高级人民法院《专利侵权判定指南（2017）》

5. 审理侵犯发明或者实用新型专利权纠纷案件，应当首先确定专利权的保护范围。发明或者实用新型专利权的保护范围应当以权利要求记载的技术特征所确定的内容为准，也包括与所记载的技术特征相等同的技术特征所确定的内容。

7. 权利人主张以从属权利要求确定保护范围的，应当以该从属权利要求记载的附加技术特征及其直接或间接引用的权利要求记载的技术特征，一并确定专利权的保护范围。

14. 一般应当将权利要求中记载的全部技术特征所表达的技术内容作为一个整体技术方案对待。独立权利要求的前序部分、特征部分以及从属权利要求的引用部分、限定部分记载的技术特征，对于保护范围具有限定作用。

20. 方法专利权利要求对步骤顺序有明确限定的，步骤本身以及步骤之间的顺序均应对专利权的保护范围起到限定作用；方法专利权利要求对步骤顺序没有明确限定的，不应以此为由，不考虑步骤顺序对权利要求的限定作用，而应当结合说明书及附图、权利要求记载的整体技术方案、各个步骤之间的逻辑关系以及专利审查档案，从本领域普通技术人员的角度出发，确定各步骤是否应当按照特定的顺序实施。

21. 以制备方法界定产品的技术特征对于确定专利权的保护范围具有限定作用。被诉侵权产品的制备方法与专利方法既不相同也不等同的，应当认定被诉侵权技术方案未落入专利权的保护范围。

22. 实用新型专利权利要求中包含非形状、非构造技术特征的，该技术特征对确定专利权的保护范围具有限定作用。

非形状、非构造技术特征，是指实用新型专利权利要求中记载的不属于产品的形状、构造或者其结合等的技术特征，如用途、制造工艺、使用方法、材料成分（组分、配比）等。

23. 产品发明或者实用新型专利权利要求未限定应用领域、用途的，应用领域、用途一般对专利权的保护范围不起限定作用。

24. 写入权利要求的使用环境特征对专利权的保护范围具有限定作用。被诉侵权技术方案能够适用于权利要求记载的使用环境的，应当认定被诉侵权技术方案具备了权利要求记载的使用环境特征，而不以被诉侵权技术方案实际使用该环境特征为前提。但是，专利文件明确限定该技术方案仅能适用于该使用环境特征，有证据证明被诉侵权技术方案可以适用于其他使用环境的，则被诉侵权技术方案未落入专利权的保护范围。

被诉侵权技术方案不能适用于权利要求中使用环境特征所限定的使用环境的，应当认定被诉侵权技术方案未落入专利权的保护范围。

使用环境特征不同于主题名称，是指权利要求中用来描述发明或实用新型所使用的背景或者条件且与该技术方案存在连接或配合关系的技术特征。

25. 主题名称中所包含的应用领域、用途或者结构等技术内容对权利要求所要保护的技术方案产生影响的，则该技术内容对专利权的保护范围具有限定作用。

主题名称是对权利要求包含的全部技术特征所构成的技术方案的抽象概括，是对专利技术方案的简单命名，其代表的技术方案需要通过权利要求的全部技术特征来体现。

35. 全面覆盖原则。全面覆盖原则是判断一项技术方案是否侵犯发明或者实用新型专利权的基本原则。具体含义是指，在判定被诉侵权技术方案是否落入专利权的保护范围，应当审查权利人主张的权利要求所记载的全部技术特征，并以权利要求中记载的全部技术特征与被诉侵权技术方案所对应的全部技术特征逐一进行比较。

被诉侵权技术方案包含与权利要求记载的全部技术特征相同或者等同的技术特征的，应当认定其落入专利权的保护范围。

38. 被诉侵权技术方案包含了与权利要求限定的一项完整技术方案记载的全部技术特征相同的对应技术特征，属于相同侵权，即字面含义上的侵权。

39. 当权利要求中记载的技术特征采用上位概念，而被诉侵权技术方案的相应技术特征采用的是相应的下位概念的，应认定构成相同技术特征。

40. 被诉侵权技术方案在包含了权利要求中的全部技术特征的基础上，又增加了新的技术特征的，仍然落入专利权的保护范围，但专利文件明确排除该技术特征的除外。

41. 被诉侵权技术方案在包含一项封闭式权利要求全部技术特征的基础上，增加其他技术特征的，应当认定被诉侵权技术方案未落入该权利要求的保护范围。但对于医药、化学领域中涉及组分的封闭式权利要求，该增加的技术特征属于不可避免的常规数量杂质的除外。

42. 对于包含功能性特征的权利要求，与本指南第 19 条所述的结构、步骤特征相比，被诉侵权技术方案的相应结构、步骤特征是以相同的手段，实现了相同的功能，产生了相同的效果，或者虽有区别，但是以基本相同的手段，实现了相同的功能，达到相同的效果，而且本领域普通技术人员在专利申请日时无需经过创造性劳动就能够联想到的，应当认定该相应结构、步骤特征与上述功能性特征相同。

在判断上述结构、步骤特征是否构成相同特征时，应当将其作为一个技术特征，而不应将其区分为两个以上的技术特征。

43. 在后获得专利权的发明或实用新型是对在先发明或实用新型专利的改进，在后专利的某项权利要求记载了在先专利某项权利要求中记载的全部技术特征，又增加了另外的技术特征的，在后专利属于从属专利。实施从属专利落入在先专利的保护范围。

下列情形属于从属专利：

（1）在包含了在先产品专利权利要求的全部技术特征的基础上，增加了新的技术特征；

（2）在原有产品专利权利要求的基础上，发现了原来未曾发现的新的用途；

（3）在原有方法专利权利要求的基础上，增加了新的技术特征。

128. 被诉侵权技术方案的技术特征与权利要求记载的全部技术特征相比，缺少权利要求中记载的一项或一项以上技术特征的，不构成侵犯专利权。

129. 被诉侵权技术方案的技术特征与权利要求中对应技术特征相比，有一项或者一项以上的技术特征既不相同也不等同的，不构成侵犯专利权。

下列情况可以认定为不相同也不等同：

（1）该技术特征使被诉侵权技术方案构成了一项新的技术方案；

（2）该技术特征在功能、效果上明显优于权利要求中对应的技术特征，并且所属技术领域的普通技术人员认为这种变化具有实质性的改进，而不是显而易见的。

（3）被诉侵权技术方案省略权利要求中个别技术特征或者以简单或低级的技术特征替换权利要求中相应技术特征，舍弃或显著降低权利要求中与该技术特征对应的性能和效果从而形成变劣技术方案的。

 # 等同原则及其司法适用

一、等同原则的概念及内涵

　　等同原则作为被各国专利司法实践所广泛适用的侵权判定原则之一，是指被诉侵权技术方案有一个或者一个以上技术特征与权利要求中的相应技术特征从字面上看不相同，但是属于等同特征，应当认定被诉侵权技术方案落入专利权保护范围。

　　在等同原则出现以前，专利诉讼实践采用字面侵权原则来认定被控侵权的产品或技术是否对涉案专利构成侵权。字面侵权又称为相同侵权，它是指被控侵权的产品或者方法的技术方案只有在以字面含义相同的方式覆盖了权利要求所记载的全部技术特征的时候，才对涉案专利构成侵权。但这一原则在对专利权人的保护上有很大的局限性，体现在：首先，由于文字本身是具有局限性的，同样的一个技术方案用不同的词汇、语法结构描述后，所限定的保护范围可能是不一样的。其次，由于专利所要求保护的技术往往都是最先进、最

前沿的技术，其在提交申请以前往往不会被其他文献所公开，因此，对其所要求保护的技术方案中的一些新的技术要素需要用一些新的技术术语来描述，而这些新的技术术语在提交专利申请之时还不具备被广为认可的规范定义，其可能会随着技术的发展或普及而被赋予新的内容或者被改变为其他含义，这就导致采用该技术术语的权利要求所限定的保护范围也会随着发生变化，虽然其所限定的技术方案本身并未发生改变。最后，专利侵权实践表明，大部分的侵权人为了避免对专利构成字面侵权，通常都不会对专利权利要求所记载的技术方案原盘照搬，而是对其进行些许改变，这样的改变与专利权利要求所记载的技术方案并未构成实质不同，但却可以避免构成字面侵权。

基于上述分析，字面侵权原则对专利权人保护的局限性简而言之，一是字面侵权原则将专利的保护范围解释为权利要求字面所限定的范围，这使得专利的保护范围过于狭窄；二是侵权人只需对权利要求所记载的技术方案做些许非实质性改变就可以避免字面侵权。由此可见，字面侵权原则对专利权人的保护非常有限，等同原则应运而生。

等同原则不仅将那些构成字面侵权的技术方案认定为侵权，而且将那些并未构成字面侵权，但却以与专利技术方案基本相同的技术手段，实现基本相同的功能，达到基本相同的技术效果的技术方案也纳入专利的保护范围，认定构成侵权，这大大加强了对专利权人的保护。

二、等同原则的司法解读

(一) 等同原则的比对对象：具体技术特征

从《专利纠纷问题规定》中"等同特征是指与所记载的技术特征以基本相同的手段"可以看出，等同原则的比对对象应当是权利要求中所明确记载的具体技术特征，而非权利要求所记载的整个技术方案。相对于具体技术特征的等同，整个技术方案的等同无形中会扩大专利权的保护范围，进而导致对专利权人的过度保护。

对于在等同侵权判定时，是只能以"一对一"的方式进行技术特征比对，还是可以以"一对多"或"多对一"的方式进行技术特征比对，该司法解释并未明确规定。但是，最高人民法院在宁波市东方机芯总厂诉江阴金铃五金制品有限公司侵犯专利权纠纷再审案［最高人民法院民事判决书（2001）民三提字第 1 号再审判决书］中进行过"多对一"的侵权等同对比，最高人民法院认为，事实上，金铃公司是将专利中固定盲板和导向为一体的导向板分解成分别起固定盲板和导向作用的工件拖板和防震限位板两个部件，如果将工件拖板和防震限位板作为一个整体看，其功能与专利中的导向板并无不同。同时，北京市高级人民法院在《专利侵权判定指南（2017）》中规定："等同特征，可以是权利要求中的若干技术特征对应于被诉侵权技术方案中的一个技术特征，也可以是权利要求中的一个技术特征对应于被诉侵权技术方案中的若干技术特征的组合"，即等同侵权判定不仅可以进行"一对一"的比对，还可以进行"一对多"或"多对一"的比对。

但是对于权利要求所要求保护的技术方案与被诉侵权技术方案存在多个等同特征的情况，是否就可直接认定被诉侵权技术方案对权利要求构成等同侵权，即量积累到一定程度时是否会导致质的变化问题，北京市高级人民法院认为：权利要求与被诉侵权技术方案存在多个等同特征，如果该多个等同特征的叠加导致被诉侵权技术方案形成了与权利要求技术构思不同的技术方案，或者被诉侵权技术方案取得了预料不到的技术效果的，则一般不宜认定构成等同侵权；即当存在多个等同特征的时候，并不宜直接认定被诉侵权技术方案对权利要求构成等同侵权，还需要考证多个等同特征的叠加是否会导致不同技术构思的形成或者预料不到技术效果的取得。

（二）等同原则成立的一个必要非充分条件：手段、功能、效果基本相同

根据《专利纠纷问题规定》，等同特征是指"与所记载的技术特征以基本相同的手段，实现基本相同的功能，达到基本相同的效果"的技术特征，即等同特征应当是在技术手段、功能和效果这三方面都构成基本相同的技术特征。依据该司法解释的有关规定，等同原则的成立还需要具备其他条件，因此，手段、功能、效果基本相同只是等同原则成立的一个必要非充分条件。

每一项权利要求记载的是一项完整的技术方案，技术方案本身则是由权利要求所记载的、以技术特征为表现形式的技术手段构成，而每一项技术手段在该权利要求所限定的技术方案中都能发挥一定的功能，进而能达到一定的技术效果，即技术手段、功能和效果都是针对特定技术方案而言的。因此，在评价手段、功能和效果是否构成基本相同时，应当将其放在权利要求所限定的整个技术方案与被诉侵权的相应技术方案中进行考量，而不应脱离技术方案来进行独立评价。所谓"基本相同的手段"，是指被诉侵权技术方案中的技术特征与权利要求对应技术特征在技术内容上并无实质性差异；所谓"基本相同的功能"，是指被诉侵权技术方案中的技术特征与权利要求对应技术特征在各自技术方案中所起的作用基本相同。被诉侵权技术方案中的技术特征与权利要求对应技术特征相比还有其他作用的，不予考虑；所谓"基本相同的效果"，是指被诉侵权技术方案中的技术特征与权利要求对应技术特征在各自技术方案中所达到的技术效果基本相当。被诉侵权技术方案中的技术特征与权利要求对应技术特征相比还有其他技术效果的，不予考虑。

（三）等同原则成立的另一个必要非充分条件：本领域的普通技术人员容易想到

根据《专利纠纷问题规定》，等同原则的成立还需要具备另一个前提条件，即

具备该三个基本相同条件的技术特征应当是"本领域的普通技术人员无需经过创造性劳动就能够联想到的特征"。

关于何为"本领域的普通技术人员",该司法解释并未进行明确定义。但是,中国《专利审查指南 2010》对类似的术语"所属技术领域的技术人员"进行了定义,即"所属技术领域的技术人员,也可称为本领域的技术人员,是指一种假设的'人',假定他知晓申请日或者优先权日之前发明所属技术领域所有的普通技术知识,能够获知该领域中所有的现有技术,并且具有应用该日期之前常规实验手段的能力,但他不具有创造能力。如果所要解决的技术问题能够促使本领域的技术人员在其他技术领域寻找技术手段,他也应具有从该其他技术领域中获知该申请日或优先权日之前的相关现有技术、普通技术知识和常规实验手段的能力。"参考该定义"本领域的普通技术人员"应该是一种法律拟制的人,其代表本领域技术人员的一般技术水准,通晓本领域的普通技术知识,最为重要的是其不具有创造能力。因此,在就被诉侵权技术方案中的有关特征是否是"本领域的普通技术人员无需经过创造性劳动就能够联想到的特征"进行判断时,判决是否是基于"本领域的普通技术人员"这样的认知和能力水平作出的,则显得尤为重要。虽然现实中的法官、技术调查官、陪审员、司法鉴定人员与"本领域的普通技术人员"这一理想化的法律拟制人都存在着或多或少的差异,但这些人员在进行评案或者提供司法鉴定意见时,应有意从"本领域的普通技术人员"的角度出发进行评案,以确保其对等同特征认定的准确。因此,对于"无需经过创造性劳动就能够联想到",应当是指对所属技术领域的普通技术人员而言,被诉侵权技术方案中替换手段与权利要求对应技术特征相互替换是显而易见的。

(四) 被诉侵权行为发生之时:等同侵权判定的基准时间点

在进行等同侵权判定时,应当首先确定一个基准时间点,并以该基准时间点的技术状况为准,来判定被诉侵权技术方案是否对专利构成等同侵权。这是因为,技术总是随着时间的推移而不断发展变化的,等同侵权判定的基准时间点不同,等同侵权判定的结论也就有可能不同。纵观世界各国的专利司法实践,有的国家采用"专利申请日(优先权日)"作为等同侵权判定的基准时间点,有的国家则采用"专利公开日"或者"侵权行为发生日"作为等同侵权判定的基准时间点。在我国,最高人民法院在《专利纠纷问题规定》中将等同侵权判定的基准时间点规定为"被诉侵权行为发生时",这也就是说,在专利申请日之后、被诉侵权行为发生之前出现的与专利技术特征不同的技术特征,如果其属于被诉侵权行为发生日所属技术领域普通技术人员能够容易想到的替换性技术特征,该技术特征也应当被认定为等同特征,虽然从专利申请日以前的技术发展状况来看,其不一定会被认定为等同特征。

需要注意的是,对于针对功能性限定权利要求的等同侵权判定,北京市高级人民法院在其《专利侵权判定指南（2017）》中认为对于包含功能性特征的权利要求，被诉侵权技术方案的相应结构、步骤特征是以基本相同的手段，实现相同的功能，达到相同的效果，且本领域普通技术人员在涉案专利申请日后至被诉侵权行为发生时无需经过创造性劳动就能够联想到的，应当认定该相应结构、步骤特征与功能性特征等同，即等同的判断时间点为专利申请日至被诉侵权行为发生时。此与该指南之前的规定是有所不同的，其之前规定的等同判断时间点为"专利申请日"。

（五）功能性限定技术特征的等同：以具体实施方式判定

《专利权纠纷问题解释（二）》第八条第一款规定："功能性特征是指对于结构、组分、步骤、条件或其之间的关系等，通过其在发明创造中所起的功能或者效果进行限定的技术特征，但本领域普通技术人员仅通过阅读权利要求即可直接、明确地确定实现上述功能或者效果的具体实施方式的除外。"关于功能性特征的解释，《专利权纠纷问题解释》第四条规定："对于权利要求中以功能或者效果表述的技术特征，人民法院应当结合说明书和附图描述的该功能或者效果的具体实施方式及其等同的实施方式，确定该技术特征的内容"，即功能性特征的保护范围应限于说明书和附图描述的该功能或者效果的具体实施方式及其等同的实施方式。同时，《专利权纠纷问题解释（二）》第八条第二款又规定："与说明书及附图记载的实现前款所称功能或者效果不可缺少的技术特征相比，被诉侵权技术方案的相应技术特征是以基本相同的手段，实现相同的功能，达到相同的效果，且本领域普通技术人员在被诉侵权行为发生时无需经过创造性劳动就能够联想到的，人民法院应当认定该相应技术特征与功能性特征相同或者等同。"对于外观设计中的功能性设计特征，最高人民法院在"逻辑编程开关（SR14）"外观设计专利权无效行政纠纷案［最高人民法院行政判决书（2012）行提字第 14 号］中认为，功能性设计特征是指那些在该外观设计产品的一般消费者看来，由所要实现的特定功能唯一决定而并不考虑美学因素的设计特征；功能性设计特征的判断标准并不在于该设计特征是否因功能或技术条件的限制而不具有可选择性，而在于一般消费者看来该设计特征是否仅仅由特定功能所决定，从而不需要考虑该设计特征是否具有美感；功能性设计特征对于外观设计的整体视觉效果通常不具有显著影响。北京市高级人民法院《专利侵权判定指南（2017）》第十八条规定："对于权利要求中以功能或者效果表述的功能性特征，应当结合说明书及附图描述的该功能或者效果的具体实施方式及其等同的实施方式，确定该技术特征的内容。"同时，该条又规定一般不宜将下列情形认定为功能性特征：

（1）以功能或效果性语言表述且已经成为本领域普通技术人员普遍知晓的技术术语，或以功能或效果性语言表述且仅通过阅读权利要求即可直接、明确地确定实现上述功能或者效果的具体实施方式的技术特征。

（2）使用功能性或效果性语言表述，但同时也用相应的结构、组分、材料、步骤、条件等特征进行描述的技术特征。

（六）包含方法步骤顺序的方法专利的等同判定

对于一些方法专利权利要求，其是由方法步骤技术特征构成的，并且这些方法步骤之间又存在着一定的顺序关系，而被诉侵权技术方案可能只是对这些方法步骤之间的顺序关系进行了互换，在此种情况下，应当如何进行等同侵权判定，最高人民法院在其2009年度典型案件中的OBE-工厂·翁玛赫特与鲍姆盖特纳有限公司与浙江康华眼镜有限公司侵犯发明专利权纠纷再审案［最高人民法院民事判决书（2008）民申字第980号］中认为，在方法专利侵权诉讼中，不应以权利要求没有对步骤顺序明确进行限定为由，不考虑步骤顺序对权利要求的限定作用，而是应当结合说明书和附图、审查档案、权利要求记载的整体技术方案以及各个步骤之间的逻辑关系，从本领域普通技术人员的角度出发确定各步骤是否应当按照特定的顺序实施。对于存在步骤顺序的方法发明，步骤本身以及步骤之间的顺序均应对专利权的保护范围起到限定作用。同时，最高人民法院又在2013年的典型案件中的浙江乐雪儿家居用品有限公司与陈某某、何某某、温某某侵害发明专利权纠纷提审案［最高人民法院民事判决书（2013）民提字第225号］中强调，方法专利的步骤顺序是否对专利权的保护范围起到限定作用，从而导致在步骤互换中限制等同原则的适用，关键要看这些步骤是否必须以特定的顺序实施以及这种互换是否会带来技术功能或者技术效果上的实质性差异。此外，《专利权纠问题解释（二）》第十一条规定："方法权利要求未明确记载技术步骤的先后顺序，但本领域普通技术人员阅读权利要求书、说明书及附图后直接、明确地认为该技术步骤应当按照特定顺序实施的，人民法院应当认定该步骤顺序对于专利权的保护范围具有限定作用。"因此，对于只对方法专利的方法步骤进行了互换的被诉侵权技术方案，如果方法步骤的互换并不能对技术功能或效果产生实质上的影响，那么应当认定该被诉侵权技术方案构成等同侵权。

（七）其他情形的等同判定

《专利权纠纷问题解释（二）》又针对以制备方法界定产品的技术特征以及对数值特征进行界定的技术特征的等同进行了专门规定，体现在：对于权利要求中以制备方法界定产品的技术特征，被诉侵权产品的制备方法与其不相同也不等同的，人民法院应当认定被诉侵权技术方案未落入专利权的保护范围；权利要求采用"至少""不超过"等用语对数值特征进行界定，且本领域普通技术人员阅读权利要求书、说明书及附图后认为专利技术方案特别强调该用语对技术特征的限定作用，权利人主张与其不相同的数值特征属于等同特征的，人民法院不予支持。

2013 年 6 月 27 日，江苏省高级人民法院在湖南科力远新能源股份有限公司、爱蓝天高新技术材料有限公司侵犯发明专利权纠纷一案审判监督民事判决［（2011）苏知民再终字第 0001 号民事判决书］中认为，一方面，根据专利法的原理，专利申请人在撰写权利要求保护范围的过程中会在客观条件的限制下以及法律允许的情况下尽最大可能要求其保护范围，权利要求书中未经修改的数值范围是专利权人自主选择的结果，该数值范围以外的内容应当视为专利权人认为不能或不应得到专利保护的内容，因此，不应当将有明确端点的数值范围之外，并且与该范围差异明显的数值纳入到等同技术特征的范围内。另一方面，在专利的审查过程中，专利行政管理部门是在申请人撰写的包括端点明确数值范围的权利要求的基础上，认为其符合专利法及其实施细则的有关规定，从而授予其专利权的。如果申请人在专利申请时要求保护一个过于宽泛的数值范围，则可能由于此范围所限定的技术方案包括了与现有技术相同或相似的内容从而不具备新颖性、创造性而得不到授权，或者可能由于此范围的概括超出了说明书具体公开的范围从而得不到说明书的支持而不能获得授权。这些在申请阶段可能导致专利无法获得授权的过于宽泛的数值范围，既然其没有被记载在授权后的权利要求范围内，如果通过等同特征的方式再将其纳入专利的保护范围内，对于公众而言显然是不公平的。因此，对于权利要求中端点明确的数值范围，其等同特征的范围应当相对狭窄，即应当严格控制等同原则的适用，尤其是与权利要求所限定范围差异明显的技术特征。

（八）等同原则的适用受到其他侵权判定、抗辩原则的制约

《专利权纠纷问题解释》第七条规定："人民法院判定被诉侵权技术方案是否落入专利权的保护范围，应当审查权利人主张的权利要求所记载的全部技术特征。被诉侵权技术方案包含与权利要求记载的全部技术特征相同或者等同的技术特征的，人民法院应当认定其落入专利权的保护范围；被诉侵权技术方案的技术特征与权利要求记载的全部技术特征相比，缺少权利要求记载的一个以上的技术特征，或者有一个以上技术特征不相同也不等同的，人民法院应当认定其没有落入专利权的保护范围。"由此可知，等同原则的适用要受到"全面覆盖原则"的制约，即被控侵权的产品或方法必须在其包括有与专利权利要求所记载的全部技术特征相同或者等同的技术特征的情况下，侵权才能成立，即使其他技术特征构成相同或者等同，但只要缺少技术特征，或者有的技术特征不相同也不等同的，侵权就不能成立。

《专利权纠纷问题解释》第五条规定："对于仅在说明书或者附图中描述而在权利要求中未记载的技术方案，权利人在侵犯专利权纠纷案件中将其纳入专利权保护范围的，人民法院不予支持"。同时，该司法解释第六条规定："专利申请人、专利权人在专利授权或者无效宣告程序中，通过对权利要求、说明书的修改或者意见陈述而放弃的技术方案，权利人在侵犯专利权纠纷案件中又将其纳入专利权保护范围

的，人民法院不予支持。"由此可见，专利权人仅在说明书或者附图中描述而未在权利要求中记载的技术方案以及在专利授权或确权程序中为了获得授权或者确保权利能被维持有效而放弃的技术方案，不能再通过主张适用等同原则而将已经放弃的技术方案重新纳入专利的保护范围。在再审申请人孙某某与被申请人任丘市博成水暖器材有限公司、张某某、乔某某侵害实用新型专利权纠纷案〔最高人民法院民事裁定书（2015）民申字第740号〕中，最高人民法院指出，等同原则的适用需要兼顾专利权人和社会公众的利益，且须考虑专利申请与专利侵权时的技术发展水平，合理界定专利权的保护范围。专利申请时已经明确排除的技术方案，不能以技术特征等同为由在侵权判断时重新纳入专利权的保护范围。等同原则的适用也受到"禁止反悔原则"的制约。在中誉公司与九鹰公司侵犯实用新型专利权纠纷案〔最高人民法院民事裁定书（2011）民提字第306号〕中，最高人民法院指出，禁止反悔原则通常适用于专利权人通过修改或意见陈述而自我放弃技术方案的情形；若独立权利要求被宣告无效而在其从属权利要求的基础上维持专利权有效，且专利权人未曾作自我放弃，则不宜仅因此即对该从属权利要求适用禁止反悔原则并限制等同侵权原则的适用。

此外，《专利法》第六十二条规定："在专利侵权纠纷中，被控侵权人有证据证明其实施的技术或者设计属于现有技术或者现有设计的，不构成侵犯专利权。"《专利权纠纷问题解释》第十四条规定："被诉落入专利权保护范围的全部技术特征，与一项现有技术方案中的相应技术特征相同或者无实质性差异的，人民法院应当认定被诉侵权人实施的技术属于专利法第六十二条规定的现有技术。"此两条所规定的就是"现有技术抗辩"，虽然该原则规定的是通过对被控侵权产品或方法与现有技术进行对比来主张侵权抗辩，并未涉及被控侵权产品或方法与专利权利要求所记载的技术特征进行对比。但对被控侵权产品或方法与现有技术进行对比的技术特征应当是与专利权利要求所记载的技术特征相应的技术特征，在确定该相对应的技术特征的时候需要对被控侵权产品或方法与专利权利要求中的技术特征进行对比。此外，现有技术抗辩原则考查的是被控侵权产品或方法的技术方案更接近现有技术还是更接近专利，目的是防止专利权人将现有技术也纳入其专利的保护范围。由此可见，等同原则的适用也受到现有技术抗辩的制约。

三、对原告主张适用等同原则的建议

（一）从便于适用等同原则出发来撰写权利要求并对审查意见进行答复

原告主张适用等同原则能否成功，很大程度上取决于权利要求的质量。在中国，许多国内企业，由于没有运用专利的经验，其在撰写权利要求或者对审查意见通知书进行答复时，主要是基于快速得到授权这一目的来进行撰写或者答复，而很少会考虑授权后如何运用专利。这就导致当出现可以运用专利主张权利的情况时，却发现授权的权利要求质量太差，无法达到使用目的。一个专利如果没有使用价值，那么是否能够授权也就变得没有实际意义了。因此，有必要将权利要求撰写以及审查意见通知书答复的指导思想改变为以使用专利为目的。

为了便于等同原则的适用，在撰写权利要求时，就需要特别考究如何来架构权利要求、如何来选用技术术语、如何来使说明书和权利要求书进行相互配合。在架构权利要求时，只需将为实现发明目的所必需的技术特征写入权利要求即可，避免将非必要技术特征写入权利要求；在对技术术语进行选择时，应尽量使用本技术领域通用的、含义确定、意义宽泛的术语，而避免造词或使用生僻词；应尽量使用上位概念的技术术语，但前提是可以得到说明书的充分支持，避免出现说明书已经记载但未被纳入权利要求的保护范围，从而导致捐献原则在后续的侵权诉讼中被适用。

在申请人对审查员所发出的审查意见通知书进行答复时，即使未对权利要求进行修改，其答复对后续针对该授权权利要求而进行的等同原则的适用仍会产生实质影响。关于这一点，许多申请人都没有认识。在对新颖性和创造性进行审查时，审查员在其审查意见通知书中通常会指出专利申请如何被对比文件所公开，而申请人在收到这样的审查意见通知书后，为了得到授权，用大量的笔墨、从多个角度来阐述要求保护的权利要求所记载的技术特征与对比文件所公开的技术特征如何不同。殊不知，陈述的越多对权利要求限缩得也就越厉害，尽管权利要求没有被修改，但此时权利要求的保护范围已经与申请时完全不同。因为，申请人在陈述专利申请与现有技术如何不同时，实质上就是将权利要求的保护范围限缩到了其所谓的"不同"上，"不同"越多，对权利要求限缩得也就越厉害。由此可见，对审查意见通知书进行答复时也是要讲究技巧的。

（二）搜集并提交用于支持等同原则适用的必要证据

等同原则实际是在被控侵权产品或方法对专利并未构成相同侵权的情况下，由原告主张适用的。原告在主张等同侵权时，需要证明被控侵权产品或方法与专利所存在的不同并未构成实质不同。而实践中，多数情况下，原告只是进行书面或者口头论述，而很少会拿出具体的证据来进行佐证。这就给法官在适用等同原则时带来了困难，因为，法官作为法律工作者，一般均不具备涉案专利所属技术领域的技术常识，如果在原告举证不足的情况下，法官很难做出比较客观的审判。

在中国，被控侵权产品或方法对原告专利构成等同侵权一般需要满足两方面的条件：一个是"三个基本相同"，即手段、功能、效果基本相同；一个是"容易想到"，即"三个基本相同"对于本领域的普通技术人员而言容易想到。对于"三个基本相同"，由于手段、功能、效果都是客观技术层面的事物，因此一般可以通过客观证据加以佐证；而对于"容易想到"，由于其主要涉及本领域普通技术人员主观层面的认识，因此很难通过客观证据加以证明。

所谓的技术手段，实质就是指被控侵权产品或方法与专利进行等同对比的技术特征所采用的技术手段。技术手段本身是客观存在于被控侵权产品或方法中的，通过对被控侵权产品或方法进行剖析，或者通过查阅被控侵权产品说明书、结构图、电路图或被控侵权方法的流程图，或者通过对被控侵权产品进行反向工程等，就能够获知被控侵权产品或方法的技术手段。因此，被控侵权产品本身、产品说明书、结构图、电路图、流程图等都是可以用来证明技术手段的证据。所谓的技术功能与技术效果，并非泛指被控侵权产品或方法的相应技术特征所具有的所有功能和效果，而是指相应的技术特征在解决发明所要解决的技术问题时所体现出来的功能和效果。所谓发明所要解决的技术问题，是指原告主张的权利要求所记载的技术方案本身所要解决的技术问题。因此，原告在主张被控侵权产品或方法中相应的技术特征具有基本相同的功能和效果时，不能盲目地进行主张，而必须结合发明所要解决的技术问题来进行举证。功能与效果虽然也是客观存在的，但是却往往无法进行直接感知，而需要借助外部的技术测试手段、测试仪器等进行验证。例如，专利权利要求中的某个技术特征具有节约能耗的技术效果，那么在验证被控侵权产品中的相应技术特征也具有同样的技术效果的时候，则可以借助外部的检测设备对被控侵权产品的能耗性能进行检测，进而通过检测结果进行验证。一般而言，为了使得这些检测结果更客观、更具有证明力，建议委托外部有公信力的第三方检测机构进行检测并出具检测报告，然后，再将这些报告提供给法院作为证据使用。

关于"容易想到"，由于其具有很强的主观性，除非能够搜集到明确记载有本领域的普通技术人员基于原告专利而容易想到用被控侵权的产品或方法来实施原告专利这样的直接证据，否则很难进行直接证明。但是，可以考虑请技术专家提供书面证言或者出庭作证，也可以独自委托或请法院委托司法鉴定机构进行鉴定，进而就"容易想到"进行证明。

(三) 善于利用司法技术鉴定程序来引导诉讼程序走向

专利侵权诉讼与其他诉讼很不同的一点是，法官在审理专利侵权诉讼时对事实的认定，不仅包括对一般事实的认定，还主要包括对技术事实的认定，即被控侵权产品或方法对专利是否构成相同或等同侵权的认定。法官作为专业的法律从业人员，其专长在于法律适用，并不具备坚实的技术知识储备。虽然近几年，越来越多的具备理工科背景的法官加入知识产权审判工作，但总体规模还很小，无法应对技术日益复杂、技术领域日益宽泛的专利侵权诉讼。正是在这种背景下，法庭通常会借助外部力量来解决案件中的复杂技术问题，而司法技术鉴定则是被法庭采用的常用途径之一。

除了法律适用问题，专利侵权诉讼案件中几乎所有的技术问题均可考虑委托司法鉴定机构进行鉴定，这其中包括被控侵权产品技术特征的认定、被控侵权产品性能测试、被控侵权产品的特定技术特征是否与专利权利要求的技术特征构成相同或等同、被控侵权产品是否落入专利的保护范围等。但需要特别强调的是，有许多人认为司法鉴定机构可以就被控侵权产品是否对专利构成侵权进行鉴定，而对被控侵权产品是否落入专利保护范围的鉴定其实就是对被控侵权产品是否对专利构成侵权的认定，这其实是一种误解。对被控侵权产品是否对专利构成侵权的认定，除了对技术事实的认定以外，还包括法律适用问题，法律适用是司法审判权的应有之义，是法院的特定职责，这部分职能不能由司法鉴定机构代为行使。此外，即使是由法院委托的司法鉴定，司法鉴定机构所作出的司法鉴定结论也只有经过法庭质证后才能作为定案的依据，而并非一经司法鉴定机构作出就可以直接成为定案的依据。

司法技术鉴定的启动一般可通过两种途径：一种是当事人单方面委托司法鉴定机构进行，另一种是当事人请求法院或由法院自行决定委托司法鉴定机构进行。但经过这两种途径所形成的司法鉴定结论在诉讼中的作用却是不同的。对于当事人单方面委托的司法鉴定，由于检材的提供、鉴定事项的委托都是由当事人单方来完成的，鉴定会议也是由当事人单方参加的，因此，最终形成的司法鉴定报告即使以证据的形式向法院提交，在法庭质证环节也很容易被对方否定；对于由法院启动的司法鉴定，由于检材的提供、鉴定事项的委托是由法院来完成的，所提供的检材也是经过质证后的证据，同时，鉴定会议一般是由双方当事人共同参加的，在这种情况下，司法鉴定受一方当事人的影响也会相对小一些，最终形成的司法鉴定意见经过质证后被法庭采纳的机率也就更高。

由此可见，由法院委托进行的司法技术鉴定所形成的司法鉴定意见被法院最终采纳并成为定案依据的可能性要大很多。但是，并不是每个有技术疑难问题的专利侵权诉讼案件都会由法院委托外部司法鉴定机构来进行司法技术鉴定，即使当事人在举证期限内向法院提出了请求，法院也并不一定会接受当事人的请求而进行司法技术鉴定。因此，为了防止提出司法鉴定请求而不被法院接受的情况发生，建议可以自行先行委托司法鉴定，然后再视具体情况，决定是否将自行委托的司法鉴定意见提交给法院。

此外，还需要特别强调的是，司法技术鉴定程序不仅可以由原告利用，被告也可以根据被控侵权产品或方法对原告专利构成侵权的可能性大小、法院可能受原告单方面影响的情况等来合理利用司法技术鉴定程序。

（四）等同侵权证据举证、等同侵权观点主张时机选择

进行专利侵权诉讼其实是需要讲究技巧的，合理充分地利用现行法律所提供的

各种制度安排对于案件的走向以及最终的诉讼结果都会产生影响。对于原告而言，何时提交等同侵权证据、何时提出等同侵权主张也是需要认真考虑的问题。

在中国，起诉一般只需要满足四方面的条件，即原告是与该案有直接利害关系的公民、法人和其他组织；有明确的被告；有具体的诉讼请求和事实、理由；属于人民法院受理民事诉讼的范围和受诉人民法院管辖。而具体到专利侵权诉讼，原告在起诉的时候，只需要向法院明确具体的被告，明确被告有具体的侵权行为并附具如涉案侵权产品等相关证据，其起诉一般就能够被法院受理，而无需主张被告对原告的专利构成等同侵权并提交相应的证据。

一般而言，证明被告对原告的专利构成等同侵权的证据最好能够在法院指定的举证期限内进行提交，这样，相关证据在随后的质证环节经过质证后，可被法院认可并作为定案的依据。而关于原告应在何时向法院主张被告对原告专利构成等同侵权，我们认为提出主张的时间越晚越好，这是因为，如果过早地进行主张的话，就会给被告应对原告进行等同侵权主张的机会，而如果在未明确告知被告该项主张的时候，被告只通过研究原告提交的相应证据，一般是较难获知原告是通过哪个具体的技术细节来进行等同侵权主张的。如果可能的话，原告最好在开庭时进行主张，这样，被告就很难进行很好的抗辩主张了。

四、等同原则在中国法中的体现

在中国，等同原则是在《最高人民法院关于审理专利纠纷案件适用法律问题的若干规定》中首次被规定的，该司法解释第十七条规定："专利法第五十九条第一款所称的'发明或者实用新型专利权的保护范围以其权利要求的内容为准，说明书及附图可以用于解释权利要求的内容'，是指专利权的保护范围应当以权利要求书中明确记载的必要技术特征所确定的范围为准，也包括与该必要技术特征相等同的特征所确定的范围。等同特征是指与所记载的技术特征以基本相同的手段，实现基本相同的功能，达到基本相同的效果，并且本领域的普通技术人员无需经过创造性劳动就能够联想到的特征。"

但最高人民法院于 2015 年对该司法解释进行了第二次修订，并在该修订的司法解释第十七条中增加了被诉侵权行为发生时为等同判定的时间基准的内容，将 2001 年版的相应内容修改为："专利法第五十九条第一款所称的'发明或者实用新型专利权的保护范围以其权利要求的内容为准，说明书及附图可以用于解释权利要求的内容'，是指专利权的保护范围应当以权利要求记载的全部技术特征所确定的范围为准，也包括与该技术特征相等同的特征所确定的范围。等同特征，是指与所记载的技术特征以基本相同的手段，实现基本相同的功能，达到基本相同的效果，并且本领域普通技术人员在被诉侵权行为发生时无需经过创造性劳动就能够联想到的特征。"

《最高人民法院关于审理侵犯专利权纠纷案件应用法律若干问题的解释》也对与等同原则的适用相关的内容做了规定,该司法解释第四条对如何界定功能或效果限定型技术特征的内容规定为:"对于权利要求中以功能或者效果表述的技术特征,人民法院应当结合说明书和附图描述的该功能或者效果的具体实施方式及其等同的实施方式,确定该技术特征的内容。"

此外,该司法解释第七条又对全面覆盖原则和等同原则的适用做了补充规定:"人民法院判定被诉侵权技术方案是否落入专利权的保护范围,应当审查权利人主张的权利要求所记载的全部技术特征。"

被诉侵权技术方案包含与权利要求记载的全部技术特征相同或者等同的技术特征的,人民法院应当认定其落入专利权的保护范围;被诉侵权技术方案的技术特征与权利要求记载的全部技术特征相比,缺少权利要求记载的一个以上的技术特征,或者有一个以上技术特征不相同也不等同的,人民法院应当认定其没有落入专利权的保护范围。

《最高人民法院关于审理侵犯专利权纠纷案件应用法律若干问题的解释(二)》

第八条 功能性特征,是指对于结构、组分、步骤、条件或其之间的关系等,通过其在发明创造中所起的功能或者效果进行限定的技术特征,但本领域普通技术人员仅通过阅读权利要求即可直接、明确地确定实现上述功能或者效果的具体实施方式的除外。

与说明书及附图记载的实现前款所称功能或者效果不可缺少的技术特征相比,被诉侵权技术方案的相应技术特征是以基本相同的手段,实现相同的功能,达到相同的效果,且本领域普通技术人员在被诉侵权行为发生时无需经过创造性劳动就能够联想到的,人民法院应当认定该相应技术特征与功能性特征相同或者等同。

第十条 对于权利要求中以制备方法界定产品的技术特征,被诉侵权产品的制备方法与其不相同也不等同的,人民法院应当认定被诉侵权技术方案未落入专利权的保护范围。

第十一条 方法权利要求未明确记载技术步骤的先后顺序,但本领域普通技术人员阅读权利要求书、说明书及附图后直接、明确地认为该技术步骤应当按照特定顺序实施的,人民法院应当认定该步骤顺序对于专利权的保护范围具有限定作用。

第十二条 权利要求采用"至少""不超过"等用语对数值特征进行界定,且本领域普通技术人员阅读权利要求书、说明书及附图后认为专利技术方案特别强调该用语对技术特征的限定作用,权利人主张与其不相同的数值特征属于等同特征的,人民法院不予支持。

北京市高级人民法院《专利侵权判定指南（2017）》

5. 审理侵犯发明或者实用新型专利权纠纷案件，应当首先确定专利权的保护范围。发明或者实用新型专利权的保护范围应当以权利要求记载的技术特征所确定的内容为准，也包括与所记载的技术特征相等同的技术特征所确定的内容。

18. 对于权利要求中以功能或者效果表述的功能性特征，应当结合说明书及附图描述的该功能或者效果的具体实施方式及其等同的实施方式，确定该技术特征的内容。

功能性特征，是指对于结构、组分、材料、步骤、条件或其之间的关系等，通过其在发明创造中所起的功能或者效果进行限定的技术特征。下列情形一般不宜认定为功能性特征：

（1）以功能或效果性语言表述且已经成为本领域普通技术人员普遍知晓的技术术语，或以功能或效果性语言表述且仅通过阅读权利要求即可直接、明确地确定实现上述功能或者效果的具体实施方式的技术特征；

（2）使用功能性或效果性语言表述，但同时也用相应的结构、组分、材料、步骤、条件等特征进行描述的技术特征。

21. 以制备方法界定产品的技术特征对于确定专利权的保护范围具有限定作用。被诉侵权产品的制备方法与专利方法既不相同也不等同的，应当认定被诉侵权技术方案未落入专利权的保护范围。

35. 全面覆盖原则。全面覆盖原则是判断一项技术方案是否侵犯发明或者实用新型专利权的基本原则。具体含义是指，在判定被诉侵权技术方案是否落入专利权的保护范围，应当审查权利人主张的权利要求所记载的全部技术特征，并以权利要求中记载的全部技术特征与被诉侵权技术方案所对应的全部技术特征逐一进行比较。被诉侵权技术方案包含与权利要求记载的全部技术特征相同或者等同的技术特征的，应当认定其落入专利权的保护范围。

44. 在专利侵权判定中，在相同侵权不成立的情况下，应当判断是否构成等同侵权。

被诉侵权技术方案构成等同侵权应当有充分的证据支持，权利人应当举证或进行充分说明。

45. 被诉侵权技术方案有一个或者一个以上技术特征与权利要求中的相应技术特征从字面上看不相同，但是属于等同特征，在此基础上，被诉侵权技术方案被认定落入专利权保护范围的，属于等同侵权。

等同特征，是指与权利要求所记载的技术特征以基本相同的手段，实现基本相同的功能，达到基本相同的效果，并且本领域普通技术人员无需经过创造性劳动就能够想到的技术特征。

在是否构成等同特征的判断中，手段是技术特征本身的技术内容，功能和效果是技术特征的外部特性，技术特征的功能和效果取决于该技术特征的手段。

46. 基本相同的手段，是指被诉侵权技术方案中的技术特征与权利要求对应技术特征在技术内容上并无实质性差异。

47. 基本相同的功能，是指被诉侵权技术方案中的技术特征与权利要求对应技术特征在各自技术方案中所起的作用基本相同。被诉侵权技术方案中的技术特征与权利要求对应技术特征相比还有其他作用的，不予考虑。

48. 基本相同的效果，是指被诉侵权技术方案中的技术特征与权利要求对应技术特征在各自技术方案中所达到的技术效果基本相当。被诉侵权技术方案中的技术特征与权利要求对应技术特征相比还有其他技术效果的，不予考虑。

49. 无需经过创造性劳动就能够想到，是指对于本领域普通技术人员而言，被诉侵权技术方案中的技术特征与权利要求对应技术特征相互替换是容易想到的。在具体判断时可考虑以下因素：两技术特征是否属于同一或相近的技术类别；两技术特征所利用的工作原理是否相同；两技术特征之间是否存在简单的直接替换关系，即两技术特征之间的替换是否需对其他部分作出重新设计，但简单的尺寸和接口位置的调整不属于重新设计。

50. 在判定是否构成等同侵权时，对手段、功能、效果以及是否需要创造性劳动应当依次进行判断，但手段、功能、效果的判断起主要作用。

51. 等同特征的替换应当是具体的、对应的技术特征之间的替换，而不是完整技术方案之间的替换。

52. 等同特征，可以是权利要求中的若干技术特征对应于被诉侵权技术方案中的一个技术特征，也可以是权利要求中的一个技术特征对应于被诉侵权技术方案中的若干技术特征的组合。

53. 等同特征替换，既包括对权利要求中区别技术特征的替换，也包括对权利要求前序部分中的技术特征的替换。

54. 判定被诉侵权技术方案的技术特征与权利要求的技术特征是否等同的时间点，应当以被诉侵权行为发生时为界限。

55. 权利要求与被诉侵权技术方案存在多个等同特征，如果该多个等同特征的叠加导致被诉侵权技术方案形成了与权利要求技术构思不同的技术方案，或者被诉侵权技术方案取得了预料不到的技术效果的，则一般不宜认定构成等同侵权。

56. 对于包含功能性特征的权利要求，与本指南第 19 条所述的结构、步骤特征相比，被诉侵权技术方案的相应结构、步骤特征是以基本相同的手段，实现相同的功能，达到相同的效果，且本领域普通技术人员在涉案专利申请日后至被诉侵权行为发生时无需经过创造性劳动就能够联想到的，应当认定该相应结构、步骤特征与功能性特征等同。

在判断上述结构、步骤特征是否构成等同特征时，应当将其作为一个技术特征，而不应将其区分为两个以上的技术特征。

57. 权利要求采用数值范围特征的，权利人主张与其不同的数值特征属于等同特征的，一般不予支持。但该不同的数值特征属于申请日后出现的技术内容的除外。

权利要求采用"至少""不超过"等用语对数值特征进行界定，且本领域普通技术人员阅读权利要求书、说明书及附图后认为专利技术方案特别强调该用语对技术特征的严格限定作用，权利人主张与其不相同的数值特征属于等同特征的，不予支持。

实用新型专利权利要求中具有数值特征，权利人主张被诉侵权技术方案相应数值特征为等同特征的，不予支持，但该不同的数值特征属于申请日后出现的技术内容的除外。

58. 仅在说明书或者附图中描述而未被概括到权利要求中的技术方案，应视为专利权人放弃了该技术方案。权利人主张该技术方案落入专利权保护范围的，不予支持。

59. 被诉侵权技术方案属于说明书中明确排除的技术方案，或者属于背景技术中的技术方案，权利人主张构成等同侵权的，不予支持。

60. 对于发明权利要求中的非发明点技术特征、修改形成的技术特征或者实用新型权利要求中的技术特征，如果专利权人在专利申请或修改时明知或足以预见到存在替代性技术特征而未将其纳入专利权的保护范围，在侵权判定中，权利人以构成等同特征为由主张将该替代性技术方案纳入专利权的保护范围的，不予支持。

61. 被诉侵权技术方案中的技术特征与权利要求中的技术特征是否等同进行判断时，被诉侵权人可以专利权人对该等同特征已经放弃、应当禁止其反悔为由进行抗辩。

禁止反悔，是指在专利授权或者无效程序中，专利申请人或专利权人通过对权利要求、说明书的限缩性修改或者意见陈述的方式放弃的保护范围，在侵犯专利权诉讼中确定是否构成等同侵权时，禁止权利人将已放弃的内容重新纳入专利权的保护范围。

62. 专利申请人或专利权人限制或者部分放弃的保护范围，应当是基于克服缺乏新颖性或创造性、缺少必要技术特征和权利要求得不到说明书的支持以及说明书未充分公开等不能获得授权的实质性缺陷的需要。

权利人不能说明专利申请人或专利权人修改专利文件原因的，可以推定其修改是为克服不能获得授权的实质性缺陷。

63. 专利申请人或专利权人对权利要求保护范围所作的限缩性修改或者陈述必须是明示的，而且已经被记录在书面陈述、专利审查档案、生效的法律文书中。

权利人能够证明专利申请人、专利权人在专利授权确权程序中对权利要求书、说明书及附图的限缩性修改或者陈述被明确否定的，应当认定该修改或者陈述未导致技术方案的放弃。

64. 禁止反悔的适用以被诉侵权人提出请求为前提，并由被诉侵权人提供专利申请人或专利权人反悔的相应证据。

在已经取得记载有专利申请人或专利权人反悔的证据的情况下，可以根据业已查明的事实，通过适用禁止反悔对权利要求的保护范围予以必要的限制，合理确定专利权的保护范围。

128. 被诉侵权技术方案的技术特征与权利要求记载的全部技术特征相比，缺少权利要求中记载的一项或一项以上技术特征的，不构成侵犯专利权。

129. 被诉侵权技术方案的技术特征与权利要求中对应技术特征相比，有一项或者一项以上的技术特征既不相同也不等同的，不构成侵犯专利权。

下列情况可以认定为不相同也不等同：

（1）该技术特征使被诉侵权技术方案构成了一项新的技术方案；

（2）该技术特征在功能、效果上明显优于权利要求中对应的技术特征，并且所属技术领域的普通技术人员认为这种变化具有实质性的改进，而不是显而易见的；

（3）被诉侵权技术方案省略权利要求中个别技术特征或者以简单或低级的技术特征替换权利要求中相应技术特征，舍弃或显著降低权利要求中与该技术特征对应的性能和效果从而形成变劣技术方案的。

 禁止反悔原则及其
司法适用

一、禁止反悔原则的概念及内涵

禁止反悔原则，又称禁止反言原则，是指在专利授权或者确权程序中，专利申请人或专利权人通过对权利要求、说明书的修改或者意见陈述的方式，对权利要求的保护范围作了限制或者部分放弃，从而在侵犯专利权诉讼中，在确定是否构成等同侵权时，禁止专利申请人或专利权人将已放弃的内容重新纳入专利权保护范围。美国称为"专利档案禁止反悔原则"，德国称为"不允许自相矛盾原则"，要求专利权人对权利要求进行的解释受到专利权人在专利授权程序和确权程序中所陈述的意见的约束。禁止反悔原则是与等同原则相对立的侵权判定原则，其实质是防止专利权人在专利侵权诉讼过程中出尔反尔，将其在专利授权或确权程序中已经限制或者放弃的技术方案通过主张适用等同原则而又将其重新纳入专利的保护范围。中国《专利法》中并无禁止反悔原则的规定，司法实践中，中国法官大胆引入了这一原则，在深圳

创格科技实业有限公司、马某某诉美国康柏电脑公司侵犯实用新型专利权纠纷案中，法院要求专利权人受其在无效宣告程序中向专利复审委员会提供的陈述意见（独立权利要求中的"可替换"被解释为"可互换"，"另"被解释为"另外"，以与现有技术区别）的约束，不得将其权利要求解释扩大到被告座槽之间不可互换的产品上，根据禁止反悔原则，拒绝原告超越无效宣告程序中自己对权利要求的限制性解释，判决不构成侵权。

禁止反悔原则是与等同原则相对立的原则，可直接限制等同原则的适用，其实质是防止专利权人在侵权诉讼过程中为了获得有利于自身的结果而将在专利授权或确权程序中已经放弃的技术方案通过主张适用等同原则来将其重新纳入专利的保护范围，进而证明其侵权主张成立。禁止反悔原则的核心是防止专利权人在专利审批过程（授权程序和确权程序）和专利侵权诉讼过程中出尔反尔。

禁止反悔原则其实来源于被誉为民商事活动的"帝王条款"——"诚实信用原则"，是诚实信用原则在专利诉讼领域中的具体应用。诚实信用原则是指民事主体进行民事活动必须意图诚实、善意，行使权利不侵害他人与社会的利益，履行义务信守承诺和法律规定，最终达到所有获取民事利益的活动，不仅应使当事人之间的利益得到平衡，而且也必须使当事人与社会之间的利益得到平衡的基本原则。我国《民法总则》第七条规定民事活动应当遵循诚信原则。由此可见，诚实信用原则已经成为我国民事主体从事民事活动的一项最基本原则。

专利制度作为一项基本的民事法律制度，在民事活动领域中所遵循的基本原则理应同样适用于专利申请、授权、维持等活动中，即专利申请人或者专利权人在提出专利申请时，在专利授权过程中对审查员发出的审查意见通知书进行答复时，在专利复审过程中提出复审请求并进行意见陈述时，在专利无效过程中进行意见陈述时，均应当本着"诚实信用原则"诚实、守信地对专利文件进行修改，并对审查员以及无效请求人提出的专利申请或者授权专利存在的不符合专利法所要求的授权条件的问题进行有针对性的答复或解释。具体到专利审查过程，审查员结合其所检索到的现有技术对比文件以及本领域普通技术人员所具备的一般技术知识，会就专利申请中所存在的不具备新颖性或创造性、权利要求书保护范围过宽得不到说明书的支持、权利要求不清楚不简要等问题发出审查意见通知书，由于审查意见通知书所指出的问题往往都是影响专利申请授权前景的实质性问题，所以，专利申请人会针对审查意见通知书所指出的这些问题对专利申请文件进行相应修改，或者通过意见陈述书对这些问题进行有针对性的回复，或者对权利要求的保护范围作出限制性承诺。审查员在专利申请人提交的意见陈述书以及修改的专利申请文件的基础上，继续进行审查，如果审查员指出的专利申请中所存在的问题已经被专利申请人提交的经修改的专利文件或者意见陈述书所解决，则审查员会发出授权通知书。由此可见，专利申请的最终授权是建立在专利申请人以对专利申请文件进行修改或者通过意见陈述书对审查员所指出的问题进行针对性答复的方式所作出的承诺或意思表示的基础上的,虽然这一承诺或意思表示是针对审查员作出的,但审查员在专利审查过程中所扮演的角色是代表国家对专利申请是否可以得到授权进行审查,审查员所代表的利益群体是整个社会公众,同时,专利权是一种"对世权",一经授权则对所有人产生排他权利。因此,专利申请人在专利审查过程中所作出的承诺或者意思表示亦应自然延及整个社会公众。

然而,在专利侵权诉讼程序中,专利权人为了能够获得对其有利的诉讼结果,往往会对其授权的专利权利要求的保护范围进行扩大性解释,其中常用的方式之一就是将在专利审批过程中已经放弃的技术方案重新纳入其专利保护范围或者对已经作出限制性解释的技术方案再进行扩大性解释,并通过主张等同原则进而证明其侵权主张成立。由此可见,专利权人在侵权诉讼程序中的这一行为,已经与其在专利审批过程中以特定方式作出的承诺或意思表示相违背,正如我们上面所论证的,虽然在专利审批过程中,专利申请人所作出的承诺或意思表示是针对审查员作出的,但审查员的身份是代表公众的国家,专利申请人对审查员所作出的承诺或意思表示自然亦应视为是对公众作出的,而在专利侵权诉讼程序中的被告自然也是公众的一份子,可见,专利权人在专利侵权诉讼过程中的"反悔"行为已经是对其承诺或意思表示的违反,自然不应被允许。由此可见,专利侵权诉讼过程中适用的禁止反悔原则是民事活动所遵循的"诚实信用原则"以及"契约精神"在专利领域的具体化。

二、禁止反悔原则的司法解读

(一)禁止反悔原则的适用对象是专利权人

虽然禁止反悔原则应适用于专利侵权诉讼中的专利权人而非其他诉讼参与人(如被告等)的做法已经被广泛认可,但是,纵观近几年的司法审判实践,确实有法院在其判决中错误适用该原则,如在浙江华立通信集团有限公司诉深圳三星科健移动通信技术有限公司、戴某侵害发明专利权纠纷案中,一审法院就将禁止反悔原则适用在了被告身上,可见有的法院对禁止反悔原则的认识还存在一定误区。

(二)仅在说明书或者附图中描述而未被权利要求概括的技术方案可导致禁止反悔原则的适用

在实践中,经常会出现特定的技术方案已经被专利说明书或者附图所公开,但是可能由于专利申请人的撰写问题或者为了克服审查员所指出的实质性缺陷而最终并未被授权权利要求所概括，针对这种情况，理论与实务界一般认为专利权人在后续的专利侵权诉讼中不得再将其纳入专利的保护范围。对此，《专利权纠纷问题解释》也进行了明确规定，该司法解释第五条规定："对于仅在说明书或者附图中描述而在权利要求中未记载的技术方案，权利人在侵犯专利权纠纷案件中将其纳入专利权保护范围的，人民法院不予支持。"此外，对于被诉侵权技术方案属于说明书中明确排除的技术方案的情况，如果专利权人主张构成等同侵权的，北京市高级人民法院在其《专利侵权判定指南（2017）》中规定法院应不予支持。

（三）对权利要求、说明书的修改可导致禁止反悔原则的适用

关于专利申请人或专利权人在专利授权或无效程序中对权利要求书和说明书作出的何种修改可导致禁止反悔原则的适用，一般认为如果所述修改是针对专利审查过程中审查员所指出的，或者无效宣告程序中无效宣告请求人所指出的专利申请或授权专利存在缺少新颖性或创造性的实质性缺陷而作出的，这样的修改可导致禁止反悔原则的适用。但是，针对除了缺少新颖性或创造性以外的其他实质性缺陷的修改是否亦可导致禁止反悔原则的适用，理论与实务界并没有定论。最高人民法院在湖北午时药业股份有限公司与澳诺（中国）制药有限公司、王某某侵犯发明专利权纠纷案［最高人民法院民事判决书（2009）民提字第20号］中认为，"从涉案专利审批文档中可以看出，专利申请人进行上述修改是针对国家知识产权局认为涉案专利申请公开文本权利要求中'可溶性钙剂'保护范围过宽，在实质上得不到说明书支持的审查意见而进行的，同时，专利申请人在修改时的意见陈述中，并未说明活性钙包括了葡萄糖酸钙，故被申请人认为涉案专利中的活性钙包含葡萄糖酸钙的主张不能成立"。由此可见，不仅针对新颖性、创造性的缺陷而作出的修改可导致禁止反悔原则的适用，针对权利要求书得不到说明书支持等其他实质缺陷而作出的修改亦可导致禁止反悔原则的适用。北京市高级人民法院《专利侵权判定指南（2017）》第六十二条也规定："专利申请人或专利权人限制或者部分放弃的保护范围，应当是基于克服缺乏新颖性或创造性、缺少必要技术特征和权利要求得不到说明书的支持以及说明书未充分公开等不能获得授权的实质性缺陷的需要。"亦即只要是针对专利的实质授权条件而作出的修改，均可产生禁止反悔。此外，针对权利要求书的修改与针对说明书的修改应当区别对待：针对权利要求书的修改一般会对权利要求的保护范围产生直接影响，如果其修改缩小了专利的保护范围，则对于已经放弃的保护范围应禁止其反悔；针对说明书的修改则要复杂得多，需要审查所述修改是否是针对权利要求的，并判断所述修改是否会对权利要求的保护范围产生限缩的影响。

（四）符合特定条件的意见陈述可导致禁止反悔原则的适用

专利申请人在专利授权过程中针对审查员所指出的实质性缺陷，或者专利权人

在无效宣告程序中针对无效宣告请求人所指出的不符合授权条件的缺陷，可能仅进行了有针对性的意见陈述但并未对说明书或权利要求书进行修改，这种情况下，该意见陈述是否可导致禁止反悔原则的适用？在再审申请人精工爱普生与被申请人专利复审委员会等发明专利权无效行政纠纷案〔（2010）知行字第 53 – 1 号〕中，最高人民法院认为，在专利授权确权程序中，申请人在审查档案中的意见陈述原则上只能作为理解说明书以及权利要求书含义的参考，而不是决定性依据，即专利权人在授权确权程序中的意见陈述并不必然导致禁止反悔原则的适用。从《专利权纠纷问题解释》第六条的规定来看，如果专利申请人或专利权人的意见陈述导致了放弃技术方案的效果，那么，此种意见陈述应当可导致禁止反悔原则的适用。但是，理论与实务界比较有争议的是如果专利申请人或专利权人的意见陈述并未被审查员或者无效宣告审查决定所接受，那么，此种情况下的意见陈述是否亦可导致禁止反悔原则的适用。对此，最高人民法院在淮南市杰明生物医药研究所与四川隆盛药业有限责任公司、北京同仁堂合肥药店有限责任公司侵犯发明专利权纠纷案〔最高人民法院民事判决书（2010）民提字第 149 号〕中认为："专利权人在无效审查程序中对 70℃下的负压浓缩与未限定温度的负压浓缩做了进一步的陈述，主张涉案专利'减压到 70℃下进行蒸发浓缩'与证据 7 中记载的'经减压蒸发浓缩后，即可分装于瓶中，供出售服用'两者有实质性的区别。虽然第 9836 号无效决定没有采纳该主张，而是认为负压浓缩是本领域公知的常规浓缩技术，其具体的适宜浓缩温度的获得并不需要创造性劳动，该区别技术特征不能为权利要求 1 带来突出的实质性特点和显著的进步。但从专利法意义上讲，专利权人已经认为负压浓缩与未限定温度的负压浓缩以及常压浓缩存在着实质性差异，常压浓缩应当是专利权人已放弃了的技术方案，不应当以其与权利要求 1 中记载的'滤液在 70℃下负压浓缩至 25 ~ 30 公斤'等同而纳入到专利权的保护范围。因此，E 与 e 是既不相同也不等同的技术特征。"由此可见，最高人民法院在该案中认为，专利权人在无效程序中作出的意见陈述，即使该意见陈述最终并未被无效宣告审查决定所接受，但如果该意见陈述的内容产生了放弃技术方案的效果，那么，该意见陈述就能够导致禁止反悔原则的适用。但是，最高人民法院在该案中的观点确与其在《专利权纠纷问题解释（二）》中的有关规定相左，该司法解释第十三条规定："权利人证明专利申请人、专利权人在专利授权确权程序中对权利要求书、说明书及附图的限缩性修改或者陈述被明确否定的，人民法院应当认定该修改或者陈述未导致技术方案的放弃。"由此可见，最高人民法院对意见陈述可否必然导致禁止反悔原则的适用这一点上的意见也并非一致，但是由于司法解释较个案具有普遍适用的效力，关于此问题应以该司法解释的相应规定为准。

关于《专利权纠纷问题解释（二）》所规定的"限缩性修改或者陈述被明确否定"应如何进行理解，该司法解释并未给予明确规定。在曹某某等诉重庆力帆汽车销售有限公司等侵害发明专利权纠纷案中，二审法院经审理认为，"明确否定"应当是指授权确权机构以明示的方式明确作出"不予采信的"否定性意思表示，而不能是推定其具有否定性的意思表示。该案中，蒋某某在无效程序中就 a、b 区别特征所作的限缩性意见陈述，涉及与专利创造性的实质性判断相关的内容，而专利复审委员会并没有对 a、b 区别特征是否使得涉案专利具有创造性作出明确评价，相当于"未予评述"，因而其无论是意思表示的形式还是法律效果均不符合司法解释关于"明确否定"的要求。

（五）人民法院可主动适用禁止反悔原则

禁止反悔原则是对等同侵权的限制，现行法律和司法解释对人民法院是否可主动适用禁止反悔原则未作明确规定，早期的司法实践倾向认为，人民法院只有在当事人主动请求适用禁止反悔原则的时候才可以对该原则进行适用。但最高人民法院在沈某某与上海盛懋交通设施工程有限公司专利侵权案［最高人民法院民事判决书（2009）民申字第 239 号］中则认为，为了维持专利权人与被诉侵权人以及社会公众之间的利益平衡，不应对人民法院主动适用禁止反悔原则予以限制。安徽省高级人民法院在麦格纳驱动公司与上海鑫曜节能科技有限公司、安徽沃弗电力科技有限公司确认不侵害专利权纠纷二审民事判决［安徽省高级人民法院（2013）皖民三终字第 00084 号民事判决书］中认为，禁止反悔原则是对认定等同侵权的限制，现行法律和司法解释对人民法院是否可以主动适用禁止反悔原则未作规定，在认定是否构成等同侵权时，即使被控侵权人没有主张适用禁止反悔原则，人民法院也可以根据业已查明的事实，通过适用禁止反悔原则对等同范围予以必要的限制，以合理地确定专利权的保护范围。由此可见，禁止反悔原则不仅可以由当事人主动要求法院进行适用，法院在已经查明的事实及证据的基础之上，也可以主动通过禁止反悔原则的适用来合理界定专利权的保护范围。

（六）禁止反悔原则禁止的是将放弃的技术方案再纳入专利保护范围，而并不禁止对被修改或限制的技术特征适用等同原则

关于权利要求中的技术特征被修改后，在专利侵权诉讼中，专利权人是否仍可对被修改或限制的技术特征主张等同原则，有两种不同的观点：一种观点认为，权利要求中的特定技术特征被修改或者限制后，在后续的专利侵权诉讼中，就不能再针对该被修改或限制的技术特征主张等同原则，而只能主张字面侵权。另一种观点认为，权利要求中的特定技术特征被修改或限制后，在后续的专利侵权诉讼中仍可针对该被修改或限制的技术特征主张等同原则，只不过此时的"等同"是有限制的"等同"，专利权人不得再通过等同原则，将其已经放弃的技术方案纳入专利保护范

围。从《专利权纠纷问题解释》第六条的规定可以看出，该解释似乎主张的是第二种观点。

三、经典案例评述

澳诺（中国）制药有限公司诉湖北午时药业股份有限公司、王某某侵犯发明专利权纠纷再审案[①]

该案是最高人民法院于 2010 年公布的"2010 年中国法院知识产权司法保护 50件典型案例"中 11 件侵犯专利权纠纷案件中的一件，同时，最高人民法院在其《2010 年知识产权案件年度报告》中也对该案进行了简要评述。之所以称为"典型"，首先是因为该案争议的焦点涉及了如何对权利要求进行解释、如何适用等同原则、在何种情况下可适用禁止反悔原则等问题，这些问题都是近几年专利侵权诉讼实践中争议较大的问题；其次，该案是最高人民法院发布《专利权纠纷问题解释》后作出再审判决的案件,该司法解释首次对禁止反悔原则进行了规定，而该案是最高人民法院在该司法解释实施后对该原则进行适用的为数不多的案件之一，通过对该案进行分析有利于我们了解禁止反悔原则在我国司法审判实践中的应用。总体来讲，该案给我们如下几方面的启示。

1. 为克服权利要求不能得到说明书支持的缺陷而修改权利要求可导致禁止反悔原则的适用

关于专利申请人或专利权人在专利授权或确权程序中对权利要求书和说明书作出的何种修改可导致禁止反悔原则的适用，一直是理论与实务界争议不断的问题。有不少人主张，只有针对审查员所指出的专利申请缺少新颖性或创造性的审查意见而对权利要求书或说明书所作出的修改才可在后续的专利侵权诉讼程序中适用禁止反悔原则，其理由是，专利申请缺少新颖性或创造性的原因是专利申请日以前的现有技术已经对该专利申请进行了公开，该专利权利要求却将现有技术纳入了其保护范围，因此，针对缺少新颖性或创造性的审查意见而对权利要求或者说明书所作出的修改就是将现有技术排除出其专利保护范围的修改，避开现有技术而作出的限制性修改自然在后续的专利侵权诉讼中不得反悔，不得将现有技术再纳入其专利的保护范围，否则将损害公众利益。

而在该再审案件中，最高人民法院认为："从涉案专利审批文档中可以看出，专利申请人进行上述修改是针对国家知识产权局认为涉案专利申请公开文本权利要求中'可溶性钙剂'保护范围过宽，在实质上得不到说明书支持的审查意见而进行

---

① 具体可参见最高人民法院民事判决书（2009）民提字第 20 号。

的，同时，专利申请人在修改时的意见陈述中，并未说明活性钙包括了葡萄糖酸钙，故被申请人认为涉案专利中的活性钙包含葡萄糖酸钙的主张不能成立。"由此可见，不仅针对权利要求缺少新颖性、创造性而做的修改可导致禁止反悔原则的适用，针对权利要求书得不到说明书支持而做的修改亦可导致禁止反悔原则的适用。

2. 可以结合其他权利要求和专利审查档案对权利要求的保护范围进行界定

在本再审案件中，最高人民法院认为，"涉案专利申请公开文本权利要求 2 以及说明书第 2 页明确记载，可溶性钙剂是'葡萄糖酸钙、氯化钙、乳酸钙、碳酸钙或活性钙'。可见，在专利申请公开文本中，葡萄糖酸钙与活性钙是并列的两种可溶性钙剂，葡萄糖酸钙并非活性钙的一种"。在《专利权纠纷问题解释》发布之前，中国专利相关的法律法规只明确规定过说明书及附图可以用于解释权利要求。例如，《专利法》第五十九条规定："发明或者实用新型专利权的保护范围以其权利要求的内容为准，说明书及附图可以用于解释权利要求的内容。"而《专利权纠纷问题解释》第三条规定："人民法院对于权利要求，可以运用说明书及附图、权利要求书中的相关权利要求、专利审查档案进行解释。说明书对权利要求用语有特别界定的，从其特别界定"，首次提及可以运用其他权利要求和专利审查档案对权利要求的保护范围进行解释，而该再审案件也是通过运用其他权利要求、专利审查档案对涉案专利权利要求 1 中"活性钙"的含义进行界定，是对上述司法解释的直接运用。

3. 关于如何认定放弃的技术方案

涉案专利的申请公开文本的独立权利为：

一种防治钙质缺损的药物，其特征在于：它是由下述重量配比的原料制成的药剂：可溶性钙剂，4~8 份；葡萄糖酸锌或硫酸锌，0.1~0.4 份；谷氨酰胺或谷氨酸，0.8~1.2 份。

而经过审查最终被授权的独立权利要求为：

一种防治钙质缺损的药物，其特征在于：它是由下述重量配比的原料制成的药剂：活性钙 4~8 份，葡萄糖酸锌 0.1~0.4 份，谷氨酰胺或谷氨酸 0.8~1.2 份。

在国家知识产权局发出的第一次审查意见通知书中，审查员认为，该权利要求书中使用的上位概念"可溶性钙剂"包括各种可溶性的含钙物质，它概括了一个较宽的保护范围，而申请人仅对其中的"葡萄糖酸钙"和"活性钙"提供了配制药物的实施例，对于其他的可溶性钙剂没有提供配方和效果实施例，所属技术领域的技术人员难以预见其他的可溶性钙剂按本发明进行配方是否也能在人体中发挥相同的作用，权利要求在实质上得不到说明书的支持，应当对其进行修改。申请人根据审查员的要求，对权利要求书进行了修改，将"可溶性钙剂"修改为"活性钙"。

申请人将"可溶性钙剂"修改为"活性钙"的后果就是其放弃了"活性钙"以外的其他"可溶性钙剂"，而可溶性钙剂包括葡萄糖酸钙、氯化钙、乳酸钙、碳酸钙或活性钙，即申请人放弃了包括葡萄糖酸钙、氯化钙、乳酸钙和碳酸钙的技术方案。即使活性钙与葡萄糖酸钙同样都是可食用的能被人体吸收的钙剂，作为补钙药剂的原料两者是等同的，可供任意选择，但专利权人仍不能在后续的专利侵权诉讼中通过适用等同原则而主张包括葡萄糖酸钙的技术方案对包括活性钙的技术方案构成等同侵权。

四、对被告主张适用禁止反悔原则的建议

被告接到法院的应诉通知后，可主要从以下几方面为适用禁止反悔原则做准备。

1. 查证涉案专利所经历过的授权、确权程序，调取相关程序的专利授权、确权档案

为了更有效地在诉讼中主张禁止反悔原则，被告应首先通过国家知识产权局和专利复审委员会的官方网站初步查证涉案专利的法律状态、有无被提出过无效等信息，然后再向国家知识产权局正式调取专利档案，这其中包括实质审查过程中的专利审查档案、提出过复审请求的复审审查档案、被提出过无效宣告的无效宣告审查档案，而无效宣告审查档案又包括专利权人在无效过程中的意见陈述、无效口审记录、无效宣告决定书等资料。

2. 核实授权、确权程序中对说明书和权利要求书的修改，并确定修改原因及是否被明确否定

在调取专利授权、确权档案后，应认真核实专利授权文本的说明书和权利要求书相对于专利原始申请文本的说明书和权利要求书都进行过哪些修改，不仅如此，还应当对专利实质审查过程中提交的其他修改文本、专利复审及无效程序中提交的修改文本相对于专利原始申请文本都进行过哪些修改进行核实，一般而言，这些修改都有可能对专利的保护范围产生直接影响，是在其后的专利侵权诉讼中主张禁止反悔原则的重要依据。

在就专利申请人或专利权人对说明书和权利要求书进行过的修改进行核实后，紧接着需要确定进行这些修改的原因，进而确定是否存在放弃技术方案的情况。对说明书和权利要求书的修改分为两类，一类是被动修改，一类是主动修改。被动修改是专利实质审查程序或者复审程序中针对审查员或合议组指出的专利申请文件中所存在的缺陷以及专利无效宣告程序中针对无效宣告请求人指出的授权专利所存在的缺陷作出的修改。一般而言，被动修改的原因相对容易确认，只要通过详细查阅专利实质审查、复审程序中审查员所发出的审查意见通知书以及无效宣告程序中无效宣告请求人所提出的无效宣告请求书就能够进行确认。主动修改一般是指专利申请人在提出实质审查请求时或者接到进入实质审查程序通知书之日起三个月内主动对专利申请文本所提出的修改，由于这些修改是由专利申请人主动作出的，一般很

难确定其真正进行修改的原因，但通过认真核实专利原始申请文本与修改文本之间的差异，有时也是可以推测出的。

在确定对说明书或权利要求书进行修改的原因后，需要确定所述修改是否对涉案专利的保护范围产生影响，是否产生放弃技术方案的效果。对权利要求的修改，只要这样的修改是实质性修改，一般均会对权利要求的保护范围产生影响；而对说明书的修改则不一定会对权利要求的保护范围产生影响，除非这样的修改是针对权利要求的，并对权利要求起到限定作用。此外，还应当查证在专利授权确权程序中对权利要求书、说明书及附图的限缩性修改是否被专利局、专利复审委员会明确进行了否定，被明确否定的修改将不产生禁止反悔的法律后果。

3. 核实授权、确权程序中的意见陈述书的内容，并确定意见陈述是否对涉案权利要求产生限定作用以及是否被明确否定

意见陈述书包括三种：其一是专利实质审查程序中针对审查员的审查意见通知书所作出的意见陈述；其二是专利复审程序中针对复审通知书所作出的答复；其三是针对无效宣告程序中无效宣告请求人的无效宣告请求所作出的意见陈述。

意见陈述书一般会就对说明书和权利要求书进行修改的原因进行阐述，同时，也会对审查意见通知书、复审通知书、无效宣告请求书中所指出的其他缺陷问题进行有针对性的陈述。需要确定这些陈述是否是针对涉案权利要求所记载的技术方案所作出的，这些陈述是否对涉案权利要求的保护范围产生影响，是否产生放弃技术方案的效果。与此同时，还应当查证在专利授权、确权程序中对权利要求书、说明书及附图的限缩性陈述是否被专利局、专利复审委员会明确进行了否定，被明确否定的意见陈述将不产生禁止反悔的法律后果。

4. 有针对性地提出无效宣告请求，并设法引导专利权人作出有利于被告的意思表示

专利侵权诉讼中的被告提出无效宣告请求，一般而言就是为了对涉案专利进行无效或者是借助无效宣告程序向法院提出对专利侵权诉讼进行中止，很少有人会意识到如果有针对性地利用无效宣告程序，可以对专利侵权诉讼中的禁止反悔原则的主张起到积极作用。

被告接到法院的应诉通知后，应首先进行现有技术检索和专利分析，并在现有技术以及涉案专利内容的基础上评价涉案权利要求被无效的可能性，如果被无效的可能性比较低，那么可以考虑利用无效宣告程序来为专利侵权诉讼中主张禁止反悔原则服务。

对禁止反悔原则的主张主要是为了限制等同原则的适用。如果专利权人在无效宣告程序中以意见陈述的方式主张无效宣告请求人所指出的特定技术方案与专利所保护的技术方案不同，那么，其效果也就相当于专利权人已经将无效宣告请求人所指出的该特定技术方案排除在其专利的保护范围之外。如果无效宣告请求人所指出

的该特定技术方案恰好是其被控侵权产品所使用的技术方案或者与被控侵权产品所使用的技术方案相似，那么，在后续的专利侵权诉讼程序中，专利权人就不能通过等同原则来主张被控侵权产品落入其专利的保护范围。

至于如何来构筑上面所提到的特定技术方案，我们可以对被控侵权产品进行分析，确定被控侵权产品中与涉案专利权利要求所记载的技术特征相对应的技术特征，并分析涉案专利权利要求中的技术特征与被控侵权产品中的相应技术特征的差异。基于这些分析，再进行现有技术检索，并找出记载有与被控侵权产品中的相应技术特征相同或相类似的技术特征的对比文件（"相类似的技术特征"应当是指，该技术特征在涉案专利的技术特征与被控侵权产品的相应技术特征之间，更接近后者的相应技术特征）。然后，基于这些对比文件，以涉案专利不具备新颖性或创造性为由提出无效宣告请求，并在无效宣告请求书或补充意见中，或者在无效宣告的口头审理中，设法引导专利权人作出涉案专利中的技术特征与对比文件中的相应技术特征的意思表示。

5. 明确主张禁止反悔原则，并在举证期限内提交相关证据

关于禁止反悔原则应当由法院主动适用，还是只能在被告请求的情况下法院才可以适用，也一直是一个争议较大的问题，相关司法解释未对此问题作出明确规定。但是，最高人民法院在沈某某与上海盛懋交通设施工程有限公司专利侵权案［最高人民法院民事判决书（2009）民申字第239号］中、安徽省高级人民法院在麦格纳驱动公司与上海鑫曜节能科技有限公司、安徽沃弗电力科技有限公司确认不侵害专利权纠纷二审民事判决［安徽省高级人民法院（2013）皖民三终字第00084号民事判决书］中均认为，人民法院可以主动适用禁止反悔原则（具体可参见本章节的前述部分）。尽管如此，我们仍建议作为被告应当明确向法院主张适用禁止反悔原则，至于主张的时机，则不一定非要在答辩期内提交的答辩书中提出，而可以考虑在法庭开庭的时候再进行明确主张。这样做有两点好处：其一，在法庭开庭时主张，时间并不晚，并不影响被告向法庭主张适用该原则的权利；其二，在开庭时主张的情况下，原告也是从此时才明确获知被告的主张以及所主张的具体内容的，因此，由于时间有限，原告很难作出特别有针对性的质证或辩论，这有利于被告主张的成立。

此外，应该在法院指定的举证期限内将从国家知识产权局调取的与专利授权、确权程序有关的并用于主张禁止反悔原则的资料提交给法院。对于在无效宣告程序中形成的口审笔录等有关证据如果被告无法自行获取，那么，则应在举证期限内向法院提出调取证据请求书，请法院依职权进行调取。在提交该有关证据时，对这些证据的证明目的也可以只进行笼统的说明。

五、禁止反悔原则在中国法中的体现

《最高人民法院关于审理侵犯专利权纠纷案件应用法律若干问题的解释》

第五条 对于仅在说明书或者附图中描述而在权利要求中未记载的技术方案，权利人在侵犯专利权纠纷案件中将其纳入专利权保护范围的，人民法院不予支持。

第六条 专利申请人、专利权人在专利授权或者无效宣告程序中，通过对权利要求、说明书的修改或者意见陈述而放弃的技术方案，权利人在侵犯专利权纠纷案件中又将其纳入专利权保护范围的，人民法院不予支持。

《最高人民法院关于审理侵犯专利权纠纷案件应用法律若干问题的解释（二）》

第十三条 权利人证明专利申请人、专利权人在专利授权确权程序中对权利要求书、说明书及附图的限缩性修改或者陈述被明确否定的，人民法院应当认定该修改或者陈述未导致技术方案的放弃。

北京市高级人民法院《专利侵权判定指南（2017）》

61. 被诉侵权技术方案中的技术特征与权利要求中的技术特征是否等同进行判断时，被诉侵权人可以专利权人对该等同特征已经放弃、应当禁止其反悔为由进行抗辩。

禁止反悔，是指在专利授权或者无效程序中，专利申请人或专利权人通过对权利要求、说明书的限缩性修改或者意见陈述的方式放弃的保护范围，在侵犯专利权诉讼中确定是否构成等同侵权时，禁止权利人将已放弃的内容重新纳入专利权的保护范围。

62. 专利申请人或专利权人限制或者部分放弃的保护范围，应当是基于克服缺乏新颖性或创造性、缺少必要技术特征和权利要求得不到说明书的支持以及说明书未充分公开等不能获得授权的实质性缺陷的需要。

权利人不能说明专利申请人或专利权人修改专利文件原因的，可以推定其修改是为克服不能获得授权的实质性缺陷。

63. 专利申请人或专利权人对权利要求保护范围所作的限缩性修改或者陈述必须是明示的，而且已经被记录在书面陈述、专利审查档案、生效的法律文书中。

权利人能够证明专利申请人、专利权人在专利授权确权程序中对权利要求书、说明书及附图的限缩性修改或者陈述被明确否定的，应当认定该修改或者陈述未导致技术方案的放弃。

64. 禁止反悔的适用以被诉侵权人提出请求为前提，并由被诉侵权人提供专利申请人或专利权人反悔的相应证据。

在已经取得记载有专利申请人或专利权人反悔的证据的情况下，可以根据业已查明的事实，通过适用禁止反悔对权利要求的保护范围予以必要的限制，合理确定专利权的保护范围。

 # 现有技术抗辩及其
司法适用

　　专利权是一种垄断权，拥有专利权的专利权人享有在授权国或授权地区范围内排他使用该专利的权利。但是，专利权人在行使其排他权利时，也并非是毫无限制，法律规定了相关的抗辩事由，在具备这些抗辩事由的情形下，相关社会公众可以依此对专利权人行使其权利的行为进行抗辩。抗辩事由的规定，意在使专利权人的利益与社会公众的利益达到一种平衡，从而使得专利权人在行使垄断权利的时候不会对社会公众的合理利益构成侵犯。

　　针对专利权人行使其专利权的行为，中国《专利法》及相关的司法解释规定了许多抗辩事由。这些抗辩事由有：非基于生产经营目的的实施抗辩、权利用尽抗辩、先用权抗辩、现有技术抗辩、禁止反悔抗辩、科研及实验目的抗辩、合法来源抗辩、医药行政审批抗辩、临时过境抗辩、不构成相同或等同侵权抗辩等。

　　虽然《专利法》及相关的司法解释规定的抗辩事由较多，但在专利侵权诉讼实践中，使用频率较多的有：不构成相同或等同侵权抗辩、禁止反悔抗辩、现有技术抗辩、合法来源抗辩等。本书用专门章节就专利侵权诉讼中等同原则和

禁止反悔原则及其适用进行了说明，在此不再赘述。此处主要就现有技术抗辩、合法来源抗辩、权利用尽抗辩及其适用进行说明。

一、现有技术抗辩的概念及内涵

现有技术抗辩，是指在专利侵权纠纷中，被告主张其被诉侵权产品所使用的技术方案是一种现有技术，因而其被诉侵权行为并不构成对原告专利权的侵犯。现有技术抗辩作为一种专利侵权抗辩事由，首次规定于 2008 年《专利法》，该法第六十二条规定："在专利侵权纠纷中，被控侵权人有证据证明其实施的技术或者设计属于现有技术或者现有设计的，不构成侵犯专利权。"

关于设置现有技术抗辩制度的原因，理论与实务界有不同的认识：有人认为，由于专利审查制度存在着一定的缺陷，各国授予的专利权中都或多或少地存在不当授权现象，这导致公众即使实施现有技术或者现有设计，也有可能落入他人被授予专利权的保护范围，不正当授权现象的存在导致有必要设置现有技术抗辩制度；还有人认为，现有技术抗辩是对等同原则的限制，是用于限制等同原则之下的等同物的范围，以避免运用等同原则时将专利保护范围扩大到申请日时的已有的技术。不管上述观点孰对孰错，确保公众使用现有技术的权利得以及时实现和保护是设置现有技术抗辩制度的根本目的。

二、现有技术抗辩的具体司法适用

(一) 可主张现有技术抗辩的技术范围：现有技术、抵触申请

1. 任何现有技术均可用于主张现有技术抗辩

《专利法》第六十二条规定，在专利侵权纠纷中，被控侵权人进行现有技术抗辩的技术应当是现有技术。关于"现有技术"，《专利法》第二十二条第五款规定："本法所称现有技术，是指申请日以前在国内外为公众所知的技术。"同时，《专利审查指南 2010》第二部分第三章第 2.1 节规定："现有技术包括在申请日（有优先权的，指优先权日）以前在国内外出版物上公开发表、在国内外公开使用或者以其他方式为公众所知的技术。现有技术应当是在申请日以前公众能够得知的技术内容。换句话说，现有技术应当在申请日以前处于能够为公众获得的状态，并包含有能够使公众从中得知实质性技术知识的内容。"由此可见，只要是在专利申请日以前处于能够为公众获得的状态的技术知识，无论其是以出版方式进行的公开，还是以使

用或其他方式公开，同时，也不论其是在国内进行的公开还是在国外进行的公开，都可以作为主张现有技术抗辩的依据。

现有技术根据其是否被第三人所有，可分为两种类型：一种是在涉案专利申请日以前已为公众所知，同时又不属于第三人所拥有的专利技术，德国理论界将这种类型的现有技术称为"自由公知技术"；另一种则是虽在涉案专利申请日以前已为公众所知，但属于第三人所拥有的专利技术，即"非自由现有技术"。在 2008 年《专利法》颁布以前，关于专利侵权诉讼中的被告是否可以使用被第三人所拥有的"非自由现有技术"来主张现有技术抗辩，一直没有定论。但根据《专利法》的规定，无论是公众可自由使用的"自由公知技术"，还是被第三人的专利所控制的"非自由现有技术"，都属于《专利法》所规定的"现有技术"，均可被专利侵权诉讼中的被告使用来主张现有技术抗辩。

此外，对于从非公开渠道获得的技术要分情况予以区别对待。如果从非公开渠道获取技术时，当事人之间有书面约定或者口头约定需要进行保密，则这样的技术不属于现有技术。如果在获取技术时，虽然当事人之间没有对是否需要保密进行了约定，但是依据交易习惯或者社会观念需要进行了保密的，则这样的技术也不属于现有技术，不能用来主张现有技术抗辩。

2. 当事人主张抵触申请抗辩时，法院可参考现有技术抗辩的审查判断标准予以评判

关于可主张现有技术抗辩的技术范围一直有一个争议，就是"申请在先、公开在后"的"抵触申请"是否也可以用来主张现有技术抗辩。最高人民法院在 2003 年 10 月制定的《关于审理专利侵权纠纷案件若干问题的规定》（会议讨论稿）第四十条第二款中规定："已经公开的专利抵触申请视为本规定所称公知技术"，即将这种情形纳入了现有技术抗辩。但是，根据《专利法》有关"现有技术"的规定，"抵触申请"已经不属于"现有技术"的范畴，因此，从法律适用的严谨性上来讲，当事人不能依据"抵触申请"来主张现有技术抗辩。但是，不允许专利侵权诉讼中的被告通过"抵触申请"来主张不侵权抗辩也有失公平。在浙江乐雪儿家居用品有限公司与陈某某、何某某、温某某侵害发明专利权纠纷提审案［最高人民法院民事判决书（2013）民提字第 225 号］中，最高人民法院认为，由于抵触申请能够破坏对比专利技术方案的新颖性，故在被控侵权人以实施抵触申请中的技术方案主张不构成侵权时，应该被允许，并可以参照现有技术抗辩的审查判断标准予以评判。在再审申请人慈溪市博生塑料制品有限公司与被申请人陈某侵害实用新型专利权纠纷案［最高人民法院民事判决书（2015）民申字第 188 号］中，最高人民法院指出，被诉侵权人以其实施的技术方案属于抵触申请为由，主张不侵害专利权的，应当审查被诉侵权技术方案是否已被抵触申请完整公开。在该技术方案相对于抵触申请不具有新颖性时，抵触申请抗辩成立。此外，北京市高级人民法院在其《专利侵权判

定指南（2017）》第一百四十二条中也规定："抵触申请不属于现有技术或现有设计，不能作为现有技术抗辩或现有设计抗辩的理由。被诉侵权人主张被诉侵权技术或被诉侵权设计与抵触申请相同的，可以参照本指南第137条或第139条的规定予以处理。"由此可见，"抵触申请"虽然不属于《专利法》下的现有技术，但是，专利侵权诉讼中的被告如果主张其被诉侵权行为使用的是抵触申请专利，那么，人民法院可以参照现有技术抗辩制度进行审理，即抵触申请抗辩可以被视为是不同于现有技术抗辩的另一种抗辩方式，则审理评判方式可参考现行法律有关现有技术抗辩的规定进行。

3. 应当依照专利申请日时施行的专利法界定现有技术的范围

2008年《专利法》相对于之前的《专利法》而言，扩大了现有技术的范围，根据2008年《专利法》对现有技术的定义，其是指专利申请日以前在国内外为公众所知的技术，具体应当包括以出版物公开方式的国内外公开以及以使用或其他公开方式的国内外公开；而依据2000年《专利法》以及2002年《专利法实施细则》的有关规定，现有技术的范围应当只包括以出版物公开方式的国内外公开以及以使用或其他公开方式的国内公开，以使用或其他公开方式的国外公开并不属于现有技术的范围。那么由此带来的问题就是对于在2008年《专利法》修改之前就已经申请专利但是在该法之后才提出现有技术抗辩的案件，如何来界定现有技术的问题。实践中也存在类似的案件：甲公司于2006年申请获得一项专利，该专利在申请日之前没有同样的技术在国内外出版物上公开发表过，也没有在国内公开使用过，但在申请日之前已有同样技术在国外公开使用过。2010年乙公司制造、销售侵犯了甲公司专利技术的产品，甲公司遂向法院提起侵权诉讼。乙公司提出现有技术抗辩，并辩称，2008年新修改的《专利法》已就专利授权的新颖性标准进行修改，新专利法规定的现有技术是指申请日以前在国内外为公众所知的技术，包括在申请日之前已在国外使用的同样技术，即将专利授权标准由"相对新颖性"改为"绝对新颖性"；乙公司认为其行为发生在新专利法施行后，依据新专利法的规定，其实施的技术为现有技术，不构成专利侵权。对于此类案件，应当是以侵权日为标准来界定现有技术，还是以涉案专利申请日为标准来界定现有技术，《专利权纠纷问题解释（二）》第二十二条规定"应当依照专利申请日时施行的专利法界定现有技术"。

（二）现有技术抗辩的对比方式

专利侵权诉讼中的被告主张现有技术抗辩后，人民法院在现有技术方案、被诉侵权技术方案、专利技术方案三者之间应该如何进行对比？司法实践中，先后出现过两种对比方式：一种是混合对比方式，即将被诉侵权技术方案与现有技术方案、专利技术方案分别进行对比，以确定被诉侵权技术方案是更靠近现有技术方案还是更靠近专利技术方案；另一种是单独对比方式，即只将被诉侵权技术方案与现有技术方案进行单独对比。2002 年 10 月，时任最高人民法院副院长的曹建明在全国法院知识产权审判工作座谈会暨优秀知识产权裁判文书颁奖会上的讲话中指出，"被诉侵权人以现有技术抗辩成立的，应当认可该抗辩理由……对于更接近现有技术而与专利技术有一定差别的，应当认定不构成侵权"，此讲话所指的就是混合对比方式。由于该讲话代表了最高人民法院的态度，混合对比方式在随后的司法实践中被广泛适用：浙江省高级人民法院在其（2005）浙民三终字第 219 号民事判决书中认为，应比较被控侵权产品的技术是否为对比文件所披露，而且在两者有关技术特征有所不同的情况下，还要比较被控侵权产品的区别技术特征更接近于专利技术还是公知技术，法院认为现有技术抗辩审查的是被控侵权产品的技术方案是否来源于公知技术；北京市第二中级人民法院在卓某某诉北京凌盛飞科贸有限公司一案 [（2003）二中民初字第 07187 号民事判决书] 中认为，在适用公知技术原则作专利侵权判断时，应综合分析被控侵权的技术方案与公知技术方案和专利技术方案三者关系，参考其各自的差别，着重考虑被控侵权的技术方案是更接近公知技术方案还是更接近专利技术方案。

　　但是，最高人民法院在司法实践中也有采用单独对比方式的情形。最高人民法院在《最高人民法院民事审判第三庭关于王川与合肥继初贸易有限责任公司等专利侵权纠纷案的函》中认为："不论神电公司技术与王川专利是否相同，在神电公司提出公知公用技术抗辩事由的情况下，只有在将神电公司技术与公知公用技术进行对比得出否定性结论以后，才能将神电公司技术与王川专利进行异同比较。在将神电公司技术与公知公用技术进行对比时，不仅要比较神电公司技术中有关必要技术特征是否已为对比文件所全部披露，而且在二者有关技术特征有不同的情况下，还要看这种不同是否属于本质的不同，即有关技术特征的替换是否是显而易见的。只有经过这样的对比，得出二者有本质不同以后，才能否定神电公司的该抗辩理由。"在施特里克斯有限公司与宁波圣利达电器制造有限公司、华普超市有限公司侵犯专利权纠纷申请再审案 [（2007）民三监字第 51-1 号驳回再审申请通知] 中，最高人民法院认为，公知技术抗辩的适用仅以被控侵权产品中被指控落入专利权保护范围的全部技术特征与已经公开的其他现有技术方案的相应技术特征是否相同或者等同为必要，不能因为被控侵权产品与专利权人的专利相同而排除公知技术抗辩原则的适用。由此可见，在对被控侵权技术、现有技术、专利技术三者之间进行对比时，人民法院应当首先将被控侵权技术与现有技术进行对比，以确定现有技术抗辩主张是否成立。只有在现有技术抗辩主张不成立的前提下，人民法院才可以在被控侵权技术与专利技术之间进行侵权对比。随着司法实践的不断发展，近几年，最高人民法院更多地倾向采用单独对比方式。在泽田公司与格瑞特公司侵犯实用新型专利权纠纷再审案 [最高人民法院民事裁定书（2012）民申字第 18 号] 中，最高人民法院认为，在审查现有技术抗辩时，比较方法应是将被诉侵权技术方案与现有技术进行对比，而不是将现有技术与专利技术方案进行对比。审查方式则是以专利权利要求为参照，确定被诉侵权技术方案中被指控落入专利权保护范围的技术特征。但是，在这种单独对比方式中，虽然不会将被诉侵权技术方案与专利技术方案进行对比，但是仍会参照专利权利要求来确定纳入单独对比方式中进行对比的具体技术特征。

（三）现有技术抗辩的对比标准

在将被诉侵权技术方案与现有技术方案进行对比时，需要达到什么样的标准才可以判定现有技术抗辩成立，存在着相同标准说、等同标准说、新颖性标准说、有限的创造性标准说和创造性标准说。其中，相同标准说、等同标准说指的是被诉侵权技术方案中的技术特征与现有技术方案中的相应技术特征的对比标准，相同标准说主张被诉侵权技术方案中的技术特征只有与现有技术方案中的相应技术特征构成相同时，现有技术抗辩才能够成立；而等同标准说则主张被诉侵权技术方案中的技术特征与现有技术方案中的相应技术特征构成相同或者等同时，现有技术抗辩就可以成立。《专利权纠纷问题解释》第十四条第一款规定："被诉落入专利权保护范围的全部技术特征，与一项现有技术方案中的相应技术特征相同或者无实质性差异的，人民法院应当认定被诉侵权人实施的技术属于专利法第六十二条规定的现有技术。"同时，最高人民法院在泽田公司与格瑞特公司侵犯实用新型专利权纠纷再审案〔最高人民法院民事裁定书（2012）民申字第18号〕中认为，在审查现有技术抗辩时，审查方式则是以专利权利要求为参照，确定被诉侵权技术方案中被指控落入专利权保护范围的技术特征，并判断现有技术中是否公开了相同或者等同的技术特征。虽然该司法解释规定的是"无实质性差异"，而2012年最高人民法院的案件中采用的是"等同"标准，两者之间可能存在着一定的差异，但是，我们可以认为最高人民法院主张适用的是等同标准说或者是接近等同标准的"无实质性差异"标准。

新颖性标准说、有限的创造性标准说和创造性标准说指的是被诉侵权技术方案与现有技术方案的对比方式。新颖性标准说主张被诉侵权技术方案只能与一项现有技术方案进行对比，有限的创造性标准说主张被诉侵权技术方案可以与一项现有技术方案与公知常识或惯用设计的组合进行对比，而创造性标准说则主张被诉侵权技术方案可以与两项或两项以上的现有技术方案进行对比。从《专利权纠纷问题解释》第十四条有关"被诉落入专利权保护范围的全部技术特征，与一项现有技术方案中的相应技术特征相同或者无实质性差异"的规定来看，该司法解释采纳的是新颖性标准。《专利权纠纷问题解释（二）》（公开征求意见稿）第二十六条规定："被诉侵权人一般只能依据一项现有技术方案或者现有设计主张不侵权抗辩。但是，被诉侵权人举证证明被诉侵权技术方案属于一项现有技术方案与公知常识在专利申请日前是显而易见的组合的，或者被诉侵权设计属于一项现有设计与惯常设计在专利申请日前是显而易见的组合的，人民法院可以认定被诉侵权人的不侵权抗辩成立。"由此可见，该征求意见稿主张适用有限的创造性标准说。但于 2016 年 3 月 21 日颁布的审议通过的该司法解释中却删除了该内容，这在一定程度上可以说明，最高人民法院对采纳有限的创造性标准持谨慎态度。此外，北京市高级人民法院《专利侵权判定指南（2017）》中采纳的是有限的创造性标准，体现在该指南第一百三十七条规定："现有技术抗辩，是指被诉落入专利权保护范围的全部技术特征，与一项现有技术方案中的相应技术特征相同或者等同，或者所属技术领域的普通技术人员认为被诉侵权技术方案是一项现有技术与所属领域公知常识的简单组合的，应当认定被诉侵权人实施的技术属于现有技术，被诉侵权人的行为不构成侵犯专利权。"

三、现有技术抗辩在中国法中的体现

《专利法》

第六十二条　在专利侵权纠纷中，被控侵权人有证据证明其实施的技术或者设计属于现有技术或者现有设计的，不构成侵犯专利权。

《最高人民法院关于审理侵犯专利权纠纷案件应用法律若干问题的解释（二）》

第二十二条　对于被诉侵权人主张的现有技术抗辩或者现有设计抗辩，人民法院应当依照专利申请日时施行的专利法界定现有技术或者现有设计。

《最高人民法院关于审理侵犯专利权纠纷案件应用法律若干问题的解释》

第十四条　被诉落入专利权保护范围的全部技术特征，与一项现有技术方案中的相应技术特征相同或者无实质性差异的，人民法院应当认定被诉侵权人实施的技术属于专利法第六十二条规定的现有技术。

被诉侵权设计与一个现有设计相同或者无实质性差异的，人民法院应当认定被诉侵权人实施的设计属于专利法第六十二条规定的现有设计。

北京市高级人民法院《专利侵权判定指南（2017）》

137. 现有技术抗辩，是指被诉落入专利权保护范围的全部技术特征，与一项现有技术方案中的相应技术特征相同或者等同，或者所属技术领域的普通技术人员认为被诉侵权技术方案是一项现有技术与所属领域公知常识的简单组合的，应当认定被诉侵权人实施的技术属于现有技术，被诉侵权人的行为不构成侵犯专利权。

138. 现有技术，是指专利申请日以前在国内外为公众所知的技术，既包括进入公有领域、公众可以自由使用的技术，也包括尚处于他人专利权保护范围内的非公有技术，还包括专利权人拥有的其他在先专利技术；但是，根据专利法第二十四条的规定享受新颖性宽限期的技术不得作为现有技术援引用于抗辩。

139. 现有设计抗辩，是指被诉侵权外观与一项现有设计相同或者相近似，或者被诉侵权产品的外观设计是一项现有外观设计与该产品的惯常设计的简单组合，则被诉侵权外观构成现有设计，被诉侵权人的行为不构成侵犯外观设计专利。

140. 现有设计是指申请日以前在国内外为公众所知的设计，包括在国内外以出版物形式公开和以使用等方式公开的设计。

141. 对于依据 2008 年修订的专利法实施之前专利法规定申请并获得授权的专利权，其现有技术或现有设计应当依据修改前专利法的规定确定。

142. 抵触申请不属于现有技术或现有设计，不能作为现有技术抗辩或现有设计抗辩的理由。被诉侵权人主张被诉侵权技术或被诉侵权设计与抵触申请相同的，可以参照本指南第 137 条或第 139 条的规定予以处理。

143. 审查现有技术抗辩是否成立，应当判断被诉落入专利权保护范围的技术特征与现有技术方案中的相应技术特征是否相同或等同，而不应将涉案专利与现有技术进行比对。

144. 审查现有设计抗辩是否成立，应当判断被诉侵权设计是否与现有设计相同或相近似，而不应将专利外观设计与现有设计比对。但是，当被诉侵权设计与专利外观设计相同或相近似，且被诉侵权设计与现有设计视觉差异较小的情况下，如果被诉侵权设计使用了专利外观设计的设计要点，则应当认定现有设计抗辩不能成立；否则，现有设计抗辩成立。

 # 合法来源抗辩及其
司法适用

一、合法来源抗辩的概念及内涵

关于专利侵权诉讼中的合法来源抗辩，《专利法》第七十条对此作出了规定："为生产经营目的使用、许诺销售或者销售不知道是未经专利权人许可而制造并售出的专利侵权产品，能证明该产品合法来源的，不承担赔偿责任。"

合法来源抗辩来源于民法中的善意第三人制度。按照该制度，如果行为人在实施民事行为时主观上出于善意，同时，又支付了对价，则根据公平和利益平衡原则，该善意第三人的合法权益应当得到法律的保护。民法中，善意第三人制度的确立主要是为了维护商品经济中的正常交易秩序和交易安全，同时，使相关民事法律关系中的当事人的利益实现平衡，不致为维护一方之利益，而置他方合法之权益于不顾，专利法也是基于上述考虑确立了合法来源抗辩制度。合法来源抗辩制度免除了侵权产品的使用者、许诺销售者、销售者的侵权损害赔偿责任，使得其合法权益得到了切实维护，但是，

其必须承担两项义务：其一，主观上必须是基于善意、无过错且尽到了合理的注意义务，不知道该产品系侵权产品；其二，必须是通过合法、正规的进货渠道取得该侵权产品，且能够提供该侵权产品的合法来源，从而有利于专利权人顺藤摸瓜找到制造侵权产品的源头，进而有利于专利权人所受侵权损害能够得到切实追偿。

在专利侵权诉讼实践中，专利权人为了在对其有利的法院对被告提起诉讼，往往将在诉讼地有销售被控侵权产品行为的销售商也列为被告进行共同起诉，从而实现在诉讼地对不在诉讼地的真正被告进行起诉的目的。而作为被共同起诉的该销售商而言，则可以通过主张合理来源抗辩而请求免除赔偿责任。

二、合法来源抗辩的具体司法适用

（一）可主张合法来源抗辩的具体行为主体：使用者、许诺销售者、销售者

合法来源抗辩制度被视为是对"善意第三人"的保护，但根据现行《专利法》的有关规定，该"第三人"的范围仅局限于专利侵权产品的使用者、许诺销售者以及销售者，其原因在于不同于产品的生产者，使用者、许诺销售者和销售者位于产品流通环节的末端，基于其行为属性，无需对侵权产品所使用的技术方案具有认知能力，如果要求其对产品是否使用了专利技术负有自查的注意义务，则明显有失公平。规定善意的使用者、许诺销售者、销售者不承担赔偿责任将有利于商品流通，保障销售者、许诺销售者和使用者的合法利益。但是侵权产品的制造者，由于其所从事的行为是具有更高技术含量的生产制造行为，是真正实施专利技术方案的具体行为主体，对其所从事生产制造的技术领域具有更高的认知水平和能力，同时，生产制造行为本身对专利权的损害最大，是侵权产品的真正来源，因此，制造者应当承担更高的注意义务，不仅需要了解其所从事技术领域的基本知识产权情况，而且需要承担对其所生产的产品是否采用了与特定专利相同或者等同的技术方案进行审慎审查的义务。专利侵权的过错推定责任要求侵权产品的制造者无论是否具有善意、是否对涉案专利知晓，只要其实施了相关侵权行为，就必须承担包括赔偿责任在内的义务。

（二）可主张合法来源抗辩的具体侵权行为：使用、许诺销售、销售

对于专利侵权诉讼中被告的何种被控侵权行为可主张合理来源抗辩，《专利法》第七十条规定的是"使用、许诺销售或者销售""专利侵权产品"的行为。

首先，主张合理来源抗辩的具体侵权行为应当是使用、许诺销售或者销售"侵犯专利权的产品"的行为。关于何为"侵犯专利权的产品"或"专利侵权产品"，

则依专利类型不同而不同。对于产品专利而言,应当是落入产品专利保护范围的产品;而对于方法专利而言,则应当是依专利方法直接获得的产品。

其次,主张合理来源抗辩的具体侵权行为应当是对专利侵权产品进行"使用、许诺销售或者销售"的行为。在专利侵权诉讼实践中,许多案件的被告所生产的被控侵权产品整体并未直接对涉案专利构成侵权,而是该被控侵权产品中的一部分或其中部件对涉案专利构成的侵权。然而,该部分或部件并非是由被告所生产的,而是由第三方生产并销售给该被告,被告针对该直接侵权部分或部件所进行的只是组装行为,那么,被告的这种组装侵权产品的行为应该如何认定,被告能否主张合法来源抗辩?对此,《专利权纠纷问题解释》第十二条第一、第二款规定:

将侵犯发明或者实用新型专利权的产品作为零部件,制造另一产品的,人民法院应当认定属于专利法第十一条规定的使用行为;销售该另一产品的,人民法院应当认定属于专利法第十一条规定的销售行为。

将侵犯外观设计专利权的产品作为零部件,制造另一产品并销售的,人民法院应当认定属于专利法第十一条规定的销售行为,但侵犯外观设计专利权的产品在该另一产品中仅具有技术功能的除外。

同时,该司法解释第十三条又规定:

对于使用专利方法获得的原始产品,人民法院应当认定为专利法第十一条规定的依照专利方法直接获得的产品。

对于将上述原始产品进一步加工、处理而获得后续产品的行为,人民法院应当认定属于专利法第十一条规定的使用依照该专利方法直接获得的产品。

由此可见,组装侵犯发明或者实用新型专利权的产品的行为其实是专利法上的使用行为;组装并销售侵犯外观设计专利权的产品的行为其实是专利法上的销售行为。因此,对于专利侵权诉讼中的被告,即使其被指控的行为是生产侵权产品的行为,仍有可能视情况来主张合法来源抗辩。

关于"许诺销售""销售",相关司法解释也进行了明确定义,体现在《专利纠纷问题规定》将"许诺销售"规定为是以做广告、在商店橱窗中陈列或者在展销会上展出等方式作出销售商品的意思表示;《专利权纠纷问题解释(二)》将产品买卖合同的依法成立规定为专利法上的"销售",即如果买卖合同并未依法成立,则不应认定"销售"成立。在再审申请人刘某某与被申请人北京京联发数控科技有限公司、天威四川硅业有限责任公司侵害实用新型专利权纠纷案[最高人民法院民事判决书(2015)民申字第 1070 号]中,最高人民法院指出,专利法意义上销售行为的认定,需要考虑《专利法》第十一条的立法目的,正确厘定销售行为与许诺销售行为之间的关系,充分保护专利权人利益。为此,销售行为的认定应当以销售合同成立为标准,而不应以合同生效、合同价款支付完成、标的物交付或者所有权转移为标准。

由上述司法解释的具体规定，我们可以看出其对"使用""许诺销售"和"销售"的定义都是从行为的本质出发来进行的界定：如果被告具体实施了首次制造专利侵权产品的行为，则应认定为是"制造"；如果专利侵权产品是从他处获得，被告的相关行为（比如再销售或组装后再销售）实现的只是该产品的市场交换价值，则应认定为是"销售"；如果专利侵权产品对被告而言，实现的只是该产品的使用价值，则应认定为是"使用"。因此，对于司法解释未涉及的其他各种类型的涉嫌侵权行为，可依据这样的标准来进行行为属性的界定。

（三）合法来源抗辩成立的一个条件：证明产品来源合法

通过《专利法》第七十条的规定可知，为生产经营目的使用、许诺销售或者销售不知道是未经专利权人许可而制造并售出的专利侵权产品的行为，不承担赔偿责任的前提是，能证明该产品来源合法。

合法来源证明是合法来源抗辩成立的先决条件。《专利权纠纷问题解释（二）》规定合法来源是指"通过合法的销售渠道、通常的买卖合同等正常商业方式取得产品。"同时，该司法解释还规定："对于合法来源，使用者、许诺销售者或者销售者应当提供符合交易习惯的相关证据。"关于相关证据，北京市高级人民法院《专利侵权判定指南（2017）》规定应提供相关票据。最高人民法院在再审申请人广东雅洁五金有限公司与被申请人杨某某、卢某某侵害外观设计专利权纠纷案［最高人民法院民事判决书（2013）民提字第 187 号］中认为，对于被诉侵权产品是否有合法来源，应当由使用者、销售者举证证明被诉侵权产品具有合法的购货渠道、合理的价格和直接的供货方。侵权产品的使用者、销售者与制造者所需承担的法律责任是不同的，所负担的举证责任亦不同。侵权产品的使用者、销售者的这种举证责任，并不因为发现了真正的制造者而得以免除或减轻。当侵权产品的使用者、销售者是从制造者处直接购买产品，而没有其他的中间销售环节，通过事实和法律的认定，可以确认制造者生产并销售了侵权产品，使用者、销售者也不能因此免除或减轻合法来源抗辩的举证责任。首先，合法来源抗辩是法律赋予善意的侵权产品使用者、销售者的一种权利，根据"谁主张、谁举证"的举证责任分配原则，侵权产品的使用者、销售者在行使合法来源抗辩权时，应提供合法获取侵权产品的证据，如购货发票或收据以及付款凭证等。其次，对于这种特殊情况下侵权产品使用者、销售者的举证责任，也应该与存在多个中间销售环节时侵权产品使用者、销售者的举证责任相一致。最后，这种举证责任的分配方式，既可以规范流通环节的市场秩序，也可以防止侵权产品使用者、销售者与他人串通，以提供虚假合法来源证据的方式逃避赔偿责任。侵权产品的使用者、销售者与制造者应就各自的行为分别承担法律责任，不能因查明或认定了侵权产品的制造者就当然地推定使用者、销售者的合法来源抗辩成立，免除其赔偿责任；也不能因为制造者已经承担了侵权责任，就免除合法来源抗辩不成立的使用者、销售者的赔偿责任。对于合法来源抗辩证据的审查应当从严把握，尤其要注重对证据的真实性、证明力、关联性、同一性的审查。该案中，卢某某为证明其销售的被诉侵权产品有合法来源，提供了发货清单和个人存款回单。但发货清单为无签名或盖章的传真件，亦无相应的购货合同予以佐证；个人存款回单没有付款人姓名，且付款金额与发货清单不符。卢某某虽辩称该金额相对应的发货除了发货清单上所列货品，还有其他货物，但并未就此进行举证，其合法来源抗辩不能成立。

此外，关于在专利临时保护期内制造、销售、进口的被诉专利侵权产品的后续使用、许诺销售、销售行为是否可主张合法来源抗辩，最高人民法院在斯瑞曼公司与坑梓自来水公司、康泰蓝公司侵犯发明专利权纠纷案［最高人民法院民事判决书（2011）民提字第 259 号］中认为，在专利临时保护期内制造、销售、进口被诉专利侵权产品不为专利法禁止的情况下，后续的使用、许诺销售、销售该产品的行为，专利权人无权禁止；在销售者、使用者提供了合法来源的情况下，销售者、使用者不应承担支付适当费用的责任。

因此，合法来源证明，不仅需要证明其使用、许诺销售或者销售的专利侵权产品是从他人处获得，而非自己生产制造的，同时，还需要证明其是通过正当途径或渠道从他人处获得的专利侵权产品。例如，其是从有合法生产经营许可资质的第三方处以合理的市场价格获得的，即合法来源证明，不仅需要证明其产品有来源，还需要证明该来源具有合法性，而后者才是合法来源抗辩的关键。如果专利侵权诉讼中的被告在主张合法来源抗辩时，只能证明被控侵权产品是从他人处获得的，但并不能证明该获得的行为是否合法，或者虽对该获得行为的合法性进行了证明，但是经审理后认定不具备合法性的，如是通过窃取的方式获得或者是从无照摊贩处购买的，则其合法来源抗辩依法不能成立。

对于合法来源的证据，主张合法来源抗辩的被告往往提供的是相关的买卖合同、发票、收据、供货方的产品宣传图册等证据，但这些证据最终被法院采信的较少，主要原因在于：其一是被告提供的有关证据并不完整，未能形成完整的证据链，这是因为在中国，市场交易主体在实际交易中，出于节约交易成本或偷税漏税等多种因素的考虑，订货、送货形式往往比较随意，未能形成交易凭证或所形成的相关交易凭证很难符合法律的采信要求。其二是相关证据一般只记载商品的名称、数据、价款等信息，基本上不会详细记载所交易商品的有关技术特征以及出入库记录，亦即相关证据并未与被控侵权产品形成一一对应关系，被告不能排他证明被控侵权产品就是其提供的证据上所标识的商品。其三是在作为第三方的供货方未参加诉讼的情况下，确认被告提供的买卖合同、交货或付款凭证等商品交易证据的真实性及证明力比较困难。因此，在具体案件中，主张合法来源抗辩的被告最好尽力提供较为完备并可形成完整链条的证据，对于涉及第三方如供货方的有关证据或有关交易行为，被告可申请法院通知该第三方以第三人或者证人的身份参加诉讼，从而解决相关的证据证明力的问题。

(四) 合法来源抗辩成立的另一个条件：证明主观"不知道"

通过对《专利法》第七十条的分析可知，合理来源抗辩成立的另一个条件是"不知道是未经专利权人许可而制造并售出的专利侵权产品"。这是对合法来源抗辩的主观要求。

关于如何来认定被控侵权人主观上是否"不知道"，《专利权纠纷问题解释(二)》规定："不知道，是指实际不知道且不应当知道。"最高人民法院在再审申请人广东雅洁五金有限公司与被申请人杨某某、卢某某侵害外观设计专利权纠纷案[最高人民法院民事判决书(2013)民提字第 187 号]中认为：合法来源抗辩需要同时满足使用者、销售者无主观过错及被诉侵权产品具有合法来源两项条件。对于主观要件，需要被诉侵权产品的使用者、销售者证明其不知道使用、许诺销售或者销售的是侵权产品，作为一种消极事实，一般应由权利人举证证明被诉侵权者知道或者应当知道的主观状态。如权利人无法证明，则一般可以推定侵权者没有主观过错。由于"不知道"是人(包括自然人和法人)的一种主观意思表示，一般很难通过客观的证据加以证明，只能通过被控侵权人的客观行为来进行推测。而在实际案件操作中，一般则是由专利权人就被控侵权人主观上已经"知道"来进行证明，如果专利权人不能进行证明，且被控侵权人又能提供"合法来源"证明，则一般可推定被控侵权人主观上"不知道"，并可依此认定其合法来源抗辩主张成立。

虽然，在一般情况下，如无相反证据，被控侵权人只要能够提供"合法来源"证明并被依法认可，则可直接推定其主观上"不知道"。但是，有合法来源证明并不直接等同于其主观上"不知道"。在实践中，许多专利权人在正式对被控侵权人提起诉讼前，都是以先发侵权警告函的方式对被控侵权人进行警告，在警告未果的情况下，专利权人才会对其正式提起诉讼。在专利侵权诉讼中，如果专利权人能够证明其曾经向被控侵权人发过侵权警告函，是否就意味着被控侵权人在主观上已经"知道"，此时不能一概而论。如果专利权人所发的侵权警告函的内容相当翔实，对被控侵权产品的侵权事实进行了详细说明，同时，又附具了有说服力的相关证据，例如其他相关案件的法院判决书、由相关有资质机构提出的侵权分析意见等，而这些资料足以使被控侵权人相信被控侵权产品可能涉嫌专利侵权，则此时专利权人发侵权警告函的行为会导致被控侵权人在主观上由"不知道"变为"知道"。

(五) 合法来源抗辩的法律后果

根据《专利法》第七十条的规定可知，合法来源抗辩一旦成立，被告则可不承担赔偿责任。但是，如果专利权人请求法院责令被告停止侵权行为的，法院应当予以支持。然而实践中，进行合法来源抗辩的被告对于其所使用、许诺销售或者销售的产品是侵权产品往往是不知情的，而且也为侵权产品支付了对价，即其使用、许诺销售或者销售侵权产品的行为往往是"善意的"，如果强制责令其不得再进行使用、许诺销售或者销售，往往是不公平的。因此，为了维护交易安全、保护善意民事第三人的合法权益，《专利权纠纷问题解释（二）》规定，如果被诉侵权产品的使用者举证证明其已支付该产品的合理对价的，则对于专利权人请求停止使用的主张，法院不应支持。在起草该司法解释的过程中，有一种意见认为，该条免除了善意使用者不停止使用的责任，与《专利法》第七十条存在冲突。另一种意见则认为，在制度本意上，设立合法来源抗辩制度是为了打击侵权源头，而制造者才是侵权的主要源头。TRIPs 协议亦未要求善意使用的行为应被禁止。使用者在主观上是善意的，在客观上提供了合法来源，且在获得该侵权产品时向销售者支付了合理对价，理应阻却专利权禁止力的延伸。专利权排他性强，但不等于可以无限扩张。专利法不仅仅是专利权人的法，一味地强调专利权人单方的利益，置善意使用者的正当利益于不顾，将侵占善意使用者的合理空间、妨碍交易安全，这并非《专利法》第七十条的原意，也有违利益平衡的法律基本精神。在征求有关立法部门意见的基础上，司法解释最终采纳了第二种意见。但是，我们注意到，该司法解释将除外情形只限定为"使用"，而并未将"许诺销售""销售"规定为除外情况，我们认为其背后的理由应当在于后两种情形是直接对权利人的市场或潜在市场造成直接冲击的侵权行为，如果将后两种行为也规定为除外情形，势必会对专利权人的权益造成实质性损害。

三、合法来源抗辩在中国法中的体现

《专利法》

第七十条 为生产经营目的使用、许诺销售或者销售不知道是未经专利权人许可而制造并售出的专利侵权产品，能证明该产品合法来源的，不承担赔偿责任。

《最高人民法院关于审理侵犯专利权纠纷案件应用法律若干问题的解释（二）》

第十九条 产品买卖合同依法成立的，人民法院应当认定属于专利法第十一条规定的销售。

第二十五条 为生产经营目的使用、许诺销售或者销售不知道是未经专利权人许可而制造并售出的专利侵权产品，且举证证明该产品合法来源的，对于权利人请求停止上述使用、许诺销售、销售行为的主张，人民法院应予支持，但被诉侵权产品的使用者举证证明其已支付该产品的合理对价的除外。

本条第一款所称不知道，是指实际不知道且不应当知道。

本条第一款所称合法来源，是指通过合法的销售渠道、通常的买卖合同等正常商业方式取得产品。对于合法来源，使用者、许诺销售者或者销售者应当提供符合交易习惯的相关证据。

《最高人民法院关于审理专利纠纷案件适用法律问题的若干规定》

第二十四条 专利法第十一条、第六十九条所称的许诺销售，是指以做广告、在商店橱窗中陈列或者在展销会上展出等方式作出销售商品的意思表示。

《最高人民法院关于审理侵犯专利权纠纷案件应用法律若干问题的解释》

第十二条 将侵犯发明或者实用新型专利权的产品作为零部件，制造另一产品的，人民法院应当认定属于专利法第十一条规定的使用行为；销售该另一产品的，人民法院应当认定属于专利法第十一条规定的销售行为。

将侵犯外观设计专利权的产品作为零部件，制造另一产品并销售的，人民法院应当认定属于专利法第十一条规定的销售行为，但侵犯外观设计专利权的产品在该另一产品中仅具有技术功能的除外。

对于前两款规定的情形，被诉侵权人之间存在分工合作的，人民法院应当认定为共同侵权。

第十三条 对于使用专利方法获得的原始产品，人民法院应当认定为专利法第十一条规定的依照专利方法直接获得的产品。

对于将上述原始产品进一步加工、处理而获得后续产品的行为，人民法院应当认定属于专利法第十一条规定的使用依照该专利方法直接获得的产品。

北京市高级人民法院《专利侵权判定指南（2017）》

145. 为生产经营目的，使用、许诺销售或者销售不知道且不应知道是未经专利权人许可而制造并售出的专利侵权产品、且举证证明该产品合法来源的，不承担赔偿责任，对于权利人请求停止上述使用、许诺销售、销售行为的主张，应予支持。

146. 合法来源是指通过合法的销售渠道、通常的买卖合同等正常商业方式取得被诉侵权产品。

对于合法来源的证明事项，被诉侵权产品的使用者、许诺销售者或销售者应当提供符合交易习惯的票据等作为证据，但权利人明确认可被诉侵权产品具有合法来源的除外。

 # 权利用尽抗辩及其司法适用

一、权利用尽抗辩的历史沿革及制度目的

《专利法》第六十九条对权利用尽抗辩进行了规定，其中第一款规定："专利产品或者依照专利方法直接获得的产品，由专利权人或者经其许可的单位、个人售出后，使用、许诺销售、销售、进口该产品的"，不视为侵犯专利权。

其实，权利用尽抗辩最早见于中国第一部《专利法》，即1984年《专利法》，该法第六十二条第一款将权利用尽规定为"专利权人制造或者经专利权人许可制造的专利产品售出后，使用或者销售该产品的"，即权利用尽只包括"使用"和"销售"这两项权能，而并不包括"许诺销售"和"进口"，其原因在于后两项并未被规定为专利权的具体权能。1992年《专利法》并未对相关内容进行修改。

2000年《专利法》将相关内容修改为："专利权人制造、进口或者经专利权人许可而制造、进口的专利产品或者依照

专利方法直接获得的产品售出后，使用、许诺销售或者销售该产品的。"由此可见，2000 年《专利法》一是增加了一项权能，即"许诺销售"；二是售出产品不再只限于专利权人制造或经专利权人许可制造的产品，还包括了专利权人进口或经专利权人许可进口的产品；三是增加了"依照专利方法直接获得的产品售出后"也可适用权利用尽。上述前两项修改的原因在于 2000 年《专利法》增加了两项专利权权能（许诺销售、进口），因此做了适应性修改，第三项修改的原因则在于 2000 年《专利法》引入了间接侵权制度。

2008 年《专利法》修改的内容主要就是明确允许平行进口，原因在于我国的科技实力相较于发达国家还处于弱势地位，对产业有重要影响的核心专利权主要掌握在外国专利权人手中，产业发展上仍依赖于对国外技术的引进；同时，允许平行进口使我国在必要时可以从国外进口我国目前尚不能制造或者制造能力不足的专利药品，有利于解决公共健康问题；此外，是否允许平行进口，TRIPs 将此问题留给各国的国内法进行解决，我们可以根据自身的国情来加以利用。

权利用尽抗辩一般认为是起源于德国的"权利用尽"理论，该理论主张，当专利权人第一次将专利产品向外界售出之后，他就无权再以任何方式控制或者限制该产品的流通或流转。该理论认为专利权人的合法权益已经在该产品的制造或首次销售过程中得到了充分实现，如若允许专利权人再去干涉专利产品的后续进口、销售、许诺销售或使用，无疑会大大阻碍产品的自由流通和使用，降低社会效率，进而不利于公众合法利益的维护。因此，设计该制度的目的主要在于平衡专利权人与社会公众的利益，在切实维护专利权人的利益尤其是确保其进行发明创造的投入得到回报的同时，又能够保证公众的商品交易能够自由顺利开展。

二、权利用尽抗辩的司法解读

（一）权利用尽是被告应积极主张的一种抗辩权

权利用尽抗辩是专利侵权诉讼中的被告行使的一种抗辩权，是针对诉讼中的原告即专利权人行使以请求法院判令被告停止侵权、赔偿损失等为内容的请求权而发生的一种对抗的权利，只有被告主张时，法院才予以适用，因此，在专利侵权诉讼中，被告若想进行权利用尽抗辩需要积极向法院主张。

抗辩权的客体是他人的请求权，它是一种防御性而非进攻性的权利，抗辩权的行使并不能变更或消灭请求权，其效力仅在于阻却请求人的请求权。权利用尽抗辩成立的结果是被告的被控侵权行为不构成侵权，被告无需承担相应的侵权责任，即不支持原告的诉讼请求，而非否定原告的专利权的效力。行使抗辩权的前提是权利人行使请求权，而权利人行使请求权的前提则是该请求权合法有效，这就要求专利侵权诉讼中的原告所行使的专利权必须是合法有效的，而不能是已经失效的、不应被授权的或者是原告不享有的相关权利，对于后面的几种情形，被告可通过主张原告诉讼主体不适格或现有技术抗辩等来进行对抗，而不能通过权利用尽抗辩进行对抗。

（二）专利产品来源于合法权利人：专利权人和合法被许可人

《专利法》将可主张进行权利用尽抗辩的产品规定为是由"专利权人或者经其许可的单位、个人售出后"的专利产品或依照专利方法直接获得的产品，因此，可进行权利用尽抗辩的专利产品应来自于专利权人或其合法被许可人。实践中，专利权人不仅可以自己生产并销售专利产品，而且也有可能会将专利权许可给他人，允许他人生产并销售专利产品。在第一种情况下，专利权人通过自己生产并销售专利产品的行为使其合法权益得以实现；在第二种情况下，专利权人通过向他人许可并收取专利许可费的方式而使其合法权益得以实现，即两种情况下，专利权人的合法权益均得到了实现，依据"权利用尽"理论，其不得再行对专利产品的后续进口、销售、许诺销售或使用行为进行干涉。

关于合法被许可人的范围，应包括明示被许可人和默示被许可人。所谓明示被许可应当是指专利权人与被许可人之间签订有专利许可协议，协议明确约定专利权人将其专利许可给被许可人，被许可人依约可以销售专利产品。这里需要注意的是，专利许可协议中所许可出去的专利权权能必须包括"销售"，如果许可协议不包括"销售"这项权能，则被许可人并非权利用尽抗辩制度中的合法被许可人。比如，我们实践中经常会提及的 OEM（又称代工生产或定点加工），在这种生产方式中，品牌生产商并不直接生产产品，而是利用自己掌握的关键核心技术（专利技术）负责设计和开发新产品，具体的加工任务则是通过合同订购的方式委托给其他厂家生产，之后再将所订产品低价买断，并直接贴上自己的商标进行销售。在这种委托加工关系中，被委托的 OEM 工厂并不享有对外销售的权利，即使其生产专利产品是经委托方许可的行为，但其在未经委托方许可而擅自对外销售被委托加工的产品的，该被售出的产品也不能成为被告进行权利用尽抗辩的对象。

所谓默示被许可是指默示被许可人与专利权人之间不存在明确的专利许可协议，但是，基于默示被许可人与专利权人之间的特殊关系，默示被许可人对外销售专利产品的行为可被视为是经过专利权人默示的许可行为。这种情况往往发生在默示被许可人与专利权人之间存在特殊法律关系（如关联公司），实践中往往表现为母子公司或兄弟公司，最为典型的情形就是跨国母公司拥有专利权，但专利产品是由其国内的相应生产法人（子公司）生产并销售的，两者之间可能并没有明确的专利许可协议，在此种情况下，相应生产法人销售专利产品的行为应当被视为是经专利权人即该跨国母公司所默示许可的行为，被售出的专利产品可以成为专利侵权诉讼中的被告进行权利用尽抗辩的对象。

（三）专利产品已经通过"售出"转移出去，且权利人已经得到对价

权利用尽抗辩适用的对象是已经被专利权人或其被许可人售出的专利产品，只要该专利产品已经被专利权人或其被许可人售出，买受人对该售出的专利产品而进行的再次销售、使用、进口行为就不再被视为侵权行为。但是，专利权人或其被许可人的何种行为可被视为"售出"，法律或相关司法解释并未给予明确规定，实践中认定起来也比较困难。

在专利法中，与"售出"概念相近的另一个概念则是"销售"，关于何为"销售"，《专利权纠纷问题解释（二）》第十九条规定："产品买卖合同依法成立的，人民法院应当认定属于专利法第十一条规定的销售。"这也就是说，产品买卖合同一旦成立，专利法上的销售行为即告完成，但产品买卖合同成立，并不意味着买方已经支付了对价，也不意味着卖方已经交付了合同标的物，更不意味着卖方针对专利产品的相关权益得以实现。根据"权利用尽"理论，专利权人不得对专利产品的再次流通进行干预的前提是其针对专利产品的相关权益必须已经得以实现，而这是通过"售出"这一行为来实现的。专利法使用"售出"而非"销售"，其用意可能也在于此，即"销售"并不意味着专利权人的相关权益已经得以实现，而"售出"却能够表达此意。因此，"售出"至少应当表明专利权人或其被许可人已经从交易相对人处获得了相应对价。根据此标准，我们可以得出以下结论：以做广告、在商店橱窗中陈列或者在展销会上展出等方式进行的许诺销售行为，并非"售出"；虽然签订了产品买卖合同，但是买方尚未支付对价时，也并非构成"售出"。此外，权利用尽抗辩对抗的是对进入流通领域中的专利产品的再次流转的干预，因此，"售出"理应意味着专利产品已经脱离专利权人的控制并进入了相对人的控制范围内，依此标准，虽然签订了产品买卖合同，同时买方也支付了相应对价，但卖方尚未向买方交付专利产品时，也并非构成"售出"。

因此，专利权人或经其许可的被许可人向他人转移专利产品的时候，只要能从他人处获得相应的对价，那么这种转移专利产品的行为就构成了对专利产品的"售出"。因为，其在对专利产品进行转移的同时，获得了相应的回报，按照"权利用尽"理论，这导致该专利权在该售出的专利产品上的用尽。

但在实践中，专利权人或经其许可的被许可人处置专利产品的方式很多，不仅仅限于一般意义上的"销售"行为。例如，专利权人或经其许可的被许可人将专利产品赠予他人或者免费发放，或者专利产品在专利权人或经其许可的被许可人售出以前被他人盗走，那么在这些情况下，对专利产品的这些处理行为是否可被认定为"售出"？我们认为，对于专利产品被专利权人或经其许可的被许可人赠予他人或者

免费发放给他人的情况，虽然专利权人或其被许可人并未因此获得相应的对价，其在专利产品上并未获得回报，但是这种赠予或者免费发送是专利权人或经其许可的被许可人的意思自治行为，相当于其放弃了在专利产品上获得回报的权利，其赠予或者免费发送行为已经构成了对获取相应回报权利的抛弃，但出于自愿的赠予或者免费发送行为可被推定为其已经获得了相应的回报，因此，相应的专利产品可被视为"售出"。然而，对于专利产品在专利权人或经其许可的被许可人售出以前被他人盗走的情况，由于专利产品进入商品流通环节并非是出于专利权人或经其许可的被许可人的意愿，并非是其自主意思自治的行为，因此，在这种情况下，专利产品不应被视为"售出"。

（四）权利用尽应当是指"绝对权利用尽"

在实践中，有些专利权人或经其许可的被许可人会通过合同的方式来对权利用尽情况的发生附条件，如专利权人在许可被许可人实施其专利时约定，被许可人可以免费实施其专利，但是，如果被许可人在今后以其自有专利向专利权人进行任何形式的主张后，则被许可人实施专利的行为不被视为是经专利权人的许可。在这种情况下，如果所附条件已经发生，同时，被许可人因实施专利而获得的专利产品也被销售，那么，此时的"销售"是否导致专利法上的经许可的"售出"，即是否允许相对权利用尽的存在。

根据是否认可专利权人可以自由设置售后条件，可将权利用尽划分为"相对权利用尽"与"绝对权利用尽"。如果专利权人在首次销售时附加了售后限制条件，而该条件并不违反法律的禁止性规定，对于买受人违反该售后条件的行为，如果仍然被认为是侵犯专利权的行为，则称为"相对权利用尽"，反之则称为"绝对权利用尽"。换言之，"相对权利用尽"是指专利权人的专利权效力由于售后限制条件的存在仍然及于该售出的专利产品，专利权人在所附限制条件成就时仍可主张专利权；而"绝对权利用尽"则是指专利产品一经售出，专利权人即丧失对该专利产品的所有支配权，而且专利权人不得对专利产品的后续流通附加任何限制性条件，即专利权对该售出的专利产品不再具有效力、不得再主张专利权。

我们认为，权利用尽抗辩制度目的在于保护社会公众合理使用专利产品的行为，对这一制度的适用不能因专利权人对"售出"是否附有条件而产生不同的效力。因此，为了更好地平衡专利权人与社会公众之间的利益，在没有明确法律规定的情况下，法律能因专利权人对"售出"是否附有条件而产生不同的效力，续流程附权利用尽应当被解读为是一种"绝对权利用尽"。而对于专利权人在售后限制性条件成就时所遭受的损失或者能够得到的可期待利益的丧失，专利权人可通过违约之诉向相对人进行主张以维护其合法权益。

（五）买受人对售出专利产品的处置范围

对于专利产品经专利权人或其许可的被许可人售出后，买受人对该售出的专利产品所为的何种行为可用来主张权利用尽抗辩，《专利法》第六十九条规定"使用、许诺销售、销售、进口"该专利产品的，不视为侵犯专利权。由此可见，专利产品被专利权人或其许可的被许可人售出后，任何人对该售出的专利产品所做的任何行为均不构成对专利权的侵犯，根据北京市高级人民法院《专利侵权判定指南（2017）》第一百三十一条规定，应当至少包括以下几种类型的行为：

（1）专利权人或者其被许可人在中国境内售出其专利产品或者依照专利方法直接获得的产品后，购买者在中国境内使用、许诺销售、销售该产品；

（2）专利权人或者其被许可人在中国境外售出其专利产品或者依照专利方法直接获得的产品后，购买者将该产品进口到中国境内以及随后在中国境内使用、许诺销售、销售该产品；

（3）专利权人或者其被许可人售出其专利产品的专用部件后，使用、许诺销售、销售该部件或将其组装制造专利产品；

（4）方法专利的专利权人或者其被许可人售出专门用于实施其专利方法的设备后，使用该设备实施该方法专利。

通过认真解读《专利法》第六十九条的规定，我们还会发现，可以用来主张权利用尽抗辩的行为还包括专利产品售出后，对该专利产品进行"进口"的行为，即对专利产品的"售出"行为发生在国外，而对专利产品的"进口"行为则发生在国内，这其实就是专利法意义上的平行进口行为。

所谓"平行进口"，是指在未经进口国专利权人或其许可的被许可人的许可，将专利权人或其许可的被许可人在其他国家或地区销售的专利产品进口到进口国的行为。构成权利用尽抗辩事由的平行进口应符合以下条件：

（1）专利权人在我国存在与进出的专利产品所使用的技术方案相同的专利权。

（2）平行进口的专利产品来源于专利权人或经其许可的被许可人，并且该专利产品是经过专利权人或经其许可的被许可人售出的产品，至于该售出行为是发生在国外还是国内，则在所不问。

（3）行为人进口该专利产品的行为未得到专利权人依据其国内相应专利而进行的许可授权。

三、经典案例评述

案例：吉林市亿辰工贸有限公司与范某某侵犯专利权纠纷民事再审案[①]

此案是最高人民法院 2014 年知识产权年度报告中 35 件典型案件中的一件，对于此案我们可以作出如下解读。

1. 权利用尽抗辩制度下的被许可人需要得到专利权人的明确专利许可授权

最高人民法院在该案中认为，范某某和设计院均认为范某某的本意是希望设计院将其专利技术纳入设计方案中，然后通过设计方案具体实施者购买其专利产品或者依法获得其实施许可而获利，设计方案的实施者宏运公司、亿辰公司等仍需从专利权人或者经其许可的主体处购买专利产品，或者依法获得专利权人的实施许可；同时，最高人民法院还认为，《专利法》第六十九条第（一）项规定："专利产品或者依照专利方法直接获得的产品，由专利权人或者经其许可的单位、个人售出后，使用、许诺销售、销售、进口该产品的"，不视为侵犯专利权。而在该案中，范某某并未许可设计院及宏运公司实施涉案专利，亿辰公司也非从范某某或者经其许可的单位、个人处购买被诉侵权产品，故该案无法适用该条款。由此可见，在当事人之间并不存在特殊的法律关系的情况下，专利权人与被许可人之间必须存在明确的专利许可授权时，才能构成权利用尽抗辩制度上的"经专利权人的许可"。

2. 专利权人向他人提供专利图纸的行为并不必然构成默示许可

最高人民法院在该案中认为，根据范某某和设计院的陈述，范某某确实曾向设计院提供涉案专利图纸进行推广，设计院也是在范某某所提供图纸的基础上作了《供货合同》所附图纸的设计，但由于设计院本身并不涉及专利产品的制造、销售和使用，范某某也未与设计院签订实施许可合同，未要求或者主张支付使用费，设计院甚至主张范某某从未告知涉及专利技术，因此从范某某的上述推广行为中并不能得出范某某许可设计院实施其专利的意思表示，更无法得出范某某许可设计方案的具体实施者宏运公司、亿辰公司实施涉案专利的意思表示。由此可见，专利权人向他人提供专利图纸进行推广的行为，不当然地等同于许可他人实施其专利的意思表示，即并不必然构成默示许可。默示许可一般只能在当事人之间存在特定的法律关系如关联公司的情况下才可以进行推定，当当事人之间只存在一般的合同关系时，应当要求有明示许可的存在，而不能任意进行默示许可的推定。

---

① 具体可参见最高人民法院民事判决书（2013）民提字第 223 号。

四、权利用尽抗辩在中国法中的体现

《专利法》

第六十九条 有下列情形之一的，不视为侵犯专利权：

（一）专利产品或者依照专利方法直接获得的产品，由专利权人或者经其许可的单位、个人售出后，使用、许诺销售、销售、进口该产品的。

北京市高级人民法院《专利侵权判定指南（2017）》

131. 专利产品或者依照专利方法直接获得的产品，由专利权人或者经其许可的单位、个人售出后，使用、许诺销售、销售、进口该产品的，不视为侵犯专利权，包括：

（1）专利权人或者其被许可人在中国境内售出其专利产品或者依照专利方法直接获得的产品后，购买者在中国境内使用、许诺销售、销售该产品；

（2）专利权人或者其被许可人在中国境外售出其专利产品或者依照专利方法直接获得的产品后，购买者将该产品进口到中国境内以及随后在中国境内使用、许诺销售、销售该产品；

（3）专利权人或者其被许可人售出其专利产品的专用部件后，使用、许诺销售、销售该部件或将其组装制造专利产品；

（4）方法专利的专利权人或者其被许可人售出专门用于实施其专利方法的设备后，使用该设备实施该方法专利。

 专利诉讼管辖法院的确定

　　对于专利诉讼的原被告双方而言，专利诉讼首先需要解决的问题就是诉讼管辖问题。对于原告而言，往往希望能够在对其有利的法院提起诉讼，"有利"可以体现为多方面：既可以体现为如果管辖法院原告住所所在地法院，则会方便其参与诉讼，并可节省因参与诉讼而产生的时间和财务成本，又可体现为若由对其较为"友好"的法院审理案件的话，法院可能会作出对其有利的诉讼结果。而对于被告而言，也存在类似的问题，而且在实践中，专利诉讼的被告在接到法院的应诉通知书后，往往会向法院提出管辖权异议，其用意一方面可能是通过拖延诉讼以争取诉讼时间，另一方面可能就是希望受理法院将案件转移至对其有利的法院进行审理，而后一种在实践中被法院支持的几率则是非常低的。

　　专利诉讼管辖主要涉及两大问题：其一是级别管辖问题，解决的是由哪一级法院来审理案件的问题；其二是地域管辖问题，解决的是具体的案件由哪一地方的具体哪个法院来进行受理的问题。关于级别管辖，实践中原告往往并不希望其案件由级别较高的法院进行审理，法院级别越高，原告对案件诉讼走向的可控性就越差，因此，即使是诉讼标的额本来

可达到由高级人民法院进行受理的案件，原告都可能会通过控制诉讼标的额而使案件划归中级人民法院进行管辖。关于地域管辖，更是原被告双方都特别在意的问题。以专利侵权诉讼为例，为了防止只能向被告住所地法院提起诉讼的局限，原告往往会人为地制造"销售地"，即通过将出售侵权产品的销售商一并列为被告的方式来制造诉讼管辖链接点，如果销售商所在地与原告所在地一致，那么就实现了在原告所在地提起诉讼的可能。

一、级别管辖

关于级别管辖，《最高人民法院关于适用〈中华人民共和国民事诉讼法〉的解释》（以下简称《民诉法解释》）第二条规定："专利纠纷案件由知识产权法院、最高人民法院确定的中级人民法院和基层人民法院管辖。"由此可见，专利纠纷案件的一审可以由专门知识产权法院、最高人民法院确定的中级人民法院和基层人民法院管辖。此外，如果诉讼标的额达到一定标准，则会改由高级人民法院进行管辖。

（一）专门知识产权法院

目前，中国已经在北京、上海和广州三地成立了专门的知识产权法院，关于专门知识产权法院的案件管辖范围，2014年10月31日最高人民法院发布了《最高人民法院关于北京、上海、广州知识产权法院案件管辖的规定》，该规定对专门知识产权法院受理专利纠纷案件的管辖作出了如下规定：

第一条　知识产权法院管辖所在市辖区内的下列第一审案件：

（一）专利、植物新品种、集成电路布图设计、技术秘密、计算机软件民事和行政案件；

……

第二条　广州知识产权法院对广东省内本规定第一条第（一）项和第（三）项规定的案件实行跨区域管辖。

第三条　北京市、上海市各中级人民法院和广州市中级人民法院不再受理知识产权民事和行政案件。

广东省其他中级人民法院不再受理本规定第一条第（一）项和第（三）项规定的案件。

北京市、上海市、广东省各基层人民法院不再受理本规定第一条第（一）项和第（三）项规定的案件。

第四条　案件标的既包含本规定第一条第（一）项和第（三）项规定的内容，又包含其他内容的，按本规定第一条和第二条的规定确定管辖。

第五条 下列第一审行政案件由北京知识产权法院管辖：

（一）不服国务院部门作出的有关专利、商标、植物新品种、集成电路布图设计等知识产权的授权确权裁定或者决定的；

（二）不服国务院部门作出的有关专利、植物新品种、集成电路布图设计的强制许可决定以及强制许可使用费或者报酬的裁决的；

（三）不服国务院部门作出的涉及知识产权授权确权的其他行政行为的。

……

第七条 当事人对知识产权法院作出的第一审判决、裁定提起的上诉案件和依法申请上一级法院复议的案件，由知识产权法院所在地的高级人民法院知识产权审判庭审理。

第八条 知识产权法院所在省（直辖市）的基层人民法院在知识产权法院成立前已经受理但尚未审结的本规定第一条第（一）项和第（三）项规定的案件，由该基层人民法院继续审理。

除广州市中级人民法院以外，广东省其他中级人民法院在广州知识产权法院成立前已经受理但尚未审结的本规定第一条第（一）项和第（三）项规定的案件，由该中级人民法院继续审理。

由此可见，北京、上海和广州知识产权法院分别对北京市、上海市以及广东省内的专利纠纷案件进行集中管辖，原来可以审理专利纠纷案件的各中级人民法院（如北京市一、二、三中院）以及由最高人民法院指定的可以审理部分专利纠纷案件的基层人民法院（如北京市海淀区法院）将不再具有案件管辖权。对于不服专利复审委员会作出的专利复审、无效宣告审查决定而提起的行政诉讼，则统一由北京知识产权法院进行专属管辖。对于不服各专门知识产权法院作出的一审判决而提出上诉的，则由相应各高级人民法院进行管辖。此外，需要注意的是，深圳市由于其经济特区的身份，深圳市中级人民法院仍然对本辖区内的专利纠纷案件进行一审管辖。

（二）最高人民法院确定的中级人民法院和基层人民法院

《专利纠纷问题规定》第二条规定：

专利纠纷第一审案件，由各省、自治区、直辖市人民政府所在地的中级人民法院和最高人民法院指定的中级人民法院管辖。

最高人民法院根据实际情况，可以指定基层人民法院管辖第一审专利纠纷案件。

目前，除北京、上海、广州各专门知识产权法院，各省、自治区、直辖市人民政府所在地的中级人民法院，以及深圳、珠海、汕头、厦门四个经济特区中级人民法院可以审理专利纠纷一审案件外，最高人民法院还指定了大连、青岛、温州、佛山、烟台、潍坊、苏州、宁波、景德镇、葫芦岛、泉州、镇江、金华等数十个中级人民法院。此外，最高人民法院还指定了浙江省义乌市人民法院，北京市海淀区人民法院，江苏省南通市通州区人民法院、苏州市昆山市人民法院、苏州市虎丘区人民法院、苏州工业园区人民法院等基层法院审理实用新型与外观设计专利纠纷一审案件，但是，由于北京知识产权法院对辖区内的专利纠纷案件已经进行集中管辖，北京市海淀区人民法院将不再对此类案件具有管辖权。基层法院审理专利纠纷案件还需要受到最高人民法院所设定的诉讼标的额的限制，具体体现在《最高人民法院关于调整地方各级人民法院管辖第一审知识产权民事案件标准的通知》第三条规定："经最高人民法院指定具有一般知识产权民事案件管辖权的基层人民法院，可以管辖诉讼标的额在 500 万元以下的第一审一般知识产权民事案件，以及诉讼标的额在 500 万元以上 1000 万元以下且当事人住所地均在其所属高级或中级人民法院辖区的第一审一般知识产权民事案件，具体标准由有关高级人民法院自行确定并报最高人民法院批准。"

（三）高级人民法院

根据《最高人民法院关于调整地方各级人民法院管辖第一审知识产权民事案件标准的通知》的规定："高级人民法院管辖诉讼标的额在 2 亿元以上的第一审知识产权民事案件，以及诉讼标的额在 1 亿元以上且当事人一方住所地不在其辖区或者涉外、涉港澳台的第一审知识产权民事案件。"因此，诉讼标的额在 2 亿元以上的第一审专利纠纷民事案件，以及诉讼标的额在 1 亿元以上且当事人一方住所地不在其辖区或者涉外、涉港 澳台的第一审专利纠纷权民事案件由高级人民法院管辖。

二、地域管辖

实践中，专利侵权案件是最为常见的专利纠纷类型，而专利侵权行为本质上属于一种民事侵权行为。关于侵权案件的地域管辖，《民事诉讼法》第二十八条规定："因侵权行为提起的诉讼，由侵权行为地或者被告住所地人民法院管辖。"《民诉法解释》对何为侵权行为地作了补充性解释，该解释第二十四条规定："民事诉讼法第二十八条规定的侵权行为地，包括侵权行为实施地、侵权结果发生地。"

最高人民法院通过司法解释对专利侵权纠纷的地域管辖作了更为具体的规定。《专利纠纷问题规定》规定：

第五条 因侵犯专利权行为提起的诉讼，由侵权行为地或者被告住所地人民法院管辖。

侵权行为地包括：被诉侵犯发明、实用新型专利权的产品的制造、使用、许诺销售、销售、进口等行为的实施地；专利方法使用行为的实施地，依照该专利方法直接获得的产品的使用、许诺销售、销售、进口等行为的实施地；外观设计专利产品的制造、许诺销售、销售、进口等行为的实施地；假冒他人专利的行为实施地。上述侵权行为的侵权结果发生地。

第六条　原告仅对侵权产品制造者提起诉讼，未起诉销售者，侵权产品制造地与销售地不一致的，制造地人民法院有管辖权；以制造者与销售者为共同被告起诉的，销售地人民法院有管辖权。

销售者是制造者分支机构，原告在销售地起诉侵权产品制造者制造、销售行为的，销售地人民法院有管辖权。

（一）专利法意义上的制造行为

关于何为"制造行为"，专利法及其相关司法解释并未给予明确定义。北京市高级人民法院《专利侵权判定指南（2017）》第九十九条第一款规定："制造发明或者实用新型专利产品，是指权利要求中所记载的产品技术方案被实现，产品的数量、质量不影响对制造行为的认定。"同时，该条第二款补充规定以下行为应当认定为制造发明或者实用新型专利产品行为：

（1）以不同制造方法制造产品的行为，但以方法限定的产品权利要求除外；

（2）将部件组装成专利产品的行为。

就专利法所规定的五类专利侵权行为，实践中专利权人可以通过购买侵权产品、获得侵权产品的宣传推广资料等方式来辨识侵权产品的许诺销售者和销售者，但一般很难通过获得与制造行为有关的证据来辨识侵权产品的制造者，这是因为制造行为往往处于侵权行为者的势力控制范围内，一般不具有外在表象性。但实践中，如果侵权产品之上或者外包装上直接标识制造者或者其上的有关信息能够指向制造者的，则原则上可以将信息所标示者或指向者推定为制造者。这类信息一般包括厂名、生产者、制造者、监制者、商标品牌持有者，具体表现形式既可以是文字，也可以是文字加图形，还可以是纯图形，如防伪标签码、激光识别码、二维识别码等。最高人民法院在《关于产品侵权案件的受害人能否以产品的商标所有人为被告提起民事诉讼的批复》（法释〔2002〕22号）中指出："任何将自己的姓名、名称、商标或者可资识别的其他标识体现在产品上，表示其为产品制造者的企业或个人，均属于《中华人民共和国民法通则》第一百二十二条规定的'产品制造者'和《中华人民共和国产品质量法》规定的'生产者'"。在东莞欧陆电子有限公司与深圳市华美兴泰科技股份有限公司等侵害实用新型专利权纠纷案中，一审法院认为，"本案中被控侵权产品的包装盒上印有深圳市华美兴泰科技有限公司的名称、商标、地址，该信息足以表明华美兴泰公司为被控侵权产品的生产者。华美兴泰公司主张被控侵权产品源自东莞市灿和五金电子有限公司，并提交采购订单（传真件）和增值税专用发票来支持其主张。鉴于被控侵权产品的包装盒上有印有华美兴泰公司的公司名称、商标、地址，即便华美兴泰公司提交的证据能证明被控侵权产品源自东莞市灿和五金电子有限公司，也只能证明华美兴泰公司委托东莞市灿和五金电子有限公司进行实际生产，不能否定华美兴泰公司是被控侵权产品的生产者的事实。故华美兴泰公司主张的合法来源抗辩，一审法院不予采纳。"在 SMC 株式会社与乐清市博日气动器材有限公司等侵害发明专利权纠纷案中，博日公司主张其仅系销售商，系从第三人迈得发公司处购买被控侵权产品再对外销售。法院认为："首先，博日公司提供的销售开单载明的标识、地址、电话等信息与上海市第二中级人民法院在先判决认定的迈得发公司的相关信息相一致；其次，涉案被控侵权产品的型号与上海市第二中级人民法院在先判决认定的迈得发公司生产、销售的被控侵权产品的型号基本一致，其中有 6 款产品型号完全相同；再则，博日公司法定代表人与迈得发公司法定代表人黄某某之间存在着转账关系；另外，2013 年 8 月 28 日、2013 年 10 月 12 日销售开单涉及的产品名称、数量与原告 2013 年 9 月 2 日、2013 年 10 月 15 日两次公证购买的被控侵权产品型号、数量相同。综合以上证据，可以认定被告博日公司主张的被控侵权产品来源于迈得发公司的意见成立。但被告博日公司在被控侵权产品及包装上粘贴了其 BOSUN 标识，并未标明其系销售商，且该产品及包装除 BOSUN 标识外并无任何其他企业标识信息，而商标具有标明商品来源的功能，被控侵权产品上标注被告博日公司的 BOSUN 标识，表明其已向消费者表明该产品来源于被告博日公司，且博日公司经营范围亦包含电磁阀的制造、加工、销售。综上，被告博日公司仍应认定为法律意义上的生产商，其主张仅是销售商的观点不能成立。"

实践中，还有两种特殊的委托加工形式，分别为 OEM 和 ODM。所谓 OEM 就是我们俗称的定点加工，即委托方并不直接生产产品，而是负责产品设计、开发和销售，具体的加工则是通过合同订购的方式委托同类产品的其他厂家生产，之后将所订产品买断并贴上委托方品牌进行销售；所谓 ODM 是指其他第三方设计出产品后被委托方看中，要求贴上委托方的品牌来进行生产和销售。在 OEM 的情况下，鉴于产品的技术设计方案或图纸源于委托方，受托方只是根据委托方提供的技术方案来具体完成产品的制造，产品这一"从无到有"的过程显然是委托方与受托方共同协力的结果，因此，应当认定委托方与受托方共同实施了制造行为；在 ODM 的情况下，鉴于委托方没有向生产厂家即受托方提供技术方案或者提出技术要求，故委托方不宜被认定为是专利法意义上的制造者，除非专利权人能够证明委托方存在故意诱导、怂恿、教唆侵犯他人的专利权的情形，否则委托方的委托加工行为不应认定构成专利侵权。

（二）专利法意义上的销售行为

关于何为专利法上的"销售行为"，北京市高级人民法院《专利侵权判定指南

（2017）》第一百零五条第一款规定："侵犯专利权的产品买卖合同依法成立的，即可认定构成销售侵犯专利权的产品，该产品所有权是否实际发生转移一般不影响销售是否成立的认定。"同时，该条第二款补充规定："搭售或以其他方式转让侵犯专利权产品的所有权，变相获取商业利益的，也属于销售该产品。"对于实践中经常会出现的将侵犯发明或者实用新型专利权的产品作为零部件或中间产品后制造另一产品后，销售该另一产品的，该条规定应当认定属于对专利产品的销售。《专利权纠纷问题解释》也持相同观点，该解释第十二条规定："将侵犯发明或者实用新型专利权的产品作为零部件，制造另一产品的，人民法院应当认定属于专利法第十一条规定的使用行为；销售该另一产品的，人民法院应当认定属于专利法第十一条规定的销售行为。"

关于如何来界定"销售行为"的实施，实践中有多种不同的观点，有人认为应以销售合同签订并生效为准，有人则认为应以销售合同标的物交付为准。在再审申请人刘某某与被申请人北京京联发数控科技有限公司、天威四川硅业有限责任公司侵害实用新型专利权纠纷案［（2015）民申字第1070号］中，最高人民法院指出，专利法意义上销售行为的认定，需要考虑《专利法》第十一条的立法目的，正确厘定销售行为与许诺销售行为之间的关系，充分保护专利权人利益。为此，销售行为的认定应当以销售合同成立为标准，而不应以合同生效、合同价款支付完成、标的物交付或者所有权转移为标准。上述销售合同成立标准说在最高人民法院随后颁布的司法解释中得到了体现，《专利权纠纷问题解释（二）》第十九条规定："产品买卖合同依法成立的，人民法院应当认定属于专利法第十一条规定的销售。"

（三）侵权行为地的确定

根据《民诉法解释》第二十四条的规定，侵权行为地包括侵权行为实施地和侵权结果发生地。实践中，关于侵权行为实施地的认定较为容易，但是，涉及国际商事交易规则的，应按照该贸易规则的具体含义进行认定。如在凯赛材料公司与瀚霖技术公司等侵犯发明专利权纠纷管辖权异议案［最高人民法院民事判决书（2011）民申字第1049号］中，最高人民法院认为，通过FOB和CIF价格条件出口销售被诉依照本案专利方法直接获得的产品，该产品的装船交货地属于销售行为实施地。

但是，专利侵权诉讼的原告往往会以侵权结果发生地来提起诉讼。关于侵权结果发生地，《专利纠纷问题规定》第五条规定，制造、使用、许诺销售、销售、进口等侵权行为的侵权结果发生地也为侵权行为地。在李某某与宁波斯洛曼智能科技有限公司侵害实用新型专利权纠纷管辖权异议案中［广东省高级人民法院民事判决书（2013）粤高法立民终字第345号］，一审法院广州市中级人民法院认为：本案为侵害实用新型专利权纠纷，原告李某某委托他人以消费者身份通过邮寄方式向被告斯洛曼公司购买了被诉侵权产品，被告斯洛曼公司委托圆通速递公司将产品送至原告李某某代理人指定的广州市信德商务大厦门口,但该地址并非侵权行为的实施地,且在知识产权侵权纠纷案件中,侵权结果发生地应当理解为侵权行为直接产生的结果发生地,而不能以原告指定的产品收取地作为侵权结果发生地,若如此,原告李某某将能以中国大陆内任一具有专利管辖权的法院作为诉讼法院,致使管辖制度形同虚设,失去其应有的意义,鉴于此,一审法院裁定将案件移送被告斯洛曼公司住所地所辖的浙江省宁波市中级人民法院。二审法院广东省高级人民法院认为:"本案属于侵害实用新型专利权纠纷,侵害实用新型专利权纠纷的侵权行为地包括被控侵害实用新型专利权的产品的制造、使用、许诺销售、销售、进口等行为的实施地及上述侵权行为的侵权结果发生地,但原审原告李某某起诉时提交的证据并不足以证明广东省广州市存在上述涉嫌侵权行为,故原审法院基于原审被告斯洛曼公司的住所地在浙江省宁波市,裁定将本案移送斯洛曼公司住所地所辖的浙江省宁波市中级人民法院处理正确,本院予以维持"。由此可见,侵权结果发生地应当是指侵权行为直接产生的结果发生地,而并不能将侵权产品的接收地等地认定为侵权结果发生地。但是,广东省高级人民法院在另一案件中却执相反观点,该院在其(2015)粤高法立民终字第 127、第 128 号裁定中认为:里阳公司起诉时提交的公证书证明深圳市是通过网络购买涉嫌侵权产品的收货地,即深圳市是侵权结果发生地。根据《民事诉讼法》第二十八条、《最高人民法院关于适用〈中华人民共和国民事诉讼法〉若干问题的意见》第二十八条以及《专利纠纷问题规定》第二条第一款、第五条的规定,原审法院作为侵权行为地且是最高人民法院指定管辖辖区内第一审专利纠纷案件的中级人民法院,对本两案拥有管辖权。

4. 确认不侵权纠纷案件管辖的确定

2008 年,最高人民法院在《民事案件案由规定》中首次将确认不侵权之诉作为一种纠纷类型进行了规定,并将其置于知识产权权属、侵权纠纷一级案由之下,同时根据权利的不同,将该纠纷进一步细分为确认不侵犯专利权纠纷、确认不侵犯注册商标专用权纠纷以及确认不侵犯著作权纠纷三种具体的纠纷类型。关于确认不侵权专利纠纷案件的管辖问题,最高人民法院在《关于本田技研工业株式会社与石家庄双环汽车股份有限公司、北京旭阳恒兴经贸有限公司专利纠纷案件指定管辖的通知》([2004]民三他字第 4 号)中批示:"确认不侵犯专利权诉讼属于侵权类纠纷,依照民事诉讼法的规定应由侵权行为地或者被告住所地人民法院管辖",即应当依照《民事诉讼法》第二十九条的规定确定地域管辖。其中的"侵权行为"应当是指确认不侵权之诉的原告曾被专利权人所指控的涉嫌侵犯其专利权的行为,而并非是指确认不侵权之诉的被告即专利权人的侵权指控之行为,也就是说,按照目前确认不侵权之诉地域管辖的规定,在原告选择侵权行为地进行起诉时,与侵权诉讼中专利权人选择侵权行为地或被告住所地的管辖法院基本相当,确认不侵权之诉的原告可以选择其住所地法院进行起诉。

三、关于《民诉法解释》第二十五条的理解与适用

随着电子商务的不断兴起，越来越多的侵权产品开始在电子商务平台上进行销售，实践中也出现了一些案件的原告通过在电子商务平台上购买侵权产品并通过援引《民诉法解释》第二十五条来主张其购买侵权产品的电子商务平台的信息设备所在地或者其住所地的法院对案件具有管辖权。《民诉法解释》第二十五条规定："信息网络侵权行为实施地包括实施被诉侵权行为的计算机等信息设备所在地，侵权结果发生地包括被侵权人住所地。"相对于一般侵权行为，该条大大扩大了信息网络侵权行为的管辖法院的范围，使得计算机等信息设备所在地以及被侵权人住所地的法院也对案件具有管辖权。关于通过电子商务平台销售侵犯专利权的商品的行为是否属于信息网络侵权行为，不同法院对此的态度也大相径庭。北京知识产权法院在其（2015）京知民立初字第 2454 号裁定中认为，《民诉法解释》第二十五条所称的信息网络侵权行为，是指侵权人利用互联网发布直接侵害他人合法权益的信息的行为，比如侵权人在互联网上发布的信息直接侵害权利人对作品享有的信息网络传播权等，可见，信息网络侵权行为具有特定含义和范围，而非凡是案件事实与网络有关的侵权行为均属于信息网络侵权行为；本案系专利侵权纠纷，是以被控侵权产品是否落入专利权的保护范围为判定基础，并不涉及网络上的信息本身与专利权项进行比对的问题，故被诉侵权行为并非信息网络侵权行为，本案不属于《民诉法解释》第二十五条规制的范畴。该院同时认为，确定管辖权，主要依据"两便原则"以及为防止原告滥用诉权而规定的"原告就被告"原则；对专利侵权纠纷而言，无论是由生产地、实际销售地还是被告住所地确定管辖，都相较于起诉人住所地更有利于法院对侵权事实进行查明、对被控侵权产品进行比对以及相应判决的执行；倘若商家将其产品置于电商平台进行销售，就意味着其可能面临到全国各地法院应诉的局面，这显然不符合管辖权确定的基本原则，也可能使以"被告住所地"确定管辖的制度设计落空。

该院的观点也得到了其上级法院北京市高级人民法院的认可。北京高院在其（2016）京民终 47 号裁定中认为"信息网络侵权行为"具有特定含义，其主要是指利用信息网络侵害人身权益、信息网络传播权等行为，其侵权对象，如作品、商标、宣传内容等往往存在于网络环境下，因下载、链接等网络行为而发生，该案系侵害外观设计专利权纠纷，相关被诉侵权行为并非上述规定所指的"信息网络侵权行为"，故不应适用《民诉法解释》第二十五条。但是，北京高院对此问题的结论也并非非常坚定，其在《北京高院当前知识产权审判需要注意的法律问题》中也指出："当然，对于这个问题还需要进一步同高院立案庭协调沟通，在未有具体规定

前，应当先按照这个意见处理。"

与北京法院执类似观点的还有广州知识产权法院。该院在其（2015）粤知法立民初字第8、第9、第10号裁定中认为：原告委托他人通过网购邮寄方式向被起诉人购买了被诉侵权产品，收货地址为广东省广州市萝岗公证处，但该地址并非侵权行为的实施地。而且在知识产权侵权纠纷案件中，侵权结果发生地应当理解为侵权行为直接产生的结果发生地，而不能以起诉人指定的产品收取地作为侵权结果发生地，若非如此，起诉人将能以中国大陆内任一具有专利管辖权的法院作为诉讼法院，致使管辖制度形同虚设，失去其应有之义。但其上级法院广东省高级人民法院在（2015）粤高法立民终字第127、第128号裁定中却执相反的观点（前文已述及）。

江苏省高级人民法院对该问题也与广东省高院持支持观点，该院在其（2015）苏知民辖终字第00122号裁定中认为：佑游公司通过网络平台销售涉案侵权产品，商瑞公司在常州市收到佑游公司销售的涉案产品，故常州市系销售涉案侵权产品的侵权结果发生地，佑游公司认为收货地不能作为侵权行为地的观点缺乏法律依据，不予支持，故一审法院对本案依法享有管辖权。

但是，最高人民法院在其（2016）最高法民辖终107号民事裁定书中明确：在侵犯知识产权和不正当竞争案件中，原告通过网络购物取得被诉侵权产品，不能以网络购物收货地作为侵权行为地确定管辖。至此，不能将网络购物收货地作为管辖确定地已成定论。

专利诉讼中对专业技术问题的解决

专利诉讼尤其是专利侵权诉讼与其他民事诉讼的最大不同之处就在于案件的争议焦点中有许多专业技术问题，人民法院只有查明与该专业技术问题相关的技术事实后才能准确适用法律，而通过通常的证据调查方式又难以对这些专业技术问题进行解决，同时，由于审理案件的法官更多的是法律专家，通常不具备相应的技术知识储备，其专长于法律适用，但却很难凭自身之力对专业技术问题进行解决。因此，审理案件的法官需要借助外部的力量来协助其解决专业技术问题。

随着专利诉讼案件数量的与日俱增以及案件涉及专业技术问题的复杂化，人民法院已经开始尝试通过不同的方式来解决案件中所涉及的专业技术问题。实践中，人民法院通常主动采取的方式有邀请具有技术背景的人民陪审员参与案件审理、由具有技术背景的审判人员组成合议庭审理案件以及通过咨询外部专家获取专家咨询意见等。近几年，在北京、上海、广州三地所成立的专门知识产权法院建立了新的技术调查官制度，开始践行通过技术调查官来解决案件中所涉及的专业技术问题。

邀请具有技术背景的人民陪审员参与案件审理是人民法

院在审理专利诉讼案件时最常使用的方式之一，例如在北京知识产权法院成立以前，北京地区的一些法院就经常会邀请国家知识产权局专利局或者专利复审委员会的审查员作为人民陪审员来参与案件审理。受邀请的人民陪审员是作为合议庭的组成人员出现的，其在案件审理过程中，与其他审判人员具有相同的权利。但在实践中，受邀请的人民陪审员在案件审理过程中的作用往往也仅局限于对案件技术事实的确认上。

随着人民法院对专利诉讼案件的重视，近几年，人民法院也逐渐加大对具有技术背景的审判人员的招聘力度，使更多的具有技术背景的审判人员作为合议组成员加入到专利案件的审理过程中来。同时，人民法院也开始尝试一些新的审判模式。例如，北京市第二中级人民法院就曾首创并在实践中应用了"三人技术组、五人合议庭"的审判模式。这种模式是由五名合议组成员组成合议庭，其中有三名合议组成员具备专业技术背景，而这三名具有专业技术背景的合议组成员则是由法院的自有审判人员组成或者由法院自有审判人员和聘请的人民陪审员组成。

此外，人民法院有时还会通过咨询技术专家的方式来解决审理案件所涉及的技术问题，但这种方式存在一定的局限性。这是因为人民法院在采取这种方式的时候往往是背对案件当事人进行咨询的，由于技术专家并未参与或旁听案件的审理，其对案件事实的了解也并不全面。在这种情况下，技术专家向法院提供的咨询意见可能存在一定的缺陷。虽然这样的咨询意见并不能作为案件的定案依据，但无疑会对法官产生影响，进而影响案件的判决。

上面提及的几种方式，由人民法院根据审理案件的实际需要自己来决定具体采用哪种方式以及是否采用，而案件的当事人则无法就此对法院产生影响。但是从案件当事人的角度，其往往希望可以通过其他方式来协助法官就案件涉及的专业技术问题进行确认，在实践中，最常被当事人所采用的方式包括申请司法鉴定以及邀请具有专门知识的人员出庭就专门性问题进行说明。此外，专门知识产权法院所建立的技术调查官制度也有望成为专门知识产权法院解决专业技术问题的最为重要的方式。

一、专利诉讼中的司法鉴定

（一）司法鉴定的定义及其证据力

司法鉴定是指在诉讼活动中鉴定人运用科学技术或者专门知识对诉讼涉及的专门性问题进行鉴别和判断并提供鉴定意见的活动。相较于其他民事案件，司法鉴定在专利诉讼案件中的应用要广泛得多，以致有不少案件最终就是完全依据司法鉴定意见来进行判决的。

《民事诉讼法》第六十三条规定："证据包括：……（七）鉴定意见……"

《民事诉讼法》第七十六条规定："当事人可以就查明事实的专门性问题向人民法院申请鉴定。当事人申请鉴定的，由双方当事人协商确定具备资格的鉴定人；协商不成的，由人民法院指定。当事人未申请鉴定，人民法院对专门性问题认为需要鉴定的，应当委托具备资格的鉴定人进行鉴定。"

1992 年发布的《最高人民法院关于适用〈中华人民共和国民事诉讼法〉若干问题的意见》第七十三条规定："依照民事诉讼法第六十四条第二款规定，由人民法院负责调查收集的证据包括：……（2）人民法院认为需要鉴定、勘验的……"

由此可见，人民法院在认为需要鉴定的时候，应当将案件交由鉴定部门进行鉴定。而且在此种情况下，人民法院委托进行司法鉴定的行为属于人民法院调查收集证据的行为，司法鉴定部门依人民法院委托所作出的司法鉴定结论属于人民法院调取的证据。

《最高人民法院关于民事诉讼证据的若干规定》第七十一条规定："人民法院委托鉴定部门作出的鉴定结论，当事人没有足以反驳的相反证据和理由的，可以认定其证明力。"

《最高人民法院关于民事诉讼证据的若干规定》第七十七条规定："人民法院就数个证据对同一事实的证明力，可以依照下列原则认定：

（一）国家机关、社会团体依职权制作的公文书证的证明力一般大于其他书证；

（二）物证、档案、鉴定结论、勘验笔录或者经过公证、登记的书证，其证明力一般大于其他书证、视听资料和证人证言……"

由《最高人民法院关于民事诉讼证据的若干规定》第七十一条和第七十七条的规定可知，对于由人民法院委托的司法鉴定，其鉴定结论一般均具有证明力，除非该司法鉴定结论被案件当事人提供的其他相反证据或理由所反驳掉；此外，司法鉴定结论的证明力也相对较强，其证明力仅次于公证书，与物证、档案等证据的证明力处于同一级别，同时，又强于一般书证、证人证言等。由此可见，司法鉴定在整个证据体系中的证明力要相对较强，对专利诉讼案件的最终结果具有一定的决定作用。

（二）司法鉴定的启动方式

《民事诉讼法》第七十六条规定："当事人可以就查明事实的专门性问题向人民法院申请鉴定。当事人申请鉴定的，由双方当事人协商确定具备资格的鉴定人；协商不成的，由人民法院指定。"

"当事人未申请鉴定，人民法院对专门性问题认为需要鉴定的，应当委托具备资格的鉴定人进行鉴定。"

《最高人民法院关于民事诉讼证据的若干规定》第二十五条第一款规定："当事人申请鉴定，应当在举证期限内提出。符合本规定第二十七条规定的情形，当事人申请重新鉴定的除外。"

第二十六条规定："当事人申请鉴定经人民法院同意后，由双方当事人协商确定有鉴定资格的鉴定机构、鉴定人员，协商不成的，由人民法院指定。"

第二十八条规定："一方当事人自行委托有关部门作出的鉴定结论，另一方当事人有证据足以反驳并申请重新鉴定的，人民法院应予准许。"

通过对上述几条法律和司法解释规定的分析，我们可以发现，司法鉴定的启动方式大致可分为两种：一种是通过人民法院来启动；另一种是由案件当事人自行启动。由人民法院来启动的司法鉴定又可以细分为两种：一种是对专门性问题人民法院认为需要鉴定的情况下，由人民法院依职权来自行启动；另一种是负有举证责任的当事人在举证期限内申请人民法院进行司法鉴定，人民法院对当事人的申请进行审核后同意的，由人民法院来委托司法鉴定机构进行鉴定。但由人民法院来启动的司法鉴定中，大部分的情况都是经当事人的申请由人民法院来启动的。

（三）司法鉴定的注意事项

1. 司法鉴定程序的启动

在前面，我们已经提到，在诉讼程序中，司法鉴定的启动可以通过两种方式进行。但具体到专利诉讼尤其是专利侵权诉讼中，作为案件的当事人而言，应该如何来启动司法鉴定程序，则是需要结合案件具体情况考虑的首要问题。

关于由人民法院启动以及由当事人自行启动的司法鉴定而形成的司法鉴定结论的证明力哪个较强哪个较弱的问题，法律没有给出明确的规定。但是，《最高人民法院关于民事诉讼证据的若干规定》第七十一条规定："人民法院委托鉴定部门作出的鉴定结论，当事人没有足以反驳的相反证据和理由的，可以认定其证明力"，同时，该司法解释第二十八条规定："一方当事人自行委托有关部门作出的鉴定结论，另一方当事人有证据足以反驳并申请重新鉴定的，人民法院应予准许。"由此可见，不管是人民法院启动的司法鉴定，还是由当事人自行启动的司法鉴定，只要在当事人有足以反驳的证据的情况下，该司法鉴定结论就面临着不具备证明力或者重新进行鉴定的问题。

但是，在专利诉讼实践中，由人民法院启动的司法鉴定的结论的证明力往往要强于一方当事人自行委托的司法鉴定的结论。这一方面，是由于由人民法院启动的司法鉴定，一般委托的是双方当事人都认可或者人民法院指定的司法鉴定机构，司法鉴定机构进行司法鉴定活动接受人民法院的监督而不是案件当事人的监督；另一方面，由人民法院启动的司法鉴定所使用的鉴定材料是由人民法院提供的，这些鉴定材料一般都是经案件双方当事人质证过的证据，依据这些鉴定材料所形成的司法鉴定结论也相应地具备更强的证明力；再者就是，由当事人启动的司法鉴定，由于委托方是一方当事人，司法鉴定结论很容易受其影响而作出有利于其的司法鉴定结论。

由此可见，当事人在能够请求人民法院启动司法鉴定程序的情况下，还是最好由人民法院来启动该程序。《最高人民法院关于民事诉讼证据的若干规定》第二十五条第一款规定："当事人申请鉴定，应当在举证期限内提出。符合本规定第二十七条规定的情形，当事人申请重新鉴定的除外。"该条第二款进一步规定："对需要鉴定的事项负有举证责任的当事人，在人民法院指定的期限内无正当理由不提出鉴定申请或者不预交鉴定费用或者拒不提供相关材料，致使对案件争议的事实无法通过鉴定结论予以认定的，应当对该事实承担举证不能的法律后果。"

根据上述司法解释的规定，申请由人民法院来启动司法鉴定程序的情况下，需要由负有举证责任的一方当事人在举证责任期限内提出鉴定申请。但是当事人未在举证责任期限内提出申请的，也并非因此而丧失申请鉴定的机会。在这种情况下，如果人民法院认为确有必要进行鉴定的，会向当事人行使释明权，解释举证责任与法律后果，要求其在指定期限内提出鉴定申请。因此，负有举证责任的一方当事人可以在人民法院指定的该期限内提出鉴定申请并预约鉴定费用、鉴定材料等。

但是，专利诉讼实践表明，并非所有在举证期限内提出的司法鉴定申请都会被人民法院同意。例如，有些案件人民法院通过请具有技术背景的人民陪审员来参与案件审理的方式来解决技术问题，或者人民法院认为当事人申请司法鉴定是有意在拖延程序，那么在这种情况下人民法院可能就不同意当事人的鉴定申请。

为了防止出现向人民法院申请鉴定而不被批准，从而使得负有举证责任的一方当事人因举证不能而可能承担不利后果，我们建议，在这种情况下，负有举证责任的一方当事人可以事先自行启动司法鉴定，同时，一并向人民法院提出鉴定申请，这样即使鉴定申请没有被人民法院所批准，由于事先已经自行启动了司法鉴定程序，可以将自行启动的司法鉴定所作出的鉴定结论作为证据提交给人民法院，从而防止了因提出鉴定申请而未被批准致使无法举证的问题。

当然，对于由一方当事人自行启动司法鉴定程序而形成的司法鉴定结论，更容易遭受另一方当事人的反驳。《最高人民法院关于民事诉讼证据的若干规定》第二十八条规定："一方当事人自行委托有关部门作出的鉴定结论，另一方当事人有证据足以反驳并申请重新鉴定的，人民法院应予准许。"依此司法解释，对于由一方当事人自行启动的司法鉴定程序而形成的司法鉴定结论，在"另一方当事人有证据足以反驳并申请重新鉴定的"情况下，人民法院应会准许重新鉴定，且应当是由人民法院来启动重新鉴定程序。由此可见，一方当事人自行启动的司法鉴定而形成的结论也有可能导致人民法院对鉴定程序的启动，这对希望通过司法鉴定来进行举证的当事人而言，应当是有利的。

综上所述，就司法鉴定程序启动方面，我们建议专利诉讼被告应当在答辩期内向案件受理法院提出司法鉴定申请，同时，为了防止该鉴定申请不被法院所同意，可以同时自行启动司法鉴定，然后在获得司法鉴定结论后，将其作为证据提交给法院。

2. 司法鉴定机构与鉴定人的选择

关于司法鉴定机构与鉴定人的选择问题，《最高人民法院关于民事诉讼证据的若干规定》第二十六条规定："当事人申请鉴定经人民法院同意后，由双方当事人协商确定有鉴定资格的鉴定机构、鉴定人员，协商不成的，由人民法院指定。"由此可见，在鉴定申请经人民法院同意后，当事人既可以协调确定鉴定机构，又可以协商确定鉴定机构中的鉴定人员，对于当事人协商不成的情况，则由人民法院直接进行指定。

实践中，由于专利诉讼的双方当事人都希望选择对自己有利的司法鉴定机构，例如选择有地缘优势或者有人脉关系的司法鉴定机构，但另一方当事人往往又不同意，诉讼当事人一般很难就司法鉴定机构的选择达成一致合意，从而使得许多案件最终都是由人民法院来指定司法鉴定机构。

在人民法院指定司法鉴定机构的情况下，如果被指定的司法鉴定机构明显对另一方当事人有利，则该方当事人可以通过异议的方式申请人民法院另行指定。当事人可以通过分析确认该被指定的司法鉴定机构是否存在有违法律或者司法解释的有关规定的情况。例如，《司法鉴定程序通则》第十五条规定："具有下列情形之一的鉴定委托，司法鉴定机构不得受理：（一）委托鉴定事项超出本机构司法鉴定业务范围的……（五）鉴定要求超出本机构技术条件和鉴定能力的……"同时，《最高人民法院关于民事诉讼证据的若干规定》第二十七条也规定："当事人对人民法院委托的鉴定部门作出的鉴定结论有异议申请重新鉴定，提出证据证明存在下列情形之一的，人民法院应予准许：（一）鉴定机构或者鉴定人员不具备相关的鉴定资格的……"如果当事人通过分析认为，被指定的司法鉴定机构存在上述规定的情形，那么就可以以此为理由申请人民法院重新指定。

在司法鉴定机构被确定后，诉讼当事人就需要在该司法鉴定机构所提供的鉴定人名录中选定鉴定人。当事人在选择鉴定人时，一定要结合委托的鉴定事项来进行选定。如果委托的鉴定事项是判定被控侵权产品的某个技术特征是否与涉案专利中的某个技术特征相同或等同，或者判定被控侵权产品是否落入了涉案专利的保护范围时，由于这些委托事项均涉及对涉案专利保护范围的解读，不具备任何专利背景的纯粹技术专家由于对专利法中的"相同侵权""等同侵权"等专利侵权判定理论不了解，容易对涉案专利的保护范围作出错误的解读。因此，对于此类鉴定事项最好委托那些具备相关技术背景的专利代理师或者专利律师。然而，如果委托的鉴定事项是被控侵权产品的工作流程、性能指标等纯粹的技术问题，那么此种情况下，则优先选择技术过硬的技术专家。

在当事人无法就鉴定人的选定达成一致合意而由人民法院进行指定的情况下，如果该指定仍不符合当事人的预期，那么，该当事人仍可通过异议来请求人民法院进行重新指定。例如，如果被指定的鉴定人具有《最高人民法院关于民事诉讼证据的若干规定》第二十七条所规定的"不具备相关的鉴定资格"的情况，或者具有《司法鉴定程序通则》第二十条所规定的"应当回避"的情况时，当事人可以向人民法院请求重新指定鉴定人。

3. 鉴定事项与鉴定材料的确定

关于鉴定事项与鉴定材料，相关的法律法规中，《司法鉴定程序通则》进行了一些规定，该通则第十二条规定：

委托人委托鉴定的，应当向司法鉴定机构提供真实、完整、充分的鉴定材料，并对鉴定材料的真实性、合法性负责。司法鉴定机构应当核对并记录鉴定材料的名称、种类、数量、性状、保存状况、收到时间等。

诉讼当事人对鉴定材料有异议的，应当向委托人提出。

本通则所称鉴定材料包括生物检材和非生物检材、比对样本材料以及其他与鉴定事项有关的鉴定资料。

同时，该通则第十四条第一款规定："司法鉴定机构应当对委托鉴定事项、鉴定材料等进行审查。"由此可见，在向司法鉴定机构委托司法鉴定时，需要指定鉴定事项并移交鉴定材料。在由人民法院启动的司法鉴定程序中，人民法院一般都是首先要求当事人提交鉴定事项，然后，再依据当事人提交的鉴定事项对最终的鉴定事项进行确定。为了使最终的鉴定结论有利于己方，当事人在提交鉴定事项时，应当首先分析一下什么样的鉴定结论有利于自己，这样的鉴定结论需要由哪些鉴定事项来推导或者证明出，然后再确定需要提交的鉴定事项。在专利侵权诉讼中，如果鉴定事项是对被控侵权产品的某些特征、性能等进行测试、验证，而这些鉴定事项的进行需要依据特定的仪器或者方法，那么，当事人在提交鉴定事项的同时，最好对这些特定的仪器或者方法进行特别的说明，以便于鉴定机构开展鉴定。

由《司法鉴定程序通则》第十二条的规定可知，向司法鉴定机构提供的鉴定材料应当符合证据"三性"的要求，即应当具备真实性、合法性和关联性。因为，只有鉴定材料符合证据"三性"的要求的情况下，依据这些鉴定材料而作出的司法鉴定结论才容易被认可。因此，在当事人自行启动鉴定程序的时候，要特别注意对鉴定材料的选择，应优先选择已经向法院提交或者将要提交的、来源合法、客观真实、与案件关联紧密的证据；而当鉴定程序由人民法院启动的情况下，则需要特别留意人民法院移交给鉴定机构的鉴定材料是否经过了双方当事人的质证，未经质证的，就及时向法院进行提示。

4. 司法鉴定结论的质证

由司法鉴定机构作出的司法鉴定结论经过当事人的质证后，才具有证明力并可成为定案的依据。对司法鉴定结论进行质证的方式有：人民法院组织当事人进行书面质证，并由司法鉴定机构对当事人的质证进行答复；或者由人民法院要求司法鉴定机构指派鉴定人出庭接受当事人的质证。但从实践情况来看，鉴定人很少会出庭接受当面质证，以书面形式进行质证的方式较为常见。

当事人收到司法鉴定结论后，应当进行认真的分析，并判断该鉴定结论对其是否有利。如果对其不利，该当事人就需要分析是否存在补充鉴定、重新鉴定或者否定该鉴定结论的可能性。《最高人民法院关于民事诉讼证据的若干规定》第二十七条规定：

当事人对人民法院委托的鉴定部门作出的鉴定结论有异议申请重新鉴定，提出证据证明存在下列情形之一的，人民法院应予准许：

（一）鉴定机构或者鉴定人员不具备相关的鉴定资格的；

（二）鉴定程序严重违法的；

（三）鉴定结论明显依据不足的；

（四）经过质证认定不能作为证据使用的其他情形。

对有缺陷的鉴定结论，可以通过补充鉴定、重新质证或者补充质证等方法解决的，不予重新鉴定。

虽然，该条对司法鉴定结论不予认可的情况规定了四种情形，但是最后一种情形"经过质证认定不能作为证据使用的其他情形"却是一个兜底条款，其可以引申出其他情形。对此，《上海市高级人民法院民三庭：关于知识产权民事诉讼中涉及司法鉴定若干问题的解答》中有所体现。该解答在回答"在什么情况下，需要重新委托鉴定"这一问题时，认为：

依据《最高人民法院关于民事诉讼证据的若干规定》第二十七条规定，结合知识产权民事诉讼的实际情况，当事人有证据证明存在下列情形之一的，人民法院应当重新委托司法鉴定：

（1）鉴定人不具备相关鉴定资格；

（2）鉴定程序不符合法律规定；

（3）鉴定结论的依据明显不足；

（4）鉴定材料虚假，或者原鉴定方法有缺陷，原鉴定机构拒绝补充鉴定或者不适宜进行补充鉴定；

（5）鉴定人应当回避没有回避，而当事人又对鉴定结论持有不同意见的；

（6）同一案件所涉专门性问题具有多个不同鉴定结论，无法依据现有鉴定结论作出判决；

（7）一方当事人自行委托有关部门作出的鉴定结论，另一方当事人有证据足以反驳并申请重新鉴定的；

（8）经过质证认定不能作为证据使用的其他情形。

因此，对于认为司法鉴定对其不利的当事人而言，可以参照《上海市高级人民法院民三庭：关于知识产权民事诉讼中涉及司法鉴定若干问题的解答》来确定该司法鉴定结论是否存在该解答所列举的上述几种情况。若存在，则可依此请求人民法院重新鉴定。

二、专利诉讼中的专家辅助人制度

《民事诉讼法》第七十九条规定："当事人可以申请人民法院通知有专门知识的人出庭，就鉴定人作出的鉴定意见或者专业问题提出意见。"

《民诉法解释》关于具有专门知识的人也作出了如下规定：

第一百二十二条　当事人可以依照民事诉讼法第七十九条的规定，在举证期限届满前申请一至二名具有专门知识的人出庭，代表当事人对鉴定意见进行质证，或者对案件事实所涉及的专业问题提出意见。

具有专门知识的人在法庭上就专业问题提出的意见，视为当事人的陈述。

人民法院准许当事人申请的，相关费用由提出申请的当事人负担。

第一百二十三条　人民法院可以对出庭的具有专门知识的人进行询问。经法庭准许，当事人可以对出庭的具有专门知识的人进行询问，当事人各自申请的具有专门知识的人可以就案件中的有关问题进行对质。

具有专门知识的人不得参与专业问题之外的法庭审理活动。

该条首次确认了专家辅助人制度，是对我国民事诉讼法中的有关证据制度规定的重大突破。关于专家辅助人的地位，理论与实务界有不同的认识。有人认为，专家辅助人就是证人，而也有人反对这种观点。专家辅助人与普通证人的主要区别体现在：普通证人是基于对案件事实的了解而成为证人，其作用是向法庭客观陈述其亲身感知的事实；而专家辅助人则是根据其所掌握的专业知识、技能和实践经验对案件的争议问题向法庭进行说明。《民诉法解释》第一百二十二条、第一百二十三条对《民事诉讼法》第七十九条规定的"有专门知识的人"在诉讼中的作用和法律地位进行了规定。根据该解释，"具有专门知识的人"是相当于当事人代表人的专家辅助人。至此，关于民事诉讼中"具有专门知识的人"是专家证人还是专家辅助人的争论暂时划上了句号。

专家辅助人在专利诉讼中的作用主要体现在如下几方面：

（1）受当事人的委托，就案件涉及的专门性问题提出意见，以帮助当事人、其他诉讼参与人和法庭对这些专门性问题进行正确理解、澄清不当认识，此时，专家辅助人提出的意见相当于当事人的陈述。

（2）接受人民法院的询问；经法庭准许，接受当事人的询问；当事人各自申请的具有专门知识的人可以就案件中的有关问题进行对质。

（3）对司法鉴定人进行质证。司法鉴定机构所作出的司法鉴定结论需要经过案件当事人的质证后才可以作为证据使用。若司法鉴定人以出庭的方式接受案件当事人质证的，则案件当事人可向法院申请专家辅助人出庭向司法鉴定人就专门性问题进行询问，以此来帮助案件当事人进行质证、帮助法院来理解专门性问题。

当前，专家辅助人制度在专利诉讼中已经得到了广泛应用。对于专利诉讼当事人而言，应当充分利用这一制度来支持自己的主张，建议如下：

（1）聘请专家辅助人时，应当尽量聘请与所要说明的专门性问题相关行业的行业专家，而且从实践情况来看，所聘请的行业专家越有实力、越出名，其对法官的影响也就越明显。

（2）申请专家辅助人出庭就专门性问题进行说明的，根据《民诉法解释》第一百二十二条的规定，应当在举证期限届满前向人民法院提出书面申请，申请的人数以二人为限。

（3）当事人向法院提出申请时，应当就专家辅助人的个人基本情况、专业技术领域、专业能力等信息作出充分的说明，方便法院进行审查并准许。

（4）专家辅助人虽然擅长于专门性技术问题的解答，但是在专利诉讼案件尤其是专利侵权诉讼案件中，与专门性技术问题一并存在的还有一些专利相关的问题，而专家辅助人对这些问题可能并不了解。因此，当事人在开庭以前，需要就相关的专利问题向专家辅助人进行说明，以防其由于对相关专利知识不了解而作出不恰当的说明。

三、专门知识产权法院的技术调查官制度

（一）建立技术调查官制度的背景

知识产权案件相对于其他案件最大的不同点就在于案件中的争议问题往往都是专业技术问题，而知识产权法官通常并不具备相关的专业技术背景，对技术事实的查明往往成为审理此类案件的难点。现有的专家辅助人、司法鉴定、专家咨询等技术事实查明机制虽然也在一定程度上发挥着重要作用，但其在中立性、公开性和时效性等方面的不足也同样显见。因此，为了解决专利、技术秘密、计算机软件等技术类案件中由于技术性和专业性较强而带来的技术事实查明难问题，专门知识产权法院建立了全新的技术调查官制度，让技术调查官以司法辅助人员的身份参与诉讼活动，充分发挥专业人士在技术事实查明上的专业优势，同时辅以专家辅助人、司法鉴定、专家咨询等其他技术事实查明机制，从而共同构建新的技术事实查明体系，

以确保技术类知识产权案件审理的公正与高效。

（二）技术调查官的来源

为充分发挥技术调查官制度的作用，专门知识产权法院除了在院内设置有在编的技术调查官岗位外，还广泛借助社会力量，在光电、通信、医药、生化、材料、机械、计算机等专业技术领域，通过聘用、交流、兼职等多种形式，从国家机关、行业协会、大专院校、科研机构、企事业单位中选择聘用具备丰富实践经验和一定专业技术水准的人员作为技术调查官，并邀请其参与到知识产权案件的审理之中，为法官审理技术类知识产权案件提供技术支持。在技术调查官之外，北京知识产权法院还从上述专业技术领域和相关单位中，选择聘用了具备正高以上职称的专家组成技术专家委员会，为重大、疑难、复杂技术问题的解决提供坚实保障。

（三）技术调查官的定位及职责

技术调查官属于司法辅助人员，对法官审理案件提供技术支持，但对案件裁判结果不具有表决权。技术调查室根据法官的申请，指派相关技术调查官参与诉讼，协助法官明确案件所涉技术事实的争议焦点，对技术事实的调查范围、顺序、方法提出建议，参与询问、听证和庭审，列席合议庭评议，提出技术审查意见，并在必要时协助法官组织鉴定人、相关技术领域的专业人员提出鉴定意见和咨询意见等。对于难以解决的重大、疑难、复杂技术问题，技术调查官还可以向技术专家委员会进行咨询。技术调查官出具的技术审查意见置于案件卷宗副卷，但不接受当事人及代理人的查阅。技术调查官的本质是司法辅助人员，而非审判人员，因此，技术调查官仅是对诉讼活动提供辅助，仅就技术事实方面的问题提供支持，不能就是否侵权，技术特征是否相同、等同，技术方案是否具有新颖性、创造性，说明书公开是否充分，权利要求是否得到说明书的支持等法律问题发表意见，否则就会出现裁判权的转移问题。

根据《最高人民法院关于知识产权法院技术调查官参与诉讼活动若干问题的暂行规定》的规定，技术调查官根据法官的要求，就案件有关技术问题履行下列职责：

（一）通过查阅诉讼文书和证据材料，明确技术事实的争议焦点；

（二）对技术事实的调查范围、顺序、方法提出建议；

（三）参与调查取证、勘验、保全，并对其方法、步骤等提出建议；

（四）参与询问、听证、庭审活动；

（五）提出技术审查意见，列席合议庭评议；

（六）必要时，协助法官组织鉴定人、相关技术领域的专业人员提出鉴定意见、咨询意见；

（七）完成法官指派的其他相关工作。

专利无效篇

总　述

　　《专利法实施细则》第六十五条第二款对无效宣告请求的理由做了具体规定，该款规定："前款所称无效宣告请求的理由，是指被授予专利的发明创造不符合专利法第二条、第二十条第一款、第二十二条、第二十三条、第二十六条第三款、第四款、第二十七条第二款、第三十三条或者本细则第二十条第二款、第四十三条第一款的规定，或者属于专利法第五条、第二十五条的规定，或者依照专利法第九条规定不能取得专利权。"

　　其中，《专利法》第二条规定的是专利的主题不符合发明、实用新型或外观设计的定义；《专利法》第五条规定的是专利的主题违反国家法律、社会公德或者妨害公共利益，或者违反法律、行政法规的规定获取或者利用遗传资源并依赖该遗传资源完成的；《专利法》第九条规定的是专利属于重复授权；《专利法》第二十条第一款规定的是未经保密审查向外国申请的发明和实用新型专利；《专利法》第二十二条规定的是发明、实用新型专利不具备新颖性、创造性和实用性；《专利法》第二十三条规定的是外观设计专利属于现有设计、与现有设计相比无明显区别或者与他人在先取得的合法权利相冲突；《专利法》第二十五条规定的是专利的主题属于不授予专利权的范围；《专利法》第二十六条第三款规定的是专利说明书没有充分公开发明或者实用新型；《专利法》第二十六条第四款规定的是专利权利要求书没有以说明书为依据并清楚、简要地表述请求保护的范围；《专利法》第二十七条第二款规定的是外观设计专利的图片或者照片未清楚地显示要求保护产品的外观设计；《专利法》第三十三条规定的是修改超出原说明书和权利要求书记载的范围；《专利法实施细则》第二十条第二款规定的是专利独立权利要求缺少必要技术特征；《专利法实施细则》第四十三条第一款规定的是分案申请超出原申请记载的范围。

虽然《专利法实施细则》第六十五条第二款所规定的无效宣告请求理由多达十几个，但在实践中使用的主要理由有：《专利法》第二十二条有关发明、实用新型专利不具备新颖性、创造性和实用性的规定；《专利法》第二十六条第三款有关专利说明书没有充分公开发明或者实用新型的规定；《专利法》第二十六条第四款有关专利权利要求书没有以说明书为依据并清楚、简要地表述请求保护的范围的规定；《专利法》第三十三条有关修改超出原说明书和权利要求书记载的范围的规定；《专利法实施细则》第二十条第二款有关专利独立权利要求缺少必要技术特征的规定。下面主要就以上提及的无效宣告请求理由做专门论述。

无效理由分析及应用建议——关于新颖性

《专利法》第二十二条规定："授予专利权的发明和实用新型，应当具备新颖性、创造性和实用性。"发明、实用新型不具备新颖性或创造性是被无效宣告请求人使用频率最高的无效宣告请求理由之一，而且许多发明和实用新型也是基于其不具备新颖性或创造性而被宣告无效的。因此，该条款应引起足够的重视。

《专利法》第二十二条第二款对何为"新颖性"做了规定："新颖性，是指该发明或者实用新型不属于现有技术；也没有任何单位或者个人就同样的发明或者实用新型在申请日以前向国务院专利行政部门提出过申请，并记载在申请日以后公布的专利申请文件或者公告的专利文件中。"同时，该条第五款又规定："本法所称现有技术，是指申请日以前在国内外为公众所知的技术。"

在使用"新颖性"条款提出无效宣告请求时，需要注意以下几点。

（一）用于评价新颖性的对比文件的范围

用于评价新颖性的对比文件不仅包括现有技术，而且还包括抵触申请。

1. 抵触申请

所谓的"抵触申请"是指"任何单位或者个人就同样的发明或者实用新型在申请日以前向国务院专利行政部门提出过申请，并记载在申请日以后公布的专利申请文件或者公告的专利文件中"。这里的"抵触申请"不仅包括他人提出的抵触申请，而且还包括由专利权人自己提出的抵触申请，这是2008年《专利法》所作出的重要修改内容之一，其将抵触申请由原来的相对抵触申请修改为绝对抵触申请，即在《专利法》新修订之前，只有他人提出的抵触申请才能够用于评价发明或实用新型专利的新颖性。这就要求我们在对某一发明或实用新型提出无效宣告请求时，需要甄别到底是使用相对抵触标准还是绝对抵触标准来评价其新颖性，其甄别标准就是看涉案发明或实用新型的申请日，如果其是在2008年《专利法》正式实施（2009年10月1日）之前申请的，则应当使用相对抵触申请来评价其新颖性，而如果是在2008年《专利法》正式实施之后申请的，则应当使用绝对抵触申请来评价其新颖性。抵触申请仅指在申请日以前提出的，不包含在申请日提出的同样的发明或者实用新型专利申请。

此外，抵触申请还包括满足特定条件的进入了中国国家阶段的国际专利申请，即申请日以前由任何单位或者个人提出、并在申请日之后（含申请日）由专利局作出公布或公告的且为同样的发明或者实用新型的国际专利申请。

2. 现有技术

用于评价新颖性的现有技术是指，申请日以前在国内外为公众所知的技术。现有技术包括在申请日（有优先权的，指优先权日）以前在国内外出版物上公开发表、在国内外公开使用或者以其他方式为公众所知的技术。现有技术的公开方式包括出版物公开、使用公开和以其他方式公开三种，但无论是哪种方式公开，其公开标准都是国内外公开。这也是2008年《专利法》所作出的重要修订内容之一，而在2008年《专利法》之前，出版物公开所采用的标准是国内外标准，而使用公开采用的标准则是国内标准。公开标准的这一变化也是我们在选择提出无效宣告请求所使用的对比文件时需要特别注意的地方。

现有技术应当是在申请日以前公众能够得知的技术内容。换句话说，现有技术应当在申请日以前处于能够为公众获得的状态，并包含有能够使公众从中得知实质性技术知识的内容。应当注意，处于保密状态的技术内容不属于现有技术。所谓保密状态，不仅包括受保密规定或协议约束的情形，还包括社会观念或者商业习惯上被认为应当承担保密义务的情形，即默契保密的情形。然而，如果负有保密义务的人违反规定、协议或者默契泄露秘密，导致技术内容公开，使公众能够得知这些技术，这些技术也就构成了现有技术的一部分。

3. 现有技术的公开方式

现有技术公开方式包括出版物公开、使用公开和以其他方式公开三种，对于2008 年《专利法》正式实施日以后申请的专利，应当采用无地域限制的公开标准进行新颖性评价，而对于在正式实施日以前申请的专利，对于出版物公开应采用国际公开标准，而对于使用公开和以其他方式公开则应当采用国内公开标准。

出版物是指记载有技术或设计内容的独立存在的传播载体，并且应当表明或者有其他证据证明其公开发表或出版的时间。出版物可以是各种印刷的、打字的纸件，如专利文献、科技杂志、科技书籍、学术论文、专业文献、教科书、技术手册、正式公布的会议记录或者技术报告、报纸、产品样本、产品目录、广告宣传册等，也可以是用电、光、磁、照相等方法制成的视听资料，如缩微胶片、影片、照相底片、录像带、磁带、唱片、光盘等，还可以是以其他形式存在的资料，如存在于互联网或其他在线数据库中的资料等。出版物的印刷日视为公开日，有其他证据证明其公开日的除外。印刷日只写明年月或者年份的，以所写月份的最后一日或者所写年份的 12 月 31 日为公开日。

使用公开是指由于使用而导致技术方案的公开，或者导致技术方案处于公众可以得知的状态。使用公开的方式包括能够使公众得知其技术内容的制造、使用、销售、进口、交换、馈赠、演示、展出等方式。只要通过上述方式使有关技术内容处于公众想得知就能够得知的状态，就构成使用公开，而不取决于是否有公众得知。但是，未给出任何有关技术内容的说明，以致所属技术领域的技术人员无法得知其结构和功能或材料成分的产品展示，不属于使用公开。如果使用公开的是一种产品，即使所使用的产品或者装置需要经过破坏才能够得知其结构和功能，也仍然属于使用公开。此外，使用公开还包括放置在展台上、橱窗内公众可以阅读的信息资料及直观资料，例如招贴画、图纸、照片、样本、样品等。使用公开是以公众能够得知该产品或者方法之日为公开日。

为公众所知的其他方式，主要是指口头公开等。例如，口头交谈、报告、讨论会发言、广播、电视、电影等能够使公众得知技术内容的方式。口头交谈、报告、讨论会发言以其发生之日为公开日。公众可接收的广播、电视或电影的报道，以其播放日为公开日。

4. 对比文件公开内容的范围

对比文件是客观存在的技术资料。引用对比文件判断专利的新颖性或创造性时，应当以对比文件公开的技术内容为准。该技术内容不仅包括明确记载在对比文件中的内容，而且包括对于所属技术领域的技术人员来说，隐含的且可直接地、毫无疑义地确定的技术内容。但是，不得随意将对比文件的内容扩大或缩小。另外，对比文件中包括附图的，也可以引用附图。但是，只有能够从附图中直接地、毫无疑义地确定的技术特征才属于公开的内容，由附图中推测的内容，或者无文字说明、仅仅是从附图中测量得出的尺寸及其关系，不应当作为已公开的内容。例如，在"一种带法兰的铸型尼龙管道"实用新型专利权无效行政纠纷案 [（2012）行提字第25号] 中，最高人民法院指出，对比文件中仅公开产品的结构图形但没有文字描述的，可以结合其结构特点和本领域技术人员的公知常识确定其含义；同时，在再审申请人慈溪市博生塑料制品有限公司与被申请人陈某侵害实用新型专利权纠纷案 [（2015）民申字第188号] 中，最高人民法院指出，在可能的情况下，说明书的背景技术部分应当引证反映背景技术的文件，在文件内容构成本案专利的现有技术，且通过引证的方式，上述内容已经成为说明书所涉技术方案的组成部分，则文件内容应视为已被说明书所公开。

（二）评价新颖性的对比方式：单独对比

在使用对比文件来评价专利的新颖性时，采用的是单独对比方式，这与评价发明或实用新型的创造性时可采用的组合对比方式不同。即评价新颖性时，应当将发明或者实用新型专利申请的各项权利要求分别与每一项现有技术或申请在先公布或公告在后的发明或实用新型的相关技术内容单独地进行比较，不得将其与几项现有技术或者申请在先公布或公告在后的发明或者实用新型内容的组合，或者与一份对比文件中的多项技术方案的组合进行对比。

单独对比方式的实质并非是将涉案专利的权利要求与单一的一份对比文件进行对比，而是将涉案专利的权利要求与对比文件中所公开的技术方案中的其中一项进行对比。关于这一点，经常会被无效宣告请求的当事人所误解。专利无效宣告实践表明，当事人通常认为只要将被无效的专利权利要求与单一一份对比文件进行对比来评价其新颖性就不会出现问题，殊不知，这样的对比方式往往会伴随着将权利要求与一份对比文件中所公开的多项技术方案的组合进行了对比，而如果这些技术方案之间又不存在着诸如上下继承等关系以表明技术方案之间逻辑思路的一致性，那么，这样的对比方式就不再是单独对比方式了，其对涉案专利新颖性的评价结果也会出现错误。

（三）评价新颖性的判断标准：同样的发明或者实用新型

评价被无效宣告的专利是否具有新颖性，其实质是评价对比文件是否公开了与被无效宣告的专利同样的发明或者实用新型。即被无效宣告的发明或者实用新型专利与对比文件的相关内容相比，如果其技术领域、所解决的技术问题、技术方案和预期效果实质上相同，则认为两者为同样的发明或者实用新型，这就是通常所称的新颖性"四相同"条件。当权利要求与对比文件相比满足"四相同"条件时，则认为权利要求不具备新颖性。需要注意的是，在进行新颖性评价时，首先应当判断被无效宣告专利的技术方案与对比文件的技术方案是否实质上相同，如果专利与对比文件公开的内容相比，其权利要求所限定的技术方案与对比文件公开的技术方案实质上相同，所属技术领域的技术人员根据两者的技术方案可以确定两者能够适用于相同的技术领域，解决相同的技术问题，并具有相同的预期效果，则认为两者为同样的发明或者实用新型。如果要求保护的发明或者实用新型与对比文件所公开的技术内容完全相同，或者仅仅是简单的文字变换，则该发明或者实用新型不具备新颖性。另外，上述相同的内容应该理解为包括可以从对比文件中直接地、毫无疑义地确定的技术内容。例如，在"快进慢出型弹性阻尼体缓冲器"实用新型专利权无效行政纠纷案［（2012）知行字第 3 号］中，最高人民法院指出，权利要求的技术特征被对比文件公开，不仅要求该对比文件中包含有相应的技术特征，还要求该相应的技术特征在对比文件中所起的作用与权利要求中的技术特征所起的作用实质相同。

（四）惯用手段的直接置换

在专利无效宣告实践中，基于新颖性而提出的无效宣告理由往往会涉及"惯用手段的直接置换"。《专利审查指南 2010》规定："如果要求保护的发明或者实用新型与对比文件的区别仅仅是所属技术领域的惯用手段的直接置换，则该发明或者实用新型不具备新颖性。"例如，对比文件公开了采用螺钉固定的装置，而要求保护的发明或者实用新型仅将该装置的螺钉固定方式改换为螺栓固定方式，则该发明或者实用新型不具备新颖性。关于何为"惯用手段"，审查指南并未给出进一步的详细界定。在决定号为 27019、专利号为 200810028183.2 的无效宣告审查决定中，专利复审委员会认为："本领域惯用手段的直接置换"需要满足的条件是：首先，有待置换的两种技术手段所解决的技术问题相同；其次，该两种技术手段均属于申请日之前本领域解决所述技术问题惯常采用的技术手段；再次，无需对整体技术方案的其他组成部分作以改变，即可以将这两种惯用手段直接互相置换；最后，两者置换之后，整体技术方案所能实现的技术效果不发生改变。

（1）所要解决的技术问题必须相同。两种技术手段在其各自的整体技术方案中均解决相同的技术问题。在决定号为 30057、专利号为 02156277.6 的无效宣告审查决定中，专利复审委员会认为：阴角通常是指构件本体向内凹陷的部分，本专利的阴角即是指胎体本体的转角部位内凹的结构，而对比文件中并没有明确记载设置阴角，请求人所主张的阴角，是由模壳结构构件本体侧壁上凸出的模块 5 之间、或模块与侧壁之间所夹的部分，其显然位于胎体本体之外，不能相当于本专利在胎体本体上内凹构成的阴角，由此对比文件胎体的整体结构与本专利权利要求 1 中胎体的整体结构并不相同。关于本专利附图 4，请求人所主张的凸出的模块是由于阴角相对于胎体表面内凹所形成的，该部分实际上为胎体本体侧壁的一部分，与对比文件中设置在胎体本体侧壁的凸出的模块的结构并不相同，因此请求人关于本专利附图 4 即是由凸出的模块构成的阴角的主张不能成立。并且，本专利通过在胎体外表转角处设置阴角，在胎体应用于楼盖结构后，在暗密肋之间的相交处的阴角部位，可形成混凝土的柱帽结构或加强柱或墩的结构，因此能有效地消除应力集中现象，防止裂缝的产生，并可承受较大的集中荷载作用而不破坏，而对比文件由于四周侧壁有凸出的模块和由模块或模块与侧壁构成的竖杆模腔、斜杆模腔或斜杆模腔和斜杆模腔，这样在这种模壳结构构件应用于钢筋混凝土空间结构楼板后，楼板中由模壳结构构件之间形成的现浇双向密肋即成为桁架杆件型双向密肋，或双向密肋两侧面带桁架形杆件的双向密肋，因而现浇双向密肋的重量大大减轻，也使得整个楼板的重量减轻（参见对比文件说明书第 2 页第 2 段），可见本专利是通过胎体上的阴角在现浇密肋上形成柱帽结构或加强柱或墩的结构，通过增加结构（必然增加重量）的方式改善现浇密肋的受力性能，而对比文件是要通过模壳构件的凸出的模块减轻现浇密肋的重量，两者在发明构思上存在差别，所解决的问题和产生效果也不相同。综上，请求人关于本专利权利要求 1 相对于对比文件不具备新颖性的主张不能成立。

（2）均应属于本领域解决相应技术问题的惯常采用的技术手段。两种技术手段必须是在专利申请日前本领域中熟知的、广泛使用的技术手段，本领域技术人员已经熟知本领域中存在解决相应技术问题的这两种技术手段。

（3）可以直接互相置换。这种置换是直接而非间接的，这种置换不会影响整体技术方案中的其他组成部分的功能或结构，无需对整体技术方案中的其他组成部分作以改变就可进行。在 27019 号无效宣告审查决定中，专利复审委员会认为，涉案专利权利要求与对比文件之间的区别是转轮是一体的而非对比文件中所记载的分体的，分体结构的转轮需要将导线分为上下两层并分别设置在卷线轴部的上下两侧，此时导引槽和制动件必须设置在上壳体的下部和转轮的上部，而一体结构的转轮是将导线全部设置在转轮的上侧，导引槽和制动件必须设置在下盖上部和转轮的底部；一体结构的转轮无法直接在对比文件中实施，即分体结构的转轮和一体结构的转轮无法相互直接置换，对比文件的分体结构的转轮无法简单地直接置换为一体结构的转轮。

（4）置换前后的技术方案所实现的整体技术效果应保持不变。即在直接置换之后，两种技术方案不仅能够解决相同的技术问题，在解决相同技术问题的同时所带来的整体技术效果也不会因置换而发生改变。在决定号为 27777、专利号为201210597297.5 的无效宣告审查决定中，专利复审委员会认为，涉案专利与对比文件的区别技术特征对织斜纹带或双层带的导纱片根数进行了具体限定，本领域技术人员应知圆织机中不同数量的导纱片带来了不同的结构，织出的织物也存在差异，因此区别技术特征对圆织机的结构具有实质性的限定作用，不属于本领域惯用手段的直接置换，因而权利要求相对于证据存在区别，具备新颖性。

 # 无效理由分析及应用建议——关于创造性

《专利法》第二十二条第二款规定："创造性，是指与现有技术相比，该发明具有突出的实质性特点和显著的进步，该实用新型具有实质性特点和进步。"

一、创造性的审查标准

在使用"创造性"条款提出无效宣告请求时，需要注意以下几点。

（一）用于评价创造性的对比文件的范围及对比方式

1. 对比文件的范围

用于评价创造性的对比文件只能是现有技术，而在申请日以前由任何单位或个人向专利局提出过申请并且记载在申请日以后公布的专利申请文件或者公告的专利文件，即所谓的抵触申请，则不能用于评价被无效专利的创造性，这与评价新颖性时所使用的对比文件不同，用于评价新颖性的对比文件不仅可以包括现有技术，而且还可以包括抵触申请。

2. 对比方式

与评价新颖性时所采用的"单独对比"评价方式不同，评价创造性时，可以将一份或者多份对比文件中的不同的技术内容组合在一起或者将一份对比文件中的多个技术内容组合在一起对被无效专利进行评价。虽然在评价创造性时可以使用多份对比文件，但是无效宣告审查实践表明，专利被无效掉的可能性随着所使用对比文件的数量的增加而降低，这也就是说，使用的对比文件越少，专利被无效掉的可能性就越大。因此，在使用创造性条款提出无效宣告请求时，最好使用一件或两件对比文件来评价创造性，而对于未被对比文件所公开的技术特征则可以考虑这样的技术特征是否属于公知常识，用公知常识证据来弥补公开不充分的缺陷。

（二）评价创造性的判断标准

评价被无效专利是否具有创造性，就是在评价该发明是否具有突出的实质性特点和显著的进步，该实用新型是否具有实质性特点和进步。

发明具有突出的实质性特点，是指对所属技术领域的技术人员来说，发明相对于现有技术是非显而易见的。如果发明是所属技术领域的技术人员在现有技术的基础上仅仅通过合乎逻辑的分析、推理或者有限的试验可以得到的，则该发明是显而易见的，也就不具备突出的实质性特点。

发明有显著的进步，是指发明与现有技术相比能够产生有益的技术效果。例如，发明克服了现有技术中存在的缺点和不足，或者为解决某一技术问题提供了一种不同构思的技术方案，或者代表某种新的技术发展趋势。关于"发明有显著的进步"这一点，在提出无效宣告请求的时候尤其应当注意。因为，在专利无效实践中，许多无效宣告请求人都很重视对"发明是否具有突出的实质性特点"的评价，而往往忽略对"发明是否有显著的进步"的评价。虽然，只需证明发明不具有突出的实质性特点就可以将涉案专利无效掉，但有时证明起来又不是一件很容易的事情，那么在这种情况下，对"发明是否有显著的进步"的评价就显得尤为重要了。

对于实用新型是否具有实质性特点和进步的评价，可参照对发明是否具有突出的实质性特点和显著的进步的评价方式进行，但其创造性高度要求得相对低些。

（三）突出的实质性特点的判断

评价发明是否具有突出的实质性特点，就是要判断对本领域的技术人员来说，要求保护的发明相对于现有技术是否显而易见。如果显而易见，则不具有突出的实质性特点，如果非显而易见，则具有突出的实质性特点。在评价被无效发明相对于现有技术是否具有突出的实质性特点时，需要使用《专利审查指南 2010》中所规定的"三步走"这一评价方法，即首先应确定最接近的现有技术，然后确定发明的区别特征和发明实际解决的技术问题，最后判断发明对本领域的技术人员来说是否显而易见。

1. 确定最接近的现有技术

确定最接近的现有技术实际就是在所使用的多篇对比文件中确定哪篇对比文件与被无效发明的权利要求最接近。最接近的现有技术，可以是与要求保护的发明技术领域相同，所要解决的技术问题、技术效果或者用途最接近和/或公开了发明的技术特征最多的现有技术，或者虽然与要求保护的发明技术领域不同，但能够实现发明的功能，并且公开发明的技术特征最多的现有技术。在专利无效宣告实践中，一般而言，如果对比文件对被无效发明的权利要求的技术特征公开得越多、越充分，那么这一对比文件成为最接近的现有技术的可能性也就越高。但这一判断方法也并非绝对，还需要结合其他对比文件进行综合判断，进一步考查这一对比文件通过与其他对比文件结合，能否将被无效发明权利要求的全部技术特征进行充分公开。

在确定最接近的现有技术时，应首先考虑技术领域相同或相近的现有技术。技术领域，应当是要求保护的发明或者实用新型技术方案所属或者应用的具体技术领域，而不是上位的或者相邻的技术领域，也不是发明或者实用新型本身。技术领域的确定，应当以权利要求所限定的内容为准，一般根据专利的主题名称，结合技术方案所实现的技术功能、用途加以确定。专利在国际专利分类表中的最低位置对其技术领域的确定具有参考作用。相近的技术领域一般指与专利功能以及具体用途相近的领域，相关的技术领域一般指专利与最接近的现有技术的区别技术特征所应用的功能领域。在"握力计"实用新型专利权无效行政纠纷案〔(2011) 知行字第 19 号〕中，最高人民法院认为，涉案专利技术功能属于测力装置，具体用途为测人手的握力。由于技术领域范围的划分与专利创造性要求的高低密切相关，考虑到实用新型专利创造性标准要求较低，因此在评价其创造性时所考虑的现有技术领域范围较窄，一般应当着重比对实用新型专利所属技术领域的现有技术。但是在现有技术已经给出明确的技术启示，促使本领域技术人员到相近或者相关的技术领域寻找有关技术手段的情形下，也可以考虑相近或者相关技术领域的现有技术。所谓明确的技术启示是指明确记载在现有技术中的技术启示或者本领域技术人员能够从现有技术直接、毫无疑义地确定的技术启示。

2. 确定发明的区别特征和发明实际解决的技术问题

(1) 确定发明的区别特征。

在此步骤中，应当首先将被无效发明的权利要求与最接近的对比文件所公开的技术方案进行对比，找出未被最接近对比文件所公开的技术特征，并将此未被公开的技术特征作为区别技术特征。关于权利要求的技术特征被对比文件公开的认定标准，在"快进慢出型弹性阻尼体缓冲器"实用新型专利权无效行政纠纷案〔(2012) 知行字第 3 号〕中，最高人民法院指出，权利要求的技术特征被对比文件公开，不仅要求该对比文件中包含有相应的技术特征，还要求该相应的技术特征在对比文件中所起的作用与权利要求中的技术特征所起的作用实质相同。

（2）确定发明实际解决的技术问题。

在此步骤中，应当根据区别技术特征在请求保护的技术方案中所能达到的技术效果来确定发明实际解决的技术问题，而不能依据专利说明书中的背景技术或提及的背景技术所存在的技术问题来确定。在再审申请人理邦公司与被申请人专利复审委员会、第三人迈瑞公司发明专利权无效行政纠纷案［（2014）知行字第6号］中，最高人民法院认为，发明实际所要解决的技术问题的确定，是通过与最接近的现有技术比较得出的，而非以其背景技术的记载为依据。专利说明书中描述的发明要解决的技术问题和声称的技术效果可以作为确定发明实际解决技术问题的重要参考，在说明书所声称的技术效果能够得到确认的情况下，其可以作为确定发明实际解决技术问题的依据；反之则不能。此时发明实际解决的技术问题应基于本领域普通技术人员的视角，根据专利申请文件所公开的内容来判断其所要求保护的发明客观上具有的技术效果来确定。另外，"发明实际解决的技术问题"可以作广义解释，并不必然意味着对现有技术的改进，有些情况下可能只是提供与已知装置或方法具有相同或类似效果的替代方案，或者一种更节约成本的替代方案。

发明实际解决的技术问题，是指为获得更好的技术效果而需对最接近的对比文件进行改进的技术任务。在无效宣告请求中，应根据无效宣告请求人所指出的最接近的现有技术来重新确定发明实际解决的技术问题。重新确定的技术问题可能要依据每项发明的具体情况而定，但发明的任何技术效果都可以作为其基础，只要本领域的技术人员从该申请说明书中所记载的内容能够得知该技术效果即可。确定技术问题，是以技术手段达到的技术效果为基础，而不是以技术手段（区别技术特征）为基础。换言之，所确定的技术问题，要体现的是技术效果，而不是技术手段。

需要特别指出的是，在评价创造性的一组对比文件中，由哪份来作为最接近的对比文件所产生的评价结果是不一样的，虽然对比文件的组合并未发生变化。这是因为，最接近的对比文件不同，被无效发明的权利要求相对于该对比文件的区别技术特征也就不同，区别技术特征不同，发明所要解决的实际技术问题也就不同。因此，在提出无效宣告请求时，即使已经确定了对比文件组合的情况下，仍需要认真考量由哪份来作为最接近的对比文件更合理。

当发明所要求保护的技术方案与最接近的现有技术相比存在多个区别技术特征时，确定发明实际解决的技术问题应当基于发明整体技术方案进行考虑。此时，需要考虑这些区别技术特征之间是否存在相互关联、相互作用，综合判断它们在发明的整体技术方案中所起的技术效果，从而确定发明实际解决的技术问题。特征之间的相互关联、相互作用，可以是机械结构中的配合关系、物质间的化学反应关系等。如果某区别技术特征离开其他的一个或者几个区别技术特征就不能实现其在发明整体技术方案中的功能和作用，则可认为该区别技术特征与其他区别技术特征之间是相互关联、相互作用的，此时应将这些技术特征作为一个整体判断其在发明技术方案中的作用，并据此确定发明实际要解决技术问题。反之，可认为该区别技术特征与其他区别技术特征之间相对独立，则可以分别对待，分别确定其各自解决的技术问题。在专利号为201020695500.9的无效宣告请求案件中，专利权利要求1要求保护的便携式水池相对于对比文件1的区别技术特征包括：①内池壁和外池壁之间设有两端分别与内池壁和外池壁相连接的复数细绳；②池底至少在中间部位为两层料片，两层料片之间设有缓冲软垫。第21286号无效宣告请求审查决定通过对该专利的整体技术方案进行分析后认定，区别技术特征A的作用是增强水池池壁的强度；而区别技术特征B的作用是增强水池池底的缓冲性能。可见这两个区别技术特征相互独立、分别解决便携式水池两个不同的技术问题，即池壁的强度、池底的缓冲性能，应当据此分别在现有技术中寻求技术启示。

3. 判断对本领域的技术人员来说是否显而易见

在判断被无效宣告发明对本领域的技术人员来说是否显而易见时，要从最接近的对比文件和发明实际解决的技术问题出发。判断过程中，要确定的是对比文件整体上是否存在某种技术启示，即对比文件中是否给出将上述区别特征应用到该最接近的对比文件以解决其存在的技术问题的启示。这种启示会使本领域的技术人员在面对所述技术问题时，有动机改进该最接近的现有技术并获得要求保护的发明。如果现有技术存在这种技术启示，则发明是显而易见的，不具有突出的实质性特点。

实践中，具体的判断步骤是：确定未被最接近对比文件公开的区别技术特征是否被对比文件组合中的另一对比文件所公开；如果公开了，则评价该区别技术特征在另一对比文件中所起的作用与其在涉案发明中所起的作用是否一致，是否解决了发明实际解决的技术问题；如果在创造性评价中，脱离了对该技术问题的考察，而只是片面关注区别技术特征本身是否在其他对比文件中有记载，将影响创造性评判结果的正确性；如果解决的技术问题也相同，则通过评价对比文件与被无效宣告发明的技术领域相同或相近，区别技术特征在对比文件中的作用与在发明中的作用、解决的技术问题相同等角度，来论述对比文件给出了将上述区别技术特征应用到该最接近的对比文件以解决其存在的技术问题的启示。在再审申请人展通公司与被申请人泰科公司及一审被告、二审被上诉人专利复审委员会发明专利权无效行政纠纷案［（2014）知行字第43号］中，最高人民法院认为，在确定本案专利的某一区别技术特征与现有技术中的技术特征是否具有对应关系，从而导致该区别技术特征已经被现有技术所公开时，要考虑它们在各自技术方案中所起的作用是否相同。在申请号为200610068231.1的复审案件中，发明权利要求1所要求保护的内燃机与最接近现有技术的区别主要在于：（1）发明中低压增压装置被限定为单独的模块安置在单独的框架上，并与发动机及高压增压装置分离；（2）高压涡轮机与低压涡轮机以及低压压缩机与高压压缩机分别通过柔性连接导管连接。而最接近现有技术中的高压涡轮机和低压涡轮机被整合在一个涡轮壳体单元，以使结构紧凑。驳回决定未考虑上述区别技术特征在发明中的作用及发明实际解决的技术问题，直接认定区别技术特征均是本领域的公知常识，从而认定发明不具备创造性。但是实际上，发明采用上述区别技术特征使其具有如下技术效果：可使高压侧与低压侧的振动相互解耦。即发明实际解决的技术问题是，消除多级涡轮增压对内燃机的强度和振动性能产生的不利影响。而现有技术中并没有给出采用这样的技术手段来解决"高压侧与低压侧的振动相互解耦"这一技术问题的技术启示，也没有证据表明采用这一手段解决这一问题属于所属领域的公知常识，据此第 37419 号复审决定撤销了驳回决定。由此可见，在创造性评判中，是否根据区别技术特征在整个发明中所起的作用，并恰当地确定发明实际解决的技术问题，对于创造性的评判结论具有实质性影响。

关于技术启示，《专利审查指南 2010》规定了可被认为现有技术存在技术启示的三种情形：

（1）所述区别特征为公知常识，如本领域中解决该重新确定的技术问题的惯用手段，或教科书或者工具书等中披露的解决该重新确定的技术问题的技术手段。

（2）所述区别特征为与最接近的现有技术相关的技术手段，如同一份对比文件其他部分披露的技术手段，该技术手段在该其他部分所起的作用与该区别特征在要求保护的发明中为解决该重新确定的技术问题所起的作用相同。

（3）所述区别特征为另一份对比文件中披露的相关技术手段，该技术手段在该对比文件中所起的作用与该区别特征在要求保护的发明中为解决该重新确定的技术问题所起的作用相同。

（四）显著的进步的判断

具有创造性的发明除了需要具备突出的实质性特点以外，还需要具备显著的进步。在评价发明是否具有显著的进步时，主要应当考虑发明是否具有有益的技术效果。根据《专利审查指南 2010》的规定，以下情况，通常应当认为发明具有有益的技术效果，具有显著的进步：

（1）发明与现有技术相比具有更好的技术效果，例如，质量改善、产量提高、节约能源、防治环境污染等；

（2）发明提供了一种技术构思不同的技术方案，其技术效果能够基本上达到现有技术的水平；

（3）发明代表某种新技术发展趋势；

（4）尽管发明在某些方面有负面效果，但在其他方面具有明显积极的技术效果。

（五）评价创造性时需要考虑的其他因素

《专利审查指南 2010》规定了几种应当予以考虑、并不应轻易作出发明不具备创造性的情形，包括以下几方面。

1. 发明解决了人们一直渴望解决但始终未能获得成功的技术难题

如果发明解决了人们一直渴望解决但始终未能获得成功的技术难题，则这种发明具有突出的实质性特点和显著的进步，具备创造性。在决定号为52281、专利号为200710047614.5的无效宣告审查决定中，专利复审委员会认为，一项发明专利申请所针对的技术问题是否属于"人们一直渴望解决但始终未能获得成功的技术难题"首先应体现在现有技术中是否已经存在该问题的解决方法，如果有证据表明现有技术中已经存在针对所述问题的有效解决方法，则应当认定该技术问题不属于"人们一直渴望解决但始终未能获得成功的技术难题"。同时根据现有技术从整体上给出的技术启示，该申请请求保护的技术方案对本领域技术人员而言是显而易见的，则该申请请求保护的技术方案不具备创造性。在90412号无效宣告审查决定中，专利复审委员会认为，如果发明对工艺参数的选择使得发明取得了预料不到的技术效果或者解决了本领域一直渴望解决但始终未能获得成功的技术难题，则该发明具有突出的实质性特点和显著的进步，具备创造性。

2. 发明克服了技术偏见

技术偏见，是指在某段时间内、某个技术领域中，技术人员对某个技术问题普遍存在的、偏离客观事实的认识，它引导人们不去考虑其他方面的可能性，阻碍人们对该技术领域的研究和开发。如果发明克服了这种技术偏见，采用了人们由于技术偏见而舍弃的技术手段，从而解决了技术问题，则这种发明具有突出的实质性特点和显著的进步，具备创造性。关于技术偏见的判断，最高人民法院在申诉人阿瑞斯塔公司与被申诉人专利复审委员会发明专利权行政纠纷案〔（2013）知行字第31号〕中认为，现有技术中是否存在技术偏见，应当结合现有技术的整体内容进行判断。在104922号无效宣告审查决定中，专利复审委员会认为，如果在所属技术领域中由于道德、法律等非技术原因的约束而未采用某种技术手段，那么采用该技术手段获得的技术方案不应当被视作克服了该技术领域中的技术偏见；如果本领域技术人员在技术上容易想到采用该技术手段，那么该技术手段的采用并不能使该技术方案具备创造性。在104159号无效宣告审查决定中，专利复审委员会认为，如果要求保护的技术方案与最接近的现有技术之间存在区别技术特征，但现有技术没有给出获得该区别技术特征的技术启示，且获得该区别技术特征需要克服本领域的技术偏见，则该要求保护的技术方案对于本领域技术人员而言是非显而易见的。在78319号无效宣告审查决定中，专利复审委员会认为，如果一项发明请求保护的技术方案与最接近的对比文件相比存在区别技术特征，而该区别技术特征没有被其他对比文件公开，并且不仅没有证据证明其属于本领域的常用技术手段，还存在一些反证表明该区别技术特征可能克服了本领域的某种技术偏见，从而达到了预料不到的技术效果，那么，该项发明请求保护的技术方案具备《专利法》第二十二条第三款规定的创造性。

3. 发明取得了预料不到的技术效果

发明取得了预料不到的技术效果，是指发明同现有技术相比，其技术效果产生"质"的变化，具有新的性能；或者产生"量"的变化，超出人们预期的想象。这种"质"或者"量"的变化，对所属技术领域的技术人员来说，事先无法预测或者推理出来。当发明产生了预料不到的技术效果时，一方面说明发明具有显著的进步，同时也反映出发明的技术方案是非显而易见的，具有突出的实质性特点，该发明具备创造性。

关于应当如何来适用"发明取得了预料不到的技术效果"，最高人民法院和专利复审委员会在各案中也都进行了更详细地阐述。在再审申请人斯倍利亚社与被申请人专利复审委员会、一审第三人史某某发明专利权无效行政纠纷案〔（2014）知行字第 84 号〕中，最高人民法院认为，在判断权利要求是否具备创造性时，应当考虑其选择的数值范围与现有技术相比是否取得了预料不到的技术效果。在"溴化替托品单水合物晶体"发明专利权无效行政纠纷案〔（2011）知行字第 86 号〕中，最高人民法院认为，《专利审查指南 2010》所称"结构接近的化合物"，仅特指该化合物必须具有相同的核心部分或者基本的环，不涉及化合物微观晶体结构本身的比较；在新晶型化合物创造性判断中，并非所有的微观晶体结构变化均必然具有突出的实质性特点和显著的进步，必须结合其是否带来预料不到的技术效果进行考虑。在"用于治疗糖尿病的药物组合物"发明专利权行政纠纷案〔（2012）知行字第 41 号）〕中，最高人民法院指出，创造性判断中，当专利申请人或专利权人在申请日后补充对比实验数据以证明专利技术方案产生了意料不到的技术效果时，接受该实验数据的前提是用以证明的技术效果在原申请文件中有明确记载。

在决定号为 90412、专利号为 201110227600.8 的无效宣告审查决定中，专利复审委员会认为，对驳回决定中认为是本领域常规技术手段的特征，要根据现有技术情况和本领域技术人员所掌握的知识并结合该手段所能够产生的技术效果进行综合判断，如果技术方案中对工艺参数的选择使得发明取得了预料不到的技术效果或者解决了本领域一直渴望解决但始终未能获得成功的技术难题，则这种发明具有突出的实质性特点和显著的进步，具备创造性。对于上述区别技术特征：首先，对于薄膜产品，其厚度越薄则生产工艺越难以掌控，并且这种难度随着薄膜厚度的减小呈几何级数增加，本领域技术人员采用对比文件 1 的技术方案，仅能生产出 8.2m 幅宽，$6\sim9\mu m$ 厚度的聚酯薄膜，而寻求尽可能薄的薄膜一直被视为本领域的技术难题，因此本申请所制造的厚度在 $4.5\mu m$ 及以下的双向拉伸聚酯薄膜相对于对比文件 1 公开的 $6\sim9\mu m$ 厚度的聚酯薄膜的制造而言，解决了本领域的技术难题，并获得了良好的技术效果。由于驳回决定中没有提供其他公开上述区别特征的对比文件，并且该区别特征也不是本领域的公知常识，现有技术中也不存在将上述区别特征应用于对比文件1以实现能够生产出幅宽超过4m、厚度在4.5μm及以下的超宽超薄型双向拉伸聚酯薄膜的技术启示，权利要求1的技术方案相对于现有技术是非显而易见的。另外，通过采用有上述区别特征的权利要求1的技术方案，克服了生产超宽超薄聚酯薄膜容易破膜的技术问题，生产的双向拉伸聚酯薄膜幅度达到6m，厚度4.0~4.5μm（参见说明书第0011段），取得了能够生产出幅宽超过4m、厚度在4.5μm及以下的超宽超薄型双向拉伸聚酯薄膜的有益技术效果，因此权利要求1的技术方案相对于现有技术具有显著的进步。

4. 发明在商业上获得成功

当发明的产品在商业上获得成功时，如果这种成功是由于发明的技术特征直接导致的，则一方面反映了发明具有有益效果，同时也说明了其是非显而易见的，因而这类发明具有突出的实质性特点和显著的进步，具备创造性。但是，如果商业上的成功是由于其他原因，例如销售技术的改进或者广告宣传所造成的，则不能作为判断创造性的依据。在"女性计划生育手术B型超声监测仪"专利权无效行政纠纷案［（2012）行提字第8号］中，最高人民法院认为，一般情况下，只有利用"三步法"难以判断技术方案的创造性或者得出无创造性的评价时，才将商业上的成功作为创造性判断的辅助因素；对于商业上的成功的考量应当持相对严格的标准，只有技术方案相比现有技术作出改进的技术特征是商业上成功的直接原因的，才可认定其具有创造性。在决定号为63499、专利申请号为200810300971.2的无效宣告审查决定中，专利复审委员会认为，当发明的产品在商业上获得成功时，如果这种成功是由于发明的技术特征直接导致的，则一方面反映了发明具有有益效果，同时也说明了发明是非显而易见的，因而这类发明具有突出的实质性特点和显著的进步，具备创造性。但是，当没有证据表示商业上获得成功是由于发明的技术特征直接导致时，该发明不具有突出的实质性特点和显著的进步，不具备创造性。

（六）有关公知常识的认定

在专利无效实践中，对于未被对比文件中所公开的技术特征，无效宣告请求人往往会将其主张为公知常识，并据此请求专利复审委员会认定涉案专利不具有创造性。如果未被对比文件所公开的技术特征为公知常识的话，如所述区别技术特征是本领域中解决该重新确定的技术问题的惯用手段，或者是教科书或工具书等中披露的解决该重新确定的技术问题的技术手段的，则涉案专利不具备创造性并可被宣告无效。因此，如果涉案专利存在未被对比文件所公开的技术特征时，应当首先考虑该区别技术特征是否为公知常识，如果是公知常识，则应当通过引用教科书、科技字典等工具书作为证据来进行公知常识主张。对于公知常识的证明责任，《专利审查指南2010》规定了两种情况：在实审和复审程序中，审查员对依职权引入的公知常识负有举证或说明理由的义务；在无效程序中，主张公知常识的当事人要承担相应的举证责任。实践中，专利复审委员有时会在专利确权程序中依职权引入公知常识而宣告专利无效，但往往并不附有任何证据，而更多地只是进行一些说理，在此种情况下，无效宣告程序中的当事人若不服专利复审委员会的无效宣告审查决定的，可在行政诉讼程序中对此提出质疑，主张专利复审委员会引入公知常识违反请求原则或者未满足听证原则。关于专利无效行政诉讼程序中人民法院是否可依职权主动引入公知常识，在多棱钢业集团"一种钢砂生产方法"发明专利无效行政纠纷案〔（2010）知行字第 6 号〕中，最高人民法院认为，在专利无效行政诉讼程序中，法院在无效宣告请求人自主决定的对比文件结合方式的基础上，依职权主动引入公知常识以评价专利权的有效性，并未改变无效宣告请求理由，有助于避免专利无效程序的循环往复，并不违反法定程序；法院在依职权主动引入公知常识时，应当在程序上给予当事人就此发表意见的机会。在 FS16693 号复审审查决定中，专利复审委员会认为，在判断未被说明书公开的技术内容是否属于本领域的公知常识时，应当从本领域的技术人员掌握的一般技术知识出发，对说明书中记载的方案是否能够被实现进行分析。同时，对于某一技术特征是否被充分公开的疑问，复审请求人可以对没有被记载的内容是否属于公知常识进行举证，但提供的证据应当属于审查指南中关于公知常识举证所列举的范围之内。

（七）技术标准作为对比文件时的特殊考量

近几年，随着技术的不断发展以及标准化，在专利无效宣告程序中使用标准文件作为对比文件的情形越来越多，而涉及通信技术的案件情况更是如此。关于标准文件只能作为一般性的对比文件进行使用，还是可以作为公知常识性证据进行使用，目前没有一个定论。《专利审查指南 2010》在关于创造性的章节中述及，当区别技术特征为公知常识时，则要求保护的发明对本领域的技术人员来说是显而易见的，并列举了如下一个例子：

要求保护的发明是一种用铝制造的建筑构件，其要解决的技术问题是减轻建筑构件的重量。一份对比文件公开了相同的建筑构件，同时说明建筑构件是轻质材料，但未提及使用铝材。而在建筑标准中，已明确指出铝作为一种轻质材料，可作为建筑构件。该要求保护的发明明显应用了铝材轻质的公知性质。因此可认为现有技术中存在上述技术启示。

由此可见，《专利审查指南 2010》认为在标准中所公开的技术特征可以作为公知常识进行使用。鉴于在通信领域的专利授权确权行政案件中，当事人以 3GPP 标准作为现有技术甚至公知常识用以评价专利权创造性的主张日趋增多，为厘清 3GPP 标准文档与现有技术、公知常识之间的关系，北京知识产权法院在华为技术有限公司诉国家知识产权局专利复审委员会发明专利申请驳回复审行政纠纷案〔（2015）京知行初字第 3495 号〕中作了如下评述：

3GPP 是全球无线通信标准领域主要的标准组织之一，其主要工作范围包括 GSM 技术规范和技术报告的维护及第三代至第五代移动通信技术规范和技术报告等。3GPP 共有 4 个技术规范组，每个技术规范组下有数量不等的工作小组具体负责该技术规范组各个方面的工作。3GPP 标准提供的是一种统一的技术规范，目的是保障通信产品或服务的互换性、兼容性和通用性，这些技术规范对于通信领域的生产企业具有指导作用。因此，为了把握技术发展方向，同时指导本公司产品开发，通信行业的主要企业都已加入 3GPP，并积极参与 3GPP 标准的讨论和制定。

3GPP 对标准讨论和制定过程中的各种流程都有详细的规定：拥有提案权的成员向相关的技术规范组递交提案，提案一般是针对现有标准中某个具体问题的改进。成员在递交提案之前，往往提前将提案中记载的技术方案作为专利进行申请。提案经过小组会以及技术规范组全会讨论通过后，就会正式被接收成为 3GPP 标准。3GPP 对于标准提案、标准草案、正式标准、技术说明书和技术报告等都在其服务器中存档且在官方网站公开，上述文档的发布时间均由系统自动生成。文档发布后，即可供任何人在 3GPP 官方网站上无限制地查阅并下载。可见，上述文档一经发布，其记载的技术方案就处于本领域技术人员想获取就可以获取的状态，即完成了专利法意义上的公开。因此，可以认为 3GPP 标准提案、标准草案、正式标准等文档中记载的技术方案均属于现有技术。

但是，由于 3GPP 标准文档不属于教科书、技术手册、技术词典中任何一种，其形式上并不符合专利法意义上公知常识性证据的条件。同时，由于并非所有的现有技术都是公知常识，故 3GPP 标准文档与公知常识并非一一对应，其记载的技术方案是否属于公知常识需要根据个案具体情况判断该项技术是否已经为通信领域的技术人员所广泛接受以至于到达了"公知化"的程度。考虑到 3GPP 标准对于通信领域的生产企业的指导作用，3GPP 标准文档在一定程度上可以佐证其记载的技术方案经过行业内一段时间的广泛使用之后已经成为本领域惯用技术手段，但不能仅依据 3GPP 标准文档本身，证明其记载的技术就当然属于本领域的公知常识。

由此可见，3GPP 对于标准提案、标准草案以及正式标准等文档都会在其网站上进行公开，只要公开日期早于涉案专利的申请日，那么，就可以成为用于评价涉案专利的现有技术。但是，由于 3GPP 标准文档不属于《专利审查指南 2010》里所规定的教科书、技术手册、技术词典中任何一种，形式上并不符合专利法意义上公知常识性证据的条件，其记载的技术方案是否属于公知常识需要根据个案具体情况进行确认。

二、经典案例评述

案例：北京亚东生物制药有限公司与国家知识产权局专利复审委员会专利行政纠纷申请再审案①

该案是 2014 年最高人民法院公布的年度经典案件之一。在该案中，最高人民法院针对创造性的审查问题进行了详细地分析和阐述，体现如下。

1. 关于区别技术特征的认定

亚东制药公司申请再审称，专利复审委第 15409 号无效宣告请求审查决定中对区别技术特征的认定存在错误，并称与证据 1 相比，本专利提取的丹酚酸 b 的含量不同，故药物活性成分与现有技术存在本质区别。但最高人民法院认为，认定权利要求与最接近现有技术之间的区别技术特征，应当以权利要求记载的技术特征为准，将权利要求中记载的技术特征与最接近的现有技术公开的技术特征进行逐一对比，未记载在权利要求中的技术特征不能作为对比的基础，也不可能构成区别技术特征。因此，最高人民法院评述认为，本专利权利要求 1 限定的是原料药的组分、配比、制备方法，并未限定最终制备形成的药物组合物产品的活性成分及含量；而且，本专利权利要求以及说明书中，也未记载丹酚酸 b 的功能、效果等技术内容，因此，在阅读本专利权利要求和说明书后，本领域的技术人员无法得知请求保护的技术方案是提高丹酚酸 b 的提取物含量，以及该含量与本专利解决的技术问题有关联。

2. 关于发明实际解决的技术问题的认定

亚东制药公司在再审申请中称，本专利实际解决的技术问题是改变药物特定活性成分比例。最高人民法院认为，在采用"三步法"判断权利要求是否具备创造性时，确定权利要求保护的发明实际要解决的技术问题是判断该发明相对于现有技术是否具有显而易见的基础和前提。在创造性的判断中，通常情况下，确定发明实际解决的技术问题，要在发明相对于最接近的现有技术存在的区别技术特征的基础上，由本领域技术人员在阅读本专利说明书后，根据该区别技术特征在权利要求请求保护的技术方案中所产生的作用、功能或者技术效果等来确定。亚东制药公司主张本专利实际解决的技术问题是提高丹酚酸 b 的含量，并非改变剂型。如前所述，本专利权利要求中并没有记载药物组合物中丹酚酸 b 的含量，也没有记载用于提高丹酚酸 b 的具体技术手段，更没有记载丹酚酸 b 含量与疗效之间的因果关系。本领域技术人员在阅读本专利说明书后，无法得知本发明要解决的技术问题与提高丹酚酸 b 的含量有何关联。

---

① 具体可参见最高人民法院行政裁定书（2013）知行字第 77 号。

3. 对发明技术效果的认定

最高人民法院认为，作为公开换保护的专利制度，对专利权的保护应当与发明人相对于申请日前的现有技术所作出的技术贡献相称，其技术贡献应当充分公开，并记载在说明书中。未记载在说明书中的技术贡献不能作为要求获得专利权保护的基础。申请日提交的专利申请文件是确定专利申请能否得到授权的基础，对于专利权人在申请日之后提交技术文献，用于证明未在专利说明书中记载的技术内容，如该技术内容不属于专利申请日之前的公知常识，或不是用于证明本领域技术人员的知识水平与认知能力的，一般不应作为判断能否获得专利权的依据。在本专利说明书没有记载提高丹酚酸 b 含量及其技术效果的情况下，也不应当将反证 3 作为对比实验数据使用。退一步而言，即便考虑反证 3 的有关内容，由于亚东制药公司主张的本专利的技术效果表现在丹酚酸 b 含量的提高可以有效改善乳块消片临床效果一节未记载在专利申请文件中，并且，本专利与证据 1 的区别并非在于用喷雾干燥替换减压干燥，因此反证 3 所证明的内容也与判断本专利是否具备创造性缺乏直接关联。

4. 对预料不到的技术效果的认定

发明的技术效果是判断创造性的重要因素，如果发明相对于现有技术所产生的技术效果在质或量上发生明显变化，超出了本领域技术人员的合理预期，可以认定发明具有预料不到的技术效果。在认定是否存在预料不到的技术效果时，应当综合考虑发明所属技术领域的特点尤其是技术效果的可预见性、现有技术中存在的技术启示等因素。通常，现有技术中给出的技术启示越明确，技术效果的可预见性就越高。该案中，片剂和颗粒剂均为中药领域常见剂型，该领域对两种制备方法以及所带来的技术效果的可预见性方面的研究较为充分。在对技术效果存在合理的预期的情况下，面对本专利实际要解决的剂型改变的技术问题时，本领域技术人员容易想到结合证据 3 药典公开的将中药提取物制成颗粒剂的常规制法。活性成分与制备方法有关，在提取条件相同的情况下，一般不会导致提取物存在根本性的区别。由于常规颗粒剂制法的两种具体方法均不含减压干燥步骤，本领域技术人员对本专利所采用的颗粒剂的常规制法有利于保持药物活性、产品易于崩解、药物溶出度和生物利用度好具有普遍的预期，由此提高药物有效率也是在合理预期之内的。因此，对该技术效果的预期是基于证据 1 的处方与常规颗粒剂制法结合后获得的技术方案所带来的。在现有技术整体上存在明确的技术启示的情况下，由制备方法所必然产生的技术效果并未超出本领域技术人员的合理预期。

# 无效理由分析及应用建议——关于修改超范围

"修改超范围"这一无效理由是通过两个条款体现出来的，其一是《专利法》第三十三条，该条规定："申请人可以对其专利申请文件进行修改，但是，对发明和实用新型专利申请文件的修改不得超出原说明书和权利要求书记载的范围，对外观设计专利申请文件的修改不得超出原图片或者照片表示的范围"，即对专利申请文件的修改不得超过原申请所公开的范围。另一个条款是2010年修订的《专利法实施细则》所增加的第四十三条第一款，该款规定："依照本细则第四十二条规定提出的分案申请，可以保留原申请日，享有优先权的，可以保留优先权日，但是不得超出原申请记载的范围"，即分案申请不得超出原申请记载的范围。

一、使用"修改超范围"无效理由时的注意事项

在使用"修改超范围"这一无效理由提出无效宣告请求

时，需要注意以下几点。

（一）修改超范围的法律依据

《专利法》第三十三条、《专利法实施细则》第四十三条第一款是非常重要的无效理由，这是因为，"修改超范围"这一无效理由在无效宣告审查过程中，一般都是优先进行审查的。只要无效宣告请求人指出专利申请人对专利申请文件所作出的修改，并且证明该修改已经超出了原始申请文件所公开的范围，如果无效宣告请求人对"修改超范围"这一无效理由的说明能够得到专利复审委员会的认可，那么，专利复审委员会一般都会优先选择以这一无效理由来作出无效宣告决定。由此可见，《专利法》第三十三条、《专利法实施细则》第四十三条第一款是一个非常重要的无效理由，如果能够充分利用，一般可以达到事半功倍的效果。

（二）对原始申请文件的确定

使用"修改超范围"作为无效理由时，最重要的是对授权专利文件相对于原始申请文件"修改超范围"内容的指出。而在指出"修改超范围"的内容之前，首先需要确定"原始申请文件"。而何为"原始申请文件"，许多无效宣告请求人都会对此有错误认识，他们认为对于发明专利而言，经过国家知识产权局早期公开的文本就是该发明专利的原始申请文件，其实不然。对于发明专利而言，其早期公开的文本有可能已经对于申请日提交的原始申请文件进行了修改，因此，如果需要获取该发明专利真正的"原始申请文件"，则有必要通过查阅该发明专利的卷宗来获取。此外，对于实用新型和外观设计专利，亦可通过查阅案件卷宗来获取原始申请文件。因此，必需清楚，所谓的"原始申请文件"是指申请人于申请日提交的原说明书（包括附图）和权利要求书；对于分案申请，应当是指其母案的申请文件；而对于享有优先权的专利申请，应当是指优先权专利申请文件；对于要求多个优先权的专利申请，每个权利要求所对应的原始申请文件应当是指该权利要求所要求的优先权的优先权专利申请文件；而要求部分优先权的专利申请则存在两种情况，对于享有优先权的权利要求，对应的原始申请文件应当是指其要求优先权的优先权专利申请文件，对于新增加的技术方案所对应的权利要求的原始申请文件则应当是指该专利申请文件。

（三）对原始申请文件所记载范围的确定

2013 年 12 月 27 日，最高人民法院在株式会社岛野与中华人民共和国国家知识产权局专利复审委员会及宁波赛冠车业有限公司发明专利权无效行政纠纷提审行政判决［最高人民法院（2013）行提字第 21 号行政判决书］中认为，"原说明书和权利要求书记载的范围"应当理解为原说明书和权利要求书所呈现的发明创造的全部信息，是对发明创造的全部信息的固定。这既是先申请制度的基石，也是专利申请进入后续阶段的客观基础。"原说明书和权利要求书记载的范围"具体可以表现为：原说明书及其附图和权利要求书以文字和图形直接记载的内容，以及所属领域普通技术人员根据原说明书及其附图和权利要求书能够确定的内容。审查专利申请文件的修改是否超出原说明书和权利要求书记载的范围，应当考虑所属技术领域的技术特点和惯常表达、所属领域普通技术人员的知识水平和认知能力、技术方案本身在技术上的内在必然要求等因素，以正确确定原说明书和权利要求书记载的范围。在再审申请人慈溪市博生塑料制品有限公司与被申请人陈某侵害实用新型专利权纠纷案〔（2015）民申字第188号〕中，最高人民法院指出，在可能的情况下，说明书的背景技术部分应当引证反映背景技术的文件。在文件内容构成本案专利的现有技术，且通过引证的方式，上述内容已经成为说明书所涉技术方案的组成部分，则文件内容应视为已被说明书所公开。因此，所引证的背景技术文件，在特定情形下，应当也属于原始申请文件所记载的范围。

（四）对修改超范围内容的确定

在确定了原始申请文件和最终授权文件的基础上，接下来就是对"修改超范围"内容的确定了。对于如何甄别"修改超范围"，一方面，可以通过将最终授权文件与原始申请文件中的文字进行一一对比，找出其中记载不一样或不完全一样的内容，并分析这些内容是否不能从原始申请文件直接地、毫无疑义地确定；另一方面，可以通过查阅审查历史文档来获知最终授权文件相对于原始申请文件所作出的修改。一般情况下，申请人对专利申请文件的修改都是以修改参考页和替换页的形式进行的，这些修改参考页可以真实地反映出申请人对申请文件所作出的修改。此外，通过查阅审查历史文档的方式，还可以获知申请人所作出的修改是主动修改还是为了克服审查意见通知书指出的缺陷所作出的被动修改以及审查员对其修改所作出的审查意见。因此，从这一角度可以说，通过查阅审查历史文档来获知"修改超范围"的内容这一方式，可以获得更多的信息，有利于无效宣告请求人提出针对性强的无效宣告请求。

对申请文件的修改不论属于主动修改还是针对通知书指出的缺陷进行的被动修改，都不得超出原说明书和权利要求书记载的范围。原说明书和权利要求书记载的范围包括原说明书和权利要求书文字记载的内容和根据原说明书和权利要求书文字记载的内容以及说明书附图能直接地、毫无疑义地确定的内容。具体地说，如果申请的内容通过增加、改变和/或删除其中的一部分，致使所属技术领域的技术人员看到的信息与原申请记载的信息不同，而且又不能从原申请记载的信息中直接地、毫无疑义地确定，那么，这种修改就属于超范围的修改，是不允许的。

此外，被修改内容在权利要求所要求保护的整个技术方案中的地位不同可能会导致结论不同。在再审申请人株式会社岛野与被申请人专利复审委员会等发明专利权无效行政纠纷案〔（2013）行提字第 21 号〕中，最高人民法院还指出，为避免确有创造性的发明创造因为"非发明点"的修改超出原说明书和权利要求书记载的范围而丧失本应获得的与其对现有技术的贡献相适应的专利权，相关部门应当积极寻求相应的解决和救济渠道，在防止专利申请人获得不正当的先申请利益的同时，积极挽救具有技术创新价值的发明创造。

（五）对修改超范围的限制与专利保护范围的关系

在精工爱普生株式会社"墨盒"专利无效行政案〔最高人民法院（2010）知行字第 53 - 1 号行政裁定书〕中，最高人民法院明确了专利申请文件的修改限制与专利保护范围的关系。最高人民法院认为，专利申请文件的修改限制与专利保护范围之间既存在一定的联系，又具有明显差异；在无效宣告请求的审查过程中，发明或者实用新型专利的专利权人修改其权利要求书时要受原专利的保护范围的限制，不得扩大原专利的保护范围；发明专利申请人在提出实质审查请求时以及在收到国务院专利行政部门发出的发明专利申请进入实质审查阶段通知书之日起 3 个月内进行主动修改时，只要不超出原说明书和权利要求书记载的范围，在修改原权利要求书时既可以扩大也可以缩小其请求保护的范围。

二、经典案例评述

案例 1：再审申请人精工爱普生株式会社与被申请人中华人民共和国国家知识产权局专利复审委员会、郑某某、佛山凯德利办公用品有限公司、深圳市易彩实业发展有限公司发明专利权无效行政纠纷再审案①

涉案专利是专利号为 00131800.4 号、专利名称为"墨盒"的发明专利，该专利是 99800780.3 号发明专利申请的分案申请，而 99800780.3 号发明专利申请是进入中国国家阶段的国际申请（PCT/JP99/02579）。该国际申请的申请日是 1999 年 5 月 18 日，其主张的最早优先权日是 1998 年 5 月 18 日，进入中国国家阶段后的公开日是 2000 年 11 月 1 日。99800780.3 号发明专利申请的申请文件相当于是 PCT/JP99/02579 号国际申请的中文翻译件。在涉案专利的母案即 99800780.3 号发明专利申请公开文本中，权利要求书中并未出现独立使用的"存储装置"用语，而是使用了"半导体存储装置"或者指代"半导体存储装置"的"所述外部存储装置"的概念。专利权人对 99800780.3 号发明专利申请提出分案申请时提交了修改文件，而

① 具体可参见最高人民法院（2010）知行字第 53 - 1 号行政裁定书。

修改文件的权利要求书中则未再出现"半导体存储装置",而是使用了"存储装置"的术语。在涉案专利的实质审查程度中,申请人又进行了相应修改并在意见陈述书中特别指出,"存储装置"是指说明书附图7(b)中所示的"半导体存储装置61"。针对涉案专利,凯德利公司、郑某某和易彩公司分别向专利复审委员会提出无效宣告请求,专利复审委员会以有关存储装置的修改以及其他修改均超出原说明书和权利要求书记载的范围,违反《专利法》第三十三条的规定为由,宣告涉案专利全部无效。关于权利要求1和40中"存储装置"的修改是否符合《专利法》第三十三条的规定,专利复审委员会在无效决定中认为:本专利权利要求1和40中的"存储装置"由实质审查阶段修改而来,在申请日提交的PCT/JP99/02579号国际申请文件及99800780.3号发明专利申请的说明书和权利要求书中并没有"存储装置"的文字记载,而仅有"半导体存储装置"的文字记载;"存储装置"是用于保存信息数据的装置,除半导体存储装置外,其还包括磁泡存储装置、铁电存储装置等多种不同的类型;本专利原说明书和权利要求书中针对的是半导体存储装置,不涉及其他类型的存储装置,也不能直接且毫无疑义地得出墨盒装有其他类型的存储装置。因此,"存储装置"是"半导体存储装置"的上位概念,本领域技术人员并不能从原说明书和权利要求书记载的"半导体存储装置"直接且毫无疑义地确定出"存储装置"。有鉴于此,专利复审委员会认为,专利权人有关"存储装置"的修改超出了原专利申请文件所记载的范围。

专利权人不服,随之提起行政诉讼。一审法院作出了维持专利无效宣告审查决定的判决;而二审法院北京市高级人民法院判决认为,本专利原权利要求书及说明书中从未有"记忆装置"的记载,该术语系专利申请人新增加的内容。没有记载而新增加的内容不符合《专利法》第三十三条的规定。专利权人不服二审判决,向最高人民法院申请再审,请求依法纠正二审判决关于本专利权利要求8、12、29中"记忆装置"的修改违反《专利法》第三十三条规定的结论,并在此基础上维持二审判决。最高人民法院经审理后认为,本案的争议的主要焦点包括:本案是否因本院曾针对原审第三人的再审申请作出过行政裁定而构成重复审查;本案被诉决定适用的法律依据是否正确;本案专利申请人是否可基于其修改在专利授权过程中得到审查员认可而享有信赖利益保护;专利授权确权程序中权利要求的解释时机与方法;本专利权利要求8、12、29中"记忆装置"的含义解释;本专利权利要求8、12、29中关于"记忆装置"的修改是否违反法律规定。最高人民法院针对上述问题,进行了详细论述。

1. 关于是否构成重复审查的问题

最高人民法院认为,在行政诉讼中,人民法院对当事人再审申请的审查,应当围绕其再审事由是否成立进行;对于当事人再审事由未涉及的问题,人民法院一般不予审查。在(2010)知行字第53号案件中,再审申请人郑某某的申请再审理由主要是本专利权利要求 1、40 中关于"存储装置"的修改违反了相关法律的规定，二审判决关于"存储装置"的修改符合相关法律规定的认定错误。本院围绕这一再审事由是否成立进行审查并作出结论，并未涉及本案关于本专利权利要求 8、12、29 中"记忆装置"的修改是否符合相关法律规定的问题，本院亦未对上述问题予以审查并作出结论。专利复审委员会关于本院已经对第 11291 号决定的合法性进行了全面审查，没有涉及的内容应当认为认可第 11291 号决定的主张，既与人民法院的审查实践不符，又缺乏法律依据，本院不予支持。因此，本案并不因原审第三人郑某某提出再审申请的（2010）知行字第 53 号案件而构成重复审查。

2. 关于法律适用是否正确的问题

关于该案实体法律问题应适用的《专利法》及其实施细则，最高人民法院认为，本案争议的核心是精工爱普生对专利申请文件的修改行为是否超出了原申请记载的范围这一实体法律问题。就专利申请文件的修改而言，在提出专利申请时，专利申请人根据申请日时施行的法律对申请文件的修改已经有所预期和信赖。为保障专利申请人对申请提出时施行的法律的正当信赖，判断针对该专利申请文件的修改是否合法，无论在专利授权还是以后的确权程序中，原则上应适用专利申请日（有优先权的，应为优先权日）时施行的《专利法》及其实施细则。由于《专利法》及其实施细则不仅关涉专利权人和专利申请人的利益，还关涉社会公众的利益，更应坚持法不溯及既往原则，对于溯及既往的情况应该更加慎重。本专利原国际申请的申请日是 1999 年 5 月 18 日，最早优先权日是 1998 年 5 月 18 日，公开日是 2000 年 11 月 1 日。因此，本专利原申请的优先权日早于 2000 年修订《专利法》施行日，在判断该专利申请文件的修改是否合乎法律规定时，应适用当时施行的 1992 年修订的《专利法》及其实施细则的规定。

关于《审查指南》的适用问题，最高人民法院认为，由于本专利申请文件的修改是否符合法律规定这一实体法律问题应适用 1992 年修订的《专利法》及其实施细则的规定，与此相适应，该实体法律问题应适用与 1992 年修订的《专利法》及其实施细则相配套的、在本专利申请日时施行的 1993 年 3 月 10 日公布的《审查指南》。同时，关于专利复审委员会适用《专利审查指南 2006》的问题，最高人民法院认为，对比 1993 年版、2001 年版和 2006 年版《审查指南》可以发现，由于 1992 年以来不同时期的《专利法》对第三十三条的规定均未作修改，三部《审查指南》关于专利申请文件的修改是否超出原说明书和权利要求书记载的范围的规定并无本质差异。因此，专利复审委员会适用《专利审查指南 2006》作出第 11291 号决定虽有不当，但对第 11291 号决定的实体结果并无实质影响。

3. 关于专利申请人是否可基于其修改在专利授权过程中得到审查员认可而享有信赖利益保护的问题

最高人民法院认为，是否对专利申请文件进行修改原则上是申请人的一项权利，只是该项权利的行使方式和范围受到《专利法》及其实施细则的限制。在主动修改的情况下，只要遵守《专利法》及其实施细则的相关规定，是否修改专利申请文件以及如何修改很大程度上由申请人自主决定。即使在被动修改的情况下，申请人对于如何修改仍有自主决定的权利。国家知识产权局依法行使对专利申请进行审查的职权，但并不负有也不可能负有保证专利授权正确无误的责任。申请人对其修改行为所造成的一切后果应自负其责。该案中，精工爱普生针对记忆装置的修改属于主动修改，并非应审查员的要求进行的被动修改，当然应该对其修改行为的后果自行负责。精工爱普生关于其修改行为在实审程序中已经得到审查员认可，其基于信赖该审查结论而产生的信赖利益在后续无效程序中应得到保障的主张没有法律依据，本院不予支持。

4. 关于专利授权确权程序中权利要求的解释时机与方法的问题

关于权利要求用语含义的解释时机，最高人民法院认为，说明书乃权利要求之母，不参考说明书及其附图，仅仅通过阅读权利要求书即可正确理解权利要求及其用语的含义，在通常情况下是不可能的。权利要求的解释就是理解和确定权利要求含义的过程，在这个过程中，必须结合说明书及其附图才能正确解释权利要求。专利复审委员会关于权利要求的解释应严格把握解释时机，以权利要求不清楚或者没有明确的唯一含义为前提的主张，既违背文本解释的逻辑，又不符合权利要求解释的实践，本院无法赞同。

关于权利要求用语含义的解释方法，最高人民法院认为，首先，专利授权确权程序与专利民事侵权程序中权利要求解释方法既有一致性又有差异性。一致性至少体现在如下两个方面：一是，权利要求的解释属于文本解释的一种，需遵循文本解释的一般规则；二是，均应遵循权利要求解释的一般规则，如均应遵循专利说明书及附图、专利审查档案等内部证据优先等解释规则。而关于两者的差异性，最高人民法院认为突出体现在当事人意见陈述的作用上。在专利授权确权程序中，意见陈述书是申请人与专利审查机关进行意见交换的重要形式，是专利审查档案的重要内容之一。尽管如此，在专利授权确权程序中解释权利要求时，意见陈述书的作用在特定的场合下要受到专利法明文规定的限制。例如，我国专利法规定了说明书应当对发明作出清楚完整的说明、权利要求书应当得到说明书的支持、专利申请文件的修改不得超出原说明书和权利要求书记载的范围等法定要求。在审查某项专利或者专利申请是否符合上述法定要求时，当然应该以说明书或者原说明书和权利要求书为依据，当事人意见陈述不能也不应该起到决定作用。相反，如果将当事人的意见陈述作为判断某项专利或者专利申请是否符合上述法定要求的决定性依据，则无法促使专利申请人将相关内容尽量写入说明书，专利法关于说明书应当对发明作出清楚完整的说明、权利要求书应当得到说明书的支持、专利申请文件的修改不得超出原说明书和权利要求书记载的范围等法定要求也将无法得到实现。因此，在专利授权确权程序中，申请人在审查档案中的意见陈述在通常情况下只能作为理解说明书以及权利要求书含义的参考，而不是决定性依据。而在专利民事侵权程序中解释权利要求的保护范围时，只要当事人在专利申请或者授权程序中通过意见陈述放弃了某个技术方案，一般情况下应该根据当事人的意见陈述对专利保护范围进行限缩解释。

关于判断专利申请文件的修改是否超出原说明书和权利要求书记载的范围时当事人意见陈述参考价值的大小，则取决于该意见陈述的具体内容及其与说明书和权利要求书的关系。如果当事人意见陈述的内容超出了原说明书和权利要求书中记载的范围，则该意见陈述将完全丧失参考作用，不能参考该意见陈述对说明书或者权利要求书进行解释。

5. 关于专利权利要求中"记忆装置"的含义解释的问题

最高人民法院认为，确定本专利权利要求中"记忆装置"的含义，是判断"记忆装置"的修改是否超范围的基础和关键。根据《中华百科全书》的解释，"记忆装置"与"存储装置"的含义基本相同；根据"互动百科"对"记忆装置"词条的解释，"记忆装置"在打印机领域属于通用术语，其含义与"存储装置"基本相同；同时，根据《计算机日语词汇》的记载，日文"記憶装置"的相应英文翻译为"storage"或者"memory"，即"存储"或者"记忆"。本专利原国际申请文件中出现过"半導体記憶手段"和"記憶手段"的日文用语，在申请公开文本中"記憶手段"被翻译为"存储装置"。基于此，最高人民法院认为，在本专利所属技术领域，"记忆装置"一词的通常含义应为"存储装置"。

但是，本专利授权文本的权利要求书既使用了"记忆装置"的用语，又同时使用了"存储装置"的用语，对于此，最高人民法院认为，在同一权利要求甚至在同一句话中出现两个不同的术语，应认为申请人在修改过程中刻意对该两个术语进行区分，在无其他证据表明该两个术语具有相同含义的情况下，对该两个术语的含义原则上应作不同解释。因此，最高人民法院认为，本专利授权文本中权利要求中的"记忆装置"不应解释为与"存储装置"具有同一含义。

关于精工爱普生的意见陈述对于确定本专利授权文本中"记忆装置"含义的解释，最高人民法院认为这一解释可以作为理解说明书以及权利要求书含义的参考，而不是决定性依据，其参考价值的大小取决于该意见陈述的具体内容及其与说明书和权利要求书的关系。同时，这一解释在说明书中也找不到有说服力的根据，此外，该解释与专利授权文本的权利要求书的记载存在不和谐之处。综上，最高人民法院认为本专利权利要求中"记忆装置"既不能解释为存储装置，又不能解释为精工爱普生在意见陈述中所谓的"电路板及设置在其上的半导体存储装置"。

6. 关于针对专利权利要求中"记忆装置"的修改存在修改超范围的问题

关于"原说明书和权利要求书记载的范围"，最高人民法院认为，应该从所属领域普通技术人员角度出发，以原说明书和权利要求书所公开的技术内容来确定。

凡是原说明书和权利要求书已经披露的技术内容，都应理解为属于原说明书和权利要求书记载的范围。既要防止对记载的范围作过宽解释，乃至涵盖了申请人在原说明书和权利要求书中未公开的技术内容，又要防止对记载的范围作过窄解释，对申请人在原说明书和权利要求书中已披露的技术内容置之不顾。从这一角度出发，原说明书和权利要求书记载的范围应该包括如下内容：一是原说明书及其附图和权利要求书以文字或者图形等明确表达的内容；二是所属领域普通技术人员通过综合原说明书及其附图和权利要求书可以直接、明确推导出的内容。与上述内容相比，如果修改后的专利申请文件未引入新的技术内容，则可认定对该专利申请文件的修改未超出原说明书和权利要求书记载的范围。

关于该案"记忆装置"的修改是否违反《专利法》第三十三条有关修改超范围的规定，最高人民法院认为，《专利法》第三十三条所称的原说明书和权利要求书是指申请日提交的说明书和权利要求书；对于分案申请，应当是指申请日提交的原申请的说明书和权利要求书；对于国际申请，是指原始提交的国际申请的说明书、权利要求书及附图。本专利是 99800780.3 号发明专利申请的分案申请，99800780.3 号发明专利申请是进入中国国家阶段的国际申请（PCT/JP99/02579）。因此，判断该案"记忆装置"的修改是否违反《专利法》第三十三条的规定，应以 PCT/JP99/02579 号国际申请记载的内容为准。PCT/JP99/02579 号国际申请及其中文翻译件（99800780.3 号发明专利申请公开说明书）本身并无"记忆装置"的记载，只有半导体存储装置和存储装置的记载。在本专利申请过程中，精工爱普生在分案申请中通过主动修改的方式引入了"记忆装置"这一新术语。这一新术语在专利说明书中并未作特别限定，其所指代的技术内容在原申请文件中无法确定，既不能理解为原申请文件中提及的存储装置，又不能理解为精工爱普生在意见陈述中所谓的"电路板及设置在其上的半导体存储装置"。可见，修改后授权文本中"记忆装置"的内容既非原申请文件明确表达的内容，又非本领域普通技术人员在阅读原申请文件后通过综合原说明书及其附图和权利要求书可以直接、明确推导出来的内容。因此，关于"记忆装置"的修改违反了《专利法》三十三条的规定。

案例 2：国家知识产权局专利复审委员会与江苏先声药物研究有限公司、南京先声药物研究有限公司、李某发明专利无效行政纠纷申请再审案①

涉案专利申请保护的是一种复方制剂，该制剂是由氨氯地平与厄贝沙坦这两种活性成分组成。原始专利说明书中记载了氨氯地平为 1mg/kg 而厄贝沙坦为 30mg/kg，原始权利要求记载了两种成分的重量比为氨氯地平：厄贝沙坦 =1：10～50。在实质审查过程中，申请人将上述比值修改为 1：10～30；而在无效宣告程序中，专利权人将上述比值修改为 1：30，专利复审委员会不接受上述修改，认为该修改是从连续

---

① 具体可参见最高人民法院（2011）知行字第 17 号行政裁定书。

的比值范围中选择了一个特定的比值请求保护，而原权利要求书和说明书中均未明确记载过该特定的比值关系 1：30 ，也没有教导要在原有的比值范围之中进行这样的选择；尽管说明书中记载了氨氯地平 1mg/kg 与厄贝沙坦 30mg/kg 的组合，但这仅表示药物具体剂量的组合，不能反映整个比值关系，即将比值关系修改为 1：30 超出原始文件记载的范围，不符合《专利法》第三十三条的规定。与此同时，关于在无效宣告程序中将 1：10～30 修改为 1：30 的修改方式是否应被允许，专利复审委员会认为，授权文本中"1：10～30"是一个技术方案，并非"并列的两种以上技术方案"，在无效阶段将其修改为"1：30"不符合无效程序中修改方式的规定。鉴于此，专利复审委员会以"修改超范围"为由宣告该专利无效。

专利权人不服专利复审委员会的无效决定，向法院提起了行政诉讼。在行政诉讼程序中，一审法院维持了无效决定而二审法院则撤销了一审判决。专利复审委员会不服二审判决，向最高人民法院提起再审申请，最高人民法院经审理认为：案件的争议焦点主要是：（1）无效程序中，将比值关系修改为 1：30 是否超范围？（2）将 1：10～30 修改为 1：30 的修改方式是否应被允许？

针对第一个焦点问题，最高人民法院认为，对于比值关系的权利要求而言，说明书中具体实施例只能记载具体的数值，而无法公开一个抽象的比值关系。说明书实施例中明确公开了将氨氯地平 1mg/kg 与厄贝沙坦 30mg/kg 作为最佳剂量比，在大鼠身上进行试验并得到实验结果，而说明书还明确记载可应用的剂量范围是氨氯地平 2～10mg，厄贝沙坦 50～300mg，如果认定其披露的最佳组方仅为 1mg：30mg 这一具体药物剂量组合而非比值，则该最佳组方根本不包含在上述可应用的范围内，显然不符合常理。说明书中明确公开了氨氯地平 1mg 与厄贝沙坦 30mg 的组合，并将氨氯地平 1mg/kg 与厄贝沙坦 30mg/kg 作为最佳剂量比，在片剂制备实施例中也有相应符合 1：30 比例关系的组合；对于本领域普通技术人员来说，1mg/kg 和 30mg/kg 表明了两种成分的比值关系而非仅表示一个固定的剂量组合，故应认为 1：30 的比值关系在说明书已有记载。

而关于第二个焦点问题，即无效程序中将 1：10～30 修改为 1：30 的修改方式是否应被允许，最高人民法院裁定认为，尽管原权利要求中 1：10-30 的技术方案不属于典型的并列技术方案，但鉴于 1：30 这一具体比值在原说明书中有明确记载，且是其推荐的最佳剂量比，本领域普通技术人员在阅读原说明书后会得出本专利包含 1：30 的技术方案这一结论，且本专利权利要求仅有该一个变量，此种修改使本专利保护范围更加明确，不会造成其他诸如有若干变量的情况下修改可能造成的保护范围模糊不清等不利后果，允许其进行修改更加公平。最高人民法院进一步认为，《专利法实施细则》及《专利审查指南 2010》对无效过程中权利要求的修改进行限制，其原因一方面在于维护专利保护范围的稳定性，保证专利权利要求的公示作用；另一方面在于防止专利权人通过事后修改的方式把申请日时尚未发现、至少从说明书中无法体现的技术方案纳入到本专利的权利要求中，从而为在后发明抢占一个在先的申请日。本案中显然不存在上述情况，1：30 的比值是专利权人在原说明书中明确推荐的最佳剂量比，将权利要求修改为 1：30 既未超出原说明书和权利要求书记载的范围，更未扩大原专利的保护范围，不属于相关法律对于修改进行限制所考虑的要避免的情况；如果按照专利复审委员会的观点，仅以不符合修改方式的要求而不允许此种修改，使得在本案中对修改的限制纯粹成为对专利权人权利要求撰写不当的惩罚，缺乏合理性。况且，《专利审查指南 2010》规定在满足修改原则的前提下，修改方式一般情况下限于前述三种，并未绝对排除其他修改方式。

基于上述理由，最高人民法院认为专利权人在无效宣告程序中所作出的修改并未超出原申请文件所记载的范围，因此裁定撤销二审判决，维持该专利权有效。

案例 3：申请再审人曾某某与被申请人国家知识产权局专利复审委员会发明专利申请驳回复审行政纠纷案①

涉案专利申请要求保护的是一种矿物类中药，在原始申请文件中，申请人使用传统计量单位"两"来计量该中药的组分。实质审查程序中，审查员指出配方中的单位"两"并非国际通用计量单位，针对该审查意见，申请人按"一两 = 30 克"的换算关系，将"两"均修改为"克"，审查员对这一修改予以接受，以其他理由驳回了本申请；申请人不服驳回申请决定，向专利复审委员会提出了复审申请。但在复审程序中，专利复审委员会认为：其一，目前新制的"两"与"克"的换算关系为一两合 50 克，我国旧制也有一两合 31.25 克的换算关系，而本申请说明书并没有明确所述"两"采用的是新制还是旧制，不能唯一确定本申请中所用的"两"为旧制的"两"；其二，即便能够确定其所采用的是旧制的"两"，但旧制中一两合 31.25 克，尽管申请人提交的附件指出换算时可以舍去尾数，但并没有明确具体舍去尾数的方式就是要舍去 1.25 克进而得出"一两合 30 克"的换算关系。鉴于此，专利复审委以"一两 = 30 克"的修改不符合《专利法》第三十三条的规定属于"修改超范围"的情形为由维持了驳回决定。

申请人不服专利复审委员会的复审决定提起行政诉讼，但一二审行政诉讼判决也均维持了专利复审委员会的复审决定，申请人不服，向最高人民法院提起再审。最高人民法院经审理后认为，申请人的修改并不构成"修改超范围"，理由在于：①在审查专利申请文件的修改是否超出原始说明书和权利要求书记载的范围时，应当充分考虑专利申请所属技术领域的特点，不能脱离本领域技术人员的知识水平。虽然"两"与"克"的换算关系确实存在新、旧制的不同，但是，在传统中药配方尤其是古方技术领域中，在进行"两"与"克"的换算时均遵循"一斤 = 十六两"的旧制。本专利申请系在古方三仙丹的配方的基础上改进而成，因此，虽然说明书

---

① 具体可参见最高人民法院（2011）知行字第 54 号行政裁定书。

中没有明确记载"两"与"克"的换算是采用何种换算关系,但本领域技术人员结合涉案专利申请的背景技术、发明内容以及本领域的常识,均能够确定在涉案专利申请中"两"与"克"的换算应当采用旧制,而不应当采用"一斤=十两"的新制。根据有关中医处方用药计量单位的规定,在以旧制进行"钱"与"克"的换算时,旧制的一钱等于3克。由于旧制中"一两=十钱",因此,在依据旧制进行换算时,旧制的一两显然应当换算为30克。对于附件中所称的"换算时尾数可以舍去",本领域技术人员应当理解此处所指的尾数是指"31.25克"中的"1.25",即采用"一两=30克"的换算关系。②实践中,本领域技术人员可以根据具体的情况和要求,选择特定的尾数省略方式,而且一旦选择了特定的省略方式,本领域技术人员即会在一项中药配方中予以统一适用,不会也不应出现在同一配方中适用不同省略方式的情形。因此,在旧制的基础上选择不同的尾数省略方式,均属于本领域技术人员能够直接、毫无疑义地确定的内容,并不会引入新的技术内容,损害社会公众的利益。③在涉案专利申请的实质审查程序中,国家知识产权局曾先后在第二、第六次审查意见通知书中就该修改给出了明确指引,其中第二次审查意见通知书中指出"'水银八两……'属于未使用本领域的标准国际计量单位",明确要求曾某某对计量单位"两"进行修改;第六次审查意见通知书则对曾某某采用"一两=30克"的换算关系明确予以认可。

基于上述理由,最高人民法院认为,专利复审委的决定以及一二审判决既未能充分考虑涉案专利申请的技术领域特点和本领域技术人员应当具有的知识水平,也未能充分考虑曾某某对涉案专利申请进行相应修改的缘由以及相应修改方式已获国家知识产权局认可的事实,在相关审查意见通知书的意见并无明显不当的情况下,认定曾某某对涉案专利申请文件的修改超出原始说明书和权利要求书记载的范围,认定事实和适用法律均有错误。鉴于此,最高人民法院裁定认定专利申请人的修改并未超出原申请文件所记载的范围。

通过对最高人民法院的上述几个司法案例的研读,我们可以得到如下启示:

(1)在审查"修改是否超范围"时,要充分考虑涉案专利申请的技术领域特点和本领域技术人员应当具有的知识水平;要从本领域普通技术人员的角度,以"符合常理"的方式理解相关技术内容并进而确定原说明书和权利要求书所公开的技术内容,而不能机械地看待相关技术特征,凡是原说明书和权利要求书已经披露的技术内容,都应理解为属于其记载的范围。既要防止对记载的范围作过宽解释,乃至涵盖了申请人在原说明书和权利要求书中未公开的技术内容,又要防止对记载的范围作过窄解释,对申请人在原说明书和权利要求书中已披露的技术内容置之不顾。

(2)原说明书和权利要求书记载的范围应该包括:一是原说明书及其附图和权利要求书以文字或者图形等明确表达的内容;二是本领域技术人员综合原专利申请公开说明书、权利要求书和附图的记载能够直接、明确推导出的内容,只要所推导出的内容对于所属领域普通技术人员是显而易见的，就可认定该内容属于原说明书和权利要求书记载的范围。与上述内容相比，如果修改后的专利申请文件未引入新的技术内容，则可认定对该专利申请文件的修改未超出原说明书和权利要求书记载的范围。由此可见，判断对专利申请文件的修改是否超出范围，不仅应考虑原说明书及其附图和权利要求书以文字或者图形表达的内容，还应考虑所属领域普通技术人员综合上述内容后显而易见的内容。在这个过程中，不能仅仅注重前者，对修改前后的文字进行字面对比即轻易得出结论；也不能对后者作机械理解，将所属领域普通技术人员可以直接、明确推导出的内容理解为数理逻辑上唯一确定的内容。

（3）"直接地"与"毫无疑义地"是需要同时满足的两个条件，二者缺一不可，"毫无疑义地"判断前提是基于申请人"直接地"表达的技术信息，而非脱离这种技术信息的字面含义的推导。"直接地"是指本领域的技术人员依据申请文件的记载内容，客观地获知原始申请文件所直接表达的技术信息。如果本领域技术人员还需引入常规实验、逻辑推理等手段，则表明其对原始申请文件明确记载的技术信息进行了付出创造性劳动的加工，从而不符合"直接地"的要求。"毫无疑义地"是指本领域技术人员基于"直接地"判断步骤确定的技术信息，应当是准确且唯一的，而不允许是模糊不清、模棱两可的信息，否则将违背清楚公开的要求。在判断修改后的内容是否能够直接地、毫无疑义地确定时，既不能将允许申请人修改的范围仅仅局限于原始申请文件文字记载的内容，也不能扩展到本领域技术人员在原始申请文件的基础上进行逻辑分析、推理预测所能够得到或概括得到的技术信息，更不能扩展到与本领域公知常识、现有技术结合所能显而易见获得的技术信息。

（4）对于原始申请文件中虽然没有明确记载，但基于本领域的基本原理或固有属性等技术上的内在要求和关联，可以确定是必然客观存在的技术内容，则应当属于本领域技术人员能够直接地、毫无疑义地确定的技术内容。某些情况下，即使本领域技术人员知晓原始申请文件描述之外的其他技术方案也能实现其发明目的，但整个申请文件并没有提及，则表明申请人在其申请日的真实意思表示并没有包含这些方案，此时就不能将这样的技术方案纳入原始申请文件记载的范围。

（5）《专利审查指南2010》规定的无效程序中的三种具体修改方式是一般情况的列举，并未绝对排除其他修改方式；仅以不符合修改方式的要求而不允许作出修改，使得在案件中对修改的限制纯粹成为对专利权人权利要求撰写不当的惩罚，这缺乏合理性。

 **无效理由分析及应用建议——关于其他无效宣告理由**

一、权利要求书没有以说明书为依据

《专利法》第二十六条第四款规定："权利要求书应当以说明书为依据，清楚、简要地限定要求专利保护的范围。"该条规定了权利要求的两项授权条件，其一是权利要求书应当以说明书为依据，即应当得到说明书的支持；其二是权利要求应当清楚、简要。

在依据上述规定提出无效宣告请求时，应首先注意新、旧法的适用问题。《专利法》第二十六条第四款就权利要求符合授权条件的两个方面，即"权利要求应当以说明书为依据""权利要求书应当清楚、简要"进行了规定。但是，这一条款所规定的两个方面，在2000年修订的《专利法》、2002年修订的《专利法实施细则》里是被分别规定在两个条款里面的。其中，2000年修订的《专利法》第二十六条第四款规定："权利要求书应当以说明书为依据，说明要求专利保护的范围"；2002年修订的《专利法实施细则》第二十条第一款规定："权利要求书应当说明发明或者实用新型的技术特征，清楚、简要地表述请求保护的范围。"

国家知识产权局《施行修改后的专利法的过渡办法》第二条规定："修改前的专利法的规定适用于申请日在 2009 年 10 月 1 日前（不含该日，下同）的专利申请以及根据该专利申请授予的专利权；修改后的专利法的规定适用于申请日在 2009 年 10 月 1 日以后（含该日，下同）的专利申请以及根据该专利申请授予的专利权；但本办法以下各条对申请日在 2009 年 10 月 1 日前的专利申请以及根据该申请授予的专利权的特殊规定除外。"

国家知识产权局《施行修改后的专利法实施细则的过渡办法》第二条规定："修改前的专利法实施细则的规定适用于申请日在 2010 年 2 月 1 日前（不含该日）的专利申请以及根据该专利申请授予的专利权；修改后的专利法实施细则的规定适用于申请日在 2010 年 2 月 1 日以后（含该日，下同）的专利申请以及根据该专利申请授予的专利权；但本办法以下各条对申请日在 2010 年 2 月 1 日前的专利申请以及根据该申请授予的专利权的特殊规定除外。"

由此可见，在对涉案专利提出无效时，首先需要甄别该专利的申请日，然后根据国家知识产权局《施行修改后的专利法的过渡办法》《施行修改后的专利法实施细则的过渡办法》的有关规定，选择适当的法律及适当的条款来提出无效理由。

权利要求书应当以说明书为依据，是指权利要求应当得到说明书的支持。权利要求书中的每一项权利要求所要求保护的技术方案应当是所属技术领域的技术人员能够从说明书充分公开的内容中得到或概括得出的技术方案，并且不得超出说明书公开的范围。对此，在以"权利要求书没有以说明书为依据"，即"权利要求书没有得到说明书的支持"这一无效理由提出无效理由时，应注意以下几点：

（1）"权利要求应当得到说明书的支持"是指权利要求书应当得到说明书的实质支持，而并非形式上的支持。如果专利说明书只是在文字上记载了与权利要求所记载的技术内容一样或类似的技术内容，而并未以具体实施例等方式对权利要求所要求保护的技术方案进行详细的说明，如专利说明书只在发明内容部分对涉案专利权利要求所记载的内容进行了文字上的"复制"，本领域普通技术人员即使结合本领域的普通技术常识也无法获知如何来实现权利要求所记载的技术方案，那么此时，权利要求就有可能得不到说明书的实质支持，可以考虑以涉案专利权利要求不符合《专利法》第二十六条第四款为理由提出无效宣告请求。

（2）关于权利要求得到说明书支持的审查判断标准，最高人民法院在（美国）伊莱利利公司"立体选择性糖基化方法"发明专利权无效行政案［（2009）知行字第 3 号］中认为，权利要求所要求保护的技术方案应当是所属技术领域的技术人员能够从说明书充分公开的内容中得到或概括得出的技术方案，并且不得超出说明书公开的范围；如果权利要求的概括使所属技术领域的技术人员有理由怀疑该上位概括或并列概括所包含的一种或多种下位概念或选择方式不能解决发明所要解决的技术问题，并达到相同的技术效果，则应当认为该权利要求没有得到说明书的支持。

（3）在论证"权利要求应当得到说明书的支持"时，应当首先指出权利要求中得不到说明书支持的具体技术特征是什么，同时指出说明书对与该具体技术特征相关的技术内容是如何记载的，该记载与权利要求书的该具体技术特征之间的区别是什么，并结合说明书对相关内容的记载以及本领域普通技术人员所应具有的普通技术常识具体分析权利要求中的具体技术特征得不到说明书支持的理由。在必要的情况下，可以结合技术字典、教科书等常规技术资料，就权利要求及说明书中的相关技术特征的含义进行解释以证明权利要求得不到说明书支持。

（4）"功能性限定"是权利要求得不到说明书支持最常见的情形。对于权利要求中所包含的功能性限定的技术特征，应当理解为覆盖了所有能够实现所述功能的实施方式。对于含有功能性限定特征的权利要求，应当考察该功能性限定是否得到了说明书的支持。如果权利要求中限定的功能是以说明书实施例中记载的特定方式完成的，并且所属技术领域的技术人员不能明了此功能还可以采用说明书中未提到的其他替代方式来完成，或者所属技术领域的技术人员有理由怀疑该功能性限定所包含的一种或几种方式不能解决发明或者实用新型所要解决的技术问题，并达到相同的技术效果，则权利要求中不得采用覆盖了上述其他替代方式或者不能解决发明或实用新型技术问题的方式的功能性限定。此外，如果说明书中仅以含糊的方式描述了其他替代方式也可能适用，但对所属技术领域的技术人员来说，并不清楚这些替代方式是什么或者怎样应用这些替代方式，则权利要求中的功能性限定也应当是不被允许的。在这种情况下，可以针对功能性限定技术特征以"权利要求得不到说明书支持"这一理由提出无效宣告申请。

（5）在审查权利要求是否得到说明书的支持时，应当首先对权利要求所要求保护的技术方案进行确定，当权利要求由于存在撰写等明显错误而无法依据其记载确定相应技术方案时，应当首先对其明显错误进行修正。在"精密旋转补偿器"实用新型专利权无效行政纠纷案［（2011）行提字第 13 号］中，最高人民法院指出，权利要求中的撰写错误并不必然导致其得不到说明书支持；如果权利要求存在明显错误，本领域普通技术人员根据说明书和附图的相应记载能够确定其唯一的正确理解的，应根据修正后的理解确定权利要求所保护的技术方案，在此基础上再对该权利要求是否得到说明书的支持进行判断。在申诉人辽宁般若网络科技有限公司与被申诉人国家知识产权局专利复审委员会、一审第三人中国惠普有限公司发明专利权无效行政纠纷案［（2013）行提字第 17 号］中，最高人民法院指出，对于权利要求中字面含义存在歧义的技术特征的解释，应当结合说明书及附图中已经公开的内容，并符合本案专利的发明目的，且不得与本领域的公知常识相矛盾。

二、权利要求书不清楚、不简要

"权利要求书应当清楚、简要"这一无效理由在所有的无效理由里面占有非常重要的地位。这种重要地位并不是说以这一无效理由将涉案专利无效掉的可能性非常高，而是说，这一无效理由是有效使用其他无效理由的基础。例如，对涉案专利是否具有新颖性或创造性的评价是建立在对涉案专利权利要求的技术特征有清楚定义的基础上的，只有在对具体的技术特征有清楚定义的情况下，才能对该具体技术特征是否被对比文件所公开作出有效评价；再如，对涉案专利独立权利要求是否缺少必要技术特征的评价也是建立在涉案专利独立权利要求中的全部技术特征所构成的整个技术方案清楚的基础之上的，只有整个技术方案清楚了，才能够对该技术方案能否实现涉案专利的发明目的作出有效评价。

（1）权利要求书应当清楚：一是指每一项权利要求应当清楚，二是指构成权利要求书的所有权利要求作为一个整体也应当清楚。首先，每项权利要求的类型应当清楚。权利要求的主题名称应当能够清楚地表明该权利要求的类型是产品权利要求还是方法权利要求，如果涉案专利权利要求采用模糊不清的主题名称，如"一种……技术"，或者在一项权利要求的主题名称中既包含有产品又包含有方法，例如，"一种……产品及其制造方法"，则不符合"权利要求应当清楚"的要求。

其次，每项权利要求所确定的保护范围也应当清楚，权利要求的保护范围应当根据其所用词语的含义来理解。权利要求中不得使用含义不确定的用语，如"厚""薄""强""弱""高温""高压""很宽范围"等，除非这种用语在特定技术领域中具有公认的确切含义；不得出现"例如""最好是""尤其是""必要时"等类似用语，因为这类用语会在一项权利要求中限定出不同的保护范围，导致保护范围不清楚；在一般情况下，不得使用"约""接近""等""或类似物"等类似的用语，因为这类用语通常会使权利要求的范围不清楚。如果涉案专利的一项权利要求使用了上述技术术语，则需要考虑这样的技术术语是否使得相关权利要求保护范围不清楚，并据此决定是否需要以"权利要求不清楚"作为无效理由之一来提出无效宣告请求。

（2）权利要求书应当简要：一是指每一项权利要求应当简要，权利要求的表述应当简要，除记载技术特征外，不得对原因或者理由作不必要的描述，也不得使用商业性宣传用语；二是指构成权利要求书的所有权利要求作为一个整体也应当简要。例如，一件专利申请中不得出现两项或两项以上保护范围实质上相同的同类权利要求。

需要强调的是，专利无效宣告实践表明，无效宣告请求人一般对"权利要求应当清楚"这一无效理由很重视，一般都能够指出权利要求不清楚的情况并进行详细阐述。但是，"权利要求应当简要"这一理由被使用的频率却很低，这可能是由于无效宣告请求人对"权利要求应当简要"的内涵是什么认识不够。然而实践中，构成权利要求书的所有权利要求作为一个整体不简洁的情况确也不少，所以，对于无效宣告请求人而言，在对涉案专利进行分析的时候，对权利要求是否存在不简洁的情况，应当做全面的分析。

（3）界定权利要求是否清楚的依据：根据专利法的有关规定，专利权的保护范围以其权利要求的内容为准，因此，权利要求划定专利权的权利边界并界定专利权的保护范围。在无效宣告程序中，当双方对权利要求中的特定技术术语的含义有争议时，首先应当根据专利说明书及附图、专利授权审查过程中专利申请人的陈述、以及专利权人在无效宣告请求审查程序中的陈述进行解释。这些解释技术术语的依据在美国司法判例中被称为内部证据，只有根据内部证据仍不能确定技术术语的含义时，才允许借助外部证据确定技术术语的含义。外部证据包括专家证人的证词、字典与工具书的解释等。在双方当事人对权利要求中的某一技术术语的含义有争议时，之所以要在根据内部证据不能确定技术术语含义的情况下才允许借助外部证据确定，原因在于技术术语的含义应以专利申请人或者专利权人自己的理解与界定为准，既然根据内部证据不能确定，就应当推定专利申请人或者专利权人对该技术术语的含义理解就是所属技术领域技术人员通常的理解，故可借助外部证据确定所属技术领域的技术人员对技术术语的通常理解。上述规则也得到了最高人民法院的司法解释以及相关案例的认可。《专利权纠纷问题解释》第三条规定："人民法院可以运用权利要求书中的相关权利要求、专利审查档案对权利要求进行解释。"如仍不能明确权利要求含义的，"可以结合工具书、教科书等公知文献以及本领域普通技术人员的通常理解进行解释"。此外，《专利权纠纷问题解释（二）》第六条还规定："人民法院可以运用与涉案专利存在分案申请关系的其他专利及其专利审查档案、生效的专利授权确权裁判文书解释涉案专利的权利要求。专利审查档案，包括专利审查、复审、无效程序中专利申请人或者专利权人提交的书面材料，国务院专利行政部门及其专利复审委员会制作的审查意见通知书、会晤记录、口头审理记录、生效的专利复审请求审查决定书和专利权无效宣告请求审查决定书等。"在邱某有与山东鲁班公司侵犯专利权纠纷案［（2011）民申字第1309号］中，最高人民法院认为，母案申请构成分案申请的特殊的专利审查档案，在确定分案申请授权专利的权利要求保护范围时，超出母案申请公开范围的内容不能作为解释分案申请授权专利的权利要求的依据。

（4）权利要求存在明显瑕疵时的保护范围的确定：权利要求不清楚，有时是由于权利要求存在明显瑕疵造成的，对于因存在明显瑕疵而导致的权利要求不清楚问题，中国有关司法解释和司法案例都有过涉及。《专利权纠纷问题解释（二）》第四条规定："权利要求书中的语法、文字、标点、图形、符号等存有歧义，但本领域普通技术人员通过阅读权利要求书、说明书及附图可以得出唯一理解的，人民法院应当根据该唯一理解予以认定。"在新绿环公司等与台山公司专利侵权案〔（2010）民申字第 871 号〕中，最高人民法院认为，根据 2000 年《专利法》第五十六条第一款规定："如果对权利要求的表述内容产生不同理解，导致对权利要求保护范围产生争议，说明书及其附图可以用于解释权利要求。"本案中，仅从涉案专利权利要求 1 对"竹、木、植物纤维"三者关系的文字表述看，很难判断三者是"和"还是"或"的关系。根据涉案专利说明书实施例的记载："镁质胶凝植物纤维层是由氯化镁、氧化镁和竹纤维或木糠或植物纤维制成的混合物。"由此可见，"竹、木、植物纤维"的含义应当包括选择关系，即三者具备其中之一即可。在西安秦邦公司"金属屏蔽复合带制作方法"专利侵权案〔（2012）民提字第 3 号〕中，最高人民法院指出，当本领域普通技术人员对权利要求相关表述的含义可以清楚确定，且说明书又未对权利要求的术语含义作特别界定时，应当以本领域普通技术人员对权利要求自身内容的理解为准，而不应当以说明书记载的内容否定权利要求的记载；但权利要求特定用语的表述存在明显错误，本领域普通技术人员能够根据说明书和附图的相应记载明确、直接、毫无疑义地修正权利要求的该特定用语的含义的，应根据修正后的含义进行解释。在申诉人辽宁般若网络科技有限公司与被申诉人国家知识产权局专利复审委员会、一审第三人中国惠普有限公司发明专利权无效行政纠纷案〔（2013）行提字第 17 号〕中，最高人民法院指出，对于权利要求中字面含义存在歧义的技术特征的解释，应当结合说明书及附图中已经公开的内容，并符合本案专利的发明目的，且不得与本领域的公知常识相矛盾。在申请再审人洪某与被申请人国家知识产权局专利复审委员会、宋某某实用新型专利权无效行政纠纷案〔（2011）行提字第 13 号〕中，最高人民法院认为，"对于权利要求中存在的明显错误，由于该错误的存在对本领域技术人员而言是如此'明显'，在阅读权利要求时能够立即发现其存在错误，同时更正该错误的答案也是如此'确定'，结合其普通技术知识和说明书能够立即得出其唯一的正确答案，所以本领域技术人员必然以该唯一的正确解释为基准理解技术方案，明显错误的存在并不会导致权利要求的边界模糊不清。在无效宣告请求的审查过程中，如果不对权利要求中的明显错误作出更正性理解，而是'将错就错'地径行因明显错误的存在而一概以不符合《专利法》第二十六条第四款的规定为由将专利宣告无效，将会造成专利法第二十六条第四款成为一种对撰写权利要求不当的惩罚，导致专利权人获得的利益与其对社会作出的贡献明显不相适应，有悖于《专利法》第二十六条第四款的立法宗旨"。在申请再审人无锡市隆盛电缆材料厂、上海锡盛电缆材料有限公司与被申请人西安秦邦电信材料有限责任公司、原审被告古河电工（西安）光通信有限公司侵犯专利权纠纷案〔（2012）民提字第 3 号〕中，最高人民法院认为，"权利要求内容的确定，应当根据权利要求的记载，结合本领域普通技术人员阅读说明书及附图后对权利要求的理解进行。但是，当本领域普通技术人员对权利要求相关表述的含义可以清楚确定，且说明书又未对权利要求的术语含义作特别界定时，应当以本领域普通技术人员对权利要求自身内容的理解为准，而不应当以说明书记载的内容否定权利要求的记载，从而达到实质修改权利要求的结果，并使得专利侵权诉讼程序对权利要求的解释成为专利权人额外获得的修改权利要求的机会。否则，权利要求对专利保护范围的公示和划界作用就会受到损害，专利权人因此不当获得了权利要求本不应该涵盖的保护范围。当然，如果本领域普通技术人员阅读说明书及附图后可以立即获知权利要求特定用语的表述存在明显错误，并能够根据说明书和附图的相应记载明确、直接、毫无疑义地修正权利要求的该特定用语的含义的，可以根据说明书或附图修正权利要求用语的明显错误"。在"精密旋转补偿器"实用新型专利权无效行政纠纷案［（2011）行提字第 13 号］中，最高人民法院指出，权利要求中的撰写错误并不必然导致其得不到说明书支持；如果权利要求存在明显错误，本领域普通技术人员根据说明书和附图的相应记载能够确定其唯一的正确理解的，应根据修正后的理解确定权利要求所保护的技术方案，在此基础上再对该权利要求是否得到说明书的支持进行判断。从上述案例可以看出，最高人民法院的观点是：无论在专利无效宣告审查程序中，还是在专利侵权诉讼程序中，当权利要求中存在明显的撰写错误时，不能"将错就错"地以存在明显错误的权利要求的字面含义去界定权利要求的保护范围，而应当对明显的撰写错误进行更正性理解，进而以更正性理解后的权利要求去界定权利要求的保护范围。此外，《专利侵权判定指南（2017）》第三十四条还规定，当专利文件中的印刷错误影响到专利权保护范围的确定时，可以依据专利审查档案进行修正。权利要求书中的撰写错误可以分为明显错误和非明显错误，为避免权利保护范围的不当扩大或限缩，确保权利的稳定性，对撰写错误的解释应是仅针对明显错误而言，对非明显错误法院不应依职权予以解释。"明显错误"应当是指：对于本领域技术人员来说，如果其根据所具有的普通技术知识在阅读权利要求后能够立即发现某一技术特征存在错误，同时，结合其具有的普通技术知识，阅读说明书及说明书附图的相关内容后能够立即确定其唯一的正确答案的错误。

因此，对于无效宣告程序中的被请求人即专利权人来说，如果无效宣告请求人所提出的权利要求不清楚的问题是基于权利要求存在明显瑕疵而提出的，那么，就可以依据相关司法解释或者相关的司法案例来进行抗辩。

三、独立权利要求缺少必要技术特征

《专利法实施细则》第二十条第二款是另一个比较重要的无效宣告理由，该款规定："独立权利要求应当从整体上反映发明或者实用新型的技术方案，记载解决技术问题的必要技术特征。"在使用"独立权利要求缺少必要技术特征"这一理由进行专利无效时，需要注意以下几点。

（1）《专利法实施细则》第二十条第二款中所述的"必要技术特征"是指，发明或者实用新型为解决其技术问题所不可缺少的技术特征，其总和足以构成发明或者实用新型的技术方案，使之区别于背景技术中所述的其他技术方案。另外，需要特别说明的是，这里面的"技术问题"并非是发明或实用新型所要解决的全部技术问题，"必要技术特征"也并非是为解决该全部技术问题所不可缺少的技术特征。一般情况下，只要独立权利要求记载了发明或实用新型为解决其现有技术中所面临的一个技术问题所不可缺少的技术特征，那么，该独立权利要求就满足《专利法实施细则》第二十条第二款的要求。

（2）判断独立权利要求是否缺少必要技术特征，首先应当确定的是该独立权利要求所要解决的技术问题。一般情况下，发明或者实用新型所要解决的技术问题是被记载在说明书中的，有时会以比较明确的方式进行记载，而有时则会以比较隐含的方式进行记载，例如，说明书并未直接记载发明或者实用新型所要解决的技术问题，而是对现有技术所存在的问题进行了揭示。但不管是以明确方式还是以隐含的方式进行的记载，无效宣告请求人以《专利法实施细则》第二十条第二款提出无效宣告请求时所使用的"技术问题"应当是在专利文件中有过记载的，无效宣告请求人不应脱离专利文件而"凭空编造"出一个"技术问题"，并据此来证明独立权利要求书缺少解决该技术问题的必要技术特征。因此，在提出无效宣告请求时，依据专利文件对独立权利要求所要解决的"技术问题"的确认是有必要的。在再审申请人埃利康公司与被申请人专利复审委员会、一审第三人刘某阳、怡峰公司发明专利权无效行政纠纷案 [（2014）行提字第 13 - 15 号] 中，最高人民法院认为，《专利法实施细则》第二十一条第二款所称的"技术问题"，是指说明书中记载的专利所要解决的技术问题，是申请人根据其对说明书中记载的背景技术的主观认识，在说明书中声称其要解决的技术问题。当说明书中明确记载本案专利能够解决多个技术问题时，独立权利要求中应当记载能够同时解决上述技术问题的全部必要技术特征。

需要特别注意的是，在审查独立权利要求是否缺少必要技术特征时，对独立权利要求所要解决的技术问题的确认方式与在创造性评价中对发明所要解决的技术问题的确认方式是完全不同的，后者并非是直接将说明书中所记载的技术问题确认为发明所要解决的技术问题。在再审申请人亚东制药公司与被申请人专利复审委员会、一审第三人华洋公司发明专利权无效行政纠纷案 [（2013）知行字第 77 号] 中，最高人民法院还认为，在创造性判断中，确定发明实际解决的技术问题，通常要在发明相对于最接近的现有技术存在的区别技术特征的基础上，由本领域技术人员在阅读本案专利说明书后，根据该区别技术特征在权利要求请求保护的技术方案中所产生的作用、功能或者技术效果等来确定。在再审申请人理邦公司与被申请人专利复审委员会、第三人迈瑞公司发明专利权无效行政纠纷案〔（2014）知行字第 6 号〕中，最高人民法院认为，发明实际所要解决的技术问题的确定，是通过与最接近的现有技术比较得出的，而非以其背景技术的记载为依据。

（3）在对独立权利要求所要解决的"技术问题"进行确定的基础上，紧接着需要确认该独立权利要求是否缺少必要技术特征。判断某一技术特征是否为必要技术特征，应当从所要解决的技术问题出发并考虑说明书描述的整体内容。在具体的无效宣告案件中，一般情况下，应当从该确定的技术问题出发，通过阅读并分析说明书来确定为了解决这一技术问题所采用的技术方案是什么以及组成该技术方案的具体技术特征是什么，然后，将其与独立权利要求所记载的技术方案以及组成该技术方案的技术特征进行对比，进而确定说明书所公开的技术特征是否未被该独立权利要求所记载。

（4）需要特别强调的是，在专利无效宣告实践中，无效宣告请求人最好是将说明书中所记载的特征确认为独立权利要求所缺少的必要技术特征，一般不宜将无效宣告请求人认为的为解决其技术问题而未被说明书所公开的技术特征认定为独立权利要求所缺少的必要技术特征。如果无效宣告请求人认为，为了解决发明或者实用新型所要解决的技术问题，还需要采用其他未被说明书所记载的技术特征，那么，在此种情况下，建议无效宣告请求人最好先以"说明书公开不充分"这一无效理由提出无效请求，然后，在此基础上，可以进一步以"独立权利要求缺少必要技术特征"这一无效理由进行阐述。由此可见，无效条款之间的配合也是相当重要的。

（5）"独立权利要求缺少必要技术特征"与"权利要求书应当以说明书为依据"存在着一定的内在关系，独立权利要求所缺少的必要技术特征一般是说明书中所记载的为解决发明所要解决的技术问题而构思的技术方案中所不可或缺的技术特征，当去除该必要技术特征后，技术方案必将发生根本改变，从而形成一个新的技术方案，如果该新的技术方案并未在说明书中进行记载，那么要求对该新的技术方案进行保护的权利要求必然也就存在着得不到说明书支持的问题。在再审申请人埃利康公司与被申请人专利复审委员会、一审第三人刘某阳、怡峰公司发明专利权无效行政纠纷案〔（2014）行提字第 13—15 号〕中，最高人民法院指出，独立权利要求缺少必要技术特征，不符合《专利法实施细则》第二十一条第二款规定的，一般也不能得到说明书的支持，不符合《专利法》第二十六条第四款的规定。同时，最高人民法院还认为，独立权利要求记载了解决技术问题的必要技术特征的，即使其为功能性技术特征，亦应当认定符合《专利法实施细则》第二十一条第二款的规定，不宜再以独立权利要求中没有记载实现功能的具体结构或者方式为由，认定其缺少必要技术特征。但是，针对功能性技术特征的情况，往往亦会存在着得不到说明书支持的问题。因此，在无效宣告请求时，针对同一个问题，可以考虑从多个角度提出无效宣告请求。

四、说明书不清楚、不完整

《专利法》第二十六条第三款规定："说明书应当对发明或者实用新型作出清楚、完整的说明，以所属技术领域的技术人员能够实现为准。"该款即是对专利可被授权时说明书应当满足的要求的规定。说明书对发明或者实用新型作出的清楚、完整的说明，应当达到所属技术领域的技术人员能够实现的程度，也就是说，说明书应当满足充分公开发明或者实用新型的要求。

（一）说明书的内容应当清楚

1. 说明书的内容应当清楚具体是指说明书主题应当明确、表述应当准确

（1）主题明确。说明书应当从现有技术出发，明确地反映出发明或者实用新型想要做什么和如何去做，使所属技术领域的技术人员能够确切地理解该发明或者实用新型要求保护的主题。换句话说，说明书应当写明发明或者实用新型所要解决的技术问题以及解决其技术问题采用的技术方案，并对照现有技术写明发明或者实用新型的有益效果。上述技术问题、技术方案和有益效果应当相互适应，不得出现相互矛盾或不相关联的情形。

（2）表述准确。说明书应当使用发明或者实用新型所属技术领域的技术术语。说明书的表述应当准确地表达发明或者实用新型的技术内容，不得含糊不清或者模棱两可，以致所属技术领域的技术人员不能清楚、正确地理解该发明或者实用新型。

2. 说明书不清楚与权利要求不清楚之间的关系

在专利无效宣告程序中，若说明书不清楚与被无效宣告的权利要求无关，则不能成为有效的无效理由。因此，可参考权利要求不清楚的事实与理由，对说明书不清楚的问题进行梳理和阐述。

（二）说明书的内容应当完整

完整的说明书应当包括有关理解、实现发明或者实用新型所需的全部技术内容。一份完整的说明书应当包含下列各项内容：

（1）帮助理解发明或者实用新型不可缺少的内容。例如，有关所属技术领域、背景技术状况的描述以及说明书有附图时的附图说明等。

（2）确定发明或者实用新型具有新颖性、创造性和实用性所需的内容。例如，发明或者实用新型所要解决的技术问题，解决其技术问题采用的技术方案和发明或者实用新型的有益效果。

（3）实现发明或者实用新型所需的内容。例如，为解决发明或者实用新型的技术问题而采用的技术方案的具体实施方式。

对于克服了技术偏见的发明或者实用新型，说明书中还应当解释为什么该发明或者实用新型克服了技术偏见，新的技术方案与技术偏见之间的差别以及为克服技术偏见所采用的技术手段。应当指出，凡是所属技术领域的技术人员不能从现有技术中直接、唯一地得出的有关内容，均应当在说明书中描述。

（三）所属技术人员能够实现

所属技术领域的技术人员能够实现，是指所属技术领域的技术人员按照说明书记载的内容，就能够实现该发明或者实用新型的技术方案，解决其技术问题，并且产生预期的技术效果。

说明书应当清楚地记载发明或者实用新型的技术方案，详细地描述实现发明或者实用新型的具体实施方式，完整地公开对于理解和实现发明或者实用新型必不可少的技术内容，达到所属技术领域的技术人员能够实现该发明或者实用新型的程度。以下各种情况由于缺乏解决技术问题的技术手段而被认为无法实现。

（1）说明书中只给出任务和/或设想，或者只表明一种愿望和/或结果，而未给出任何使所属技术领域的技术人员能够实施的技术手段。

（2）说明书中给出了技术手段，但对所属技术领域的技术人员来说，该手段是含糊不清的，根据说明书记载的内容无法具体实施。

（3）说明书中给出了技术手段，但所属技术领域的技术人员采用该手段并不能解决发明或者实用新型所要解决的技术问题。

（4）申请的主题为由多个技术手段构成的技术方案，对于其中一个技术手段，所属技术领域的技术人员按照说明书记载的内容并不能实现。

（5）说明书中给出了具体的技术方案，但未给出实验证据，而该方案又必须依赖实验结果加以证实才能成立。例如，对于已知化合物的新用途发明，通常情况下，需要在说明书中给出实验证据来证实其所述的用途以及效果，否则将无法达到能够实现的要求。

（四）关于说明书是否充分公开的判断

关于判断说明书是否充分公开，还需要注意以下几个问题。

1. 确定发明所要解决的技术问题与判断说明书是否充分公开之间的关系

关于说明书是否充分公开的判断，往往就是对说明书所公开的内容是否能够实现发明所要解决的技术问题的判断，因此，判断说明书是否充分公开与确定发明所要解决的技术问题存在一定的内在关系，对于此，在再审申请人国家知识产权局专利复审委员会、北京嘉林药业股份有限公司与被申请人沃尼尔·朗伯有限责任公司、一审第三人张某发明专利权无效行政纠纷案［（2014）行提字第 8 号］中，最高人民法院认为，技术方案的再现与是否解决了技术问题、产生了技术效果的评价之间，存在着先后顺序上的逻辑关系，应首先确认本领域技术人员根据说明书公开的内容是否能够实现该技术方案，然后再确认是否解决了技术问题、产生了技术效果。

2. 说明书公开的范围的确定

一般而言，说明书公开的范围应当是指说明书及其附图所公开的内容所及的范围。但是，当说明书引证背景技术文件时，该被引证的背景技术是否也属于说明书所公开的范围，在再审申请人慈溪市博生塑料制品有限公司与被申请人陈某侵害实用新型专利权纠纷案［（2015）民申字第 188 号］中，最高人民法院指出，在可能的情况下，说明书的背景技术部分应当引证反映背景技术的文件。在文件内容构成本案专利的现有技术，且通过引证的方式，上述内容已经成为说明书所涉技术方案的组成部分，则文件内容应视为已被说明书所公开。

3. 化学领域说明书充分公开的判断

当发明涉及的是化学领域的产品发明时，对其说明书充分公开的标准要求得更严格。在再审申请人国家知识产权局专利复审委员会、北京嘉林药业股份有限公司与被申请人沃尼尔·朗伯有限责任公司、一审第三人张某发明专利权无效行政纠纷案［（2014）行提字第 8 号］中，最高人民法院指出，化学领域产品发明的专利说明书中应当记载化学产品的确认、制备和用途。同时，最高人民法院在本案中还认为，在申请日后提交的用于证明说明书充分公开的实验性证据，如果可以证明以本领域技术人员在申请日前的知识水平和认知能力，通过说明书公开的内容可以实现该发明，那么该实验性证据应当予以考虑，不能仅仅因为该证据在申请日后提交而不予接受。

 # 无效宣告请求的提出策略

前面，我们对主要的无效宣告请求理由进行了论述，同时，对如何来利用这些无效宣告请求理由也进行了详细的建议。这一篇，我们主要从无效宣告请求人的角度来介绍一下无效宣告请求的提出策略。

一、在恰当的时机内提出无效宣告请求

实践表明，很多专利无效宣告请求都是由于无效宣告请求人接到了专利权人或利害关系人如专利独占实施许可权人等的侵权主张后，针对权利人所主张的专利而提出的。在这种情况下，无效宣告请求人提出无效宣告请求的原因各不相同，有的可能是因为权利人所主张的专利不具备《专利法》及其实施细则所规定的授权条件，需要通过专利无效程序将其无效掉，从而致使其侵权主张缺少合法依据；有的可能是希望通过无效宣告程序迫使专利权人对其授权的权利要求进行限缩，从而使得被控侵权产品没有落入经过限缩后的专利的保护范围。但不管无效宣告请求人是出于何种原因而提出

的无效宣告请求，其终极目标就是使得无效宣告程序可以更好地为专利侵权诉讼等程序服务。为了实现这一目标，在何时提出无效宣告请求就显得尤为重要。虽然《专利法》《专利法实施细则》《专利审查指南2010》并未就专利无效程序与专利侵权诉讼程序之间的链接关系等作出具体的规定。但是，最高人民法院在《专利纠纷问题规定》中就专利无效的提出是否可以引起诉讼中止做了详细的规定，体现在：

第八条第二款　侵犯实用新型、外观设计专利权纠纷案件的被告请求中止诉讼的，应当在答辩期内对原告的专利权提出宣告无效的请求。

第九条　人民法院受理的侵犯实用新型、外观设计专利权纠纷案件，被告在答辩期间内请求宣告该项专利权无效的，人民法院应当中止诉讼，但具备下列情形之一的，可以不中止诉讼：

（一）原告出具的检索报告或者专利权评价报告未发现导致实用新型或者外观设计专利权无效的事由的；

（二）被告提供的证据足以证明其使用的技术已经公知的；

（三）被告请求宣告该项专利权无效所提供的证据或者依据的理由明显不充分的；

（四）人民法院认为不应当中止诉讼的其他情形。

第十条　人民法院受理的侵犯实用新型、外观设计专利权纠纷案件，被告在答辩期间届满后请求宣告该项专利权无效的，人民法院不应当中止诉讼，但经审查认为有必要中止诉讼的除外。

第十一条　人民法院受理的侵犯发明专利权纠纷案件或者经专利复审委员会审查维持专利权的侵犯实用新型、外观设计专利权纠纷案件，被告在答辩期间内请求宣告该项专利权无效的，人民法院可以不中止诉讼。

此外，《专利权纠纷问题解释（二）》也对此作出了有关规定，体现在：

第三条　因明显违反专利法第二十六条第三款、第四款导致说明书无法用于解释权利要求，且不属于本解释第四条规定的情形，专利权因此被请求宣告无效的，审理侵犯专利权纠纷案件的人民法院一般应当裁定中止诉讼；在合理期限内专利权未被请求宣告无效的，人民法院可以根据权利要求的记载确定专利权的保护范围。

通过对以上几条规定的解读，我们可以得出以下几个结论。

（1）首先需要明确的是，能够引起专利侵权诉讼程序中止的无效宣告请求，应当由专利侵权诉讼中的被告来提出。在专利侵权诉讼实践中，有许多专利权人尤其是个人专利权人会对多个涉嫌侵权人提出专利侵权诉讼，而部分被控侵权人可能针对涉案专利提出了无效宣告请求，对于未提出无效宣告请求的被控侵权人是否可以以其他无效宣告请求人已经针对涉案专利提出无效宣告请求这一理由请求受案法院中止其诉讼？对此，从《专利纠纷问题规定》第八条第二款的规定来看，应当是不可以。这是因为司法解释关于无效宣告请求引起诉讼中止的有关规定，目的是为了促使被告积极对涉案专利提起无效宣告请求，因此，能够引起专利诉讼程序中止的无效宣告请求应当是由涉案被告提出的。

（2）对于实用新型和外观设计专利侵权诉讼，被告如果想通过无效宣告请求的提出来中止诉讼程序，那么，就需要在专利侵权诉讼程序的十五天的答辩期内针对涉案专利提出无效宣告请求。如果被告在答辩期终止后才提出无效宣告请求的，则该无效宣告请求不能引起专利侵权诉讼程序的中止，除非法院经审查后认为有必要中止诉讼的。

（3）对发明专利或者经专利复审委员会审查维持专利权有效的实用新型、外观设计专利侵权诉讼，被告在答辩期间内请求宣告该项专利权无效的，司法解释虽然规定在这种情况下人民法院可以不中止诉讼，但是，从实践来看，很多情况下，人民法院虽然未裁定中止诉讼，但仍然会通过延长开庭审理的时限等方式来等待无效宣告审查决定的作出。因此，即使对于发明专利或者经专利复审委员会审查维持专利权有效的实用新型、外观设计专利侵权诉讼，被告仍应尽力在侵权诉讼程序中的答辩期内针对涉案专利提出无效宣告请求，并以此为依据请求受案法院中止相应的诉讼程序。

（4）针对实践中经常会出现由于权利要求的保护范围不清楚，从而导致人民法院无法就被控侵权产品是否对涉案专利构成侵权作出有效判决的情形，《专利权纠纷问题解释（二）》规定，对于由于权利要求不清楚、不简洁，权利要求得不到说明书支持，说明书不清楚、公开不充分而导致说明书无法用于解释权利要求，从而无法确定权利要求的保护范围的情形，如果在合理期限内提出无效宣告请求的，则人民法院一般应裁定中止诉讼。因此，在无效宣告程序中，无效宣告请求人可以深入挖掘涉案专利是否存在权利要求不清楚、不简洁，权利要求得不到说明书支持，说明书不清楚、公开不充分等情况，如果存在，则详细阐述这些无效宣告理由，并在合理期限内基于已经提出的无效宣告请求向人民法院申请诉讼中止。此外，关于多长时间应为合理期限，该司法解释并未予以明确规定，但从司法解释的其他相关规定来看，该"合理期限"应该不同于"答辩期"（十五天），我们认为，"合理期限"应当根据案件的具体情况给予确定，各别案件应该可以略长于十五天；但在对此尚无明确规定，也尚未出现相关案例的情况下，为谨慎起见，还是建议最好能在十五天内提出无效宣告请求，同时，可在一个月的补充期限内进行补充和完善。

由此可见，不管是发明专利，还是实用新型或者外观设计专利，也不管该专利是否已经经专利复审委员会审查并维持其专利权有效，对于专利侵权诉讼中的被告而言，均有必要在十五天的答辩期内，针对该专利提出无效宣告请求，这一方面，可以作为被告针对专利权人的诉讼行为的一种抗辩手段；另一方面，被告可以以无效宣告请求的提出请求受案法院中止诉讼，以便将精力集中于无效宣告程序，如果涉案专利在无效宣告程序中可以被无效掉，那么，后续的侵权诉讼也就随之解决了。

二、合理利用无效宣告请求的首次提出以及后续补充程序

无效宣告请求人首次提出无效宣告请求以后，还有机会就无效宣告请求的理由以及证据进行增加或者补充。《专利法实施细则》第六十七条规定："在专利复审委员会受理无效宣告请求后，请求人可以在提出无效宣告请求之日起一个月内增加理由或者补充证据。逾期增加理由或者补充证据的，专利复审委员会可以不予考虑。"

无效宣告请求被专利复审委员会受理后的一个月的补充程序，对无效宣告请求人而言也是相当重要的，要善于利用好这个补充程序。尤其是对于作为无效宣告请求人的专利侵权诉讼被告而言，更是如此。这是因为，专利侵权诉讼的被告，往往会在接到法院转送的原告的诉状后十五日内提出无效宣告请求。但是，这段时间相当短，以致被告不能针对涉案专利提出非常有力的无效宣告理由。在无效宣告请求首次提出后，一个月的补充期限使得被告可以有充足的时间针对涉案专利进行充分的现有技术检索、以及其不具备授权条件的理由分析等，并在此基础上，补充并修正无效宣告请求的理由，补充相应的证据，进而提高涉案专利被无效掉的可能性。

此外，对于无效宣告请求人而言，这一个月的补充期限也是一个"策略期"。从策略上来讲，越有说服力的无效宣告请求理由提出的时间越晚，专利权人对无效宣告理由进行分析并作出有针对性的答复的时间也就越少，这对无效宣告请求人而言自然也就更好。因此，从这一角度讲，无效宣告请求人可以在提出无效宣告请求之前，策略性地分析一下哪些无效宣告请求的理由在提出无效请求时提出，哪些在一个月的补充程序中提出。由此可见，合理地利用一个月的补充程序对无效宣告请求人而言是很重要的。

三、将无效宣告请求理由与专利侵权主张进行衔接

在中国，专利侵权诉讼程序与专利无效宣告程序是相互独立的两个程序，分别由人民法院和专利复审委员会审理。在专利侵权诉讼程序中，专利权人为了证明被控侵权产品落入了其专利的保护范围，往往会对专利权利要求的保护范围进行扩大性解释；而在专利无效宣告程序中，专利权人为了使其专利能被维持有效，往往又会对专利进行限制性解释以缩小其专利的保护范围。另外，审理专利侵权诉讼的法官与审理专利无效宣告请求的复审审查员由于专业背景不同、审理案件的标准不同，因而对涉案专利的技术方案的理解可能不同、对权利要求保护范围的界定也有可能不同。这容易导致专利权利要求的保护范围在无效宣告程序与在侵权诉讼程序中的

不同。

为了解决专利权利要求的保护范围因程序而导致的不同，作为专利侵权诉讼程序中的被告在针对涉案专利提出无效宣告请求时，有必要将专利侵权诉讼程序与专利无效宣告程序进行有机的链接，以防止专利权人在专利无效程序中对权利要求进行限缩后又在专利侵权诉讼程序中对权利要求进行扩大性解释。将专利侵权诉讼程序与专利无效宣告程序进行有机链接，可以考虑以下方式。

（1）被告在接到专利权人的侵权诉讼主张后，应认真分析其侵权主张及理由，弄清楚主张专利侵权的理由是什么，被控侵权产品对涉案专利构成的是相同侵权还是等同侵权，被控侵权产品的哪些技术特征被主张成涉案专利权利要求中的技术特征。然后，需要确认专利权人对其专利权利要求有没有进行扩大性解释，若有的话，则需进一步确认涉案专利权利要求中的哪一个技术特征被进行了扩大性解释，同时，确认专利权人是否是通过对涉案专利权利要求的技术特征进行扩大性解释这一方式来证明被控侵权产品对其专利构成了侵权。如果答案是肯定的，那么，被告在针对涉案专利提出无效宣告请求时，就需要针对该被扩大解释的技术特征，考虑从多方面提出无效宣告理由。例如，可以以该技术特征含义不清导致其权利要求的保护范围不清楚来提出"权利要求不清楚"这一无效宣告理由，以使专利权人在无效过程中对该技术特征的具体含义作出具体说明，促使其将权利要求的保护范围明确限缩至本来的范围内。

再比如，被告也可以针对该被扩大解释的技术特征进行对比文件的检索，检索出含有与其被控侵权产品的技术特征相同或相似的技术特征的对比文件，然后以涉案专利的技术方案已经被该对比文件或对比文件组合所公开来提出"专利不具备新颖性、创造性"这一无效理由，以诱导专利权人在无效宣告程序中作出其专利权利要求中的相应技术特征不同于对比文件所公开的技术特征的意思表示。一旦专利权人作出类似的意思表示，那么实际上也就表明其间接地承认了被控侵权产品中的相应技术特征不同于其专利权利要求中所记载的该技术特征。被告在随后进行的专利侵权诉讼程序中，可以针对该技术特征向法院主张适用"禁止反悔原则"。

（2）在许多专利侵权诉讼中，原告为了不让被告过早地获知其真正的诉讼理由，在起诉书中往往并不明确指出被控侵权产品的哪些技术特征对其所主张的权利要求中的相应技术特征构成相同或等同，而只是含糊地表示被控侵权产品落入了其专利的保护范围，至于是如何落入的，则并不明确说明。此时，被告就无法通过原告的起诉书获知其具体的侵权主张理由，同时，也无法获知原告有没有对权利要求的保护范围进行扩大性解释。

在这种情况下，被告仍可以通过其他方式对专利权人可能进行的扩大解释加以防范。例如，被告可以对涉案专利的权利要求进行详细解读，同时，对其被控侵权产品所使用的技术方案进行分析。然后，就涉案专利权利要求的技术特征与被控侵权产品的相应技术特征一一对应，确认该相应技术特征是否对涉案专利权利要求中的技术特征构成相同或等同，并进一步推测专利权人有无可能通过对涉案专利权利要求的扩大性解释而导致被控侵权产品落入涉案专利的保护范围。如果有这样的可能，那么，被告在对涉案专利提出无效宣告请求时，就需要对可能被专利权人进行扩大性解释的技术特征区别对待，采用上述第（1）点所提及的各种方式来对限制权利要作扩大性解释。

（3）将专利侵权诉讼程序与专利无效宣告程序进行有机链接的目的是通过对涉案专利提出无效宣告请求的方式来促使专利权人对其涉案专利的保护范围进行限缩，并通过向法院主张"禁止反悔原则"的适用来防范专利权人在专利侵权诉讼程序中对权利要求的保护范围进行扩大性解释。

为实现这一目的，被告应及时地将在无效宣告程序中形成的、能够在侵权诉讼程序中对自己有利的各种证据提交给法院或者请法院进行依法调取，例如，专利权人在无效宣告程序中提交的书面意见陈述书，无效宣告口头审理程序形成的并经专利权人或其代理人签字确认的口审笔录等。虽然，专利侵权诉讼中法院均会对证据的提交指定举证期限，上述证据有可能在举证期限内无法获得，但是，由于侵权诉讼程序启动在先，无效宣告程序启动在后，对于在启动在后的无效宣告程序中形成的上述证据，被告可以以其属于民事诉讼法中所规定的"新证据"为由请求法院进行受理。

上述证据被法院依法受理后，被告就需要认真考虑如何运用这些证据来对原告的诉讼主张进行有力抗辩。一般情况下，被告均可以通过主张"禁止反悔原则"的适用来进行抗辩。关于"禁止反悔原则"的适用，可参考本书中"禁止反悔原则及其司法适用"一章内容。

以上我们说明的是如何将专利侵权诉讼程序与专利无效宣告程序进行有机链接，但实践中，专利权人或其利害关系人还有可能通过其他方式进行侵权主张，如向专利行政执法部门请求对涉嫌侵权产品进行查处。无论是以专利侵权诉讼的方式还是以专利行政处理的方式进行的侵权主张，作为被告或者被请求人均可以通过上面提及的方式来将专利无效宣告程序与专利侵权主张程序进行有机链接，以防止专利权人对其专利可能作出的扩大性解释。

四、协调好各无效宣告请求理由之间的联系

《专利法》和《专利法实施细则》所规定的各无效宣告理由之间看似相互独立、互不影响，但是，具体到每一个无效宣告案件，无效宣告请求人都需要将各无效宣告理由进行有机统一，并通过各理由之间的相互配合以达到将涉案专利无效的目的。

下面介绍如何使各无效宣告理由之间相互配合、协调。

（1）无效宣告请求人在以"权利要求不具备新颖性、创造性""独立权利要求缺少必要技术特征"等无效宣告理由提出无效宣告请求时，这些无效宣告理由能否成立的一个先决条件就是被提出无效宣告的权利要求是否清楚、其专利保护范围是否可以被清楚地界定。因为，只有在权利要求的技术特征都清楚、有明确清晰的含义的时候，才能对该技术特征以及权利要求所记载的、包括该技术特征的整个技术方案是否被无效宣告请求人所指出的对比文件所公开作出有意义的评价；同理，只有在技术特征清楚、有明确含义的情况下，独立权利要求所记载的、由技术特征组成的技术方案才会变得清楚，才能够确定该独立权利要求能否实现本发明目的以及为实现本发明目的还需要记载的其他必要技术特征。由此可见，"权利要求是否清楚"对无效宣告请求的提出以及涉案专利能否最终被无效均有一定程度的影响，其在一定程度上决定着其他无效宣告理由能否成立、能否被专利复审委员会所认可。因此，无效宣告请求人在提出无效宣告请求时，最好首先确认一下涉案专利的权利要求所记载的技术特征是否清楚、由技术特征所组成的技术方案作为一个整体是否清楚。如果有不清楚、含糊的地方，那么就有必要以"权利要求不清楚"作为在先的无效宣告理由提出无效宣告请求，要求专利权人解释清楚。在权利要求被解释清楚的前提下，再进一步评价"权利要求不具备新颖性、创造性""独立权利要求缺少必要技术特征"等其他无效宣告理由。

（2）"独立权利要求缺少必要技术特征"这一无效宣告理由考察的是独立权利要求所记载的技术方案作为一个整体能否实现涉案专利的发明目的。在专利无效宣告实践中评价涉案专利独立权利要求是否缺少必要技术特征时，首先，应当确定该独立权利要求所要实现的发明目的是什么。一般而言，发明目的是被记载在涉案专利的说明书中，其目标是解决背景技术中所存在的技术问题。在确定好发明目的后，就需要分析为了实现这一发明目的应采取什么样的技术方案，这一技术方案需要由哪些必要技术特征来构成。同时，对比一下专利说明书记载的为了实现这一发明目的所采用的技术方案与专利独立权利要求记载的技术方案有何不同，该不同是否是由于该专利独立权利要求没有记载相应的技术特征所造成的。如果是，那么就可以依据说明书的记载来对"独立权利要求缺少必要技术特征"这一无效宣告理由进行评价。但是，在有些情况下，无效宣告请求人经过分析后认为，为了实现涉案专利的发明目的，独立权利要求所缺少的必要技术特征是未被专利文件所记载的技术特征，在这种情况下是否可以提出"独立权利要求缺少必要技术特征"这一无效宣告理由？我们认为，这种情况下，最好先提出"说明书不完整"这一无效理由，优先阐述说明书由于没有记载相关的技术特征，使得相应的技术方案不完整，本领域的普通技术人员根据说明书的记载无法实施该相应技术方案。在对"说明书不完整"这一无效理由进行评价的基础之上，再进一步提出并阐述"独立权利要求缺少必要技术特征"这一无效宣告理由。这样，不仅使得无效宣告请求很有层次感，一环紧扣一环，便于复审审查员理解；同时，也使得涉案专利存在的同一个缺陷被先后以两个不同的无效宣告理由进行了评述，增加了涉案专利被无效的可能性。此外，"独立权利要求缺少必要技术特征"与"权利要求书应当以说明书为依据"也存在着一定的内在关系，独立权利要求所缺少的必要技术特征一般是说明书中所记载的为解决发明所要解决的技术问题而构思的技术方案中所不可或缺的技术特征，当将该必要技术特征去除后，技术方案必将发生根本改变，从而形成一个新的技术方案，如果新的技术方案并未在说明书中进行记载，那么要求对该新的技术方案进行保护的权利要求必然也就存在着得不到说明书支持的问题。关于此点，也得到了最高人民法院的认可，在再审申请人埃利康公司与被申请人专利复审委员会、一审第三人刘某某、怡峰公司发明专利权无效行政纠纷案〔（2014）行提字第 13－15 号〕中，最高人民法院指出，独立权利要求缺少必要技术特征，不符合《专利法实施细则》第二十一条第二款规定的，一般也不能得到说明书的支持，不符合《专利法》第二十六条第四款的规定。

（3）授权专利在不符合《专利法》第二十六条第三款所规定的"说明书应当清楚、完整"这一授权条件时可以被提出无效。但是我们知道，无效宣告的对象应当是具体的权利要求，只有某一项无效宣告理由是针对某一项权利要求提出并且该无效宣告理由被认可时，与该无效宣告理由相关的权利要求才可被宣告无效。而《专利法》第二十六条第三款所规定的"说明书应当清楚、完整"这一授权条件针对的是说明书。但是，说明书在不满足这一授权条件时，亦不会必然导致专利被无效，而只有说明书不清楚、不完整的部分与授权的权利要求相关时，该无效宣告理由才会导致该相关权利要求的无效。因此，在使用《专利法》第二十六条第三款作为无效宣告理由时，需要考虑说明书不清楚、不完整的内容是否与授权的权利要求相关，如果不存在相关性时，则不宜采用这一无效宣告理由提出无效宣告请求。根据我们专利无效实践经验，一般情况下，在使用"权利要求不清楚"这一无效宣告理由针对某项权利要求提出无效宣告请求时，同时还可以针对说明书中与该权利要求所记载的技术方案相关的内容以"说明书不清楚"这一无效宣告理由提出无效宣告请求。这样既可以使各无效宣告理由之间达到协调，同时，又使得同一缺陷由于以多个无效宣告理由被反复提及而显示出其缺陷性，从而大大增加被无效的可能性。

（4）《专利法》第三十三条规定的是"对专利申请文件的修改不得超过原始申请文件所公开的范围"。当涉案专利不符合这一授权条件时，可以以这一无效宣告理由提出无效。但是，同上述第（3）点的情况类似，《专利法》第三十三条所规定的"对专利申请文件的修改"包括两种情况：一种是对权利要求的修改，一种是对说明书的修改。由于对权利要求的修改直接针对的对象是权利要求，这种修改一旦不符合《专利法》第三十三条的规定就可以导致相关权利要求被无效。因此，在这种情况下，需要直接针对这种超范围的修改提出无效宣告请求；而对于说明书的修改，如果这种修改并不涉及权利要求、不影响权利要求的保护范围，那么，即使这种修改存在超范围的情况，但由于该超范围的修改并不影响授权的权利要求，则在这种情况下，即使依据《专利法》第三十三条提出无效宣告请求，也不会导致权利要求被无效。

 # 无效宣告请求的答辩策略

一、谨慎决定对专利文件是否进行修改

专利权人在接收到专利复审委员会转发的无效宣告请求后，需要于专利复审委员会指定的一个月的答辩期内进行意见陈述，同时，在对无效宣告请求书所提出的无效宣告理由进行分析后决定是否需要对涉案专利文件进行修改。我们前面已经提到，很大比例的无效宣告请求的提出都是由于诸如专利侵权诉讼等专利主张行为而引发的，在这种情况下，对专利文件的修改应更加慎重，不仅需要考虑如果不进行修改，涉案专利相应权利要求是否仍可被维持有效，同时，还需要考虑如果进行修改，是否还可以依据修改后的权利要求提出侵权主张。

专利权人经过分析后决定对专利文件进行修改的情况下，需要特别注意以下几方面的问题。

（1）发明或者实用新型专利文件的修改应仅限于权利要求书，外观设计专利文件则不能进行修改。同时，对权利要

求的修改，一是不能超过原始申请文件所公开的范围，二是不能扩大原授权专利的保护范围，三是不能增加未包含在授权权利要求书中的技术特征。

（2）无效宣告程序中对权利要求的修改包括对权利要求的删除、合并以及对权利要求内技术方案的删除等方式。其中，对权利要求的合并既可以针对从属于同一独立权利要求项下的两项或两项以上的从属权利要求进行合并，也可以将属于不同权利要求中的技术特征进行合并；对技术方案的删除，是指从同一权利要求中并列的两种以上技术方案中删除一种或一种以上技术方案。一般情况下，如果权利要求中包括"或者"等表示两者或多者间择一选择的文字时，这种权利要求就有可能是包含两种以上技术方案的权利要求，如果被提出无效宣告的权利要求是这种权利要求，就需要考虑一下删除技术方案这种修改方式。

（3）以删除权利要求或者权利要求中包括的技术方案的方式所作出的修改，一般在专利复审委员会作出审查决定之前均可进行；但是，专利权人只能在答复无效宣告请求书、答复请求人增加的新理由或者新证据以及答复复审委引入的新理由或者新证据的指定答复期限内进行合并式修改，期限届满后则只能以删除的方式修改权利要求。

（4）如果专利权人已经决定修改专利文件，那么，最好考虑以合并的方式对权利要求进行修改。因为，这种修改方式可以形成一个新的技术方案。这种新的权利要求很有可能克服无效宣告请求人所指出的涉案专利缺少新颖性、创造性，独立权利要求缺少必要技术特征等缺陷，从而使得权利要求不至于全部被无效。

二、预防"禁止反悔原则"在侵权诉讼中被适用

前面已经提到，在无效宣告请求是由于专利侵权诉讼等侵权主张行为而引发的情况下，被主张人（如被告）提出专利无效宣告请求的原因，一是希望能够无效掉涉案专利，另外就是即使在涉案专利被无效掉的可能性比较低的情况下，仍可以促使专利权人对其专利的保护范围进行限缩，以防止专利权人在侵权诉讼程序中随意通过对权利要求进行扩大性解释而导致侵权主张成立。因此，专利权人在针对无效宣告请求书及其补充意见进行意见陈述时，需要特别谨慎小心，认真地分析一下答辩内容是否对权利要求的保护范围构成了限缩，这样的限缩对其侵权主张是否会造成影响。需要特别说明的是，在一些无效宣告案件中，虽然专利权人在无效宣告程序中并未对权利要求进行修改，但是，涉案专利是在专利复审委员会接受了专利权人的答辩意见的基础上才被维持有效的，也就是说，专利权人的答辩意见解决了无效宣告请求人所指出的专利所存在的缺陷。在这种情况下，虽然权利要求未经过修改，但是，被维持的权利要求的保护范围却受到了专利权人答辩意见的限制，而且

这一答辩意见可能会在后续的侵权主张程序（如专利侵权诉讼）中由被主张人通过"禁止反悔原则"来限制专利权人的侵权主张。因为，专利权人在答辩时，不能只单纯地为了克服无效宣告请求人所指出的缺陷而进行答辩，而且还应当尽量减少答辩对后续侵权主张程序所可能造成的不利影响。

一般来讲，专利权人答辩的内容越多，对其专利保护范围的限缩也就越明显。但是，如果不答辩或者不进行实质性答辩，就会不利于专利被维持有效。因此，我们建议，专利权人在针对无效宣告请求及其补充意见进行答辩时，除了引入公知常识以外，尽量引入说明书记载的内容来解释涉案专利不存在无效宣告请求及其补充意见中所提及的缺陷，例如，通过说明书所记载的其他内容来证明涉案专利不存在"说明书不清楚、不完整""权利要求不清楚"的问题。这样，由于专利权人的答辩内容主要引用的是说明书已经记载的内容和公知常识，因此，这样的答辩意见也就很少会对专利的保护范围构成额外的限制，其作用相当于说明书的已有作用。

此外，对于在无效宣告程序中专利权人对专利文件所作出的修改或者限缩性陈述是否必然都会导致"禁止反悔原则"的适用，对此，《专利权纠纷问题解释（二）》作出了相应规定，该司法解释第十三条规定："权利人证明专利申请人、专利权人在专利授权确权程序中对权利要求书、说明书及附图的限缩性修改或者陈述被明确否定的，人民法院应当认定该修改或者陈述未导致技术方案的放弃。"

三、答辩时协调好各无效宣告理由之间的关系

《专利法》及其实施细则所规定的各无效宣告理由之间看似相互独立、互不影响，但是，一些有经验的无效宣告请求人却能够在具体案件中将看似毫无关联的无效宣告理由进行有机统一。无效宣告请求人有时会"醉翁之意不在酒"，对一些无效宣告理由的提出，本意可能并不在这些无效宣告理由上，而主要是为其他无效宣告理由而做的铺垫。因此，专利权人在对无效宣告及其补充意见进行答辩时，应当甄别出这些"陷阱"，谨防陷入无效宣告请求人所设的"圈套"。专利权人在答辩时，应当尤其注意以下几方面。

（1）无效宣告请求人在提出"权利要求不清楚""说明书不清楚"这些无效宣告理由时，一方面，权利要求或者说明书确实存在不清楚的问题，从而导致无法确定权利要求的保护范围或者本领域的普通技术人员根据说明书的记载无法实现与权利要求相关的技术方案，无效宣告请求人提出这些无效宣告请求理由意在使专利权人作出清楚解释；另一方面，"权利要求不清楚""说明书不清楚"往往是由于权利要求所记载的或者说明书所公开的技术方案所记载的技术特征不清楚而造成的，面对这种情况，实践中许多专利权人经常惯性地以这些技术特征是本领域的公知常识，

或者根据本领域的公知常识能够理解并清楚界定相关技术特征的含义进行答辩。但是这种答辩方式实际上也就间接承认了权利要求所记载的相关技术特征属于公知常识，这就为无效宣告请求人提出的涉案专利缺少新颖性或创造性这些无效宣告理由的成立创造了条件，无效宣告请求人在一定程度上可以免除证明对比文件公开上述技术特征的义务。虽然，关于这一点的合理性还值得商榷，专利复审委员会在作出无效宣告审查决定时也并不一定会遵循这种思路，但是，这至少在一定程度上会给专利权人构成限制，使其即使可以通过答辩克服涉案专利所存在的"权利要求不清楚""说明书不清楚"的缺陷，但却因此而使其对其他无效宣告理由的答辩变得更困难。有经验的无效宣告请求人正是基于对这一点的认识，为了使"权利要求不具备新颖性、创造性"这些无效宣告理由能够顺利成立，往往会在这些无效宣告理由之前通过设置"权利要求不清楚""说明书不清楚"等其他无效宣告理由来进行"埋伏"。所以，对于专利权人而言，在对无效宣告请求及其补充意见进行答辩时，需要甄别出这些"陷阱"，防止出现由于只关注对"权利要求不清楚""说明书不清楚"这些无效宣告理由的答辩而给其他无效宣告理由的答辩带来困难。

（2）专利权人在对"权利要求得不到说明书的支持""独立权利要求缺少必要技术特征""权利要求不清楚""说明书不清楚"等无效宣告理由进行答辩时，可能会引入涉案专利文件所没有明确记载的其他技术内容来进行阐述。这些技术内容大致可以分为两类：一类是公知常识，另一类是非公知常识。对于引入的公知常识，专利权人最好可以以涉案专利申请日前已经公开的教科书、技术手册、技术词典等证据证明该技术内容的公知性，否则其有关公知常识的答辩可能不被认可；对于引入的非公知常识，由于首先没有被涉案专利文件所公开，其次又不是公知常识，本领域的普通技术人员不能自然地想到将该非公知常识与专利文件所公开的内容进行结合来实施涉案专利。这类技术内容的引入即使能克服上面提及的各种缺陷，但紧接着却产生了另一问题，即说明书公开不充分。而无效宣告请求人在意识到上述问题时，可能会补充新的无效宣告理由。由此可见，专利权人在对"权利要求得不到说明书的支持""独立权利要求缺少必要技术特征""权利要求不清楚""说明书不清楚"等无效宣告理由进行答辩时，应尽量引用说明书和权利要求书已经公开，说明书附图可以直接、毫无疑义地推导出的技术内容进行答辩。若引入其他技术内容时，则需要认真分析这些内容是否会引起其他缺陷的产生。

四、谨慎对各无效宣告理由作出答辩

专利权人在收到无效宣告请求人提出的无效宣告请求及其补充意见后，应当认真分析各项无效宣告理由的法律依据是什么、每一项无效宣告理由所涉及的权利要求是哪些、每一个无效宣告理由所依据的事实及证据是什么，分析其主张的事实与证据是否属实，并对证据的"三性"即合法性、关联性和真实性进行判断。在前述工作的基础上，进一步判断无效宣告请求人所主张的无效宣告理由是否符合《专利法》及其实施细则的有关规定，最后形成正式的答辩意见。专利权人在对各无效宣告请求进行答辩时，需要注意以下问题：

（1）对于无效宣告请求人所提出的"独立权利要求缺少必要技术特征"这一无效宣告理由，专利权人首先应当确认无效宣告请求人认定的该独立权利要求所要解决的技术问题是什么；然后，进一步确认该技术问题是否被明确记载在涉案专利的说明书中，如果该技术问题并未被专利文件所记载，那么，专利权人可以以无效宣告请求人所指出的技术问题并非是涉案专利所要解决的技术问题为由而主张"独立权利要求缺少必要技术特征"这一无效宣告理由不能成立。

如果该技术问题已经被专利文件所记载，那么，则需要进一步确认无效宣告请求人指出的未被记载在独立权利要求中的技术特征是否是解决该技术问题所不可缺少的。如果所述技术特征虽未被记载在独立权利要求中，但是独立权利要求记载的技术方案仍可以解决该技术问题，在这种情况下，可以主张该技术特征并非是独立权利要求的必要技术特征。

如果无效宣告请求人所指出的未被记载在独立权利要求中的技术特征是解决该技术问题所不可缺少的，则需进一步确认该技术特征是否是该独立权利要求记载的技术方案对现有技术作出改进的部分有关的技术特征，如果不是，则仍可以主张该技术特征并非是该独立权利要求的必要技术特征，这是因为权利要求只需要记载对现有技术作出改进的内容相关的技术特征即可。

（2）对于无效宣告请求人所提出的"专利不具备新颖性"这一无效宣告理由，专利权人需要依次核实以下内容：

对比文件的公开日期：确认用于评价新颖性的对比文件是现有技术还是抵触申请；如果是抵触申请，则需要进一步确定涉案专利的申请日是 2008 年《专利法》以前还是以后，并依据新、旧《专利法》的有关规定确定该对比文件是否可以用来评价新颖性。

外文对比文件：对于对比文件是外文专利文件的情况，首先确认是否同时提交了中文译文，所述译文是否忠实于原文，如果译文有出入，则应当向专利复审委员会提出正确的译文，或者请求专利复审委员会另行委托独立第三方进行翻译，或者以证据的"三性"问题否定其证明力；如果无效宣告请求人所提交的译文是要求了该外文专利优先权的中国专利申请，则仍可以依据上述原则来处理。对于外文对比文件是非专利文件的情况，则需要进一步核实该证据是否已经依据《民事诉讼法》的有关规定经过了公证、认证程序。

对比方式：确认无效宣告请求人评价新颖性的对比方式是否是将权利要求与一

份对比文件进行单独对比；若是，则进一步确认权利要求是与一份对比文件中所公开的一个技术方案进行的对比，还是与多个技术方案进行的对比；如果是与多个技术方案进行的对比，需要再进一步确认这些技术方案之间是否存在继承关系，若无继承关系，则不属于单独对比方式。

公开方式：确认涉案权利要求所记载的技术特征是被对比文件中的相关技术特征的直接文字公开，还是隐含公开；如果是隐含公开，需要进一步确定对比文件公开的内容与权利要求所记载的内容有无实质不同、无效宣告请求人在论述对比文件对涉案权利要求的技术特征构成公开时是否有意进行曲解；若有，则不能证明对比文件已经公开了涉案权利要求。

（3）对于无效宣告请求人所提出的"专利不具备创造性"这一无效宣告理由，专利权人需要依次核实以下内容。

对比文件的公开日期：确认用于评价创造性的对比文件是否是现有技术，是否包括了抵触申请。

实际所要解决的技术问题的确定：首先，确认无效宣告请求人是否已经指出了最接近的现有技术；其次，确认相对于该最接近的现有技术，其对区别技术特征的确认是否正确；再次，确认无效宣告请求人所指出的已经被最接近的对比文件所公开的技术特征是被其中的一个技术方案所公开还是多个技术方案所公开；最后，根据该区别技术特征所能达到的技术效果，判断其对涉案权利要求实际所要解决的技术问题的确认是否正确。一般而言，发明实际解决的技术问题，是指为获得更好的技术效果而需对最接近的现有技术进行改进的技术任务，实质上是区别技术特征在涉案权利要求所记载的技术方案中所起到的作用。

技术启示的确定：首先，确认区别技术特征是否真正被无效宣告请求人所指出的另一对比文件所公开；然后，确认该区别技术特征在另一对比文件的相应技术方案中所要解决的技术问题与其在涉案权利要求中所要解决的技术问题是否相同；最后，确认最接近的现有技术与另一对比文件所属的技术领域是否相同、所要解决的技术问题以及所能实现的技术效果是否相同或相似，从而确认将两篇对比文件进行结合对于本领域的普通技术人员而言是否存在技术启示。

（4）公知常识与惯用技术手段是无效宣告请求人在无效宣告请求中经常使用的两个概念，也是经常容易造成混淆的两个概念。

公知常识是在创造性的评价中进行使用的。关于公知常识的适用，在 FS16693 号复审审查决定中，专利复审委员会认为，在判断未被说明书公开的技术内容是否属于本领域的公知常识时，应当从本领域的技术人员掌握的一般技术知识出发，对说明书中记载的方案是否能够被实现进行分析。同时，对于某一技术特征是否被充分公开的疑问，复审请求人可以对没有被记载的内容是否属于公知常识进行举证，但提供的证据应当属于审查指南中关于公知常识举证所列举的范围之内。因此，如果无效宣告请求人在无效宣告请求中主张使用公知常识，则专利权人首先需要确认无效宣告请求人是否提交了涉案专利申请日以前已经公开的教科书、技术手册或技术词典作为公知常识的证据，如果只是一篇学术论文、学术专著等，则还不足以证明其为公知常识，不能进行公知常识主张，而只能将其当作另一篇对比文件来使用；其次，需要确认该公知常识证据是否已经公开了区别技术特征；最后，需要确认区别技术特征在公知常识证据中所起的作用与其在涉案权利要求中所起的作用是否相同。

　　惯用技术手段在创造性与新颖性评价中均可以进行使用。在创造性评价中，惯用技术手段是主张公知常识的方式之一；在新颖性评价中，如果涉案权利要求与对比文件的区别仅仅是所属技术领域的惯用手段的直接置换，则该涉案权利要求不具备新颖性。但是，关于何为"惯用技术手段"，《专利审查指南 2010》并未给出进一步的详细定义。但在 27019 号无效宣告审查决定中，专利复审委员会认为，"本领域惯用手段的直接置换"需要满足的条件是：首先，有待置换的两种技术手段所解决的技术问题相同；其次，该两种技术手段均属于申请日之前本领域解决所述技术问题惯常采用的技术手段；再次，无须对整体技术方案的其他组成部分作以改变，即可以将这两种惯用手段直接互相置换；最后，两者置换之后，整体技术方案所能实现的技术效果不发生改变。因此，在无效宣告程序中，可以参考上述条件来认定惯用技术手段。

 # 无效宣告程序中的
证据适用

　　在无效宣告程序中，无效宣告请求人能否成功将涉案专利进行无效，一方面取决于所提出的无效宣告理由是否指出了涉案专利的实质性缺陷，另一方面则取决于无效宣告理由是否有证据支持、是否结合证据进行了具体阐述。无效宣告程序是专利复审委员会在无效宣告请求人与专利权人之间就涉案专利是否应被无效进行审查的程序，虽然类似于法官就当事人之间的纠纷进行审理的民事诉讼程序，但又与民事诉讼程序有着实质性的不同，尤其是在证据适用方面。《专利审查指南2010》专门就无效宣告程序中的有关证据问题进行了特别规定，这些规定既有类似于民事诉讼程序中证据适用规则的"影子"，又有无效宣告程序自身的特色。下面结合民事诉讼程序中的证据规则，对无效宣告程序中有特色的证据适用规则进行介绍，并就如何在无效宣告程序中适用证据提出相应的建议。

一、无效宣告程序中的举证期限

　　《民诉法解释》第九十九条关于举证期限规定如下：

人民法院应当在审理前的准备阶段确定当事人的举证期限。举证期限可以由当事人协商，并经人民法院准许。

人民法院确定举证期限，第一审普通程序案件不得少于十五日，当事人提供新的证据的第二审案件不得少于十日。

举证期限届满后，当事人对已经提供的证据，申请提供反驳证据或者对证据来源、形式等方面的瑕疵进行补正的，人民法院可以酌情再次确定举证期限，该期限不受前款规定的限制。

由此可见，在民事诉讼程序中，证据的举证期限一般可由当事人协商、人民法院认可来确定，也可以由人民法院直接进行指定。但不管是哪种方式，一般情况下，每个民事诉讼案件的举证期限可能各有不同，法律只规定了一个上限，如第一审普通程序案件不得少于十五日，当事人提供新的证据的第二审案件不得少于十日；另一方面，为了体现公平，民事诉讼程序中，双方当事人的举证期限都是一致的。然而，在无效宣告程序中，双方当事人的举证期限却各不相同，《专利法实施细则》以及《专利审查指南2010》对此都进行了专门规定。

（一）无效宣告请求人的举证期限

《专利法实施细则》第六十五条规定："依照专利法第四十五条的规定，请求宣告专利权无效或者部分无效的，应当向专利复审委员会提交专利权无效宣告请求书和必要的证据一式两份。无效宣告请求书应当结合提交的所有证据，具体说明无效宣告请求的理由，并指明每项理由所依据的证据。"

《专利法实施细则》第六十七条又进一步规定："在专利复审委员会受理无效宣告请求后，请求人可以在提出无效宣告请求之日起一个月内增加理由或者补充证据。逾期增加理由或者补充证据的，专利复审委员会可以不予考虑。"

同时，《专利审查指南2010》第四部分第三章第4.3.1条又具体作出了如下规定：

（1）请求人在提出无效宣告请求之日起一个月内补充证据的，应当在该期限内结合该证据具体说明相关的无效宣告理由，否则，专利复审委员会不予考虑。

（2）请求人在提出无效宣告请求之日起一个月后补充证据的，专利复审委员会一般不予考虑，但下列情形除外：

（i）针对专利权人以合并方式修改的权利要求或者提交的反证，请求人在专利复审委员会指定的期限内补充证据，并在该期限内结合该证据具体说明相关无效宣告理由的；

（ii）在口头审理辩论终结前提交技术词典、技术手册和教科书等所属技术领域中的公知常识性证据或者用于完善证据法定形式的公证文书、原件等证据，并在该期限内结合该证据具体说明相关无效宣告理由的。

（3）请求人提交的证据是外文的，提交其中文译文的期限适用该证据的举证期限。

由此可见，无效宣告程序中，无效宣告请求人应当在以下两个阶段中完成举证：其一，是无效宣告请求人提出无效宣告请求的同时进行；其二，是无效宣告请求提出之日起一个月期限内补充证据。如果无效宣告请求人在这两个阶段之外提交证据的，专利复审委员会一般都不会进行考虑。但是，仍有两个例外情况：其一，是针对专利权人以合并式方式对权利要求的修改以及针对专利权人的意见陈述进行反驳的反驳证据可以在专利复审委员会指定的意见陈述期限内（通常为一个月）进行提交；其二，是公知常识证据可以在无效宣告口头审理辩论终结前进行提交。

（二）专利权人的举证期限

《专利法实施细则》第六十八条第一款规定："专利复审委员会应当将专利权无效宣告请求书和有关文件的副本送交专利权人，要求其在指定的期限内陈述意见。"

同时，《专利审查指南 2010》第四部分第三章第 4.3.2 节又具体作了如下规定：

专利权人应当在专利复审委员会指定的答复期限内提交证据，但对于技术词典、技术手册和教科书等所属技术领域中的公知常识性证据或者用于完善证据法定形式的公证文书、原件等证据，可以在口头审理辩论终结前补充。

专利权人提交或者补充证据的，应当在上述期限内对提交或者补充的证据具体说明。

专利权人提交的证据是外文的，提交其中文译文的期限适用该证据的举证期限。

专利权人提交或者补充证据不符合上述期限规定或者未在上述期限内对所提交或者补充的证据具体说明的，专利复审委员会不予考虑。

由此可见，专利权人的举证期限不同于无效宣告请求人的举证期限，是专利复审委员会在转交无效宣告请求人提出的无效宣告请求书及其补充意见时所指定的答辩期。该答辩期一般为一个月，自专利权人接到专利复审委员会转交的无效宣告请求书及其补充意见书之日算起。专利权人在专利复审委员会指定的答辩期外提交证据的，专利复审委员会将不予考虑。当然，有关公知常识证据或者用于完善证据法定形式的公证文书、原件等则可在无效宣告口头审查辩论终结前提交。

（三）无效宣告程序中的延期举证

《民事诉讼法》第六十五条第二款规定："人民法院根据当事人的主张和案件审理情况，确定当事人应当提供的证据及其期限。当事人在该期限内提供证据确有困难的，可以向人民法院申请延长期限，人民法院根据当事人的申请适当延长。当事人逾期提供证据的，人民法院应当责令其说明理由；拒不说明理由或者理由不成立的，人民法院根据不同情形可以不予采纳该证据，或者采纳该证据但予以训诫、罚款。"

同时,《民诉法解释》第一百条规定:"当事人申请延长举证期限的,应当在举证期限届满前向人民法院提出书面申请。

申请理由成立的,人民法院应当准许,适当延长举证期限,并通知其他当事人。延长的举证期限适用于其他当事人。"

《专利审查指南2010》第四部分第三章第4.3.3节规定:"对于有证据表明因无法克服的困难在本章第4.3.1节和第4.3.2节所述期限内不能提交的证据,当事人可以在所述期限内书面请求延期提交。不允许延期提交明显不公平的,专利复审委员会应当允许延期提交。"

通过对民事诉讼程序与专利无效宣告程序有关证据的规定来看,对于在举证期限内提交证据有困难的情况,两个程序都规定了可以申请延期举证,其条件是,一方面需要在举证期限届满前提出延期举证申请,另一方面就是需要说明或证明举证期限内不能提交证据的理由。此外,《最高人民法院关于民事诉讼证据的若干规定》还规定了当事人在延长的举证期限内提交证据材料仍有困难的情况下,可以再次提出延期举证申请,而《专利审查指南2010》对此并未作出具体规定。

二、无效宣告程序中的调查收集取证

《民事诉讼法》第六十四条第二款规定:"当事人及其诉讼代理人因客观原因不能自行收集的证据,或者人民法院认为审理案件需要的证据,人民法院应当调查收集。"

《民诉法解释》对民事诉讼程序中的调查收集取证作了如下规定:

第九十四条 民事诉讼法第六十四条第二款规定的当事人及其诉讼代理人因客观原因不能自行收集的证据包括:

(一)证据由国家有关部门保存,当事人及其诉讼代理人无权查阅调取的;

(二)涉及国家秘密、商业秘密或者个人隐私的;

(三)当事人及其诉讼代理人因客观原因不能自行收集的其他证据。

当事人及其诉讼代理人因客观原因不能自行收集的证据,可以在举证期限届满前书面申请人民法院调查收集。

第九十五条 当事人申请调查收集的证据,与待证事实无关联、对证明待证事实无意义或者其他无调查收集必要的,人民法院不予准许。

第九十六条 民事诉讼法第六十四条第二款规定的人民法院认为审理案件需要的证据包括:

(一)涉及可能损害国家利益、社会公共利益的;

（二）涉及身份关系的；

（三）涉及民事诉讼法第五十五条规定诉讼的；

（四）当事人有恶意串通损害他人合法权益可能的；

（五）涉及依职权追加当事人、中止诉讼、终结诉讼、回避等程序性事项的。

除前款规定外，人民法院调查收集证据，应当依照当事人的申请进行。

而《专利审查指南 2010》第四部分第八章第 3 节就专利复审委员会对证据的调查收集规定如下：

专利复审委员会一般不主动调查收集审查案件需要的证据。对当事人及其代理人确因客观原因不能自行收集的证据，应当事人在举证期限内提出的申请，专利复审委员会认为确有必要时，可以调查收集。

通过对上述规定进行对比分析，我们可以发现在调查收集取证方面，民事诉讼程序与专利无效宣告程序存在着几方面的不同。

（1）在民事诉讼程序中，人民法院可依职权进行调取证据，也可依当事人及其诉讼代理人的申请来调取证据；而在专利无效宣告程序中，专利复审委员会一般不主动调取收集证据，但在特定情况下，可依当事人的申请来调查收集证据。

（2）《民诉法解释》对当事人及其诉讼代理人可以申请人民法院调查收集证据的情况进行了规定，包括三种情况，即证据由国家有关部门保存，当事人及其诉讼代理人无权查阅调取的；涉及国家秘密、商业秘密或者个人隐私的；当事人及其诉讼代理人因客观原因不能自行收集的其他证据。而《专利审查指南 2010》并未就当事人可以申请专利复审委员会调查收集证据的情况作出具体规定，虽然可以参照《民诉法解释》的有关规定，但是人民法院作为司法机关，有法定的向各国家机关、企事业单位调取收集证据的权利，而专利复审委员会则不具备这方面的职权，因此，专利复审委员会可调查收集证据的情形比人民法院要少一些。

（3）在民事诉讼程序中，人民法院对当事人及其诉讼代理人的调查收集证据的申请不予准许的，当事人及其诉讼代理人可以在收到通知书的次日起三日内向受理申请的人民法院书面申请复议一次；而在专利无效宣告程序中，对于专利复审委员会不予调查收集证据的情况，则不存在复议的机会。

三、无效宣告程序中的外文证据和域外证据

《最高人民法院关于民事诉讼证据的若干规定》第十一条规定："当事人向人民法院提供的证据系在中华人民共和国领域外形成的，该证据应当经所在国公证机关予以证明，并经中华人民共和国驻该国使领馆予以认证，或者履行中华人民共和国与该所在国订立的有关条约中规定的证明手续。

当事人向人民法院提供的证据是在香港、澳门、台湾地区形成的，应当履行相关的证明手续。"

第十二条规定："当事人向人民法院提供外文书证或者外文说明资料，应当附有中文译本。"

专利无效宣告程序是专利复审委员会就涉案专利是否应被无效进行审查的程序，而在该程序中当事人用来证明其主张的证据绝大部分都是一些专利文献，在这些专利文献中，外文专利文献的比例也非常高。因此，《专利审查指南2010》就外文证据以及域外证据作出了比《最高人民法院关于民事诉讼证据的若干规定》更详细的规定。《专利审查指南2010》第四部分第八章第2.2.1节就外文证据规定：

当事人提交外文证据的，应当提交中文译文，未在举证期限内提交中文译文的，该外文证据视为未提交。

当事人应当以书面方式提交中文译文，未以书面方式提交中文译文的，该中文译文视为未提交。

当事人可以仅提交外文证据的部分中文译文。该外文证据中没有提交中文译文的部分，不作为证据使用。但当事人应专利复审委员会的要求补充提交该外文证据其他部分的中文译文的除外。

对方当事人对中文译文内容有异议的，应当在指定的期限内对有异议的部分提交中文译文。没有提交中文译文的，视为无异议。

对中文译文出现异议时，双方当事人就异议部分达成一致意见的，以双方最终认可的中文译文为准。双方当事人未能就异议部分达成一致意见的，必要时，专利复审委员会可以委托翻译。双方当事人就委托翻译达成协议的，专利复审委员会可以委托双方当事人认可的翻译单位进行全文、所使用部分或者有异议部分的翻译。双方当事人就委托翻译达不成协议的，专利复审委员会可以自行委托专业翻译单位进行翻译。委托翻译所需翻译费用由双方当事人各承担50%；拒绝支付翻译费用的，视为其承认对方当事人提交的中文译文正确。

同时，《专利审查指南2010》第四部分第八章第2.2.2节就域外及形成于港、澳、台地区的证据作出规定：

域外证据是指在中华人民共和国领域外形成的证据，该证据应当经所在国公证机关予以证明，并经中华人民共和国驻该国使领馆予以认证，或者履行中华人民共和国与该所在国订立的有关条约中规定的证明手续。

当事人向专利复审委员会提供的证据是在香港、澳门、台湾地区形成的，应当履行相关的证明手续。

但是在以下三种情况下，对上述两类证据，当事人可以在无效宣告程序中不办理相关的证明手续：

（1）该证据是能够从除香港、澳门、台湾地区外的国内公共渠道获得的，如从专利局获得的国外专利文件，或者从公共图书馆获得的国外文献资料。

（2）有其他证据足以证明该证据真实性的。

（3）对方当事人认可该证据的真实性的。

根据上述规定，专利无效宣告程序中的当事人应注意以下几点：

（1）对用于支持涉案专利不具备新颖性、创造性等无效宣告理由的外文对比文件，如果该外文对比文件是外文专利文献，则无效宣告请求人无需再办理公证和认证手续，经过翻译后，可以视为国内证据来使用。

（2）如果在无效宣告程序中所使用的证据是国外专利申请，但该申请在中国有要求了其国外优先权的中国国内申请，则可以直接以该中国国内申请作为该国外申请的中文译文来使用，但是，需要认真核实该中国国内申请在翻译上是否忠实于国外申请。如果有不忠实于国外申请原文内容的情况，而且该不忠实部分需要在专利无效程序中进行使用的，则需要对其进行重新翻译。

（3）在一些专利无效宣告案件中，有些当事人为了拖延程序或者其他目的，会以对方当事人提交的外文证据的中文译文不准确为理由，要求进行委托翻译。为了提高外文证据翻译的准确性以及被对方当事人认可的可能性，可考虑将外文证据交由有翻译资质的独立第三方进行翻译并请该第三方出具翻译证明。

（4）对对方当事人提交的外文证据的中文译文有异议的，应当在专利复审委员会指定的答辩期限内就有异议的部分提交中文译文，否则将被视为没有异议。同时，专利复审委员会有专门的外部翻译机构，当事人在无法就异议部分达到统一意见的情况下，可以请求专利复审委员会委托外部的翻译机构进行翻译。

四、经典案件评述

案例：97248479.5 号实用新型专利无效宣告审查决定

该案是无效宣告请求人施耐德电气低压（天津）有限公司就专利权人正泰集团股份有限公司的专利号为 97248479.5、名称为"一种高分断小型断路器"的实用新型专利所提出的无效宣告请求。该无效宣告请求的提出源于 2006 年正泰集团股份有限公司以侵犯专利权为由将施耐德电气低压（天津）有限公司诉至浙江省温州市中级人民法院，并要求其赔偿侵权损失 3.3 亿元人民币。3.3 亿元的诉讼标的额使得该案成为中国最大的知识产权诉讼案件。随后，施耐德电气低压（天津）有限公司针对涉案专利向专利复审委员会提出了无效宣告请求。该案经过专利复审委员会的无效宣告审查、北京市第一中级人民法院的行政诉讼一审、北京市高级人民法院的行政诉讼二审，最终仍被维持有效。

该无效宣告案件之所以称为经典，是因为一方面，无效宣告请求人为了证明涉案专利不具备新颖性、创造性，不仅提交了其他专利文件作为对比文件来评价涉案专利的新颖性，而且还通过提交其他证据来证明涉案专利所要求保护的技术方案因被其他出版物所公开以及被国内使用公开而不具备新颖性和创造性；另一方面，无效宣告请求人所提交的证据比较多样，包括合同书、发票、产品宣告册、证人证言、公证文书等，可以说法律所规定的大部分证据形式都在该案中有所体现。通过对该无效宣告审查决定的分析，我们可以得到以下启示：

（1）施耐德公司在无效宣告请求审查程序中提交了许多证据，但只对其中部分证据的使用方式进行了说明，而未对其余证据的使用方式进行说明。在专利复审委员会已经明确告知其对提交的证据必须明确使用方式，否则视为放弃相关证据的情况下，施耐德公司仍未就相关证据的使用方式作出说明，故专利复审委员会对这些证据没有进行评述，使得其没有成为定案的依据。由此可见，在无效宣告程序中，当事人必须对其所提交的证据的证明目的及使用方式作出清楚、具体的说明，否则，专利复审委员会将对这些证据不予考虑。

（2）施耐德公司提交的第三组证据包括证据11、12、13，用来证据涉案专利所要求保护的技术方案已于专利申请日之前被公开出版物所公开。证据11是一份产品宣传册，属于企业的广告宣传材料，不像法定的公开出版物那样具有严格的出版发行程序，其公开日期无法确认，但施耐德公司并未能够提供其他证据来证明其真正的公开日期；证据12是一份证人证言，但该份证人证言中所说的"C60电路断路器"并不必然是指证据11中的"C60N"，无法确定两者之间的关联性；证据13是施耐德公司制作这些海报所发账单的确认订购单和海报制作者的发票，但其中有被涂改的痕迹，无法确定其真实性。正是由于各证据所存在的缺陷，使得它们之间不能形成完整的证据链，无法证明其所主张的宣传画的公开时间或者已经在本专利申请日之前处于公众可以获知的状态。因此，证据11～13无法用于评价本专利的新颖性或创造性。由此可见，对用于评价专利新颖性或创造性的公开出版物公开日期的证明非常重要，它是决定相关公开出版物能否用来评价专利新颖性或创造性的首要因素。对于法定出版物而言，一般其自身所标注的出版日期可作为公开时间；而对于诸如企业刊物等非法定出版物，则需要借助其他证据来证明其向公众公开的日期或者公众可通过公开渠道进行获取的时间。

（3）施耐德公司提交的第五组证据包括证据19、20、24、25，用来证明在涉案专利申请日之前，中国机床总公司已经从施耐德香港分公司进口并向神龙公司销售了C60系列产品，即上述进口和销售行为证明C60系列断路器在本专利申请日前已在国内公开使用。但第五组证据中缺少证明进口行为的报关单、进口代理合同等必要的有关进口行为的手续证明，无法证明所述产品已经办结海关手续，因此不能通过证明进口行为导致进口产品在国内公开使用。同时，第五组证据之间存在相互矛盾、不对应等问题，无法确定真实性与关联性，不足以证明在涉案专利申请日之前中国机床总公司已经从施耐德香港分公司进口了 C60 系列产品以及中国机床总公司向神龙汽车有限公司进行产品销售的事实。因此，第五组证据之间无法形成完整的证据链来证明在本专利申请日之前 C60 系列产品已经在国内公开使用，不能用于评价涉案专利的新颖性、创造性。在无效宣告程序中，专利复审委员会对证据真实性和关联性的审核相当严格。当事人在提交证据时，应当首先确定影响证据真实性的因素是否存在、提供证据的人是否与案件或案件当事人有利害关系、证据是否有可供进行核实的原件、提交的证据与案件待证事实之间是否存在证明关系、各证据之间可否形成一条完整的证据链等。如果提交的证据存在着缺陷，那么就需要通过补充其他证据的方式加以佐证。

（4）施耐德公司提交的证据 24 是放大的神龙汽车有限公司门牌照片以及产品照片复印件，为了证明该证据的真实性，施耐德公司在提出无效宣告请求之日起一个月内提交了两份公证书作为补充证据。但两份公证书都是北京市海淀第二公证处在武汉神龙汽车有限公司进行的取证，该公证机构没有在核定的执业区域内受理公证业务，违反了《公证法》第二十五条和《公证机构执业管理办法》第十条的规定，专利复审委员会据此未认可该证据。由此可见，即使是公证文书，如果其获取的方式不符合法律、法规的有关规定或者公证机构超过其经核准的营业范围进行公证的，那么，此公证文书的合法性就有待论证。

专利许可篇

 # 专利许可策略的制订

通过专利许可获得许可费收入是实现专利价值的最重要途径之一。专利的许可价值来自其技术的先进性、不可替代性，专利权人通过专利许可，不仅能获得可观的许可费收入，而且还能拓宽其专利技术的应用范围、扩充技术同盟军、扩展相应产品的市场规模，进而形成相对于行业竞争对手的竞争优势。但是，专利权人，尤其是外国专利权人，若想在专利许可上获得成功，首先需要制订一个符合中国国情的专利许可策略。

一、专利许可策略的本土化

作为实现专利价值最重要的途径之一，专利许可长期以来都专属于国外强势专利权人。以高通、爱立信、杜比等为代表的欧美专利权人从事专利许可活动长达数年甚至是数十年，积累了丰富的相关实务经验。但是，当这些专利权人将其在欧美等市场上行之有效的专利许可策略移植到中国后，除了少数几家在专利技术上具有强势地位的专利权人能够获

得成功外，大部分专利权人都试水失败了。究其原因，很大程度上是由于这些专利权人对中国国情缺乏了解，未能制订本土化的专利许可策略。

在中国，为了获得一定的市场份额，一些厂商往往采取的是"低价换市场"策略，这使得这些厂商的产品利润率非常低，没有足够的利润空间来向知识产权权利人缴纳许可费，这就是长期以来中国在专利许可领域的一个国情。对于专利权人而言，无论其在国外市场的专利许可实践有多成功，如果其对中国的国情不了解，贸然在中国推进专利许可，结果可能并不会太理想。即使在中国占有先天优势的本土企业或专利运营主体，最终达到专利许可协议的成功案例也很少，一直致力于专利许可等专利运营活动的本土 NPE 如智谷、西电捷通等，也鲜有听说成功案例的出现。近期，更听闻有获得风险投资资金的本土 NPE，意欲购买国外的优质专利并优先在国外开展专利许可活动，由此可见，还有待培育有利于专利权人开展专利许可活动的氛围。

中国的大部分厂商主要是在中国市场上开展业务。对于专利权人而言，将这些厂商选作潜在的被许可人可能并不是一个很好的策略。这是因为，其一，正如前面提及的，一些厂商还尚未形成向专利权人缴纳许可费的传统；其二，中国整体上还尚未形成一个亲专利权人的政策、法律环境，如果对侵权人提起专利诉讼，被告参与诉讼的成本较低（在美国，被告参与诉讼的成本可能比其缴纳的专利许可费都要高），即使败诉需要承担的损失赔偿额也较低，在国外能够迫使被许可人接受专利许可的诉讼手段在中国国内却很难发挥效果。而对于那些具有海外业务（尤其是在欧、美、日等具有良好知识产权保护环境的国家或地区）的中国厂商，其在海外市场往往是按照当地的竞争规则参与市场竞争，而这些国家早已形成了向专利权人缴纳许可费的传统，同时，这些参与国际竞争的中国厂商也积累了一些处理专利许可业务的经验，因此，对于专利权人而言，将目光投向这些具有海外业务的厂商可能是一个比较稳妥的选择。但是，这些有海外业务的中国厂商通过多年的专利许可实践也形成了自己的态度，体现在：针对在国外销售的产品部分，其可按照当地的商业规则接受专利许可；但是对于在国内销售的产品部分，一般是拒绝接受许可的。如果不对国内、外市场加以区别并制订不同的相应许可策略，其许可计划是很难往前推进的。

在与中国厂商进行专利许可谈判的实践表明，即使其知识产权业务部门认可产品使用了专利技术，但是，说服其决策层接受专利许可并支付许可费将是一件非常困难的事情。在这些厂商看来，其支付了一笔数额不菲的许可费，但是似乎却什么都没有得到，因此，可以尝试采用"捆绑许可"（Bundle Deal）的方式，考虑双方除了在专利许可上进行合作，是否还可以在产品上展开合作，如将专利权人的相关数据、软件产品一起打包推荐给被许可人，或者亦可考虑在专利许可之外，专利权人是否可以给予被许可人以技术、工艺支持，帮助被许可人在产品研发、产品量产等方面解决存在的技术、工艺问题。总之,"捆绑许可"的方式意在除了向被许可人提供专利许可之外,还提供使其能够感受到有收获的产品或技术服务。

新到中国开展专利许可业务的国外专利权人往往会向多个潜在被许可人发出许可谈判邀请,并同时与他们进行实质性接触。但这种的专利许可推进方式可能会产生消极的后果,同时被接触的多个潜在被许可人虽然在业务上相互间可能是竞争对手,但是在专利许可谈判方面则是朋友,有时会进行信息共享,并且在私下里可能会形成一致性行为。一旦潜在被许可人之间形成一致性行为,专利权人推进专利许可的难度就会加大,因此,专利权人需要制订一个更为稳妥的许可计划。

二、专利许可的定价方案

如果专利权人致力于长期、稳定的专利许可业务,那么,就有必要制订一个专利许可费的定价方案。这个定价方案要有一定的前瞻性,能在一定的时间跨度内维持不变,避免被许可人由于支付不同的许可费而导致相互间竞争优势的有无,从而有利于更多的潜在被许可人加入专利许可项目;还应具有一定的合理性,许可费率在潜在被许可人的可接受范围内,不能过多地侵蚀被许可人的利润空间;最好还能够体现一定的激励机制,对于率先接受专利许可的、或在专利权人指定的优惠期限内接受许可的被许可人可以给予一定的优惠,同时,亦可按照出货量的多少制订不同的许可费率标准,对于出货量较大的被许可人适用较低的许可费率。但是,专利许可的定价方案不能违反法律法规的强制性规定,对于 SEP 的许可项目,其定价方案应当遵循 FRAND 义务并不应具有反竞争的效果,从而违反反垄断法。

关于专利许可费的定价方案是否合理,应根据潜在被许可人的实际生产经营情况进行判断。许多专利权人尤其是国外专利权人认为向被许可人收取产品销售价格的 2%、3% 甚至是 5% 的许可费是合理的;也有国外专利权人固执地以向其他国外被许可厂商同样的许可费单价对国内厂商收取许可费,不管按照哪种方式,对于中国的产品制造商而言,这个许可费可能已经达到甚至超过了其产品的利润额,比如对于中国的彩电厂商,其产品的市场售价只相当于国外厂商的一半或者多一些,售价几千块钱的智能电视,其利润只有几十块钱,若收费 3%、5% 甚至是 2% 的许可费,都已经超过了其产品利润。实践中,也出现过许多由于许可人出价太高,远远超过被许可人的承受能力,从而导致许可谈判破裂的情况。因此,许可人在制定许可费率的时候,需要获得许可产品的销售价格以及成本数据,从而决定其边际利润;预测如果被许可人单独进行产品开发,可能需要投入的时间、人力和资金等成本;如果发生诉讼被许可方可能支出的侵权赔偿金,但是专利许可费又不同于侵权赔偿金,因为经过实际协商达成的许可费体现了由于专利有效性和侵权问题的不确定性而产生的一定的折扣；此外，许可人还需要考虑被许可人是否还存在向其他许可人支付许可费的可能，并根据这些调查情况，制订合理的许可费率。

此外，即使是针对同一件被许可专利或者同一个专利包，如果潜在被许可人的业务模式或者盈利模式存在差异，许可费的定价方式也可能会不同。比如，被许可的专利涉及与用户进行互动的视频播放技术如 EPG（Electronic Program Guide）技术，而这样的技术可被广泛应用在智能电视、智能手机、机顶盒、有线电视、视频播放网站等。这些潜在的被许可方的盈利模式是完全不同的，其中，智能电视、智能手机、机顶盒生产商是通过销售硬件从而实现盈利；有线电视运营商是通过收取有线电视月费或者年费实现盈利；而视频播放网站则是通过广告或者付费用户的付费实现盈利。潜在被许可方的盈利模式不同，许可费的定价基础也就不同。对于智能电视、智能手机、机顶盒，可以以硬件的售价为基础来制订许可费；对于有线电视，可以依据运营商收取的有线电视月费或者年费来制订许可费；而对于视频播放网站，可以按照月均访问用户量（广告商支付广告播放费用时主要考虑的因素）来制订许可费，对于付费视频播放网站，亦可依据用户的付费情况来制订许可费。

三、许可专利包的整合

专利许可经常强调"专利包"的概念，专利包的首要特质就是具有一定的规模。一般而言，单个专利或者有限的几个专利，并不能够形成必要的专利壁垒，无法对潜在被许可人形成吸引力。而且潜在被许可人也容易针对单个或特定的几个专利进行规避设计或者提出可专利性质疑，这就需要被许可的专利具有一定的规模，专利包的规模化可显著降低规避设计的可行性以及可专利性质疑；另外，专利包往往通过吸纳多样性的专利来进行搭建，原因在于专利包所要解决的往往并非局限在某一个特定的技术点或单一技术问题，从产业需求的角度讲，需求方通常需要的是一套完整的产品方案，而非化整为零的单个独立专利。一套产品方案往往由若干个相互配合、彼此联系的细分技术方案所构成，其背后体现的是具有多样性但又彼此存在技术联系的专利组合，从而形成一个具有内在技术逻辑的专利闭环，最终实现 $1+1>2$ 的专利累积效果。因此，专利权人可针对某一特定的技术领域形成一个特定的包，将与该特定技术领域相关的内外围专利、基础专利、衍生专利进行捆绑打包，为了使专利包能够形成一个内闭的专利链，专利权人还可以考虑从其他第三方购买专利链中所缺少的一件或者几件必要专利，从而增加其专利包的价值。

有经验的专利权人在整合专利包之前，还会对其将要进行许可的技术领域的产业链进行调查，从而分析出其潜在的被许可人，并将潜在的被许可人进行分类，针对不同类的被许可人形成不同的专利包并制定和实行不同的许可策略。例如，专利权人许可的技术领域是移动通信技术，而在这一技术领域中至少可以划分出三类潜在的被许可人，分别是：移动通信终端厂商、基站厂商以及移动通信运营商。针对移动通信终端厂商，专利权人可以将移动通信接收端技术整合成一个专利包，而针对基站厂商，专利权人可以将移动通信发射端技术整合成另一个专利包。这样做的目的在于，专利权人针对上下游厂商中某一层面厂商的许可，并不会必然导致其他层面的厂商也自然获得许可，也就是并不必然导致专利权用尽，从而可最大化实现其专利价值。

专利权人亦可以以技术的演进阶段为基准，将其所拥有的专利划分为不同的专利包并制订不同的许可方案。如许可的专利技术涉及移动通信技术，那么专利权人可依据移动通信技术的演进阶段将其专利划分为2G、3G、LTE专利包，同时根据各专利包的强势程序制定不同的许可方案，如专利权人属于移动通信技术的后起之秀，在早期的2G、3G上技术优势不明显，但是在LTE技术上技术储备雄厚，相关专利不仅量多而且质优，在此种情况下，专利权人就可积极推进LTE专利包的许可，而对于2G、3G专利包，可将其用于与其他专利权人进行交叉许可，或者作为LTE专利包的许可谈判过程中的一种优惠方式。

四、专利许可的推进策略

无论是专利许可项目的启动，还是许可谈判的推进，对于专利权人而言都是非常艰难的。有时，潜在被许可人一经了解到专利权人的意图是推进专利许可，往往就不再与专利权人进行接触；对于已经启动的专利许可谈判，谈判双方有时也会因无法达成一致合意而导致谈判破裂。因此，专利权人需要事先策划好能够启动许可项目或推进许可谈判的具体方案。实践中，专利权人往往会采取对被许可人发动专利诉讼的方式而迫使被许可人启动许可谈判或者将被许可人重新拉到谈判桌前。

一般而言，专利诉讼对专利许可谈判造成影响的前提是该诉讼能够对被许可人造成紧迫感，使被许可人意识到如果不尽快化解危机，可能法院很快就会下发侵权判决或者停止生产、销售的禁令，这会对被许可人的生产经营活动造成实质损害。但是在中国，一般的专利侵权诉讼却很难制造出这种紧迫感，中国法院在判决作出前往往很难颁发禁令，同时，被许可人亦可以通过对涉案专利提出无效而请求法院中止诉讼审理，从而暂时化解危机。因此，专利权人需要配合其他方式来对被许可人进行施压，例如，可申请海关扣押涉嫌侵权产品或者在被许可人参加的展会上申请对涉嫌侵权产品进行撤架处理。

在美国、欧洲等国针对潜在被许可人进行专利诉讼或者海关扣押带来的效果可能会更好一些，这是因为一旦法院判决侵权成立或者颁发禁令，潜在被许可人就会遭受重大损失。几年前，一国外专利权人就对国内厂商海尔生产的电视机在欧洲申请了禁令，最后导致海尔撤出该市场。但是，相对于中国，在美国、欧洲等国提出诉讼的成本要大得多，平均每起专利诉讼都在 100 万～200 万美金以上，因此，无论是对于原告提起诉讼，还是对于被告应对诉讼，都应当谨慎进行。当潜在被许可方的许可费收入低于或者不显著高于专利诉讼成本时，专利权人应尽量不提起诉讼；而对于被告而言，在经过专业分析后认为侵权成立的可能性极大时，应评估专利权人的许可报价与其可承担的许可费的价差是否低于潜在的参加诉讼的成本，并根据评估结果果断决策是否应与专利权人达成和解。近几年，针对国内厂商拒绝或故意拖延专利许可谈判的情况，国外专利权人开辟了一个新的专利诉讼战场——印度：2011 年诺基亚在印度起诉深圳手机厂商基伍；2014 年年底爱立信在印度起诉小米专利侵权，并提出诉前禁令；2016 年 11 月杜比在印度对中国智能手机厂商 Oppo 和 Vivo 提起专利诉讼。由此可见，国外的专利权人倾向于在域外针对国内拒绝支付许可费的潜在被许可人提起专利诉讼以迫使其接受专利许可。

五、专利许可策略的合规性

专利许可策略的合规性是指专利权人所实施的许可方案符合法律的强制性规定。专利权作为一种法律赋予的权利，与生俱来具有合法的垄断性，但任何权利行使并不是绝对的合法，而是相对的，专利权也不例外。权利人如果滥用专利权，导致排除、限制竞争，则可能构成《反垄断法》需要规制的违法行为。我国《反垄断法》第五十五条规定："经营者依照有关知识产权的法律、行政法规规定行使知识产权的行为，不适用本法；但是，经营者滥用知识产权，排除、限制竞争的行为，适用本法。"

在专利许可过程中，涉嫌滥用专利权的非法垄断行为主要有：

（1）搭售：搭售其他产品或者服务，即搭售被许可人实施专利不必需的设备、技术、原料等，将这些附加条件作为专利许可的基础前提。

（2）强制性一揽子许可：要求被许可人对于权利人享有的无关专利技术或者专利池打包支付许可费。在 21 世纪初，由日本东芝公司组成的 6C 联盟，无论中国 DVD 生产企业需要哪些专利技术许可，均一概向中国 DVD 企业收取 6C 全部技术的专利许可费，甚至事后发现其中包括了荷兰皇家飞利浦电子公司的无效专利。

（3）限购：限制采购原料，限制与其他竞争对手交易，即要求被许可人在实施专利技术时，对其采购原料附加不合理限制条件，或者限制被许可人与权利人的竞争对手进行交易，从而不合理地损害被许可人的商业利益。

（4）歧视性差别收费：一般指具有明显差别并且没有合理理由的许可费收费

标准。

（5）其他滥用行为：如强制回授、不合理限制出口市场等。

如果权利人在专利许可中构成滥用专利权被认定为非法垄断行为，不仅可能导致合同条款无效，还可能面临以下法律风险：

（1）对于发明专利或者实用新型专利，国务院专利行政部门根据具备实施条件的单位或者个人的申请，可以给予实施发明专利或者实用新型专利的强制许可。

（2）反垄断执法机构有权责令权利人停止违法行为，没收违法所得，并处上一年度销售额1%以上10%以下的罚款。

（3）给被许可人造成损失的，被许可人可以提起民事诉讼要求权利人承担民事责任。

因而，专利权人必须在法律允许范围内制订并实施专利许可方案，合理行使专利权，就专利许可条款作出合理约定，不得逾越法律禁止的界限。

 # 专利许可费的定价

在专利许可实践中，如果被许可专利的价值得到潜在被许可人的认可，那么专利权人与潜在被许可人的许可谈判的终极目标就应当是确定双方都认可的许可费。专利权人的许可定价策略应依被许可专利的性质不同而有所区别，实践中，通常将被许可专利分为两类，一类是 SEP，另一类则为非 SEP。针对 SEP，专利权人的许可费定价应当遵循 FRAND 义务，其定价方案不应具有反竞争的效果，从而违反反垄断法；而对于非 SEP，虽然专利权人的定价不受 FRAND 义务的约束，但是亦应遵循一定的原则。

一、专利许可费定价的影响因素

对于在对专利许可费进行定价时，应当考虑哪些因素，美国法院于 1970 年在 Georgia – Pacific v. United States Plywood Corp. 一案中总结了 15 个要素（简称"GP 要素"），并认为在确定专利许可费时，应该综合考虑这些要素。"GP 要素"成为美国司法实践中合理确定专利许可费的司法指南，并在

相当长的时间内得到了广泛适用。根据这十五个要素所关注的侧重点不同，可将其划分为四大类。

（一）与专利自身相关的因素

1. 专利的剩余有效期限和许可期限

一般而言，专利的剩余有效期与专利的潜在市场价值是成反比例关系的。专利的价值往往是在被市场化初期时最高，同时随着技术的不断演进，专利的贡献力逐渐降低。专利的剩余有效期时间越长，专利权人和被许可人就可以在持续较长的时间内获得更多的市场优势，专利价值越高，其合理许可费越高。许可期限的长短也会对专利费率有一定的影响，实践中，专利许可的时间越长，许可费率就会相对低一些。

2. 相比于旧有模式或设备的优势

如果在专利申请日之前，存在与专利所保护的技术方案相类似的旧有模式或者旧有设备，则考查专利相较于旧有模式或者旧有设备的优势或者作用。在专利许可实践中，可能正是由于这些比较性优势或作用才是驱动潜在被许可人采纳专利技术的原因，而且许可费的多少与比较性优势的大小往往成正比关系。

（二）与专利许可相关的因素

1. 专利权人已收取的许可费

如果专利权人已经就涉案专利与其他被许可人达成过许可并收取了许可费，则这一许可费（率）可被主张成既定许可费（率）；但是，这一许可费（率）最好是双方在平等协商的基础上达到的，如此一来被参考采纳的机率就会更大；对于有诉讼要素或者其他不常见的公平谈判之外要素达成的许可费一般不会进行参考。

2. 被许可人已支付的许可费

如果存在其他相关专利，并且被许可人已经对其他相关专利支付过许可费的，则这一许可费亦可用于参考。

3. 专利许可的性质和范围

专利许可依其性质可被划分为独占许可、排他许可和普通许可，一般而言，专利许可费的多少依次序相应减少。此外，专利许可的地域（如在专利权有效的法域范围内，又对被许可的地域进行了细化）或者被许可产品的种类等限制，亦会对专利许可费的定价产生影响。

4. 许可人与被许可人可能达成的许可费

许可人与被许可人通过理性、自愿的许可谈判而可能达到的许可费。这一许可费是潜在被许可人在一项商业计划中希望获得专利权人许可来制造和销售覆盖该专利的特定产品的背景下，通过自愿、理性地与许可人进行谈判而同意支付的许可费，支付该许可费后被许可人仍能获得合理的利润，同时，这一许可费亦被许可人所接受。

5. 专利权人的许可政策

专利权人为维持其垄断地位而实行的许可政策也是对专利许可费进行定价时需要考虑的因素。这样的许可政策包括：许可人拒绝对他们进行许可，或者通过在许可条款中设置特殊条件以维持其垄断权。如果专利权人的主要业务就是进行许可，则这一点不支持较高的许可费；如专利权人的许可政策是通过持有专利排除和限制竞争对手的竞争，则这一点支持较高的许可费。

（三）与专利或专利产品的市场表现相关的因素

1. 专利产品对其他产品的销售情况

专利产品的销售是否会促进被许可人其他产品的销售；专利产品是否会促进专利权人其他非专利产品的销售；以及这种衍生销售的程度。专利产品的使用有时候会结合到一些其他相关产品的使用，专利产品的销售或带动相关产品的销售从而获益，比如一个硬件产品卖得好，与之相关的付费应用购买量也必然会增加。

2. 专利产品的获利能力

专利产品的获利能力、商业成功情况、当时的市场普及率也是影响专利许可费的因素之一。

3. 与获取许可相应的利润或售价

在与被许可专利相应的特定商业领域或者相似的商业领域，为获取专利权人的许可或相似专利的许可而支付的费用在该商业领域中获得的利润或者售价通常所占的比例。

4. 专利的性质及实施获利情况

专利的性质、许可人自己的商业实施情况以及为专利使用者带来的利益对专利许可费的定价也具有一定影响。

5. 归因于专利的可实现利润比例

在可实现的利润中，哪些是由专利自身带来的，哪些是由非专利因素的制造方法、商业风险或由侵权人所增加的重要特征或改进而产生的利润。

6. 侵权人对专利的使用情况

侵权人对专利的使用程度越高，比如在多个不同型号中都有采用，则越有理由相信该专利具有较高的价值。

（四）其他因素

1. 具有资质的专家证言

针对被许可人应当支持的许可费用而出具的专家意见是美国专利侵权诉讼中经

常使用的一类证据。

2. 专利权人与被许可人的商业关系

比如他们是否为在同一领域、同一商业链条上的竞争者，或者他们是否是发明人与推广者的关系。若双方在同一领域、是直接的竞争者，则支持较高的许可费率；如果是发明人与推广者的关系，则支持较低的许可费率。

二、SEP 许可费率的定价方式

（一）美国司法实践的三种常用方法

当被许可专利为 SEP 时，美国法院在 Georgia – Pacific 案中所确定的十五个"GP 要素"并不能够直接被用于确定 SEP 的许可费率。如关于十五个"GP 要素"中的专利权人的许可政策，如果许可人的许可政策是拒绝对他们进行许可或者通过在许可条款中设置特殊条件以维持其垄断权，那么这样的许可政策就可能会因违反许可人所承担的 FRAND 义务而不被允许。美国司法实践针对 SEP 许可费率的定价发展出了不同的计算方法，同时，美国法院在个案中也对"GP 要素"进行了相应修正。

美国司法实践针对 FRAND 许可费率，发展了以下三种常用的计算方法。

1. 自上而下方法（Top – down Approach）

该方法首先需要确定使用专利技术的产品中与被许可的专利最为相关的最小可销售单元，根据最小可销售单元的平均价格以及平均利润率来确定平均利润，并将其视为最小可销售单元的可能的总许可费负担。然后，确定与最小可销售单元相关的所有 SEP 的可能总数量，假定总许可费由所确定的全部 SEP 来分配，并按照涉诉专利的数量占所确定的相关 SEP 总数量的比例来分配涉诉专利的许可费。由于每一件 SEP 对标准的贡献率是不同的，法院可根据涉诉 SEP 在标准体系中技术贡献力的多少来对前面所确定的涉诉专利许可费进行适当调节。

2. 自下而上方法（Bottom – up Approach）

该方法首先需要对诉争专利进行分析，确定在专利纳入标准前是否有可替代的相关技术，并将最为相关的视为次优可替代技术。对专利相对次优可替代技术所增加价值部分进行评估，并综合潜在被许可人进行规避设计可能发生的费用以及专利技术相对于次优可替代技术在性能上的提升，来适当确定 SEP 的许可费。这种计算方法在实践中并不常见，原因在于标准的前瞻性，在制订标准以前可能并不存在可以进行类比的次优可替代技术方案，即使存在，也很难对专利支持相对于次优可替代技术方案所增加的价值部分进行评估。

3. 使用可比较的方案（Use Comparables）

根据 FRAND 义务的基本要求，在交易条件基本相同的情况下，SEP 专利权人对 SEP 被许可人应收取基本相同的许可费或者采用基本相同的许可使用费率。该方法一般使用实践中已经存在的、在相同或者相近的技术领域中其他 SEP 专利权人所收取的许可费率，通过比较方法，综合 SEP 的专利数量、专利强度等因素，来最终确定适当的许可费率。

近几年，通过可比较的方案来确定许可费率的情形越来越多。在中国，华为与 IDC 之间关于标准必要专利的反垄断案件中使用的就是这种方法。在该案中，法院主要比较了 IDC 与苹果公司之间的专利许可费。据悉，2007 年至 2014 年的 7 年间，IDC 对苹果公司的全球授权仅收取 5600 万美元的许可费，考虑到苹果公司在这 7 年间的销售收入至少为 3000 亿美元，法院推算 IDC 许可苹果公司的专利许可费率约为 0.0187%，并据此判定 IDC 公司向华为公司收取的许可费率不应超过 0.019%。但是，在该案中，法院并未考量不同许可人之间的被许可专利的数量、强度等因素对许可费率的影响。

在 SEP 许可费率的计算方面带来非常重要影响的案件是美国西雅图华盛顿地区法院于 2013 年 4 月判决的微软诉摩托罗拉案。该案起因是摩托罗拉认为微软公司侵犯了它在 H.264（视频压缩）和 802.11（Wi-Fi）两个技术标准的必要专利，并要求微软按其产品 Windows 和 Xbox 市场销售额的 2.25% 交付必要专利许可费。法院认为：在 H.264 标准领域，35 家美国企业在该标准上拥有 2500 个专利，另外还有其他 19 家企业拥有数目未知的标准专利；而在 802.11 标准领域，至少 92 家企业拥有相关 SEP。如果所有的 SEP 专利权人都像摩托罗拉一样收取许可费，那么许可费的总和就会超过整机的价格，产生严重的专利费叠加问题。审理案件的法官根据实践中已经存在的许可项目作为参考来确定微软应当支付的许可费。针对 802.11 标准必要专利部分，法官使用芯片生产商 Marvel 公司向 SEP 专利权人 ARM 支付的许可费（按芯片销售价格 3 美元的 1%，即 3 美分），还考虑到 Via 802.11 专利池所实行的许可费率，同时考虑到摩托罗拉 SEP 的数量以及重要性等因素，将许可费的合理范围确定为每件产品 0.8~19.5 美分，并最终确定微软需要支付的 802.11 标准专利的许可费为每件产品 3.471 美分。针对 H.264 标准必要专利部分，法官采用同样的方法，将摩托罗拉可收取的 H.264 标准必要专利许可费的合理范围确定为 0.555~16.389 美分，并最终确定微软需要支付 0.555 美分。

在使用可比较的许可方案来计算 SEP 的许可费率时，应综合考虑被许可专利的数量、强度、技术贡献等因素。其中，专利数量应当与许可费率成正比例关系，按照被许可 SEP 的数量与可比较的许可项目中所使用 SEP 的数量之间的比率，来对许可费率进行正比化处理；专利的强度也对许可费率有直接影响，专利强度包括专利的质量以及专利对标准的技术贡献力，被许可专利的数量越多，其对标准的技术贡献力越大，则许可人可期待获得更高的许可费率。

（二）百分比费率还是固定费率

如果关注一下标准必要专利的许可实践，我们就会发现，涉及标准必要专利的许可一般会采用两个收费模式，其一是百分比费率模式，代表性的专利权人是高通公司，其对中国市场的被许可设备按照销售额的 3.25% 收取许可费；其二是固定费率模式，代表性的是 AVS 专利池，其许可政策是 1 元人民币/台设备。围绕标准必要专利的收费模式，理论与实务界也一直存在着争议，到底哪种收费方式更合理？在微软诉摩托罗拉的专利诉讼中，摩托罗拉向微软提出的许可费报价模式是费率模式。然而，在最后的判决中，法官针对 H. 264 专利包的定价是 0.555 美分/台，针对 802. 11 专利包的定价是 3.471 美分/台，采用的都是固定费模式；同时，在判决中，法官认为，无论被许可设备的售价是多少，其所使用的专利的工作方式、实现功能完全一样，因此应选择单一的固定费模式，许可费不随产品售价增长而变化。然而，在实践中也有支持百分比费率模式的，如在 Unwired Planet 诉华为的判决中，英国法官最终用爱立信许可合同费率作为比较对象，判决出 Unwired Planet 的合理费率，并全部采用百分比费率模式，例如，法官将 LTE 手机产品的许可费率确定为 0.052%/台；此外，在针对高通的许可费的反垄断调查中，中华人民共和国国家发展和改革委员会（以下简称"国家发展改革委"）最终也认可了高通提议的按 3.25% 的费率在中国市场收取许可费。由此可见，在标准必要专利的许可中，百分比费率和固定费率哪种更为合理，还无法盖棺定论。

 # 专利许可中的技术侧和商务侧谈判

专利许可谈判主要包括两个阶段：技术侧谈判和商务侧谈判，其中，技术侧谈判主要解决潜在被许可人是否使用了专利权人的专利的问题；而商务侧谈判的主要关注点则在于潜在被许可人在认可专利权人专利的基础上应该支付多少许可费。技术侧谈判的依据是专利权人制作并提供的、用于证明潜在被许可人使用了相关专利的 CC（Claim Chart）或 EOU（Evidence of Use）。

一、示例性专利的筛选与 CC 制作

在启动专利许可的技术侧谈判之前，专利权人需要将已经准备好的示例性 CC 提供给潜在被许可人供其进行技术分析。

（一）示例性专利的筛选

如果专利权人以专利包的形式进行专利许可，那么，其就有必要筛选出部分示例性的专利以证明其专利具有许可价

值。实践中，主要基于以下几方面来筛选示例性专利：

（1）稳定性强、能够经受得住可专利性质疑。稳定性是指专利符合专利法的法定授权条件，能够经受得住专利无效请求的考验。专利许可意在实现专利价值，这就要求专利必须具有价值，而专利价值首先应当体现在其内在的权利稳定性上，不存在不满足法定授权条件的瑕疵，任何无法经受法定授权条件考验的专利都不具备专利许可的价值。专利的稳定性不仅决定了许可专利的竞争力，而且还在一定程度上决定了专利许可成本、潜在收益以及许可模式的选择等。朗科专利许可项目是中国本土进行专利运营实践比较成功的少数几个案例之一，该公司的一项基础发明专利自授权以来，先后被潜在的被许可人提出了七次无效宣告请求，但最终均被专利复审委员会维持有效。朗科正是由于拥有稳定性非常强的基础专利才与多个世界著名厂商达成了专利许可协议，并连续多年获得了数量可观的许可收入。

（2）符合市场需求、具有市场价值。专利许可是一种市场化行为，这就要求其必须以市场需求为导向对专利进行市场化运作。因此，进行许可的专利应当是符合市场需求的专利，只有能够满足市场的需求，其在自由市场中才能实现价值，即许可的专利应当具有可市场化能力。专利的市场化能力是指专利可被产业界认可、并对在市场中销售或提供的产品或工艺具有重要技术贡献的能力。有研究结果指出，很多研发项目虽然能够产生可专利的成果，但是却不具有可市场化的能力，尤其还需要大量的时间来开发商业化应用；许多专利在进行尝试许可的时候，由于其所保护的技术方案还尚未开发成熟，也无法进行商业化的使用。因此，专利权人在识别具体专利时，必须对专利的可市场化能力进行仔细甄别：该专利是否已经被市场化应用？如果没有，该专利是否有被市场化应用的前景？

具有市场价值的专利至少包括以下几种类型：①标准必要专利（SEP，Standard Essential Patent），这类专利表现为其所要求保护的技术方案被某项强制性标准（如ETSI）所采纳，由于强制性标准具有市场准入和普遍适用的属性，因此，标准必要专利与生俱来就被强制市场化，是市场化程度最高、范围最广、最有市场价值的专利，这类专利往往是专利许可实践中最受青睐的一类资产。②已被产品商用化专利，这类专利体现为其所保护的技术方案被市场化的产品所采纳，即其技术方案被市场化实施，这类专利虽然市场化范围和强度不及标准必要专利，但由于被市场化的产品所采纳，仍具有一定程度的市场价值。③具有市场化前景的专利，这类专利既非标准必要专利，又没有被实际商用化，不具有现实的使用价值，但是其将来有可能会被市场所选中，从而具有可期待的市场价值。一般而言，专利的市场价值与其市场化程度和范围存在一定的正相关性，专利的市场化程度越高、范围越广，专利的市场价值也就越高，所以，标准必要专利、事实标准必要专利（de facto SEP）、基础专利往往专利许可价值最高。

（3）易于证明侵权成立、便于后续技术谈判。由于专利许可的技术谈判主要围绕着潜在被许可人的产品是否使用了专利权人的专利这一议题进行展开，而技术谈判一般在整个许可谈判中占据一多半时间，如果示例性专利 CC 的分析难度较大，还会加大技术谈判的难度。因此，专利权人在筛选示例性专利的时候应当优先选择容易证明侵权成立，同时又有利于提高后续技术谈判效率的专利，这样的专利一般包括：应用侧专利，比如涉及与用户交互的 GUI 专利，这类专利的侵权可视性非常强，直接使用相关产品进行操作即能证明侵权的成立，同时，相应专利的 CC 也容易进行制作；SEP 专利，这类专利的 CC 不需要对产品进行研究，只需要将权利要求的相关内容与技术标准记载的内容一一对应即可，但是 SEP 专利的 CC 一般需要由对技术标准非常了解的标准专家来制作，其对专业技术的要求非常高，企业的 IPR 一般很难胜任。此外，对于涉及数据处理、芯片结构等技术的专利，由于需要通过反向工程等复杂程序才能够证明侵权成立，这不仅会增加 CC 制作的成本，而且在后续的技术谈判环节容易被潜在被许可人提出质疑，从而造成许可谈判的拖延，因此，并不建议将此类专利选为示例性专利。

（二）示例性 CC 的制作

专利权人筛选出示例性专利后，需要针对其制作示例性 CC。示例性 CC 的意义在于证明专利权人的专利有被潜在被许可人所使用到。实践中，可基于以下几个维度来准备示例性 CC：

（1）SEP 专利 CC 与商用专利 CC。SEP 专利 CC 与商用专利 CC 的制作思路是完全不同的，SEP 专利 CC 是将 SEP 专利的权利要求与相关技术标准的内容进行对应性分析；而商用专利 CC 则是将商用专利的权利要求与实施该专利的商用化产品的技术方案进行对应性分析。需要注意的是，这里面的 SEP 专利应当是指其技术方案被强制性标准所采纳的专利，对于只被推荐性标准所采纳的专利，如果无法直接证明潜在被许可人的产品有应用到该推荐性标准，就不能按照 SEP 专利 CC 的制作思路来制作 CC，更稳妥的制作思路应该是将其当作商用专利按照商用专利 CC 的制作思路来准备。

（2）简略版 CC 与详细版 CC。在专利许可实践中，专利权人往往会准备两个版本的 CC——简略版和详细版。两者的主要区别在于相对于简略版 CC，详细版 CC 对技术特征的对比更为详细，其不仅将权利要求划分为多个技术特征，而且还将技术特征进一步划分为多个技术要素，并在技术要素这一维度对权利要求和标准技术方案或商用化产品的技术方案进行对应性分析，简略版 CC 一般只从技术特征这一维度来进行对应性分析。详细版 CC 还会进行色块的标识，其将权利要求中的技术要素和被对比的标准技术方案或商用化产品的技术方案中相应的技术要素使用相同的色块来一一标识，从而使相互间的对应性关系一目了然。此外，详细版 CC 针对对应性关系并非一目了然的情况还会做特别批注，说明两者可被认定具有对应性的具体理由，而简略版 CC 一般不会做这种批注。简略版 CC 与详细版 CC 的作用其实是不同的，简略版 CC 往往是提供给潜在被许可人分析使用的，一般只呈现出相互具有对应关系的具体技术特征，而并不对这种关系进行特别解释说明；而详细版 CC 往往是提供给参与许可谈判的许可人员参考使用的，以便其能充分理解技术特征之间的对应性关系是如何建立起来的，进而有利于技术谈判的进行。

（3）基于客户的 Patent Deck 与基于市场的 Patent Deck。实践中，通常会将专利权人提供给潜在被许可人用于专利分析的资料统称为 Patent Deck，其包括两类：基于客户的 Patent Deck 和基于市场的 Patent Deck。基于客户的 Patent Deck 一般是针对特定的潜在被许可对象准备的，示例性的 CC 也是基于该特定潜在被许可对象所生产或销售的产品而制作的，能够直接证明该特定潜在被许可对象是如何使用到专利技术的，因此，基于客户的 Patent Deck 的针对性较强。而基于市场的 Patent Deck 一般是针对专利权人以前的许可实践，从其拥有的专利中选择被最广泛的被许可人所使用到的专利，并且对每一个筛选出的专利制作多个示例性 CC（针对不同的被许可人的产品）。基于市场的 Patent Deck 一般在专利权人接触潜在的被许可人之前就已经准备完毕，而且随着不同许可项目的不断推进，其内容也会随着发生变化。对于专利权人而言两类 Patent Deck 的目的和意义是不同的。基于市场的 Patent Deck 应用于以下场景：潜在的被许可人没有专业的专利分析人员，与专利权人进行接触的往往是销售人员或法务人员，提供基于市场的 Patent Deck 更容易使这些人员意识到专利权人所拥有的专利的价值；潜在被许可人的可期待许可费较低，专门制作基于客户的 Patent Deck 成本较高。而基于客户的 Patent Deck 的应用场景包括：潜在的被许可人有专业的专利分析人员，需要提供翔实的证明潜在被许可人使用专利的直接证据；潜在被许可人的可期待许可费较高，专门制作基于客户的 Patent Deck 经济上可承受。

关于 Patent Deck 应该包括的 CC 的个数，基于市场的 Patent Deck 一般可包括多一些的 CC，数量上 10～20 个较为适当；而对基于客户的 Patent Deck，可根据潜在被许可人的潜在可收取许可费的多少来决定，如果潜在被许可人的产品销售较大，收取的许可费较多，则可以提供多一些的 CC，数量在 10 个以上较为适当；而对于一些小型的专利许可项目，提供 3～5 个 CC 也是可以的。

二、专利许可中的技术侧谈判

（一）保密协议（NDA）的签署

专利权人在向潜在被许可人提供 CC 之前，应当与其签署保密协议。对于专利权人来说，并不希望潜在被许可人将其在许可谈判过程中提供的 CC、许可费报价等信息向其他潜在被许可人进行披露；而对于潜在被许可人而言，亦不希望专利权人在许可谈判破裂后将在许可谈判过程中获知的信息用于后续提出的专利侵权诉讼以证明存在故意侵权等。因此签署保密协议对双方都是非常重要的。

保密协议中较为重要的条款包括：保密信息的定义、双方的权利和义务、保密信息的利用禁止等。一般情况下，可以将以下几类信息定义为保密信息：（1）专利许可主体信息：包括专利许可双方的主体信息以及与专利许可相关的其他主体信息，如关联公司信息；（2）专利许可事实信息：包括专利权人考虑将专利许可给潜在被许可人的信息、潜在被许可人考虑接收专利权人许可的信息、许可双方针对专利许可而进行的接触和谈判；（3）许可专利包信息：包括待许可的专利号、专利数量、CC 或 EOU 等。关于双方的权利和义务，最为重要的是对双方保密义务的规定，一般而言，保密协议双方的保密义务应当延续到该保密信息非因双方过错而丧失保密性为止，因此，可能会出现保密协议已经到期但基于该协议而负担的保密义务仍然延续的情况，即保密义务的期限与保密合同的期限往往并非一致。另外，专利包的价值评估环节是专利许可中最为核心的一个环节，专利许可能否继续开展，首先取决于专利权人的专利包是否符合潜在被许可人的需求，因此，潜在被许可人在与专利权人展开商务侧谈判前，需要对待许可专利资产进行评估，评估内容包括专利的可专利性（又称稳定性）、专利与标准或商用化产品的对应性等，而对这些内容的评估属于非常专业的工作，有的潜在被许可人并不具有这样的专业能力，存在需要委托外部第三方专业机构进行分析的可能性，因此专利许可双方在签订保密协议时需要对这种情况具有预见性，并在协议中明确潜在被许可人基于专利评估的目的而需要向外部机构披露有关保密信息的，不应被视为是对保密义务的违反，但是潜在被许可人在委托外部机构进行评估之前，需要确保该被委托外部机构对保密信息承担相同的保密义务。对于专利许可的潜在被许可人而言，还有其非常在意的一点就是在与专利权人接触并进行了专利价值评估后，最终却并未与专利权人达成专利许可，在此种情况下，专利权人可能转而在后续针对潜在被许可人提出专利侵权诉讼，并将其在专利许可过程中所知悉的信息和获得的资料作为故意侵权的证据提交给法院，这对于潜在被许可方而言的确是不利的，而在专利许可达成之前，专利许可双方很少会签订其他有约束力的协议，因此，可考虑在保密协议中预设一条款以约束专利权人在专利许可不成的情况下不得将其获得的有关信息提供给法院等。但是，这样的协议内容可能在不同的法域具有不同的效力，例如 Vringo 在澳大利亚、巴西、法国等国起诉中兴侵犯其专利，双方随后展开了谈判并签订了保密协议，该保密协议规定任何和谈判相关的文书和信息为保密信息，禁止双方在诉讼中使用这些保密信息。在谈判过程中，中兴在深圳对 Vringo 提出反垄断诉讼，指控后者在专利许可中拒绝遵守 FRAND 原则并存在滥用其市场支配地位的情形，在起诉状中，中兴引用了 Vringo 的保密信息。随后，Vringo 在美国地方法院提起合同违约之诉，指控中兴违反保密协议，并向法院提起动议，请求法院下达临时禁令，地方法院随后颁布了临时禁令，禁止中兴使用、引用或泄露保密信息。

（二）示例性 CC 的分析

潜在被许可人拿到专利权人的 CC 后，应组织相关人力进行技术分析。潜在被许可人若内设有专业 IPR 的，这部分工作可由 IPR 来主导完成，但同时最好再邀请产品部门的人员一并参与分析，因为产品部门的人员对 CC 中所对比的商用化产品最熟悉，对相关产品是否使用到了专利技术能够快速地进行确认。如果专利权人提供的 CC 中还有涉及 SEP 的，此时，需要确认内部是否有专业的标准研发人员，若有，则可请其承担 SEP 专利的分析工作；若无，则需要考虑是否请外部的专业机构提供专业性的分析意见。

专利许可的潜在被许可人可从多个维度来对专利进行评估，但实践中主要是对专利的对应性和稳定性进行评估。在批量专利的许可情况下，对于专利权人未提供相应 CC 的专利，可参考相应专利的被引证次数等指标来大致评估其价值。为了节省专利评估的时间、人力等资源，建议优先评估专利的对应性，在专利的对应性较好的情况下，再去评估专利的稳定性；而对于对应性不好的专利，可以放弃对其稳定性的评估。

1. 对应性分析

示例性专利的性质不同，对应性分析的维度就不同。

标准专利的对应性分析是将标准专利的权利要求文本与标准文本进行对应。潜在被许可人拿到标准专利的 CC 之后，应该首先核实 CC 中所引用的专利是否已经在标准组织中进行了声明，所使用的权利要求内容是否与授权文本一致，所引用的标准内容对应的标准版本号及是否与相应版本号的标准文本一致。由于标准版本一直处于变化过程中，有的 CC 使用的是比较早的版本，有的则使用较晚的版本，因此，还需要核实最新版本号的标准文本相应内容是否发生改变；如若可能，最好要求专利权人提供最终版本的对比分析 CC。如果同一权利要求引用了不同的标准版本进行了对应性分析，则需要证明这些不同版本的标准间存在内在的技术衔接关系。

相对于标准专利的对应性分析，产品的对应性分析则相对要容易一些。潜在被许可人应当按照专利司法实践中所采用的"全面覆盖原则""等同原则""禁止反悔原则"等专利侵权判定原则，来评价 CC 中所指出的产品是否确实使用了专利权人的专利。在进行对应性分析时，潜在被许可人最好还应关注一下专利权人是否基于该专利或者其他同族专利提出过专利侵权诉讼，若有，则需要进一步关注相关诉讼的进展、诉求是否获得了法院支持。潜在被许可人可将基于调查所获得的相关信息用于后续的商务侧谈判以降低专利权人的许可费预期。

2. 稳定性分析

稳定性又称可专利性，是指授权专利被无效的可能性。对专利的稳定性进行评估就是审视专利是否存在不符合专利法授权条件的缺陷。虽然专利法所规定的专利授权条件有很多，但专利许可实践中，一般只对待许可专利的新颖性和创造性进行分析，即具体涉及中国《专利法》第二十二条第二款和第三款、美国《专利法》第一百零二条和第一百零三条。此外，如有必要，还可以分析一下相关权利要求是否存在修改超范围或者明显得不到说明书支持的情况。

专利许可中的稳定性分析应当特别注意同族不同命的现象。在专利许可实践中，经常会出现虽然 CC 或者 EOU 中所使用的专利为授权专利，但是却存在着未被授权的其他同族专利。因此，在进行稳定性分析时，应当优先调查其他同族专利的法律状态，确定是否存在着未被授权或者被无效的同族专利；如果有，应当认真核实未被授权或者被无效的权利要求与 CC 或者 EOU 中所引用的权利要求是否一致；如果一致或者相似，应研究该同族未被授权或者被无效的原因，并研究所述原因是否能够影响 CC 或者 EOU 中所引用的权利要求的稳定性。实践中，一旦出现同族不同命的情形，并且经审核认定 CC 或者 EOU 中所引用的权利要求与该未被授权或被无效的同族存在一定程度上的关系，那么就倾向于对其稳定性作出否定性评价，或者将此情形作为后续商务侧谈判时的砝码以要求降低相应的许可价格。

3. 技术交流与问题解决

潜在被许可方在对 CC 进行分析后，可能会提出一些质疑专利对应性的问题，或者一些相关的技术问题，对于这些问题的解答，专利权人往往倾向于通过面对面交流的方式进行解答。专利许可双方应当委派相关的技术专家、产品专家参加技术交流会议，同时，最好还应当委派相关律师一并参会。根据专利许可实践，潜在被许可人有时会提出一些诸如共同侵权、间接侵权的法律性问题，尤其是当被许可的专利涉及其他国家的专利时，由于各国的法律规定与实践各不同，对于同一法律问题的处理可能也不同。

为了提高技术交流的效率，在进行面对面技术交流会议之前，专利权人应当尽可能提前获知潜在被许可人的专利分析情况及提出的质疑或技术问题，以方便其提前做好技术解答的准备并委派最合适的人员参会。最好不要通过电子邮件等书面形式进行技术问题的交流，以防后续相关专利出现专利诉讼时，根据美国证据开示程序的要求需要将这种信息以证据的形式进行提交。对于专利许可的双方，其实都不希望将对专利的对应性进行的质疑或提出的问题以书面等有形形式进行固定，对专利权人而言，这样的交流可能构成对权利要求保护范围的限定；而对被许可人可言，若双方最终未达成许可，专利权人转而提起侵权诉讼，相关的信息可能会被专利权人用于证明存在故意侵权。

实践中，潜在被许可人往往会通过技术交流环节达到拖延许可谈判的目的，其经常会策略性地提出一些技术问题，哪怕有些问题实质上并非是问题，以此质疑专利的对应性、稳定性或者要求再安排技术交流会来解决这些问题。但实际上，任何专利许可谈判，专利权人与被许可人之间都很难在对应性、稳定性问题上达成一致性意见，即使被许可人心里认可专利的价值，但是在谈判过程中仍会坚持认为专利存在对应性或稳定性的问题。但是，技术谈判又不能无休止地继续下去，因此，比较好的建议是双方尽量能够在技术谈判之前或初期制订一个详细的技术交流计划，后续的所有行程均按照计划进行执行。

三、专利许可中的商务侧谈判

（一）专利许可项目的财务预算

在中国推进专利许可，许可谈判的时间要相对较长，专利权人对此要有足够的心理准备。由于中国企业习惯进行年度财务预算，所有工作的开展都需要在年度财务预算所规划的范围内进行，如果在推进专利许可谈判的当年，潜在被许可人并未将相关专利许可项目列入其年度财务预算中，那么，专利许可谈判尤其是商务侧谈判在当年可能并不会有实质性进展，需要等到第二年，在潜在被许可人将相关专利许可项目列入年度财务预算后才可能会有实质性突破。因此，建议专利权人在接触潜在被许可人时，应尽早地向其说明许可费的收取方式及预期收取的许可费数额，以方便潜在被许可人尽早地将专利许可项目编制进其财务预算中。

（二）专利许可合同条款清单（Term Sheet）

专利许可中的商务侧谈判的目标是经过双方的友好协商从而达成最终的专利许可协议。在达成最终的专利许可协议之前，实践中，专利权人通常会将专利许可协议的主要内容形成一份不具有约束力 Term Sheet 提供给潜在被许可人，双方主要围绕 Term Sheet 的内容展开商务侧谈判。Term Sheet 主要包括：专利权人建议的许可期间（包括起止时间）、许可费的收费方式（是一次性付费，还是根据实际生产或销售情况的持续付费）、许可费率（是按照产品的实际售价的一定比率如2%，还是每部产品固定费用如1元/部）、优惠条件（如约定在某一日期之前达成许可协议时可给予的优惠条件）、产品销量的计算方式（是以以往的年度销售为准，还是按照许可期间的实际销售为准）、对过去使用情况是否豁免（即 Past Sin 的处置方式）。

1. 交叉许可的可能性

交叉许可是专利权人与被许可人之间实现互利共赢、降低专利许可支出的最佳方式。这种许可方式往往发生在两个势均力敌、互有竞争的公司之间。对于有着众多专利储备或者基础专利的被许可人，其在与许可人展开专利许可谈判前，也需要事前对许可人的产品进行了解、分析，以确定许可人的产品是否采用了其拥有的专利技术。如果经核实后发现许可人的产品也采用了被许可人的专利，那么，被许可人就因此而拥有了谈判砝码，可以据此要求与许可人进行交叉许可，从而显著降低许可费支出。

2. 许可费的谈判技巧

获取比较有利的许可费率是潜在被许可人进行商务侧谈判最为重要的目标。但是，受制于专利权人的整体许可策略以及专利权人需要遵循的法定义务（如遵守FRAND 义务），专利权人往往很难做到给予潜在被许可人显著低于其他被许可人的许可费率。但是潜在被许可人仍有争取支付较少许可费的空间，比如在达成专利许可协议的同时，可以考虑在产品或技术服务侧也进行合作，并在产品或技术服务侧合作上安排费用减免；对于专利权人而言，其更在乎的是向前的专利许可收费，因此，潜在被许可人可尽量争取专利权人对过去使用情况的豁免（即对 Past Sin 不进行收费）；潜在被许可人亦可考虑充分利用手中的专利尽量与专利权人达到交叉许可以降低需要支付的专利费；此外，如果潜在被许可人预测其未来的产品销量会逐渐增加，那么在许可费的收费方式上可尽量争取基于过去销量计算出来的固定收费方式。

 # 专利许可合同主要
条款的起草与审核

专利许可合同是涉知识产权合同中，条款内容最为复杂、专业性要求最高的一类合同。由于专利许可合同存在着合同履行期限较长、合同标的数额较大等特点，对于专利许可的双方当事人而言，起草或审核一份权利义务关系约束明确、合同内容考虑周全的专利许可合同，是专利许可谈判中最为重要的一项工作。本文主要对专利许可合同的主要条款进行厘清，并就起草或审核各主要条款时需要注意的问题进行说明。

一、定义条款

实践中，大部分的专利许可合同首先会对合同中出现的主要术语进行定义，其目的就是对这些术语的具体含义进行清楚界定，以避免合同双方当事人在签订及后续履行合同的过程中出现理解上的分歧。专利许可合同中的特定术语，可能会因双方当事人所使用的语言文字、所在国法律等不同而产生理解上的分歧，双方当事人因此可能会花费大量的时间

和金钱甚至是通过诉讼手段来争论这些术语的具体含义，因此需要将这些术语的具体含义界定清楚。

关于在专利许可合同中需要对哪些术语进行定义，界定标准主要还是看其是否容易引起双方当事人产生理解上的分歧。一般而言，需要对以下条款进行定义：

（一）保密信息

专利许可谈判存在着历时长——少则几个月多则数年，参与人员众多——可能会涉及专利、法务、研发、财务、产品等业务部门的人员，交流信息广泛——可能会涉及许可费标准、许可费优惠政策、产品生产或销售数据、公司财务报表等特点，这些均使得在专利许可谈判过程中披露的双方当事人的商业信息容易被泄露，这些信息一经泄露将会对信息持有人产生致命影响。比如，专利许可人为了吸引第一个被许可人签约而给予其特别优惠的许可价格，这一优惠许可价格一旦泄露给其他潜在被许可人，将会对许可人的后续许可谈判及其许可战略的正常实施造成重大影响。因此，在专利许可合同中，双方应当就许可谈判过程中所披露的何种信息为保密信息进行明确定义。

对"保密信息"进行定义的目的在于凡是符合"保密信息"定义的任何信息都是合同双方不得任意披露的。但是，在专利许可实践中，许可人往往存在这样一个需求：为了提高专利许可项目的推进效率、吸引更多的被许可人获得其专利许可，许可人需要向其他潜在的被许可人披露已经获得其许可的其他被许可人。因此，如果专利许可人存在这样一个需求，最好能够在许可合同中安排一个除外条款，约定许可人向其他潜在被许可人披露被许可人以及被许可人已经获得许可人的专利许可这一事实。

【例1】"Confidential Information" shall mean any and all non – public, confidential and/or proprietary information of a Party or its Subsidiaries and all intellectual property rights therein (including, without limitation, all rights under patent, copyright and trade secret laws) disclosed by the disclosing Party to the receiving Party or its representatives, whether orally, in writing or otherwise. Without limiting the generality of the foregoing, Confidential Information may include, but is not limited to, the terms and plicensersions of this Agreement and all business, technical [e. g. information that relates to or concerns patents, patent applications, trade secrets, research, experimental work, product plans, products, developments, know – how, inventions, processes, design details, engineering, technology, software (including source and object code), algorithms] and financial information used, obtained or maintained by such Party which plicenserdes such Party an advantage over competitors who do not know or use it and derives to such Party economic value (actual or potential) from not being generally known to the public or to other entities who can obtain economic or other value from its disclosure and use.

（二）关联公司

专利许可合同的被许可人有可能是企业集团，而签订专利许可合同的可能只是这个企业集团中的一个法人，如果被许可人签订专利许可合同的目的是不仅签约法人能够获得专利许可，其他集团内的非签约法人亦能够获得专利许可，那么，此种情况下就有必要在合同中对关联公司进行定义。实践中，经常会使用"控制""被控制""共同被控制"等术语来定义关联公司，其具体的使用场景可归纳为：如果签约法人是集团母公司，那么，关联公司的定义就需要将其下的集团子公司包括在内，此时可使用"控制"或具有类似含义的术语；如果签约法人是集团内的一家子公司，那么，关联公司的定义就需要将其母公司以及其他兄弟公司包括在内，此时可使用"被控制"和"共同被控制"或具有类似含义的术语。实践中，很少会使用"共同控制"或具有类似含义的术语来定义关联公司，这是因为从法律角度讲，一家公司只有拥有另一家公司50%以上股份或者表决权的时候，才能称之为该公司"控制"了该另一家公司，即不应存在"共同控制"的情况。此外，一些大的企业集团，其公司治理结构并不限于"母子公司"这样的二层结构，子公司之下还有子公司，即存在着"孙子公司"的情况，针对这种三层或更多层公司治理结构的企业集团，在定义关联公司的时候，就需要考虑合理使用"直接/间接控制""直接/间接被控制""直接/间接共同被控制"等术语。许可人在专利许可过程中应当充分了解被许可人范围，因为有可能会出现许可人的竞争对手通过控制某一被许可人的股权或者与某一被许可人进行合作间接获得许可授权的情形，从而损害许可人的利益、违背许可人的许可初衷。对于专利许可人而言，由于其主要合同义务是将其专利许可给被许可人进行使用，可能并不希望将此合同义务也一并施加给其关联公司，因此，在定义关联公司的时候，许可人可以在合同中约定关联公司的定义仅适用于被许可人或者作出其他限制性的约定。

实践中，专利许可人存在监控非经授权的使用专利行为的必要，为谨慎起见，专利许可人除了需要在许可合同中定义"关联公司"外，还可以约定被许可人需要将其符合"关联公司"定义的内容以清单的方式提供给专利许可人，并在许可协议中约定，被许可人的关联公司应仅限于其在签订合同时所提交的清单中的关联公司，若被许可人的关联公司在履行合同的过程中出现变更，则应向许可人进行报备，并获得许可人的同意。若在后续履行合同的过程中，许可人通过市场监控，发现有被许可人关联公司清单之外的其他公司存在使用专利的行为，许可人可在许可合同中约定，这种情况下，其可进行权利主张行为。

此外，专利许可人为了有效监控被许可人的专利实施情况，有时只希望将专利许可给签订专利许可合同的被许可人及其控制的"子公司"或者"孙子公司"，对于向上的"母公司""曾母公司",或者与其平行的"兄弟公司",由于存在着股权结构复杂等问题,专利许可人并不希望在一个许可合同中一并解决,在此种情况下,许可合同中可能只需要使用"控制"或具有类似含义的术语来进行定义即可。

【例2】"Subsidiaries" shall mean any corporation, company, or other entity:

(i) more than fifty percent(50%)of whose outstanding shares or securities(representing the right to vote for the election of directors or other such managing authority)are, now or hereafter, owned or controlled, directly or indirectly by a Party hereto; or

(ii) which does not have outstanding shares or securities, but more than fifty percent(50%)of whose ownership interest representing the right to vote or other such managing authority is now or hereafter, owned or controlled, directly or indirectly by a Party hereto;

but such corporation, company or other entity shall be considered to be a Subsidiary only for so long as such ownership or control exists.

(三)被许可产品

被许可人可依据许可合同使用被许可专利的产品范围。实践中,经常使用专利许可权能来限定被许可产品的范围,如许可合同约定被许可人可以通过使用被许可专利制造或销售或者进口有关产品。为了最大化实现专利的许可价值,同时,也为了有效监控被许可方的被许可产品货量,许可人在定义"被许可产品"时,应当甄别出潜在被许可产品的类别。因为产品的类别不同,适用的许可费或许可费率可能就不同。如被许可专利涉及的是移动通信技术,那么,潜在的被许可产品可能就包括手机终端、基站设备、通信芯片,而针对这三类产品的许可费或许可费率是明显不同的。在甄别出潜在的被许可产品的类别后,许可人就需要决定其意欲许可的具体类别,如许可人只希望针对手机终端进行许可,那么,就需要通过定义将"被许可产品"限定为手机终端。

关于被许可方可以使用被许可专利的产品的范围,专利许可人通常会通过被许可方的品牌来限定被许可产品,并在签订合同之时要求被许可方提供产品的品牌清单,同时允许被许可人在许可合同有效期内更新品牌清单,凡是在许可人认可的品牌清单下的产品均被视为被许可产品,可以依约使用被许可的专利。这种以品牌来限定被许可产品的做法对于被许可人自己生产产品并贴上自有品牌的情形不会有什么问题,但是,实践中却经常会发生产品品牌持有人与产品生产商相分离的情形,具体包括:被许可人拥有被许可的品牌,但是产品却是由第三方制造商生产的;被许可人制造产品后并不贴自己被许可的品牌而是转卖给其他第三方品牌厂商,并由该品牌厂商贴上其自有品牌后进行销售,即第三方贴标。前一种情况具体又包括两种情形:一种是OEM,另一种则是ODM。所谓OEM就是俗称的定点加工,即被许可人并不直接生产产品而是负责产品设计、开发和销售,具体的加工则是通过合同订购的方式委托同类产品的其他厂家生产，之后将所订产品进行买断并贴上被许可品牌销售；所谓 ODM 是指其他第三方设计出产品后被被许可人看中，要求贴上被许可人的品牌来进行生产和销售。针对上述 OEM、ODM 以及第三方贴标的产品是否属于被许可产品，专利许可合同应该予以明确约定。本书倾向认为，对于贴有被许可人品牌的 OEM 以及 ODM 产品可以直接被定义为被许可产品，而对于第三方贴标产品则不便于将其定义为被许可产品，这也是与通过被许可方的品牌来限定被许可产品的做法是相吻合的。此外，关于被许可品牌一般应当理解为被许可人自己所拥有的品牌，但是，对于由第三方所拥有、但授权给被许可人使用的品牌，是否也应当将其视为被许可的品牌，许可人应当经过慎重考虑后决定。

此外，还存在这样一种情况，即除了被许可人所提供的产品会使用到被许可的专利，在对外提供服务时，有时亦会使用到被许可的专利，如被许可人对外提供修理、维护、升级设备等服务过程中会使用到被许可的专利，此时，专利许可人应当决定是否需要对被许可人所提供的服务征收许可费。如果需要，那么许可人还应当在许可合同中就"被许可服务"进行定义。

【例 3】"Licensee Products" shall mean product transferred under the Brands at Retail in the Territory（Patent）. "Licensee Products" expressly exclude products sold to or through Service Providers, recorders, set – top boxes, personal computers, mobile phones, tablets, devices solely using a closed or proprietary conditional access system, and any other product not expressly included in the previous sentence.

"Brands" shall mean all brands owned and/or controlled by Licensee, and set forth in Schedule ×, which may be updated from time to time upon the mutual agreement of the Parties.

（四）被许可专利

当被许可专利数量较少或者不涉及标准必要专利时，许可双方通常会将其列在许可合同中或者以被许可专利清单的方式来界定被许可专利。但是，在涉及标准专利的许可实践中，专利许可人通常通过对"被许可专利"进行定义的方式来界定被许可产品，而很少会以专利清单的方式来提供被许可专利。涉及标准必要专利的许可项目若使用专利清单方式可能会存在以下问题：许可人或者被许可人对何为标准必要专利可能存在一定的意见分歧，是否是标准必要专利并非以许可人或者被许可人的主观意志为转移，而对每一件专利都通过制作 CC 的方式来证明又是非常不切实际的，一般的许可项目只提供十件左右的 CC，只有涉及标准必要专利非常多的许可项目才有可能提供二十件以上的 CC；标准必要专利的许可人在进行专利许可时，必须遵循其向标准组织所承诺的 FRAND 义务，符合 FRAND 义务的专利许可应当不能出现搭售非标准必要专利、对已经过期或者无效的专利继续收取许可费等情况，否则专利许可人有可能会被提起反垄断审查，从而面临着遭致被公权力制裁、赔偿被许可人损失等风险。通过专利清单的方式来界定被许可专利就容易导致违反 FRAND 义务的情形发生，这是因为，即使专利清单中所列出的专利已经作出过声明，但是很大比例都最终被司法所证实并非是标准实际采纳的必要专利；专利许可期间内，部分专利亦有可能被无效或者权利到期而失效，如果仍然按照原来的许可费率收取许可费，则存在着对已经过期或者无效的专利继续收取许可费的情况。为了避免上述情况的发生，涉及标准必要专利的许可人通过实践发展出了一套较为有效的方案，首先，将标准必要专利与其他非标准必要专利剥离开来，标准必要专利作为单独的许可项目进行操作；其次，通过定义被许可专利的方式而非提供专利清单的方式来界定被许可专利，并使用具体的标准化组织所颁布的标准来限定该定义。通过定义的方式来界定被许可专利，使得许可合同的许可标的被限定为符合定义的专利，从而避免上面所涉及的可能违反 FRAND 义务的情形的发生。

（五）销售价格及净销售价格

如果许可费的收费方式是根据被许可产品的实际销售价格的一定比例进行收费（如销售价格的 2%），由于被许可产品的对外销售价格往往并非是固定的，被许可人根据与客户的合作情况，针对不同客户的对外销售价格往往也是不同的，因此，许可合同应当就何为"销售价格"进行定义。一般而言，可将"销售价格"定义为被许可人向善意第三方销售被许可产品的市场公允价格，这一公允价格并非要求必须是固定的，也并非一定要高于被许可产品成本价的一定比例，如智能手机行业，有不少具有互联网特质的手机制造厂商，其产品的销售价格要低于成本价。在大型的专利许可项目，尤其是涉及标准必要专利的许可项目中，计算许可费率的基础并不是以被许可产品的"销售价格"来计算的，而是以"净销售价格"来计算。一般而言，"净销售价格"是将销售价格扣除包括被许可产品的包装费用、为被许可产品而支付的保险及运输费、因销售被许可产品而支付的消费税等税费在内的费用后的价格。为了避免被许可人在后续支付许可费时进行过多扣减，许可人可在许可合同中约定被许可人可扣减的最大比例（如 5%）。

【例 4】销售额：指被许可方销售合同产品的总金额。

净销售额：指销售额减去包装费、运输费、税金、广告费、商业折扣。

纯利润：指合同产品销售后，总销售额减去成本、税金后的利润额。

实践中，专利许可合同除了对以上术语进行特别定义以外，通常还会对"生效日""销售""转让""许可地域"等术语进行定义。

【例 5】"Retail" shall mean the Transfer of products or services via retail channels of distribution（e. g. retail outlets, mail order catalogs, television shopping channels, department stores or via the Internet）directly to an end – user or to wholesale distribution channels who subsequently sell via retail directly to end – users. "Retail" expressly excludes supply or sales to or through Service Providers.

【例6】"Transfer" or "Transferred" shall mean sold, licensed, leased or otherwise Licensed, delivered or distributed（including installed or downloaded）regardless of the basis, amount or timing of compensation（if any）.

二、专利许可类型

专利许可类型一般包括：独占实施许可、排他实施许可、普通实施许可以及交叉许可。其中，独占实施许可，是指许可人在约定许可实施专利的范围内，将该专利仅许可一个被许可人实施，许可人依约定不得实施该专利；排他实施许可，是指许可人在约定许可实施专利的范围内，将该专利仅许可一个被许可人实施，但许可人依约定可以自行实施该专利；普通实施许可，是指许可人在约定许可实施专利的范围内许可他人实施该专利，并且可以自行实施该专利。专利许可合同的双方当事人应该在合同中就许可类型进行明确约定，对专利实施许可方式没有约定或者约定不明确的，则认定为普通实施许可。专利实施许可合同约定被许可人可以再许可他人实施专利的，认定该再许可为普通实施许可，但当事人另有约定的除外。此外，严格来讲，交叉许可并非一种相对独立的专利许可方式，其实质仍是独占实施许可、排他实施许可、普通实施许可中的一种，只不过作为许可合同的每一方当事人在是许可人的同时又是被许可人。

一般而言，许可人更希望许可出去的是普通实施许可，因为，这一类的潜在被许可人较多，可期待的综合许可收益更大，同时，通过广泛招集潜在被许可人的加盟，还可以达到扩大技术同盟军的效果，进而增大被许可技术在同类技术市场上的竞争优势；而对于被许可人而言，可能更希望获得的是独占实施许可或者排他实施许可，因此，这两种许可方式能够使被许可人直接获得竞争优势，并且会给其创造更多的价值，但是与此同时，被许可人需要支付更高的许可费。此外，专利许可人可以考虑将许可类型与地理区域、行业类型、销售渠道、时间周期等因素结合起来，授权被许可人在某一特定的地理区域、行业、销售渠道以及时间范围内享有独占实施许可、排他实施许可或者普通实施许可，从而最大化地实现其专利价值。

【例1】专利许可的方式与范围
该专利的许可方式是独占许可（排他许可、普通许可、交叉许可、分许可）；
该专利的许可范围是在某地区制造（使用、销售）其专利的产品；（或者）使用其专利方法以及使用、销售依照该专利方法直接获得的产品；（或者）进口其专利产品（或者）进口依照其专利方法直接获得的产品。

三、专利许可权能

发明专利权和实用新型专利权的权能包括制造权、使用权、许诺销售权、销售权、进口权；而外观设计专利权的权能包括制造权、许诺销售权、销售权、进口权。专利权人可以根据自己的许可策略以及被许可人的许可需求、业务经营范围等情况，在许可合同中就被许可人可享有的具体权能进行明确约定。虽然表面上看，上述的各项权能之间是相互独立的，被许可人只能享有专利权人明确授予的某一项或几项权能，无权享有其他未明确授予的权能，但是，司法实践表明情况可能并非如此，专利权人在授予某一项权能的时候，可能也同时将其他权能一并授予了出去。一般而言，如无特别约定，授予被许可人享有"销售权"，可能会暗含被许可人同时享有"许诺销售权"和"使用权"；对于方法发明专利权而言，授予被许可人享有"使用权"，可能会暗含被许可人同时享有"制造权"，也就是说，专利许可中存在着默示许可的情况，因此，专利权人在对被许可人授以特定的权能的时候，需要对可能存在的默示许可情况有一定的预见能力。

针对于"制造权"，需要在许可合同中明确，被许可人是只能自己进行制造还是可以委托第三方。由于许可往往是针对品牌商进行的，而很多品牌商并不具备生产制造能力，因此，在许可合同中最好可以约定"制造权"包括自己制造以及委托第三方（包括 OEM、ODM）的情况，但是，应该明确排除被许可人自己制造后然后销售给其他品牌商进行贴标销售的情况，这也是与针对品牌商进行专利许可的实践相符合的。

此外，在专利许可中尤其需要注意"专利权用尽原则"。在过去的一些专利许可实践中，专利权人往往将专利权授权给特定产品供应链中的一个实体，但同时保留了起诉供应链中其他实体的权利。而相关的一些案例表明，这种保留权利往往是无效的，如果授权给产业链中的一个实体，就应该同时授权给供应链中被许可方的下游实体。

四、专利许可标的

专利许可的许可标的指的是我们通常所说的"专利包"或"专利组合"。一般而言，单个专利或者有限的几个专利，并不能够形成必要的专利壁垒，无法对潜在被许可人产生吸引力，因此，专利权人往往会针对某一特定的技术领域形成一个特定的包，将与该特定技术领域相关的内外围专利、基础专利、衍生专利进行捆绑打包，为了使专利包形成一个内闭的专利链，有时专利权人还需要从其他第三方手中购买专利链中所缺少的一件或者几件必要专利，从而增大专利包的价值。

有经验的专利权人在整合专利包之前，还会对其将要进行许可的技术领域的产业链进行调查，从而分析出潜在的被许可人，并将他们进行分类，针对不同类的被许可人形成不同的专利包，并制定和实行不同的许可策略。例如，专利权人许可的技术领域是移动通信技术，而在这一技术领域中至少可以划分出三类潜在的被许可人，分别是：移动通信终端厂商、基站厂商以及移动通信运营商，针对移动通信终端厂商，专利权人可以将与移动通信接收端技术整合成一个专利包；而针对基站厂商，专利权人可以将与移动通信发射端技术整合成另一个专利包。这样做的目的在于，专利权人针对上下游厂商中的某一层面厂商的许可，并不会必然导致其他层面的厂商也自然获得许可，也就是并不必然导致专利权用尽，从而可最大化实现其专利价值。

五、专利许可费及税费

专利许可费用条款是专利许可合同中最为重要的条款，专利权人对外进行许可的主要目的可能就是获得许可费收益，而许可费条款是其目的最直接的体现。专利许可费用的支付方式一般包括两种，一种是一次性付费，另一种则是根据实际生产或销售情况的持续付费。

一次性付费方式需要被许可人能够一次性地将许可费结清，这对被许可人的资金支付能力要求比较高，但是，该种方式对被许可人也有有利的一面，体现在：被许可人无需定期对其生产或销售情况向许可人进行报告，同时，也减少了因提交专利使用情况报告而带来的额外开支以及因许可人入场进行生产或销售情况审计而对其生产经营活动带来的不利影响。但是，一般只有在小规模的专利许可项目，或者是一次性付费方式相对于根据实际生产或销售情况的持续付费方式明显更为经济的许可项目中才会采用该种方式，实践中更多的则是根据实际生产或销售情况的持续付费。

根据实际生产或销售情况的持续付费方式又存在两种类型，一种是被许可人周期性地（通常是按季度）向许可人报告专利使用情况，并根据产品的实际生产或销售情况以销售价格的一定比例或者固定许可单价向许可人支付许可费，必要时，许可人还会委派专业的会计审计机构入场进行审计，即滑动持续付费；另一种则是许可人与被许可人约定，被许可人按照某一确定的生产或销售数量以销售额的一定比例或者固定许可单价周期性地（通常是按季度）向许可人支付许可费，即固定持续付费。一般情况下，许可人和被许可人会以许可合同签订之前被许可人某一特定时期（通常是许可合同签订之前的前一个会计年）实际发生的生产或销售数量为准，被许可人只需要在许可合同有效期内（比较常见的是三年或者五年）按照这一生产或销售数量向许可人支付许可费即可。这种方式避免了后续的专利使用情况报告以及会计审计工作，对于许可人和被许可人都比较有利。实践中，在被许可人的生产或销售情况存在逐渐向好预期的时候，被许可人往往喜欢选择这种方式，同时，许可人也倾向于以这种方式来吸引被许可人尽快与其达成许可合同。

一般而言，专利许可人会在许可合同中将许可费设置为两部分，一部分是向前的，即过去的许可费，往往称之为 Past Sin；另一部分则是向后的，即在许可合同的有效期内需要缴纳的许可费。关于许可人向前可收取多长时间的许可费，根据被许可专利的授权国法律规定的不同可能会有所差异，比如针对中国专利向前可收取二年的许可费，但针对美国和欧洲的专利，向前可收取的许可费则相对较长。许可人尤其是标准专利的许可人，往往最关心的是向后许可费率的稳定性，因为这决定了其许可项目是否能够被更广泛的潜在被许可人所接受，对于涉及标准必要专利的许可项目，这也同时决定了其许可政策是否违反 FRAND 承诺。所以，致力于长期专利许可事业的许可人往往对于向后的许可费率政策是很难进行改变的。但是，对于许可人而言，最先与其签订许可合同的被许可人与在后的被许可人是不一样的，许可人需要拿出一定的优惠来吸引潜在的被许可人尽快与其签订许可合同，实践中，许可人经常会针对向前的许可费而给予最先与其签订许可合同的被许可人一定的优惠，优惠的方式既可以是一定的折扣，亦可以是免收一年或若干长时间的许可费。

关于专利许可费率，许多专利权人尤其是国外专利权人认为向被许可人收取产品销售价格的 2%、3% 甚至是 5% 的许可费是合理的；也有国外专利权人固执地以向其他国外被许可厂商同样的许可费单价向国内厂商收取许可费。不管按照哪种方式向中国国内厂商进行许可收费，对于中国的产品制造商而言，这个许可费可能已经达到甚至超过了其产品的利润额，比如对于中国的彩电厂商，其产品的市场售价只相当于国外厂商的一半或者多一些，售价几千块钱的智能电视，其利润只有几十块钱，若收 5%、3% 甚至是 2% 的许可费，已经超过了其产品利润。实践中，也出现过许多由于许可人出价太高，远远超过被许可人的承受能力，而导致许可谈判破裂的情况。因此，许可人在制订许可费率的时候，需要获得许可产品的销售价格以及成本数据，从而决定其边际利润；预测如果被许可人单独进行产品开发，可能需要投入的时间、人力和资金等成本；如果发生诉讼被许可方可能支出的侵权赔偿金，但是专利许可费又不同于侵权赔偿金，因为经过实际协商而达成的许可费体现了由于专利有效性和侵权问题的不确定性而产生的一定的折扣；此外，许可人还需要考虑被许可人是否还存在向其他许可人支付许可费的可能，并根据这些调查情况，制订合理的许可费率。

此外，税费条款也是专利许可合同中较为重要的条款，尤其是专利许可费较多时，税费条款会显得尤为重要。双方应当就专利许可而产生的各项税费的缴纳约定清楚。一般而言，许可人是专利许可费的收入一方，按照税法的有关规定，其所收取的专利许可费属于一种特许权使用费所得，应当缴纳相应的所得税。对于这种所得税是否应当包括在专利许可费中，双方应进行明确约定；若未约定，一般认为已经包括在了专利许可费中。此外，专利许可合同属于一种技术合同，有的国家如中国就规定对于技术合同进行备案的，可以享受到相应的税收减免，当专利许可费较多时，可享受到的税收减免也会不少。因此，可在合同中约定双方应积极采取合理的措施以减少或消除有关税费的缴纳。

【例 1】

1. Fees & Adjustments.

1.1 Initial Fee. In exchange for the release granted under Section × of Exhibit × hereto, Licensee shall pay licenser a non – refundable, one – time fee of [_____] (US $ [_____]) ("Initial Fee"). The Initial Fee shall be due and payable by Licensee to licenser within × days after the execution of this Agreement.

1.2 License Fee. In exchange for the rights, licenses and privileges granted herein, Licensee shall pay licenser the non – refundable license fees set forth below, which shall be due and payable in accordance with Section × below.

[INSERT APPLICABLE LICENSE FEES]

1.3 Discount. The license fee reflects × discount for the first licensee with significant shipments in US to execute the patent license.

1.4 Annual Adjustments. Commencing on January 1, × × × ×, and thereafter on January 1 of each subsequent Calendar Year during the Term, the fee above shall be adjusted in an amount equal to the annual percentage increase in the "Consumer Price Index for All Urban Consumers (CPI – U): U. S. City Average" for "All Items" during the preceding year.

2. Statements; Payments; Reports.

2.1 Fee Statements and Payments. Except as otherwise set forth in this Agreement, all fees or payments due to licenser hereunder shall be due and payable to Licenser within × days after the end of each calendar quarter during the Term. Further, Licensee shall provide a complete and accurate statement of account to Licenser within × days after the end of each calendar quarter during the Term in such form and containing such information as may be specified by Licenser from time to time (i. e. Licensee shall use the Excel – based, reporting template Licensed by Licenser). Such information shall, at a minimum, include the brand, model and/or version number, country of manufacture, destination country and quantity of Licensee Products. Each such statement shall be in writing and certified by an officer of Licensee and sent to the following address：×××××××.

2.2 Payments Generally. All payments of the fees and any other amounts due and payable to Licenser hereunder shall be made via wire transfer in accordance with instructions to be supplied during the Term and in United States dollars in full without set – off or deduction of any kind or nature. The receipt or acceptance by Licenser of any statements or of any payments due and payable to Licenser hereunder（or the cashing of any checks evidencing such payments）shall not preclude Licenser from questioning the correctness thereof at any time, and in the event any inconsistencies, mistakes or errors are discovered in the statements or payments, such mistakes shall be immediately rectified and the appropriate payment made by Licensee. Licensee understands that Licenser may be receiving payments on behalf of different Subsidiaries owning, controlling or having rights in, to and under certain of the Licenser Patents licensed hereunder.

2.3 Taxes.

Withholding Taxes. If Licensee is required by any competent taxing authority to withhold taxes from payments made to Licenser hereunder, then Licensee shall deduct such withholding tax from the payment to Licenser and in such event shall pay such tax to the taxing authority on behalf of Licenser. Licensee shall obtain for and plicenserde to Licenser, within × × days after submitting such withholding tax（and no longer than one year after the period for which the corresponding Licensee fee payment was made）, the original tax certificate or receipt issued by the taxing authority evidencing such tax payment and sufficient to allow Licenser to apply for an appropriate tax credit. In the event Licensee does not so plicenserde the original tax certificate or receipt issued by the taxing authority, Licensee shall be liable for and shall reimburse Licenser for the amounts deducted as withholding taxes from the payment. The Parties agree to take all reasonable steps before payment is made to reduce or eliminate withholding taxes under applicable law, including income tax treaties. Such original tax certificate or receipt shall be sent to Licenser at the following address：× × × × × × × × × × × × × × × × × × ×

Sales and Other Taxes. If Licensee is required by any taxing authority for making payment of any all sales tax, use tax, value added tax, goods and services tax, transaction tax or similar excise tax due to any taxing authority with respect to transactions resulting from this Agreement, Licensee agrees to pay all such taxes, unless Licensee plicenserdes Licenser with a resale certificate or a similar legal document that supports Licensee's exemption from such taxes. If Licenser is required by any taxing authority to collect and remit any such taxes to a taxing authority on behalf of Licensee, Licenser shall invoice any such taxes to Licensee and Licensee shall pay Licenser for such taxes. The Parties agree to take all reasonable steps before payment is made to reduce or eliminate such taxes.

Time of Essence; Interest. Time is of the essence with respect to the furnishing of all statements and the making of all payments due hereunder. All amounts payable by Licensee to Licenser that are not paid within × × days after the due date thereof shall bear interest equal to the lower of (a) the maximum rate allowed by law or (b) × percent (× %) per month, computed from the original date due until paid.

【例2】

1. 使用费及支付方式

1.1 本合同涉及的使用费为（¥、＄）＿＿＿＿＿＿＿元。采用一次总付方式，合同生效之日起＿＿＿＿＿＿＿日内，被许可方将使用费全部汇至许可方账号，或以现金方式支付给许可方。

1.2 本合同涉及的使用费为（¥、＄）＿＿＿＿＿＿＿元。采用分期付款方式，合同生效后，＿＿＿＿＿＿＿日内，被许可方即支付使用费的＿＿＿＿＿＿＿%即（¥、＄）＿＿＿＿＿＿＿元给许可方，待许可方指导被许可方生产出合格样机＿＿＿＿＿＿＿台＿＿＿＿＿＿＿日后再支付＿＿＿＿＿＿＿%即（¥、＄）＿＿＿＿＿＿＿元。直至全部付清。

被许可方将使用费按上述期限汇至许可方账号，或以现金方式支付给许可方。

1.3 使用费总额（¥、＄）＿＿＿＿＿＿＿元，采用分期付款方式：

合同生效日支付（¥、＄）＿＿＿＿＿＿＿元；

自合同生效日起＿＿＿＿＿＿＿个月内支付（¥、＄）＿＿＿＿＿＿＿元；

＿＿＿＿＿＿＿个月内再支付（¥、＄）＿＿＿＿＿＿＿元；

最后于＿＿＿＿＿＿＿日内支付（¥、＄）＿＿＿＿＿＿＿元，直至全部付清。

被许可方将使用费按上述期限汇至许可方账号，或以现金方式支付给许可方。

1.4 该专利使用费由入门费和销售额提成二部分组成。

合同生效日支付入门费（¥、＄）＿＿＿＿＿＿＿元；

销售额提成为＿＿＿＿＿＿＿%（一般3%~5%），每＿＿＿＿＿＿＿个月（或每半年、每年底）结算一次。

被许可方将使用费按上述期限汇至许可方账号，或以现金方式支付给许可方。

1.5 该专利使用费由入门费和利润提成二部分组成（提成及支付方式同1.4）。

1.6 该专利使用费以专利技术入股方式计算，被许可方与许可方共同出资（¥、＄）＿＿＿＿＿＿＿万元联合制造该合同产品，许可方以专利技术入股股份占总投资的＿＿＿＿＿＿＿%（一般不超过20%），第＿＿＿＿＿＿＿年分红制，分配利润。

支付方式采用银行转账（托收、现金总付等）。现金总付地点一般为合同签约地。

1.7 在1.4、1.5、1.6情况下许可方有权查阅被许可方实施合同技术的有关账目。

2. 税费

2.1　对许可方和被许可方均为中国公民或法人的，本合同所涉及的使用费应纳的税，按《中华人民共和国税法》，由许可方纳税；

2.2　对许可方是境外居民或单位的，按《中华人民共和国税法》及《中华人民共和国外商投资企业和外国企业所得税法》，由许可方纳税；

2.3　对许可方是中国公民或法人，而被许可方是境外单位或个人的，则按对方国家或地区税法纳税。

六、专利许可期限

专利许可期限是被许可人依约可以实施专利的有效期限，往往起始于合同生效日而终止于许可合同双方明确约定的某一具体日期。但是专利实施行为存在多种表现形式，如生产、许诺销售、销售、使用，因此在许可期限临近届满时，被许可人可能存在多个停止实施专利的时间点，如停止生产、停止许诺销售、停止销售、停止使用等。因此，许可合同应当就被许可人何时需要停止生产、是否需要销毁半成品、工厂库存商品是否可以继续销售、门店库存商品是否可以继续销售、在售后服务过程中是否可以实施许可专利、许可人是否回购剩余库存产品、是否需要销毁生产模具等涉及许可期限终止问题进行明确约定。一般而言，如果权利人采取提成浮动方式收取专利许可费的，往往先设定一个停止生产的明确期限，同时设定一个停止销售的明确期限，允许被许可人在停止生产后的一定期限内继续将库存产品进行销售，但不得进行生产，根据总体销售额度结算专利许可费。

在对专利许可期限进行约定时，可根据情况设置一个自动续展的条款，如双方可约定在专利许可到期前的一定期限（如半年）内，如果双方没有通过书面等明示方式表明不再进行续展，则专利许可合同可自动续展一段时间（如二年）。自动续展条款的存在，使得双方避免了在许可合同到期后再一次的许可谈判，提高了专利许可的谈判效率。

七、专利许可使用情况报告及会计审计

如果专利许可合同约定许可费的支付方式是根据实际生产或销售情况的持续付费，那么许可方就有必要在许可合同中加入要求被许可方按时提交专利使用情况报告，并允许许可人委派专业会计审计机构进驻被许可方场地对专利使用情况进行会计审计工作的条款内容。双方需要在许可合同中明确约定被许可方提交专利使用情况报告的时间、内容及方式（一般可约定按季度提交专利使用情况报告，提交时间可以考虑安排在被许可人整理完季度财务报表之后；报告的内容至少应包括产品的出货量、销售价格、产品型号等信息；专利许可人可制作标准的专利使用情况报告模版并要求被许可人按照模版提交报告）；许可人对被许可人使用专利情况进行会计审计的时间、方式、场所、执行机构等（可考虑每日历会计年度进行一次会计审计，时间通常在次年的第一季度，审计的内容是上一会计年度全年的专利许可费是否存在应缴而欠缴等情况；一般需要委托专业的会计师事务所，并不建议由许可人内部的会计人员直接前往被许可人处进行审计，这是因为许可人与被许可人之间往往存在竞争关系，直接由许可人进行审计可能存在着窥视竞争对手经营信息等风险；对于专业的会计师事务所，可约定数家双方都认可的第三专业机构，要求许可人只能在约定的范围内进行委派）；对专利使用情况报告进行会计审计的标准，如果审计结果与被许可人出具的专利使用情况报告不符合，还需要约定在审计不符合标准情况下的处理方式。

在专利许可合同中对专利许可使用情况报告及会计审计进行约定的目的在于对被许可人是否如实申报专利许可使用情况以及是否如实缴纳专利许可费进行监控。实践中，经常会存在被许可人为少缴许可费而擅自少报被许可产品的销量或者销售价格。一般而言，如果被许可人欠缴的专利许可费占应缴的专利许可费小于一定的比例（比如5%），那么一般可认为是正常的误差，只需要被许可人后续补缴所欠的许可费及相应的滞纳金即可；如果被许可人欠缴的专利许可费占应缴的专利许可费大于一定的比例（比如5%），那么这种情况下一般可被认为被许可人存在恶意欠缴行为，此时，许可人可在许可合同中约定一惩罚性条款，不仅要求被许可人补缴所欠的许可费及相应的滞纳金，而且还要求被许可人支付一定的违约金（如欠缴许可费的二倍）或者承担会计审计费用；此外，许可实践中亦发现有一些被许可人为了少缴许可费，专门设立了用来应对审计的会计岗，该会计岗通过制作虚假的会计报表将被许可产品的销量和销售价格拉低，从而降低需要缴纳的许可费，如果后续只针对该虚假的会计报表进行审计，一般很难发现问题，因此，许可人在进行会计审计时，应对被许可产品的销售合同、发票等其他财务资料也一并进行审核。对于被许可人恶意造假的行为，许可人可在许可合同中约定一定的违约责任。

【例1】Books & Records.

Licensee shall keep complete and accurate books of account and records relating to the subject matter of this Agreement, including all transactions relating to the rights and licenses granted and all amounts due and payable to Licenser hereunder. Without limiting the generality of the foregoing, Licensee shall make available to Licenser, or an independent auditing firm selected by Licenser, without restriction, reports and information necessary for Licenser to verify the transactions relating to the rights and licenses granted and all amounts due and payable to Licenser hereunder, including all information necessary to verify the statements required to be delivered by Licensee pursuant to Section × hereof. During the Term and for a period of × years after the expiration or earlier termination of the Term, Licenser, or an independent auditing firm selected by Licenser, shall have the right, upon × days prior written notice to Licensee, to examine and audit said books of account and records during normal business hours to determine the accuracy and completeness of the statements and payments rendered by Licensee hereunder. If any examination and audit discloses that Licensee owes any amounts to Licenser, then Licensee shall immediately pay such deficiency plus interest thereon in the amount plicenserded for in Section ×. If any examination and audit discloses that Licensee owes any amounts to Licenser in excess of × percent (×%) of the amounts previously paid, then Licensee shall also immediately pay the reasonable costs of such examination and collection.

八、分许可

专利许可合同需要就被许可人是否享有分许可的权利作出明确约定。大部分的专利许可合同中都会规定，在未经许可人书面同意的情况下，被许可人不得将其许可再次转许可给其他第三人或者直接约定被许可人不享有分许可的权利。这是因为，对于许可人而言，其对专利许可项目需要有统一的战略布署，将专利许可给谁、如何进行许可、收取多少许可费、许可战略如何分步实施等，都需要进行统一的统筹和安排。如果允许被许可人享有分许可的权利，那么就有可能会打乱许可人的统一战略布署，并且会对其他许可项目产生不良影响；允许被许可人进行分许可，意味着被许可人可以通过分许可获得许可费收入同时致使市场上出现更多的专利产品，这将导致许可人对外许可收费能力的下降；此外，分许可过程中可能会出现超出原许可范围的情形，从而为潜在纠纷埋下隐患。

如果授权许可为排他性许可且并没有提及分许可，合同有时可能会被解释为暗含了对分许可的授权，如《最高人民法院关于审理技术合同纠纷案件适用法律若干问题的解释》第二十七条就规定："排他实施许可合同让与人不具备独立实施其专利的条件，以一个普通许可的方式许可他人实施专利的，人民法院可以认定为让与人自己实施专利，但当事人另有约定的除外。"由此可见，排他许可的被许可人在特定情形下可以进行普通分许可，除非当事人对此进行特别约定。

如果许可人允许被许可人享有分许可的权利，那么许可协议中就需要明确：被许可人可行使分许可权的具体范围，包括分许可权能、分许可地域范围、分许可时间、分许可渠道等；被许可人在签订分许可合同前，是否需要获得许可人的确认；

对于被许可人通过分许可而获取的许可收益，许可人是否有权分享、如何进行分享；许可人与被许可人之间的许可合同终止、解除或者到期后，分许可合同的效力应该如何认定。

当被许可人为集团性企业时，签订许可合同的主体可能只是其中一个企业，而该企业集团的其他企业亦希望通过该许可合同获得专利许可。针对于非签约的其他的许可人的许可问题，许可实践存在两种模式：其一是授予许可合同的签约被许可人享有分许可权，其可以将专利分许可给其他非签约的集团企业；其二是在许可合同中直接规定其他非签约的集团企业亦享有专利许可权。第二种模式实质上是许可合同双方为合同外的第三方约定了权利和义务。由于许可合同的合同属性决定了其仍应具有相对性，效力一般仅限于合同双方当事人；中国合同法亦承认为第三人利益的合同，但是许可合同可否归类为为第三人利益的合同，可能仍属于需要深入探讨的问题。为谨慎起见，第一种模式更可靠一些。

九、被许可专利权有效性的维持

《最高人民法院关于审理技术合同纠纷案件适用法律若干问题的解释》第二十六条规定："专利实施许可合同让与人负有在合同有效期内维持专利权有效的义务，包括依法缴纳专利年费和积极应对他人提出宣告专利权无效的请求，但当事人另有约定的除外。"由此可见，在许可合同存续期间维持被许可专利权有效的义务以合同当事人约定为准，在当事人未就此约定的情况下，依该司法解释，维持专利权有效的义务由许可人承担。

虽然，约定由许可人承担维持专利权有效的义务更为普遍，但是对于发生专利无效的情况，许可合同当事人在就此项义务进行约定时，还是应本着尽最大可能维持专利权有效的原则，约定由有着丰富专利无效实践经验、专利业务能力相对较强的一方当事人来承担此项义务。至于承担此项义务而带来的财力、人力的投入问题，双方当事人可以本着公平合理原则，约定由另一方给予补偿。

例如，对于专利权被撤销和被宣告无效的处理来说，如果在合同有效期内，许可方的专利权被撤销或被宣告无效时，如无明显违反公平原则，且许可方无恶意给被许可方造成损失，则许可方不必向被许可方返还专利使用费。如果在合同有效期内，许可方的专利权被撤销或被宣告无效时，因许可方有意给被许可方造成损失，或明显违反公平原则，许可方应返还全部专利使用费，合同终止。

十、专利许可合同的备案登记

根据《专利法》《专利实施许可合同备案管理办法》的规定，专利实施许可合同应当办理备案登记手续。《专利实施许可合同备案办法》第五条规定："当事人应当自专利合同生效之日起三个月内办理备案手续。"可见，专利实施许可合同登记并非是合同生效的要件，但是具有对抗第三人的效力，具体体现在：对于独占或排他专利实施许可合同而言，如果没有备案登记，权利人违反约定再次向第三方授权许可的，第三方得以善意第三人抗辩，在先独占或排他性被许可人不得追究其侵权责任，但可追究权利人的违约责任。如果在先许可没有备案登记，权利人再次向第三方发放独占性或排他性许可并经备案的，在后独占性或排他性被许可人可以对抗在先被许可人，从而禁止在先被许可人实施专利技术方案，在先被许可人可通过追究权利人违约责任获得救济。因而，许可合同中最好还是约定双方需要对许可合同进行备案登记。

十一、无效合同条款的避免

《合同法》第三百二十九条规定："非法垄断技术、妨碍技术进步或者侵害他人技术成果的技术合同无效。"同时，《最高人民法院关于审理技术合同纠纷案件适用法律若干问题的解释》第十条进一步约定如下：

下列情形，属于合同法第三百二十九条所称的"非法垄断技术、妨碍技术进步"：

（一）限制当事人一方在合同标的技术基础上进行新的研究开发或者限制其使用所改进的技术，或者双方交换改进技术的条件不对等，包括要求一方将其自行改进的技术无偿提供给对方、非互惠性转让给对方、无偿独占或者共享该改进技术的知识产权；

（二）限制当事人一方从其他来源获得与技术提供方类似技术或者与其竞争的技术；

（三）阻碍当事人一方根据市场需求，按照合理方式充分实施合同标的技术，包括明显不合理地限制技术接受方实施合同标的技术生产产品或者提供服务的数量、品种、价格、销售渠道和出口市场；

（四）要求技术接受方接受并非实施技术必不可少的附带条件，包括购买非必需的技术、原材料、产品、设备、服务以及接收非必需的人员等；

（五）不合理地限制技术接受方购买原材料、零部件、产品或者设备等的渠道或者来源；

（六）禁止技术接受方对合同标的技术知识产权的有效性提出异议或者对提出异议附加条件。

由此可见，如果专利许可合同中包括上面所列举的情形时，将会导致相应合同条款或者整个合同无效，而在专利许可实践中，专利许可人经常会以合同的方式约定被许可人不得以提出专利无效等方式对被许可专利的有效性提出质疑。这种约定明显属于该司法解释所约定的第（六）种情况。为了使专利许可合同不会因为个别条款的内容而影响其效力，合同当事人应当尽量避免约定违反《合同法》第三百二十九条规定的条款。

十二、承诺、豁免及免责

专利许可实践中，许可人可能会为被许可人接受专利许可设置条件，要求被许可人必须作出有关承诺及豁免才可以接受或继续接受专利许可。其中，"承诺"的内容包括被许可人承诺不会对许可人或其关联公司提出专利侵权主张，或者不会基于许可人或者关联公司生产或销售的产品而对许可人或者关联公司的客户（包括供应商、经销商、分销商等）提出专利侵权主张；"豁免"的内容则包括被许可人对于在许可合同签订以前向许可人或其关联公司所进行的专利侵权主张进行豁免，或者对基于在许可合同签订以前许可人或其关联公司已经制造或销售的产品而对许可人或其关联公司的客户（包括供应商、经销商、分销商等）提出的专利侵权主张进行豁免。同时，许可人一般还会在许可合同中约定，若被许可人违背承诺或豁免，则其将会收回专利许可，并且许可人有权利用被许可专利对违背承诺或豁免的被许可人进行权利主张。

关于在许可合同中约定承诺或豁免的效力问题，实践中一直都存有争议。有人认为，许可合同中的承诺或豁免条款效力相当于要求了反授权，而且是一种免费的反授权。首先，这种合同条款可能会构成合同法上的显失公平，合同相对方后续可据此要求变更或者撤销该合同；其次，如果被许可专利是标准必要专利，那么，这种条款可能会被认定违反 FRAND 义务，如国家发展改革委在对高通的标准必要专利的许可行为进行反垄断调查时，就要求高通不得要求反授权。但是，当我们分析 ETSI 等国际标准化组织所制定的知识产权政策时就会发现，ETSI 等国际标准化组织是允许标准必要专利持有人在被许可方不对标准必要专利持有人承担同样义务的时候，标准必要专利持有人可以不再遵守 FRAND 义务。由此可见，许可合同中的承诺或豁免条款的效力问题还有待研究，但是，从当前全球范围的许可实践来看，有很多比较有名的专利权人都在其许可合同中保留此类条款。

此外，专利许可人有时还会在许可合同中为自己设置免责条款。免责的内容一般包括：许可人不保证其专利必然属于标准必要专利或者必然被被许可人的产品所使用到；不保证其被许可的专利申请必然符合法定的授权条件而最终可被授权；不保证其授权专利不会被他人宣告无效或者不会被无效掉；不保证其被许可专利在合同期内不过期。同时，许可人有时还会约定若其专利被无效、被撤销或过期，则相应的专利许可会被视为是技术许可，许可合同继续有效且被许可人仍需按许可合同继续缴纳许可费。对于许可人所设置的上述免责内容的效力问题，也属于实践中争议较大的问题，如国家发展改革委在对高通的标准必要专利的许可行为进行反垄断调查时，就要求高通不得就过期专利收取许可费。

【例1】Covenant. Licensee covenants and agrees with Licenser that Licensee shall not assert against Licenser or any of its suppliers, distributors, dealers, customers or licensees any patent infringement claim based on any Licenser service under a Licenser specification, owned, distributed, licensed or plicenserded by Licenser during the Term. This covenant shall bind and inure to all successors – in – interest of any patents and patent rights of Licensee. This covenant shall only apply to such suppliers, distributors, dealers, customers and licensees of Licenser who have themselves granted a similar covenant to Licenser's respective suppliers, distributors, dealers, customers or licensees.

Release. Licensee hereby generally and specifically releases Licenser and its suppliers, distributors, dealers, customers and licensees from any patent infringement claim based on any Licenser service under a Licenser specification, owned, distributed, licensed or plicenserded by Licenser prior to the Term, whether such claims are now in existence or arise hereafter or whether known or unknown. This release shall only apply to such suppliers, distributors, dealers, customers and licensees of Licenser who have themselves granted a similar release to Licenser's respective suppliers, distributors, dealers, customers or licensees.

十三、知识产权瑕疵担保条款

《合同法》第三百五十三条规定："受让人按照约定实施专利、使用技术秘密侵害他人合法权益的，由让与人承担责任，但当事人另有约定的除外。"对于被许可人因实施被许可专利而侵害他人合法权益的情况，主要是指对他人的知识产权造成侵权的情况。

一般而言，知识产权瑕疵担保条款是专利许可合同的必备条款，但是许多专利许可合同仅就知识产权瑕疵担保条款进行笼统的约定，即承诺若被许可人因实施被许可专利而侵害他人知识产权的将承担赔偿责任。但是，我们知道，专利具有显著的地域性，如果被许可的专利是中国专利，被许可人在中国制造专利产品后又将其出口到美国，该出口的专利产品侵犯了美国另一专利权人的专利，而被许可人并未告知许可人其会将专利产品出口至美国。那么，在这种情况下，许可人是否应当依据许可合同中有关知识产权瑕疵担保条款的笼统约定而承担对美国专利权人的侵权责任；该知识产权瑕疵担保条款是只应在专利权的有效范围即中国内有效，还是在专利产品出口国美国也应当有效？这种情况比较复杂，很难得出唯一的定论。但是，如果专利许可合同当事人在就知识产权瑕疵担保条款进行约定时，如果能够结合被许可人实施被许可专利的具体方式、使用被许可专利技术的专利产品的制造、许诺销售、销售、使用地域等来进行更明确、具体的约定，则可以有效避免上述问题的出现。但是，许可人又不能不合理地限制被许可人实施专利的地域，这可能会导致该合同限制条款无效，《最高人民法院关于审理技术合同纠纷案件适用法律若干问题的解释》第十条就明文禁止权利人不合理地限制被许可人的销售渠道和出口市场。

【例1】Indemnification. Plicenserded that Licensee is not in breach of any terms or conditions under this Agreement, Licenser agrees to indemnify, defend and hold harmless Licensee from and against any and all damages, penalties, losses, liabilities, judgments, settlements, awards, costs and expenses (including reasonable attorneys' fees and expenses) arising out of any bona fide infringement claims caused by the Licenser × licensed hereunder or the making, selling, using and/or exploitation thereof, alleging that such Licenser × infringes, misappropriates or violates any patent, copyright, trademark, trade name, trade secret or other intellectual property right of any unaffiliated third party; plicenserded that (a) Licensee plicenserdes Licenser with a copy of the written complaint filed against Licensee, (b) such Licenser IPG adheres to the Licenser ×, (c) Licenser shall have the right to control the defense of any such claim, (d) Licenser shall have the right to redesign the Licenser × if it believes such a redesign is necessary to avoid an allegation of infringement, and (e) Licensee shall cooperate with Licenser in defending against such claims. Licensee may, at its own cost and expense and with counsel of its choice, assist in the defense of such claim if it so chooses; plicenserded that Licenser shall control such defense and all negotiations relative to the settlement thereof, and plicenserded further, that any settlement intended to bind Licensee or in any way prejudice, restrict or encumber the rights of Licensee shall not be final without Licensee's prior written consent. Licenser's aggregate, indemnification obligations shall be limited to half of the amount of the license fees actually received by Licenser at that time the subject claims are made.

十四、后续改进技术

专利许可合同签订后，许可方与被许可方都有可能对许可的专利技术作出改进，从而形成新的改进技术。对于何为改进，技术改进一方可能倾向于用比较宽泛的标准来定义，而另一方则可能正好相反，因此，专利许可合同应该就后续的改进技术进行明确定义。同时，在签订专利许可合同时，还需要考虑：如果该改进技术是由许可方作出的，那么针对该改进技术，被许可人是否可依许可合同自动获得并无需支付额外的许可费用，如果不能，那么在许可合同中是否可针对该后续改进技术的许可费标准进行规定；如果该改进技术是由被许可方作出的，那么许可方是否有必要通过许可合同提前获得该后续改进技术的所有权或者使用权，从而可以将该改进技术充实到其专利包中，进而增加专利包的价值。

《合同法》第三百五十四条规定："当事人可以按照互利的原则，在技术转让合同中约定实施专利、使用技术秘密后续改进的技术成果的分享办法。没有约定或者约定不明确，依照本法第六十一条的规定仍不能确定的，一方后续改进的技术成果，其他各方无权分享。"因此，就实施专利后续改进的技术成果的分享应以许可合同当事人双方的约定为主；如果没有约定或约定不明时，则可以协议补充；不能达成补充协议的，按照合同有关条款或者交易习惯确定；仍不能确定的，则后续改进的技术成果只能由改进方所有和使用。

由于后续改进技术成果是基于被许可专利所作出的，因此，对后续改进技术成果的实施一般都导致对被许可专利的实施。如果当事人并未就后续改进技术成果的分享进行约定，同时其又是由被许可人作出的，而被许可人如果在专利许可合同有效期届满后实施该后续改进技术成果的，其行为实质上已经对许可人的专利造成了侵权。因此，许可合同当事人在就后续改进技术成果的分享进行约定时，应当具有一定的预见性，本着互利互惠、公平合理的原则作出具体约定。

例如，后续改进的提供与分享：

（1）在合同有效期内，任何一方对合同技术所作的改进应及时通知对方。

（2）有实质性的重大改进和发展，申请专利的权利由合同双方当事人约定。没有约定的，其申请专利的权利归改进方，对方有优先、优价被许可，或者免费使用该技术的权利。

（3）属原有基础上的较小的改进，双方免费互相提供使用。

（4）对改进的技术还未申请专利时，另一方对改进技术承担保密义务，未经许可不得向他人披露、许可或转让该改进技术。

（5）属双方共同作出的重大改进，申请专利的权利归双方共有，另有约定除外。

十五、侵权责任

在签订专利许可合同之后，可能存在着被许可方因为实施许可方的专利而遭受第三方专利权人起诉的情况，或者存在着未经专利许可人授权的第三方擅自使用许可人专利的情况。对于前一种情况，第三方专利权人的起诉行为直接对被许可人依专利许可合同实施专利的行为提出了挑战，对其生产经营活动造成了直接影响；而后一种情况中，未经授权的第三方擅自使用许可人专利的行为虽然没有给被许可人造成直接影响，但是却间接变相抬高了合法授权的被许可人的产品成本价格，并可能会对其产品市场份额造成冲击，进而影响被许可人的市场竞争能力。对于专利被许可人而言，在与许可人签订专利许可合同时，应就这两种情况下，双方当事人的权利义务进行明确约定。

由于许可人的专利可能是其他第三方专利权人已有专利的衍生专利，也有可能由于专利审查存在问题从而导致许可人的专利被重复授权，使得虽然被许可人实施的是许可人的专利，但仍然侵犯了其他第三方专利权人所拥有专利的情形。对于这种情况，许可合同应该就应对第三方专利诉讼的主体、诉讼费用承担、败诉时侵权损害赔偿责任的承担以及败诉是否对许可合同的效力产生影响等作出明确约定。但是这种情况应当仅以许可人的专利是第三方专利权人专利的衍生专利或者与第三方专利权人专利的保护范围构成实质相同为限。

实践中发生更多的是第二种情形，即未经专利许可人授权的第三方擅自使用许可人专利的情况，由于这种情形对许可人和被许可人的利益都产生了不利影响，因此，需要在专利许可合同中就双方在针对该第三人的专利诉讼中的权利义务进行明确约定。在此种情况下，许可人与被许可人谁拥有针对该第三人的起诉权，不同的许可方式其结果也是不一样的。《最高人民法院关于审理商标民事纠纷案件适用法律若干问题的解释》第四条第二款规定："在发生注册商标专用权被侵害时，独占使用许可合同的被许可人可以向人民法院提起诉讼；排他使用许可合同的被许可人可以和商标注册人共同起诉，也可以在商标注册人不起诉的情况下，自行提起诉讼；普通使用许可合同的被许可人经商标注册人明确授权，可以提起诉讼。"虽然现在尚不存在针对专利权的上述司法解释，但在实际司法实践中，则是参考这一司法解释来执行的。这也就是说，对于许可人而言，如果其是以独占使用许可方式进行许可的，那么，在以这种方式进行许可的同时还把发生专利侵权纠纷时对侵权人的起诉权也让渡给了被许可人。当独占使用许可被许可人发现他人侵犯专利专利权时，可以不再经过专利权人的同意，而直接以独占使用许可被许可人的身份直接提起诉讼。此外，排他使用许可合同的被许可人可以和专利权人共同起诉，也可以在专利权人不起诉的情况下，自行提起诉讼；普通使用许可合同的被许可人经专利权人明确授权后，也可以提起诉讼。因此，专利许可合同的双方当事人需要针对未授权第三人的起诉权进行明确规定，同时，还应就诉讼费用承担、从第三方获得的侵权损害赔偿金的利益分配作出明确约定。

【例1】侵权的处理

1. 对合同有效期内，如有第三方指控被许可方实施的技术侵权，许可方应负一切法律责任。

2. 合同双方任何一方发现第三方侵犯许可方的专利权时，应及时通知对方，由许可方与侵权方进行交涉，或负责向专利管理机关提出请求或向人民法院提起诉讼，被许可方协助。

十六、技术资料与技术指导的提供

我们知道，专利文件所公开的内容都比较笼统，其仅公开了构成具体技术方案的技术特征，而一般很少公开如何来实施该技术方案，仅依据专利文件所记载的内容有时是很难对专利进行实施的。因此，在专利许可谈判时，被许可人务必通过专利许可合同约定许可人提供实施专利所需要的技术资料，同时约定必要时许可人应当应被许可人的请求指派技术专家对许可人实施专利给予技术指导。

【例1】

1 技术资料的交付

1.1 技术资料的交付时间

合同生效后，许可方收到被许可方支付的使用费（入门费）（¥、$ _____ 万元）后的_____日内，许可方向被许可方交付合同第_____条所述的全部资料，即附件（ ）中所示的全部资料。

自合同生效日_____日内，许可方向被许可方交付合同第_____条所述全部（或部分）技术资料，即附件（ ）中所示的全部资料。

1.2 技术资料的交付方式和地点

许可方将全部技术资料以面交、挂号邮寄或空运方式递交给被许可方，并将资料清单以面交、邮寄或传真方式递交给被许可方，将空运单以面交、邮寄方式递交给被许可方。

技术资料交付地点为被许可方所在地或双方约定的地点。

2 技术服务与培训

2.1 许可方在合同生效后_____日内负责向被许可方传授合同技术，并解答被许可方提出的有关实施合同技术的问题。

2.2　许可方在被许可方实施该专利申请技术时，要派出合格的技术人员到被许可方现场进行技术指导，并负责培训被许可方的具体工作人员。

被许可方接受许可方培训的人员应符合许可方提出的合理要求。（确定被培训人员标准）

2.3　被许可方可派出人员到许可方接受培训和技术指导。

2.4　技术服务与培训的质量，应以被培训人员能够掌握该技术为准。（确定具体标准）

2.5　技术服务与培训所发生的一切费用，如差旅费、伙食费等均由被许可方承担。

2.6　许可方完成技术服务与培训后，经双方验收合格共同签署验收证明文件。

十七、违约责任

被许可人在履行专利许可合同的时候，可能会存在着未按合同约定支付许可费或者未按合同规定的数量生产或销售产品等违约行为，针对被许可人的此类违约行为，许可人可以在合同中设置违约条款，要求被许可人停止生产或销售产品，支付一定数额的违约金，并且亦可规定许可人此种情况下享有终止合同的权利；对于被许可人而言，此类违约行为的发生可能并非有意而为之，如果因此需要停止生产或销售产品，对其可能会造成难以弥补的损失，比如，对于与第三方签订的产品销售合同无法按时完成交货、对于已经生产出来的库存商品无法进行销售等，因此，被许可人在合同谈判过程中，可以向许可方争取一个违约通知期，要求许可人在此种情况下应当向被许可人发出通知，并允许被许可人进行补救，只有被许可人在通知期限内未采取任何补救行为的情况下，许可方才可以行使终止合同等权利。

【例1】Termination. Either Party may terminate this Agreement prior to the expiration of the Term, effective immediately upon written notice to the other Party, if: (a) the other Party is unable to pay its debts when due, becomes or is declared insolvent or bankrupt, makes an assignment for the benefit of its creditors or institutes, or becomes the subject of any proceeding relating to its bankruptcy, liquidation, solvency or other forms of relief for debtors or for the appointment of a receiver, trustee, liquidator or similar official in respect of its assets that is not dismissed within × days; or (b) the other Party is in material breach of any of its covenants, agreements, representations or warranties contained in this Agreement and fails to remedy or cure such breach (if capable of being remedied or cured) within × days after receiving written notice thereof.

【例2】违约及索赔

对许可方：

1. 许可方拒不提供合同所规定的技术资料，技术服务及培训，被许可方有权解除合同，要求许可方返还使用费，并支付违约金_____。

2. 许可方无正当理由逾期向被许可方交付技术资料，提供技术服务与培训的，每逾期一周，应向被许可方支付违约金_____，逾期超过_____（具体时间），被许可方有权终止合同，并要求返还使用费。

3. 在排他实施许可中，许可方向被许可方以外的第三方许可该专利技术，被许可方有权终止合同，并要求支付违约金_____。

4. 在独占实施许可中，许可方自己实施或许可被许可方以外的第三方实施该专利技术，被许可方有权要求许可方停止这种实施与许可行为，也有权终止本合同，并要求许可方支付违约金_____。

对被许可方：

1. 被许可方拒付使用费的，许可方有权解除合同，要求返回全部技术资料，并要求赔偿其实际损失，并支付违约金_____。

2. 被许可方延期支付使用费的，每逾期_____（具体时间）要支付给许可方违约金_____；逾期超过_____（具体时间），许可方有权终止合同，并要求支付违约金_____。

3. 被许可方违反合同规定，扩大对被许可技术的许可范围，许可方有权要求被许可方停止侵害行为，并赔偿损失，支付违约金_____；并有权终止合同。

4. 被许可方违反合同的保密义务，致使许可方的技术秘密泄露，许可方有权要求被许可方立即停止违约行为，并支付违约金_____。

虽然，实践中的专利许可合同的条款可能多达数十项，但主要内容都体现在了本文所述及的这十多项条款中，如果在起草或者审核专利许可合同时，能够将上述条款的内容规定清楚、明确，那么就会明显降低整个专利许可合同的合同风险，并确保合同的质量。

此外，在专利许可实践中，还需要特别留意除非当事人有明确约定，否则将自动适用法律的专门规定的内容，如《最高人民法院关于审理技术合同纠纷案件适用法律若干问题的解释》第二十六条规定："专利实施许可合同让与人负有在合同有效期内维持专利权有效的义务，包括依法缴纳专利年费和积极应对他人提出宣告专利权无效的请求，但当事人另有约定的除外"；第二十八条第二款规定："当事人对实施专利或者使用技术秘密的期限没有约定或者约定不明确的，受让人实施专利或者使用技术秘密不受期限限制"；第二十九条第二款规定："当事人之间就申请专利的技术成果所订立的许可使用合同，专利申请公开以前，适用技术秘密转让合同的有关规定；发明专利申请公开以后、授权以前，参照适用专利实施许可合同的有关规定；授权以后，原合同即为专利实施许可合同，适用专利实施许可合同的有关规定。"

 # 专利许可纠纷案例

实践中，也存在着由于许可合同约定不明出现纠纷而诉至法院的情况。其中，比较典型的就是敖某某与飞利浦公司、和宏公司、新亚文公司、亚明公司的专利权侵权纠纷案［具体可参见浙江省高级人民法院民事判决书（2011）浙知终字第172号、最高人民法院民事裁定书（2012）民申字第197号］。该案的基本情况如下：

原告敖某某拥有一项名称为"安全插座"的授权发明专利，2005年8月22日敖某某与和宏公司签订了一份专利实施许可合同，许可由和宏公司实施该专利，许可年限至专利保护期限届满时止，许可费以专利产品销售额提成方式计付，并约定：专利许可使用范围是在全国范围内使用其专利制造专利产品，并对外进行销售（包括出口销售）；敖某某不得干涉和宏公司对专利产品的定价、推广等销售行为；敖某某同意和宏公司在许可期限与产品范围内将专利技术许可给第三方以OEM、ODM委托加工的方式使用，和宏公司应及时将第三方使用的情况告诉敖某某；和宏公司可以用获得的专利技术独家使用权折价入股，与第三方合作等。合同签订后，和宏公司以提成方式按期支付了敖某某专利许可使用费，

2008 年因全年销售额未达 300 万元，按合同约定独占许可改为一般实施许可。2008 年 1 月 31 日，敖某某从就职的和宏公司离职，他自述和宏公司并无生产厂区，电源转换器产品一般由其子公司生产。敖某某于 2010 年 7 月 23 日在新亚文公司处公证购买了三款型号为 SPN2342WA/93、SPN2243WA/93、SPN2353WA/93 的 "PHIL-IPS" 牌电源转换器，亚明公司开具了相应的增值税发票，三款电源转换器不含税单价依次为 91.85 元、82.62 元、138 元。三款电源转换器均由和宏公司销售给新亚文公司，均标有 "PHILIPS" 商标，在外包装上注明 "飞利浦（中国）投资有限公司，中国上海天目西路 218 号第 1 座 1602 - 1605 室，邮编 200070，服务热线 4008 - 800 - 008，生产地中国惠州"，外包装条形码中厂商识别代码 8712581 代表飞利浦公司产品，三款电源转换器实物背面均印有涉案专利号。庭审中双方确认该三款产品均落入敖某某专利保护范围。飞利浦公司于 2008 年授权和宏公司为飞利浦品牌代理商，为飞利浦品牌的插座板产品提供生产、销售及售后服务。之后，和宏公司在原有模具基础上改模刻字交由其全资子公司惠州和宏电线电缆有限公司（以下简称惠州和宏公司）生产涉案三款电源转换器。2010 年 12 月 1 日，敖某某向原审法院起诉，请求判令飞利浦公司、和宏公司、新亚文公司、亚明公司："1. 停止对涉案专利的侵犯，销毁国内市场上流通的和库存的被控侵权产品以及用以制造被控侵权产品的模具；2. 共同赔偿经济损失 100 万元（包括敖某某为制止侵权的合理费用）。"

　　一审法院经审理认为：本案的争议焦点之一是飞利浦公司、和宏公司是否构成侵害敖某某的涉案发明专利权。该案中，被控侵权产品标示的商标、厂商名称及其地址、邮编、服务电话、条形码等识别性标识均证明飞利浦公司是该产品的制造商，外包装标注的 "生产地中国惠州" 也不能排除飞利浦公司制造商的地位。另一方面，据已查明事实，被控侵权产品实际由和宏公司接受飞利浦公司品牌授权后，在原有模具基础上改模刻字交由子公司惠州和宏公司生产，此种承揽合同关系属于 ODM 的关系。和宏公司与飞利浦公司据此抗辩，和宏公司与敖某某之间有涉案专利实施许可协议，和宏公司有权生产、销售专利产品，依据 "专利权用尽" 原则，飞利浦公司不构成专利侵权。该院认为，和宏公司与敖某某之间的涉案专利实施许可协议，约定由和宏公司在全国范围内使用其专利制造专利产品，并对外进行销售（包括出口销售），敖某某同意和宏公司在许可期限与产品范围内将专利技术许可给第三方以 OEM、ODM 委托加工的方式使用等，上述约定的许可对象是和宏公司，其制造、销售的产品亦对应的是和宏公司自己的产品而非其他公司产品，协议约定的 OEM、ODM 亦是和宏公司委托第三方加工的方式，显然并不包含该案飞利浦公司委托和宏公司定牌生产这种 ODM 关系。依据专利法的规定，被许可人无权允许实施许可合同规定以外的任何单位或者个人实施该专利。故飞利浦公司通过和宏公司定牌生产被控侵权产品的行为，并未获得专利权人敖某某的许可，已构成侵权；因被控侵权产品的模具由和宏公司在原有模具基础上改模刻字加上飞利浦公司的品牌信息后提供给子公司惠州和宏公司实施生产，和宏公司还有相应的销售被控侵权产品的行为，故和宏公司对被控侵权产品的制造、销售行为，也已构成侵权。关于知识产权中的权利用尽原则，是指专利权人、商标权人或著作权人等知识产权权利人自行生产、制造或者许可他人生产、制造的权利产品售出后，第三人使用或销售该产品的行为不视为侵权。这种情况下经首次销售，相应知识产权已合法地转化为产品进入流通领域，不再构成侵权。权利用尽原则是对知识产权权利行使的一种限制制度，目的在于避免形成过度垄断，阻碍产品的自由市场流通，同时也是对他人依法行使自己合法所有的财产权利的保护。而所谓权利用尽并不是知识产权的权利用尽，而是知识产权权利人对有形物销售、使用等权利的用尽。

该案中，因涉案专利在未经专利权人许可的情况下被实施，故并不属于合法转化为有形产品，权利用尽的抗辩不能成立。据此判决："一、飞利浦公司、和宏公司立即停止侵犯敖某某享有的发明专利权，即立即停止生产、销售侵犯敖某某享有的该发明专利权的产品（型号为 SPN2342WA/93、SPN2243WA/93、SPN2353WA/93）；二、飞利浦公司、和宏公司共同赔偿敖某某经济损失 800 000 元（包括敖某某为制止侵权支付的合理费用），并互负连带责任，于判决生效后十日内付清；三、和宏公司于判决生效后十日内销毁用于生产侵犯敖某某享有的该发明专利权产品的具有飞利浦公司品牌信息的模具（型号为 SPN2342WA/93、SPN2243WA/93、SPN2353WA/93）；四、飞利浦公司、和宏公司于判决生效后十日内销毁库存的侵犯敖某某享有的该发明专利权的产品（型号为 SPN2342WA/93、SPN2243WA/93、SPN2353WA/93）；五、驳回敖某某的其他诉讼请求。"

一审宣判后，和宏公司和飞利浦公司不服提出上诉。二审法院经审理认为：和宏公司与飞利浦公司在本案中均无需承担侵权责任，理由是："1. 从敖某某与和宏公司签订的专利实施许可合同的约定看，主要内容有：许可方式为移动插座、转换器范围内的独占实施许可；许可使用范围为和宏公司可以在全国范围内使用专利技术制造专利产品并进行销售（包括出口销售）；许可期限至专利保护期届满；敖某某同意和宏公司可以将专利技术许可第三方以 OEM、ODM 委托加工的方式使用，和宏公司应将第三方使用情况告知敖某某；和宏公司可以专利技术独家使用权折价入股，与第三方合作，本合同内容适用于合作后的企业。从上述约定的内容看，许可方式和范围是比较广泛的。其中许可方式第四条涉及了 OEM 与 ODM 的概念。所谓 OEM 为 'Original Equipment Manufactures' 的缩写，直译为原始设备制造商，是指定作方利用其自身技术负责设计和开发新产品，通过合同订购的方式委托生产厂商使用自己品牌或商标生产产品，并根据约定支付加工费或将所订产品买断的生产模式。而 ODM 为 'Original Design Manufactures' 的缩写，直译为原始设计制造商，是指生产厂商受定作方委托，运用其自身生产技术或产品设计，使用定作方的商标生产产品的生产模式。本案中，被控侵权产品的技术提供者是和宏公司，飞利浦公司仅授权和宏公司在涉案产品上使用其商标和名称，对于产品的技术来源、技术特征、制造、销售以及售后服务等均由和宏公司及惠州和宏公司负责完成。因此，本案的生产模式应当属于ODM方式，承接设计制造业务的制造商惠州和宏公司称为ODM厂商，所生产的产品为ODM产品。专利实施许可合同约定和宏公司可以许可第三方以OEM、ODM委托加工的方式使用专利技术，从该条款字面意思看，并没有对第三方作限定，也没有限定OEM或ODM委托加工的定作方只能是和宏公司。同时合同第一条对'专利产品'定义为和宏公司使用专利技术制造的移动插座、转换器产品，也未限定必须是使用和宏公司商标的专利产品。且根据一二审查明的事实，专利产品系由惠州和宏公司进行生产，对这一事实作为当时和宏公司员工的敖某某是知晓并在一审中予以认可的。因此，和宏公司在获得飞利浦公司授权后，仍许可惠州和宏公司作为加工方，接受飞利浦公司的委托，使用被许可的专利技术，以ODM方式生产标注'PHILIPS'商标的专利产品，且在该产品上标注了涉案专利号，该行为符合和宏公司将专利技术许可惠州和宏公司以OEM、ODM委托加工方式生产专利产品的约定，应当属于双方专利实施许可合同中认可的许可方式。即使和宏公司没有将第三方使用情况告知敖某某，敖某某作为合同相对方可以追究和宏公司的其他责任，而不是侵权责任。2. 从贴牌生产的法律属性看，虽然本案中飞利浦公司与和宏公司、惠州和宏公司之间没有明确的贴牌生产合同，但从实际操作看，通过三方两次购买行为，完成了惠州和宏公司作为加工方为定作方飞利浦公司加工使用特定商标的商品的生产模式，也符合贴牌生产作为一种加工承揽行为的法律属性。而在加工承揽合同下，定作方和加工方的行为是各自独立的，并不能将加工方的法律责任直接归属于定作方，尤其加工承揽中的对外侵权责任。在本案ODM生产模式下，被控侵权产品的技术由和宏公司提供，制造由惠州和宏公司负责完成。飞利浦公司作为定作方并不存在故意诱导、怂恿、教唆加工方侵犯他人的专利权的情形，因此其所实施的行为未侵犯专利权。3. 从商标的功能看，商标最基本的功能是识别功能，即标示商品或服务的来源，区别相同商品或服务的不同经营者，使消费者凭借商标就能够识别到某种商品或服务以及该商品或服务的提供者。在本案的被控侵权产品上，虽然标注的是'PHILIPS'商标，但在敖某某提供的产品包装上写明产地中国惠州，飞利浦公司之后的产品包装上均标注制造商惠州和宏公司，这与前述查明的双方系ODM生产关系、惠州和宏公司系ODM厂商相互印证。因此，在二审证据明确且表明各方当事人确认惠州和宏公司为被控侵权产品实际制造者的情况下，飞利浦公司作为商标持有人，仅起到标示该商品提供者的作用，不应认定其为专利法意义上的被控侵权产品实际制造者，这也与其在ODM中作为定作方的法律地位相符合。"二审据此改判驳回敖某某的诉讼请求。

敖某某对二审判决不服，向最高人民法院申请再审。最高人民法院经审查认为：本案的争议焦点是："1. 如何解释涉案专利实施许可合同关于敖某某同意和宏公司将涉案专利技术许可给第三方以 OEM、ODM 委托加工的方式使用的约定，和宏公司是否违反上述约定。2. 飞利浦公司是否属于专利法意义上的被控侵权产品的制造者。"

关于争议焦点 1，专利权人敖某某与被许可人和宏公司签订的涉案专利实施许可合同第二条之 2 约定："该专利的许可使用范围是在全国范围内使用其专利制造专利产品，并对外进行销售。"根据该约定，被许可人和宏公司有权使用涉案专利制造专利产品。涉案专利实施许可合同没有对和宏公司在其制造的专利产品上是否必须标注和宏公司的企业名称、商标等商业标识作出约定；专利法规定的专利权本身只赋予专利权人排除他人未经许可实施其专利的权利，并没有赋予专利权人排除被许可人在经其许可制造的专利产品上标注其他厂商的商业标识的权利，因此，敖某某无权限制涉案专利被许可人和宏公司在其制造的专利产品上标注其他厂商的名称等商业标识。涉案专利实施许可合同第二条之 5 约定："甲方（指敖某某）同意乙方（指和宏公司）在许可期限与产品范围内将专利技术许可给第三方以 OEM、ODM 委托加工的方式使用。"敖某某主张上述约定是为了解决和宏公司没有制造能力的问题，和宏公司也承认自己没有制造能力。从上述约定的目的和字面含义来看，并没有限定以 OEM、ODM 方式委托加工的定作方只能是和宏公司。和宏公司作为涉案专利被许可人，在自己没有制造能力的情况下，委托惠州和宏公司为自己制造专利产品，并在专利产品上标注飞利浦公司的企业名称、商标等商业标识，并不违反上述合同约定，不构成侵害涉案专利权。敖某某关于二审判决对涉案专利实施许可合同第二条之 5 的解释存在错误、二审判决的认定不符合国家公共政策的申请再审理由不能成立。

关于争议焦点 2，根据《专利法》第十一条规定，未经专利权人许可而为生产经营目的制造、使用、许诺销售、销售、进口专利产品的，属于侵犯专利权行为。这里的"制造专利产品"，对于发明或者实用新型来说，是指作出或者形成覆盖专利权利要求所记载的全部技术特征的产品。上述理解综合考虑了"制造"一词本身的含义和《专利法》第十一条的立法目的。在委托加工专利产品的情况下，如果委托方要求加工方根据其提供的技术方案制造专利产品，或者专利产品的形成中体现了委托方提出的技术要求，则可以认定是双方共同实施了制造专利产品的行为。本案中，被控侵权产品是和宏公司在原有模具基础上改模刻字交由惠州和宏公司生产，被控侵权产品的技术方案完全来源于和宏公司，飞利浦公司没有向惠州和宏公司就被控侵权产品的生产提供技术方案或者提出技术要求，飞利浦公司不是专利法意义上的制造者，其行为并不构成侵害涉案专利权。敖某某关于飞利浦公司是被控侵权产品的制造者、独立实施了涉案专利的申请再审理由不能成立。

专利交易篇

 # 专利交易的寻源

一、目标专利的识别

(一) 基于专利交易意图的不同识别方式

在识别潜在的目标专利包的时候，需要明确购买专利包的意图是什么。有的出于进攻竞争对手，如为了制衡竞争对手通过购买专利对其提起专利侵权诉讼；有的出于构建防御性专利包以阻止他人可能提起的专利诉讼或者用于交叉许可以降低向其他专利权人所缴纳的专利许可费；还有的则出于专利运营，包括专利许可、专利转售以及其他可实现货币化收益的运营方式。通常而言，实体企业往往基于前两个目的进行专利交易，其购买专利主要是为了制衡竞争对手或者防御他人可能提出的专利诉讼或可能进行的专利许可，实现货币化收益并非其进行专利交易的主要目的；而对于一些非实体企业，即我们通常所说的 NPE 则往往是基于第三个目的，购买优质专利后通过专利许可、专利诉讼或者专利转售的方

式以实现货币化收益。

购买专利的意图不同，识别潜在专利包的方式也不同。如果是为了进攻竞争对手，则需要基于特定竞争对手的产品来识别目标专利，竞争对手的产品应对目标专利构成侵权；如果是为了构建防御性专利包则应当首先从更广泛的范围中识别出潜在的专利诉讼威胁或者专利许可诉求，并进而识别出能够更广泛地应对这些诉讼威胁或许可诉求的优质专利，这种专利主要体现为标准必要专利（SEP）、事实标准必要专利（de facto SEP）以及特定行业技术的基础专利（Core Patent）；如果是为了专利运营，其目标应该是以较低的价格获取能够实现最大货币化收益的优质专利，为了实现以较低的价格得到优质专利，从实体企业获取并不是一个很好的选择，因为专利对其而言是进行保驾护航的重要武器，这些专利权人往往并不是以出售专利获益，而即使有出售的可能，价格也是相对较高；更多地则是从科研院所或者个人发明人手中购得，对于这类专利权人而言，通过出售的方式将其专利进行变现是实现收益的最好方式之一，因此，如果出售价格不仅能够弥补其研发成本而且还能够有一定的额外利润，这类专利权人就会很乐意将其专利进行转让。

（二）对目标技术领域的识别

在对目标专利进行识别时，首先需要明确的就是目标技术领域。当今科技所涉及的技术领域相当广泛，即便是某一特定产品，其细分的技术领域也非常繁多。就拿我们比较熟知的智能手机为例，其所涉及的细分技术领域至少包括：移动数据接入、人机交互、操作系统、移动数据传输、图像处理、定位系统、语音压缩、数据存储、触控技术、视频显示、传感技术等；在针对某一特定产品选择欲购买的目标专利时，首先需要识别出针对该特定产品应优先购买的细分技术，每一类细分技术对产品功能实现的作用也是不同的，一般应优先购买对该特定产品功能实现能够发挥更大作用的技术领域，即技术贡献度较大的技术领域。以智能手机为例，对于用户而言最主要的作用至少包括如下两类：一类是实现通信；另一类则是实现人机交互。纵观以往发生的智能手机的专利诉讼，原告使用最多的就是涉及移动通信技术的专利；同时，在苹果与三星的世纪专利诉讼大战中，苹果所使用的专利主要包括滑动解锁、多点触控等人机交互技术方面的专利。因此，就智能手机而言，移动通信技术与人机交互技术应当是考虑进行优先购买的技术领域。此外，就移动通信技术而言，被纳入通信标准的标准必要专利 SEP 是专利交易中最为核心、最有价值的一类专利，但是涉及 4G 的 LTE 技术的 SEP 价值要大于涉及 3G 的 WCDMA 技术的 SEP，一方面是由于 4G 的 LTE 专利的有效期往往都会长于 3G 的 WCDMA 专利，另一方面则是由于被商品化的最新演进的技术专利对产品的技术贡献更大（参见图 1）。

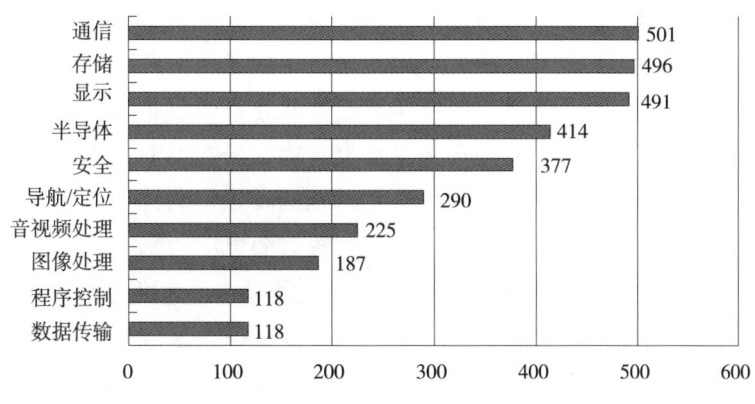

图1　智能终端诉讼技术分布

（三）SEP 和非 SEP 的诉讼级专利的选择

买方进行专利交易的目标就是获得能够对他人造成威胁的优质专利，这类专利一般可分为两类：一类是 SEP，另一类则是非 SEP 的诉讼级专利。进行专利交易的意图不同，对这两类专利的需求也不同：如果是为了进攻竞争对手，发起诉讼或者采取海关扣押的目的往往并不在于获取侵权损害赔偿金，而是在于阻止竞争对手的产品进口、上市或销售，因此，在短时间内获得禁令救济是其终极目的。在此种情况下，一般不建议购买 SEP，这是因为，在许多国家尤其是美国和欧洲，SEP 的权利人是不被允许提起禁令救济或者只能在特定的条件下才可以提起禁令救济，使用 SEP 提起专利侵权诉讼的，法院一般不会判令被告停止进口或销售被控侵权产品，而只会判令其支付合理的专利使用费，即 SEP 一般不会对竞争对手产品的进口、上市和销售造成实质性影响，使用 SEP 很难获得禁令救济，除非 SEP 专利权人是在满足法定条件下提出的禁令救济请求，比如欧盟法院（CJEU）就 SEP 专利权人提出禁令救济的条件作出了规定，这些条件包括：（1）专利权人必须就专利侵权情况向被控侵权人进行通知；（2）如果侵权人有意取得许可，那么，专利权人必须基于 FRAND 条件针对标准必要专利提供明确的书面许可要约；（3）侵权人必须善意且不得有拖延战术进行回应；（4）如果侵权人并不接受该要约，则需要在合理时间内基于 FRAND 条件提出反要约；（5）如果专利权人并不接受该反要约，则侵权人必须提供账户并提供支付许可费的担保（过去对专利的使用也应包括在内），也就是说欧盟 SEP 专利权人只有在上述条件都满足时才可以获得禁令救济。如此一来，非 SEP 的诉讼级专利可能是更好的选择，但是法院或者海关作出禁令的前提至少是原告或者请求人所提交的证据能使法院或者海关确信被请求产品对原告或者请求人的专利构成侵权，因此，这类专利所涉及的技术方案应尽量简单，容易被法官以及海关执法人员这类非技术科班所理解，另外在侵权上也应容易被证实，这也是实践中，外观设计专利、实用新型专利、人机交互的发明专利更容易获得禁令救济的原因。

如果是为了构建防御性专利包，可以基于两个维度来识别目标专利，一个是解决自己商用化产品的可能侵权问题，另一个则是构建可用于与潜在专利许可人进行交叉许可的专利包。针对第一个维度，应基于自己商用化产品的功能和特性，寻找能够覆盖这些功能和特性的专利；针对第二个维度，由于潜在的专利许可人一般是不确定的而且可能是多个，因此，也就无法确定潜在的特定专利许可人的商品化产品并基于产品去识别可能用到的具体专利，因此，覆盖面更广的 SEP 专利或者特定技术领域的基础专利往往是比较好的购买目标；为了达到交叉许可的目的，所购买的专利往往需要达到一定的数量规模，从而形成一个防御性的专利包，这个包中的专利可包括 SEP、非 SEP 的诉讼级专利以及其他可能毫无作用的专利。此外，有的人可能会将针对别人的诉讼而提起反击诉讼的专利视为防御性专利，而我们认为，由于这种专利的实质仍具备进攻性，并非防御性的，因此，此种情况下所使用的专利仍然是以进攻竞争对手为目的的专利。如果是为了专利运营，首先，从购买专利的数量上应当能够达到一定规模，规模化的专利包可有效降低有针对性被无效的潜在风险；其次，所涉及的技术领域也不宜过多，专注于特定的一、两个技术领域可能最佳，涉及的技术也最好是最能体现专利技术价值，以 IT、生物制药、半导体等为代表的高新技术；最后，SEP 专利以及非 SEP 的诉讼级专利均应成为购买的目标。

二、专利交易对手的识别

（一）一般的识别方式：先识别交易对手再识别专利、先识别专利再识别交易对手

在专利交易中，除了需要对目标专利进行识别以外，还需要对潜在的交易对手即目标专利权人进行识别。有时是先对目标专利进行识别，然后再基于目标专利确定交易对手；有时则是先对潜在交易对手进行识别，然后再对确定的交易对手的专利进行筛选。一般而言，后一种识别方式要比前一种识别方式更容易，适用也更广泛。对于某一特定的技术领域，哪家公司的研发历史久、实力强，专利积累数量多、质量优，对于该特定技术领域的实践者而言是很容易获知的，在识别出潜在交易对手的情况下，如果该潜在交易对手也有出售专利资产的意愿，则该潜在交易对手可针对专利交易需求方的需求也提供相应的可供出售的专利清单，需求方根据自己的调查分析可从这一专利清单选择其需要的专利资产。一般较大规模的专利交易都是先对交易对手进行识别，例如以苹果、微软、爱立信和索尼等六家公司组成的财团对北电专利的竞标、谷歌对摩托罗拉专利的收购、联想对 NEC 专利的收购、阿里巴巴对 IBM 专利的收购、小米对博通、英特尔专利的收购等，有购买专利需求的实体企业在交易资金允许的情况下，往往希望从大的行业翘首手中购得一定数量的专利

资产，一方面是由于这些行业翘首在特定的技术领域里一般都耕耘多年，手里积累了一定数量的高质量的行业基础核心专利；另一方面从行业翘首手中购买专利资产这一行为本身就是一个很好的广告宣传，能够一定程度上提升购买方的知识产权形象力及品牌知名度，尤其对整体知识产权实力都是一个巨大提升；从行业翘首手中购买专利资产还有一个优势就是这类专利权人对其专利资产都能进行规范化管理，不仅能够标示特定专利的重要级别，而且对于非常重要的专利还会制作有 CC 或者 EOU，这些无疑能够方便专利购买需求方快速地识别出其所需求的目标专利。

基于目标专利来确定交易对手的方式在实践中并不常见，这是因为从数量庞大的专利数据库里面寻找所需要的目标专利就尤如大海捞针，即便能够识别出来，但也有可能因该目标专利权人并不为人所知，而无法与其建立有效联系。

1. 卖家

AST 的报告分析了卖家的构成，其中执业实体是最大的销售商，如图 2 所示。执业实体在资产出售中的贡献份额已超过 80%，而专利持有公司是主要买家，采购量占到了成交资产的 46%。此外，AST、RPX 等防御型财团占到了市场买家的 12%。由于防御型财团最终代表着执业实体，这意味着超过 54% 的交易总额是由执业实体购买的。

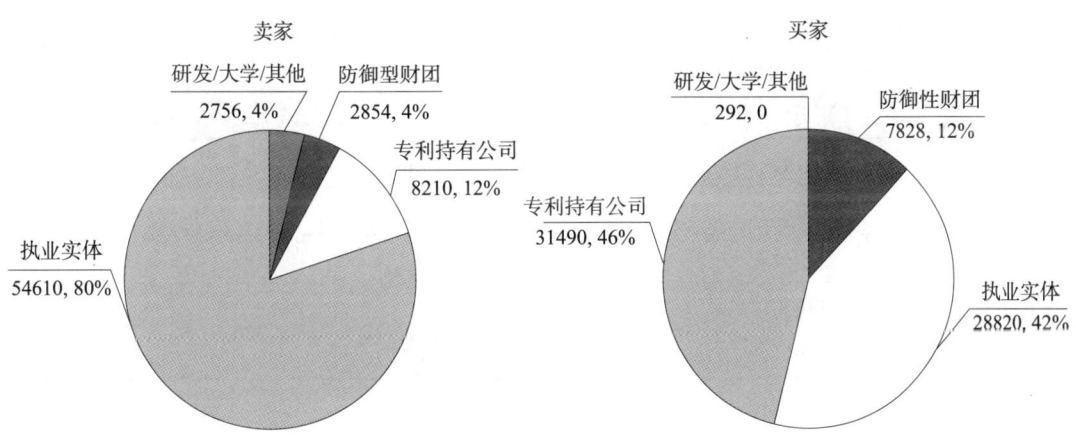

图2 专利交易（按参与方性质）

（源自 IPOfferings《专利价值商数》报告）

从表 1 可看出，排名前 15 位的卖家中有 10 个都是执业实体。IBM 是最大的卖家，在 2010 年以来的 57 个交易中售出多达 6111 份专利，占所有交易资产的 11%。

表1   2010年以来前十五名卖家（按交易数量）

排名	卖家	2014年上半年		2010~2014年6月	
		交易数量	专利数量	交易数量	专利数量
1	国际商业机器公司	12	1066	57	6111
2	美国电话电报公司（AT&T）	4	69	35	405
3	诺基亚	3	22	30	940
4	联合安全信托公司	4	349	29	704
5	赛普拉斯半导体公司	2	207	29	441
6	高智公司	5	115	27	673
7	惠普	3	1430	25	2742
8	IPG光子（IPG Photonics）	0	0	21	850
9	松下	10	1903	20	2112
10	德尔福公司	3	25	20	266
11		4	141	19	843
12	创新管理科学（Innovation Management Sciences）	0	0	19	64
13	威瑞森通讯	1	14	18	298
14	Acacia	2	6	18	194
15	施乐公司	1	1	16	252
	其他卖家（2461）	318	5483	3326	51 535

（源自IPOfferings《专利价值商数》报告）

表2显示了2014年排名前十五位的卖家。松下、惠普和IBM为领头羊，2014年上半年出售的专利超过一千项。松下自2010年以来出售的所有资产中超过90%的交易都是在2014年上半年完成，可见其出售力度正在加大。

表2   2013~2014年前十五名卖家（按出售专利数量）

排名	卖家	2014年上半年		2013年	
		交易数量	专利数量	交易数量	专利数量
1	松下	10	1903	3	59
2	惠普	3	1430	4	52

续表

排名	卖家	2014 年上半年		2013 年	
		交易数量	专利数量	交易数量	专利数量
3	国际商业机器公司	12	1066	15	827
4	爱立信	1	777	1	822
5	美国运通	1	685	2	27
6	联合安全信托公司	4	349	3	14
7	阿尔卡特朗讯	3	295	2	54
8	瑞萨电子	1	226	0	0
9	企业研究国际合作伙伴	1	211	1	1
10	恩智浦	4	141	1	3
11	赛普拉斯半导体公司	2	207	4	21
12	Pendrell	5	138	3	45
13	英特尔	1	129	0	0
14	兰巴斯	4	127	2	53
15	东部高科	2	125	0	0
	其他卖家 (2461)	318	3 022	541	9455

（源自 IPOfferings《专利价值商数》报告）

2. 买家

表 3 显示了 2010 年以来的前十五名买家，前十五名买家中有九家是专利持有公司，占所有交易资产的 37%，高智公司是迄今为止最大的买家。

表 3　2010 年以来前十五名买家（按交易专利数量）

排名	买家	2014 年上半年		2010～2014 年 6 月	
		交易数量	专利数量	交易数量	专利数量
1	高智公司	62	1061	941	10743
2	RPX Corporation	18	377	108	1973
3	谷歌	3	173	96	4680
4	三星	10	120	72	1922
5	Acacia	9	46	66	1600
6	苹果公司	2	8	49	1890
7	谙练公司（Conversant Mosaid）	0	0	36	957

续表

排名	买家	2014 年上半年		2010 ~ 2014 年 6 月	
		交易数量	专利数量	交易数量	专利数量
8	智力发现公司 (Intellectual Discovery)	6	131	36	729
9	特信华（Tessera）	5	266	33	652
10	WiLan	4	522	29	1224
11	联合安全信托公司	3	125	31	503
12	开源发明网络	2	22	29	212
13	乐天公司	2	113	27	659
14	微软	4	77	23	538
15	英特尔	1	20	22	831
	其他买家 （1502）	241	7770	2111	39 317

（源自 IPOfferings《专利价值商数》报告）

执业实体中谷歌一直是最大的买家。三星和苹果也购买了多份资产，大多是通信和消费类电子产品。

表 4 列出了 2014 年上半年购得资产最多的前十五位买家。其中，Optics 是首次出现的买家，但是真实身份目前仍不清楚，然而这家设在纽约的有限责任公司与资产高达二十五亿美元的对冲基金公司——高桥资本管理公司（Highbridge Capital Management）拥有相同的地址。

表 4　2013 ~ 2014 年前十五名买家（按购买专利数量）

排名	买家	2014 年上半年		2013 年	
		交易数量	专利数量	交易数量	专利数量
1	高通公司	2	1418	6	126
2	高智公司	62	1061	57	1656
3	光学设计公司	3	1029	0	0
4	推特公司	1	943	0	0
5	知识产权桥	1	857	0	0
6	WiLan	4	522	4	96
7	RPX Corporation	18	377	22	403
8	ARM Holdings 公司	2	300	0	0

续表

排名	买家	2014 年上半年		2013 年	
		交易数量	专利数量	交易数量	专利数量
9	特倍华	5	266	4	15
10	未来链接系统公司 （Future Link Systems）	1	211	0	0
11	远景创新公司 （Sound View Innovations）	1	258	0	0
12	谷歌	3	173	21	837
13	智力能源公司 （Intellectual Energy）	2	143	0	0
14	索尼	3	140	1	2
15	智力发现公司	6	131	25	441
	其他买家 （1502）	258	3002	442	7857

（源自 IPOfferings《专利价值商数》报告）

AST 公司分析，通信资产的交易最为活跃。几家大型运营公司成为了这些资产的主要卖家，如北电网络、惠普、松下、爱立信、柯达、IBM 和美光，如图 3 所示。

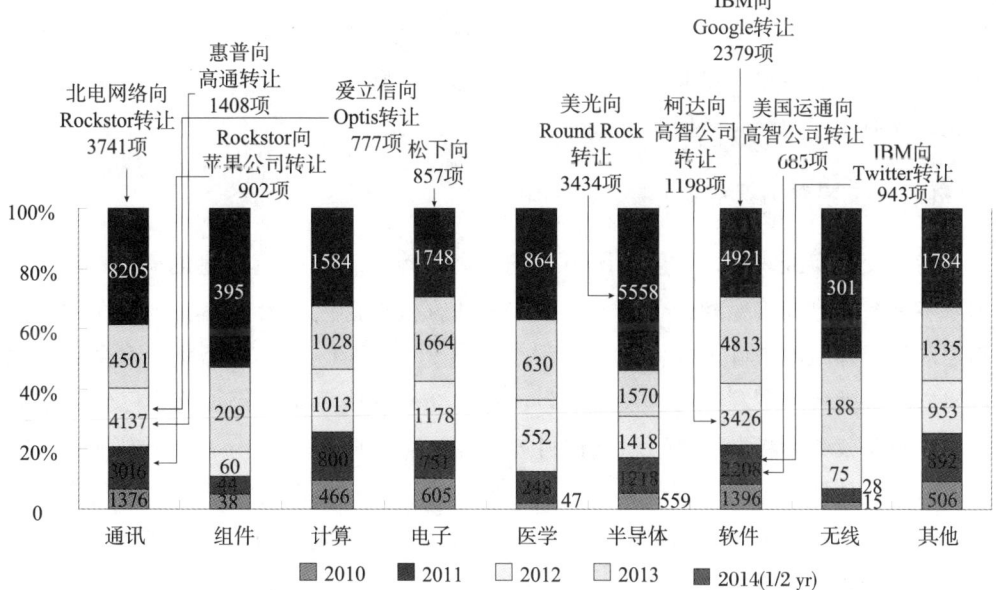

图 3　通信行业的专利交易图

（源自 IPOfferings《专利价值商数》报告）

（二）实体企业以及 NPE 对交易对手的识别

对于有购买专利的实体企业而言，其对专利交易对手的识别也有一定的规律可循。这类企业往往并不希望从自己的直接竞争对手处购买专利，而竞争对手一般也不情愿将自己的专利资产让渡出来，以防止增强其他企业的专利及市场竞争力。对于实体企业而言，可考虑从如下几个方面识别交易对手：（1）与其不存在竞争关系但处于上、下游产业链上，相互间还有可能有一定的依存关系，如谷歌对摩托罗拉专利的收购，虽然都在手机这一领域耕耘，但是谷歌专注于安卓操作系统，而摩托罗拉则关注于手机终端，两者间不存在直接竞争关系，但处于手机产业上下游，谷歌收购摩托罗拉专利后又将部分专利转让给联想，小米收购大唐、博通的专利以及阿里巴巴收购 IBM 专利也均属于此类型的专利交易；（2）与其原有或本应有竞争关系，但专利交易时专利出售方已不再从事或不再主要从事相关实业，专利资产的出售并不导致相互竞争关系的有无、增强或减弱，如联想对 NEC 移动通信专利的收购，两者都专注过移动通信产品的研发和生产，但在交易时 NEC 已不再或者已不主要专注这一实业；（3）相互间虽有或可能有竞争关系，但无论是市场地位还是专利实力都相差巨大，专利资产的出售也并不显著导致竞争关系的增强或者减弱，如小米收购英特尔部分芯片专利，其背后被解读为小米有意进军芯片领域，但芯片领域中英特尔与小米无论是在市场地位还是在专利实力都相差巨大，部分专利的转让并不能够使小米在芯片领域的地位发生实质性改变。

对于以专利运营为目的的专利交易，这类交易形式往往被 NPE 所使用。由于 NPE 进行专利交易的目的主要在于低成本地获得优质专利，同时，其有非常专业的技术专家、产业专家、专业律师，获得专利的渠道众多，专利交易对手也呈现出多元化，既有企业，又有科研院所，还有个人发明人。

（三）交易对手识别时需要考虑的黑名单、白名单

专利交易实践表明，一般情况下好的专利资产都存在一定数量的 encumbrance，即原专利权人已经将专利许可给了一家或者几家被许可人，行业内将这些在专利交易之前已经存在的被许可人清单称为黑名单（Black List）。专利交易并不会影响此前卖方已经达成的专利许可协议的效力，专利交易达成后卖方仍可依据已经存在的专利许可协议继续将专利许可给被许可方，在许可合同有效期内，对于专利受让方而言，不能使用受让的专利对黑名单中的被许可人进行提出诉讼、收取专利许可费等主张行为，这就是专利领域中的"买卖不破租赁"规则。因此，黑名单的存在使得优质专利资产的价值大大降低。一般而言，专利的交易价值与黑名单中被许可人的数量或者市场体量成反比，即已有被许可人的数量越多或者市场体量越大，专利的交易价值也就越小。对黑名单的核实，是专利交易中非常重要的一个环节，直接

决定了专利交易能否继续进行。对于购买专利以制衡竞争对手的买家而言，其需要核实其潜在目标竞争对手是否已经存在于黑名单中，如果已经存在，那么该专利就不是一个很好的交易目标；而对于购买专利以通过专利许可来赚取许可费收益的买家而言，如果黑名单中的已有被许可人较多或者被许可人的市场占有率较大，其潜在的许可市场也就相应地被限缩，这些专利也不是好的交易目标，由此可见，同一件专利针对不同的潜在买家其价值可能相差很大，专利权人在行业内越知名、许可实践越多，其专利包的 encumbrance 也就越多。

一般而言，在与潜在专利交易对手或者外部的 broker 进行接触初期，就应该尽早地获知其可供出售的专利的黑名单，以便尽快决定是否继续进行专利分析及交易谈判。但是专利交易实践表明，一些专利权人尤其是国外的专利权人，其在处理专利交易时非常谨慎，在接触初期并不会直接提供黑名单给潜在买家，这是因为其本身与黑名单中的被许可人也签订有保密协议，在这种情况下，买家可以通过向专利权人提供白名单（White List），即希望可以使用专利进行权利主张的潜在目标厂家，使其帮助核实相应的潜在目标是否已经在黑名单中，针对买家所特别明确的白名单，专利权人一般能够明确指出没有被许可的具体目标厂家。

（四）专利交易时机的确定

以相对低的价格买到高质量的专利包是每一个买方都渴望达成的专利交易，但这种机会是可遇而不可求的。实践中，拥有大量优质专利资产的专利权人往往会通过拍卖的方式来出售专利资产，如北电通过竞标将其专利资产出售给苹果、微软、爱立信和索尼等六家公司组成的财团，雅虎通过邀标的方式将最为核心的互联网专利资产进行出售，这种通过拍卖来出售专利资产的方式会导致专利资产价格非常高，对于一般买家往往可望而不可求。但是，确实也存在着一些实体企业（如 NEC、SONY 等）由于放弃开展部分业务，同时又没有开展专利运营的诉求，导致有关专利资产不再具有防御等功能，而维持这些专利又会是一笔不小的开支，因此，存在着急于将相关专利售出的需求，这样的机会对于有购买需求的企业而言往往是可遇而不可求的。

三、专利交易渠道

专利交易实践中，除了少数是通过拍卖等公开方式进行的，大部分都是以非常保密的方式达成的。对于有专利购买需求的买方而言，如何获得可供出售的专利信息是专利交易中最为重要的第一步。有时卖方会主动直接找到潜在买方出售其专利资产，有时买方也会根据其调查情况直接找到希望进行交易的卖方来获得专利资产，但是,专利交易的买方更多地是从专利交易中介即我们通常所说的 broker 处获知专利交易信息并通过其进行专利交易。如今中国本土尚未出现非常有影响力的以专利交易为主业的 broker,但是由于专利交易更多的是在全球范围这一维度下进行,因此,有专利购买需求的买家可通过有很高知名度的 broker 获得相关交易信息,这些 broker 大多数来自于美国,掌握着许多有用的专利交易资讯,同时,又有着非常丰富的专利交易经验,能够为潜在的专利交易提供专业的服务(参见表 5)。通过 broker 进行专利交易还有一个益处在于,对于以往没有任何业务往来的买、卖双方相互间信任的建立是需要一个非常漫长的过程的,这种互信的建立导致专利交易的进展非常缓慢、效率低下,有的卖方为了测试买方购买专利资产的真实性,有会先给买方提供一批质量并不高的专利进行评估,根据买方进行专利评估的真实情况来确定其是否诚心进行专利购买。Broker 对专利交易的介入,能够迅速获知买卖双方的真实具体需求,并根据这种需求快速在买卖双方进行对接、协调,从而大大消解买卖双方的这种不互信,加快专利交易的进程。Broker 是专利交易信息的重要来源,具有整合信息,撮合交易的功能;维护 2 ~ 3 家买方中介,以便在交易中匿名询价、核对信息、询问底价。较活跃的 broker 有 Techbeyond、Miics&Partners、Transpacific IP;擅长反向工程分析的 broker 有 TechInsights、Chipworks。

表 5　2012 ~ 2014 年最活跃十大专利中介

Broker	提供的专利包数量
Iceberg Innovation	139
ICAP – Ocean Tomo	93
IPOfferings	76
Global IP Law Group	64
IPInvestments Group	62
Tynax	52
IPValue Management	47
NextTechs Technologies	43
Quinn Pacific	43
IAG	38
前 10 大 Broker 总量	657
总量	2237

(源自 RPX:2014 Patent Marketplace Report)

对于专利交易的买方而言,进行专利交易的目的一般包括两个层次:其一是从外部购买优质专利资产以增强自身专利实力;其二是将专利交易作为一种宣传手段以提升自身的知识产权形象。因此,专利交易的买方更倾向于与有一定知名度的专利持有人尤其是行业翘楚达成专利交易，这更容易达成上述两个维度的目的的实现。因此，存在专利交易的买方可以对其希望购买的专利所涉及的技术领域进行初步识别，基于识别出的技术领域甄别出在该领域中有优势专利资产积累的专利权人，然后通过专利交易中介或者有合作关系的外部专利代理机构、律师事务所等与该被甄别的专利权人进行接触以获知其是否有出售专利资产的意愿。在专利交易实践中，专利交易的买方直接与专利权人进行接触是最为忌讳的事情之一，尤其是买方是实体企业的时候，专利权人即使有出售专利资产的意愿，可能也会要求买方同时需要获得其其他专利资产的专利许可，这无异于买方自找麻烦，在专利交易的可能性尚未确定的情况下，又增加了需要获得潜在交易对手专利许可的负担。因此，通过第三方机构在未披露潜在买方信息的情况下来获知潜在交易对手是否有出售专利资产的意愿是比较稳妥的方式。

四、保密协议的签署

专利交易的买方在与潜在卖方或者外部第三方中介机构正式接触前，需要做的第一件事就是签订保密协议。专利交易是最为私密的专利事项，任何买方在交易完成之前都不希望交易案外第三方尤其是竞争对手知悉其正在进行的专利交易事宜，防止第三方以哄抬交易价格或者故意妨碍交易进行的恶意行为的发生；对于卖家而言，往往亦不希望外界知悉其出售的专利数量、价格等信息，尤其在专利权人只是选择性地将其专利资产进行出售的情况下，并不希望正在进行交易的专利资产对其他未交易的专利资产产生影响，如正在进行交易的专利资产的价格对其他专利资产的许可、诉讼及交易价格的影响。

保密协议中较为重要的条款包括：保密信息的定义、双方的权利和义务、保密信息的利用禁止等。一般情况下，可以将以下几类信息定义为保密信息：（1）专利交易主体信息：包括专利交易双方的主体信息以及与专利交易相关的其他主体信息，如关联公司信息；（2）专利交易事实信息：包括买方考虑购买专利资产的信息、买方对专利资产进行调查的信息、买卖双方针对专利交易而进行的接触和谈判；（3）专利资产信息：包括待交易的专利号、专利数量、CC 或 EOU 等。关于双方的权利和义务，最为重要的就是对双方保密义务的规定，一般而言，保密协议双方的保密义务应当延续到该保密信息非因双方过错而丧失保密性为止，因此，可能会出现保密协议已经到期但基于该协议而负担的保密义务仍然延续的情况，即保密义务的期限与保密合同的期限往往并非一致。另外，专利资产的价值评估环节也是专利交易中最为核心的一个环节，专利交易能否继续开展，首先取决于卖方的专利资产是否符合买方的需求，因此，买方在与卖方展开商务侧谈判前，需要对待交易专利资产进行评估，评估内容包括专利的可专利性（又称稳定性）、专利与标准或商用化产品的对应性等，而对这些内容的评估属于非常专业的工作，一般买方都不具有这样的专业能力，存在着需要委托外部第三方专业机构进行分析的可能性，因此买卖双方在签订保密协议时需要对这种情况具有预见性，并在协议中明确买方基于专利评估的目的而需要向外部机构披露有关保密信息的，不应被视为是对保密义务的违反，但是买方在委托外部机构进行评估之前时，需要确保该被委托外部机构对保密信息承担相同的保密义务。对于专利交易的买方而言，还有非常在意的一点就是与卖方进行接触并进行了专利价值评估等后，专利交易却并未最终达成，在此种情况下，卖方可能转而要求买方接受专利许可或者在后续的特定时期向买方提出专利侵权诉讼，并将其在专利交易过程中所知悉的信息和所获得的资料作为故意侵权的证据提交给法院或者其他侵权诉求处理机构，这对于买方而言明显是不利的，而在专利交易达成之前，买卖双方很少会签订其他有约束力的协议，因此，可考虑在保密协议中预设一条款以约束卖方在专利交易不成的情况下不得将其获得的有关信息提供给法院或者有权机构以支持其专利侵权等诉求；但是，这样的协议内容可能在不同的法域具有不同的效力，例如 Vringo 在澳大利亚、巴西、法国等国起诉中兴侵犯其专利，双方随后展开了谈判并签订了保密协议，该保密协议规定任何和谈判相关的文书和信息为保密信息，禁止双方在诉讼中使用。在谈判过程中，中兴在深圳对 Vringo 提出反垄断诉讼，指控后者在专利许可中拒绝遵守 FRAND 原则并存在滥用其市场支配地位的情形，在起诉状中，中兴引用了 Vringo 的保密信息。随后，Vringo 在美国地方法院提起合同违约之诉，指控中兴违反保密协议，并向法院提起动议，请求法院下达临时禁令，地方法院随后颁布了临时禁令，禁止中兴使用、引用或泄露保密信息。

五、专利交易相关法律法规的调查

专利交易本质上是一种技术形态的无形财产的转让，基于其无形性而导致的交易安全问题，各国对以专利交易形式进行的无形财产转让有专门性规定；同时，基于对本国技术的保护，针对跨境的技术转让，各国也会有不同的限制性规定。因此专利交易的买卖双方需要就专利交易所涉及国家的相关法律法规进行调查和了解。关于专利转让的形式要件，美国《专利法》第二百六十一条规定："专利申请权、专利权或其有关的利益，法律上均可以书面形式转授。""为证明专利权或专利申请权的转让、授予或交付，在美国，由有权监督宣誓的人，在外国，由美国的外交官或领事馆官员或有权监督宣誓的官员（其权限须有美国的外交官或领事馆官员的书面证明）签字并盖有正式印章的认可证书，即为表面上确凿的证据。"而中国《专利法》第十条第二款规定："转让专利申请权或者专利权的，当事人应当订立书面合同，并向国务院专利行政部门登记，由国务院专利行政部门予以公告。"即中美两国都对专利转让规定需以书面方式而为之。关于专利转让的效力问题，美国《专利法》第二百六十一条规定："一项转让、赠送或转移行为，如不在成立后三个月内，或在以后的转让或抵押之先在专利与商标局登记，则以后如有转售或抵押情节，无需事先通知，以前的转让、赠送或转移对以后的购买者或抵押债权人不生效力。"即在先的专利转让如果不在三个月内或者后一专利转让行为之前在专利与商标局进行转让登记，则在先的专利转让不得对抗后一专利转让。而中国《专利法》第十条第二款规定："专利申请权或者专利权的转让自登记之日起生效。"即中国以专利转让登记作为生效的条件，在美国并不以专利转让登记作为专利转让生效的条件，但是对于未在法定期限内作转让登记的在先专利转让不能对抗在后的专利转让。

各国对专利交易还规定有特别的限制性条件：在美国，与联邦政府资助的大学或者学术机构进行专利交易会受到 Bayh－Dole 法案的限制，该法案要求大学或者学术机构的技术转让应优先考虑美国公司特别是一些小公司；与企业进行的专利交易会受到美国政府资助协议的限制，同时，美国《专利法》又规定，对参加联邦合作研究的企业，可以享有成果所有权，但对政府支持的研究项目，政府保留拥有和使用该技术成果的权利，如果企业不能将合作研究的成果转化，政府有权将此成果交付给有能力开发的企业进行商业化运用。

在中国，依据《技术进出口管理条例》的有关规定，技术进出口是指从中华人民共和国境外向中华人民共和国境内，或者从中华人民共和国境内向中华人民共和国境外，通过贸易、投资或者经济技术合作的方式转移技术的行为，专利权和专利申请权转让就属于该条款所规定的技术进出口。同时，中国对其实行分类管理，体现在：对于禁止进出口的技术，不得进出口；对于限制进出口的技术，实行许可证管理；未经许可，不得进出口；而对于属于自由进出口的技术，实行合同登记管理。因此，如果专利交易行为构成技术进出口，则专利交易双方当事人在签订专利交易合同之前，应当就交易的专利所涉及的技术是属于禁止进出口的技术、还是属于限制进出口的技术、抑或是属于自由进出口的技术进行确定，并根据法律的相关要求履行必要的手续。而在美国，对于技术出口行为进行规制的法规主要有《出口管理法》和《出口管理条例》，并且美国以出口目的国为标准采用不同的管理标准，如对中国等国家采用以国家安全管理为主的方法，而对其他盟友则采用相对宽松的标准。

 # 交易专利的价值评估

专利交易的买家可从多个维度来评估专利，但实践中主要是对专利的对应性和稳定性进行评估。对于批量专利的交易情况，由于无法评估每一件专利的对应性和稳定性，此时，可参考被引证次数等指标来对批量专利的总体价值进行大致评估。为了节省时间、人力等资源，建议优先评估专利的对应性，在对应性较好的情况下，再去评估专利的稳定性；而对于对应性不好的专利，可以放弃评估其稳定性。

一、专利权利要求的解读与分解

无论是对专利的对应性，还是对专利的稳定性进行分析，都需要解读权利要求，基于解读对权利要求的技术特征进行分解，以确定后续对对应性和稳定性分析的基本元素。权利要求的解读需要结合专利的内部证据（权利要求书、说明书及其附图、专利审查文档）和外部证据（技术教科书、技术词典、学术论文、其他专利文献、发明人证词等），以本领域普通技术人员的视角为基准来解读权利要求所记载的技术

方案的具体内容，进而确定权利要求所限定的保护范围。在对权利要求进行解读时，应先基于内部证据对权利要求作出解释，而权利要求本身是内部证据中效力最高的，专利的保护范围以权利要求的内容为准，说明书及其附图可以起到补充解释的作用，必要时再参考审查文档。当依据内部证据仍无法准确确定权利要求的具体保护范围时，可进一步参考外部证据。由此可见，对权利要求的解读，应依证据的重要程度，来对权利要求的保护范围作出准确界定。在界定权利要求的保护范围时，还需要对该专利同族的审查情况及相应的复审、无效、异议、侵权诉讼等进行查询并记录详细内容，特别关注对该专利的权利要求的解释所可能产生影响的内容。

对权利要求进行解读的目的之一就是将其划分为一个个具体的技术特征并确定具体含义。技术特征是指在权利要求所限定的技术方案中，能够相对独立地执行一定的技术功能、并能产生相对独立的技术效果的最小技术单元或者单元组合。对于产品权利要求而言，应当是指构成产品的具体部件或零件及其相互之间的位置或连接关系；对于方法权利要求而言，应当是指构成该方法的步骤及相互间的顺序关系。对技术特征的划分应当以具有相对独立的技术功能和效果为基准来进行，而不能简单地以标点符号为基准进行划分。在张某与大易工贸公司等侵犯专利权纠纷案〔（2012）民申字第 137 号〕中，最高人民法院就指出，划分权利要求的技术特征时，一般应把能够实现一种相对独立的技术功能的技术单元作为一个技术特征，不宜把实现不同技术功能的多个技术单元划定为一个技术特征。

二、专利的对应性评估

对应性是指专利某项权利要求所记载的技术特征与某项标准或者某一商用化的产品中相应技术特征的对应情况。如果专利某项权利要求记载的技术特征能被某项标准或者某一商用化的产品中相应技术特征所全面覆盖或者等同替代，则表明该专利针对于该标准或者产品存在对应性。有价值的专利的首要特质就是其相对于某项标准或者某一商用化的产品存在对应性。专利分析中的对应性可分为两类：一类是与标准的对应性，这里的标准一般指的是强制性标准，如通信技术里的 3GPP 标准；另一类则是与产品的对应性，这里的产品是指市场中的商用化产品，如竞争厂商所生产并销售的竞品。

标准专利对应性分析最为复杂，对技术性要求也最高。不同于针对产品的对应性分析，标准专利的对应性分析是将标准专利的权利要求文本与标准文本进行对应，虽然只是文本间的对应，但是对于一般的专利分析工程师若无技术标准背景却很难胜任这项工作，如果买家内部无技术标准工程师，则此项工作最好委托外部的专业机构进行分析。买家拿到标准专利的 CC 之后，应该首先核实 CC 中所引用的专利是否已经在标准组织中进行了声明，CC 中所使用的权利要求内容是否与授权文本一致，CC 中引用的标准内容所对应的标准版本号及是否与相应版本号的标准文本一致。由于标准版本一直处于变化过程中，有的 CC 使用的是比较早的版本，有的则使用较晚的版本，因此，还需要核实最新版本号的标准文本相应内容是否发生改变；如若可能，则最好要求卖方提供最终版本的对比分析 CC。如果同一权利要求引用了不同的标准版本进行了对应性分析，则需要证明这些不同版本的标准间存在内在的技术衔接关系。

相对于标准专利的对应性分析，产品的对应性分析则相对要容易一些，一般具有相关技术背景的专利工程师就能够胜任，但是，对于一些类似于数据处理这样的方法专利的对应性分析，则可能需要借助反向工程才能进行验证，这对验证实验条件和验证分析人员提出了更高的要求。在专利交易中，卖方一般会提供相关专利的使用证据对照表，即实践中通常所说的 EOU。但是，如果卖方所制作的 EOU 是使用买方所生产销售的产品进行对比分析制作的，则此种情况下买方需要特别谨慎，因为，如果最终双方没有达成交易，那么买方对 EOU 进行分析的行为就有可能构成故意侵权的证据，卖方有可能在后续对买方提起故意侵权诉讼，并主张最高三倍的损害赔偿。为避免此种情形的发生，买方最好事先能与卖方达成协议，要求卖方不得将基于与买方进行专利交易之目的所使用或获知的信息或资料作为证据用于专利侵权诉讼中，同时，如有可能则最好得到卖方基于该特定专利对买方进行权利主张的豁免。

买方在对 CC 或者 EOU 进行分析后，可能会提出一些质疑专利对应性的问题，或者提出一些相关的技术问题，对于这些问题的交流最好不要通过电子邮件等书面形式进行，以防后续相关专利出现专利诉讼时，根据美国证据开示程序的要求需要以证据的形式进行提交。无论是专利交易的卖方还是买方，其实都不希望将对专利的对应性进行的质疑以书面等有形形式进行固定，如果专利交易达成，这将对买方不利；如果专利交易未达成，这将对卖方不利。此外，在专利交易过程中，如果交易的专利是美国专利，其实还可以充分利用美国的律师和客户特权制度（Attorney - client Privilege），这一制度禁止法院或者政府强制披露律师和客户之间的保密信息，凡是律师与客户交流的资料中标识有 Attorney - client Privilege，此类资料即可免于被强制披露。因此，对于重大的专利交易，最好能够聘请律师来把关。

最终的专利对应性分析结果最好应以评价报告的方式体现（参见表 6）。在该评价报告的首部，应该列明专利的主要信息，包括专利号、申请日、优先权日，同时应计算出专利的剩余有效期。一般而言，剩余有效期最好能达到五年以上，以确保买方购买专利后仍有一定期限行使权利。如果专利在此之前有转让历史，还应对转让历史进行核实并进行记载，根据转让情况可以在交易达成时要求卖方提供相应的转让协议，以确定协议中是否存在对专利交易产生影响的条款。如果是标准专利，应注明专利所对应的标准名称及标准号，同时，就相关专利是否已经在标准组织中进行了声明予以明确；如果是非标准专利，应注明专利所对应的产品名称、型号及厂商。黑名单与白名单是专利交易中非常重要的信息，有时虽然专利的对应性与稳定性非常好，但是由于不满足买方对白名单的特别要求，导致专利不具有购买价值。如果在专利交易过程中，卖方能够披露其已经许可过的被许可方，则可将这些信息列入黑名单中；如果卖方由于存在与被许可方的保密协议的约束无法披露黑名单，则买方可向卖方核实其是否可以使用该专利向希望的第三方主张权利，并将核实情况列入白名单中。

表6　专利对应性分析评价报告模版

专利号：		申请日：
优先权日：		剩余有效期：
专利权人：		专利权转让历史：
发明名称：		
发明摘要：		
技术领域：		是否在标准组织声明（Y/N）：
对应性分析中涉及的： （1）标准名称及标准号： （2）产品名称、型号及厂商：		
CC 或 EOU 所引权利要求的权项：		
黑名单（专利已被许可的被许可人清单）： 白名单（可进行许可的潜在被许可人清单）：		
分析负责人：		分析结论（是否对应）：

1. 同族信息

专利号	申请日或优先权日	权利要求的内容是否与 CC 或 EOU 中相应权利要求的内容一致	法律状态	对应性结论

2. CC 或 EOU 涉及的发明技术方案概况

主要解决的技术问题：

主要发明点：

技术效果：

进行规避设计的可行性：

3. CC 或 EOU 涉及专利及其他同族专利的相应权利保护范围变动情况

4. 被引用内容准确性核实
（1）引用的权利要求是否是授权文本的权利要求？ （2）引用的标准内容是否与相应版本号的文本内容一致？ （3）引用的标准内容是否与最新版本号的文本内容一致？ （4）被引用的标准内容之间是否跨了标准版本号？相互间是否有内在的衔接关系？

5. 对应性的详细对比及说明			
权利要求技术特征	产品或标准中的相应特征	是否对应	具体理由及说明

6. 分析结论
□ 权利要求的对应性成立。 □ 权利要求的对应性有疑问。 □ 权利要求的对应性不成立。

在专利交易过程中，如果待交易专利有同族专利，卖方往往只从这一专利族中挑选出一件专利进行 CC 或者 EOU 的制作，例如待交易专利是 SEP，具有美国、欧洲、中国、日本等国的同族，则卖方往往会以美国或欧洲（一般都挑选对应性较好的）授权专利来制作 CC 或 EOU。此时可酌情核实其他同族专利是否具有与 CC 或者 EOU 所使用的权利要求内容相同的权利要求，该相应权利要求的法律状态如何，即是处于审查过程中、授权后维持、驳回、视撤还是授权后失效。同时，还需要基于 CC 或 EOU 中的对应性分析结论而对其他同族专利相应权利要求的对应性也进行大致评价，从而能够对同族专利的整体价值有个大致了解。

专利对应性分析评价报告最好还应对所涉及的发明内容进行归纳总结，以方便日后快速评审或便于获知发明内容。归纳总结的维度可包括：发明所主要解决的技术问题；为解决该技术问题所采取的技术方案的发明点；该技术方案所能带来的技术效果。此外，还可以评价一下为解决同一技术问题而采取其他技术方案的可能性，即通常所说的进行规避设计的可能性，它是体现专利价值的重要维度之一。

进行专利对应性分析的首要一步就是对 CC 或者 EOU 所使用的权利要求的保护范围进行确定，确定的依据依次应为：权利要求、说明书及其附图、历史审查文档（包括 OA 答复、复审及无效过程中的相关文档），上述依据被称为内部证据，在权利要求的解释过程中应当优先被适用。在依据内部证据无法对权利要求的保护范围作出清楚界定时，可以借助外部证据对权利要求进行解释，包括技术教科书、技术词典等；此外，其他同族专利的相关专利文档在特定情形下亦可能对 CC 或 EOU 所涉及权利要求的保护范围发挥限定作用。因此，亦有必要核实其他同族专利是否存在与 CC 或 EOU 所引用权利要求内容相应的权利要求，相应权利要求的专利授权审批情况，专利审查、复审、无效及诉讼程序对该相应权利要求的保护范围是否进行过限定，并评估此限定是否对 CC 或 EOU 所引用权利要求的保护范围造成影响。

进行专利对应性分析一般应当优先审核 CC 或者 EOU 中所引用内容的准确性，实践中也经常会出现引用的并非是授权文本的权利要求或者引用的标准版本号出现错误。审核的维度包括：引用的权利要求是否是授权文本的权利要求；引用的标准内容是否与相应版本号的文本内容相一致；引用的标准内容是否与最新版本号的文本内容一致，如果不一致应当给出初次发生变化时的版本号、相应的全体大会 Change Request 编号、工作组 Change Request 编号及原始提案号，并分析这种变化是否构成实质性变化并可能对对应性分析结果造成实质影响；被引用的标准内容之间是否跨了标准版本号，相互间是否有内在的衔接关系，以确定是否属于同一技术方案。

专利对应性分析评价报告的核心部分应当是对应性的详细对比与说明，此部分应以具体技术特征的形式列出被分解后的权利要求，同时列出与具体技术特征相对应的标准文本中的相应技术特征或者使用该技术方案的产品的相应技术特征，同时，就后者与前者是否构成相同或者等同作出判定，其中，"等同"是指两者以基本相同的技术手段，实现基本相同的功能，并达到基本相同的技术效果，且对于本领域的普通技术人员而言容易想到。对于较难判定的技术特征，还应当对作出相同或者等同性认定进行更详细的说明与解释，必要时，还需要附有用于支持这种认定的必要依据，如教科书、技术词典，专家意见书、反向工程验证等。此外，在作对应性分析时，最好能够以色块的方式进行标识，将权利要求与标准文本或者产品中相同或者等同的技术要素用同一颜色的色块进行标识，这样能够方便进行识别和阅读。

三、专利的稳定性评估

稳定性又称可专利性，是指授权专利被无效的可能性。对专利的稳定性进行评估就是审视专利是否存在不符合专利法授权条件的缺陷。中国《专利法实施细则》第六十五条第二款对无效宣告请求的理由做了具体规定，该款规定："前款所称无效宣告请求的理由，是指被授予专利的发明创造不符合专利法第二条、第二十条第一款、第二十二条、第二十三条、第二十六条第三款、第四款、第二十七条第二款、第三十三条或者本细则第二十条第二款、第四十三条第一款的规定，或者属于专利法第五条、第二十五条的规定，或者依照专利法第九条规定不能取得专利权"，具体包括专利主题不符合发明、实用新型或外观设计定义，专利主题违反法律、社会公德或者妨害公共利益，专利属于重复授权，未经保密审查向外国申请专利，不具备新颖性、创造性和实用性，不属于授权客体，说明书公开不充分，修改超范围等。

但专利交易中，一般只对待交易专利的新颖性和创造性进行分析，即具体涉及中国《专利法》第二十二条第二款和第三款、美国《专利法》第一百零二条和第一百零三条的内容。此外，如有必要，还可以分析一下相关权利要求是否存在明显修改超范围或者明显得不到说明书支持的情况。关于如何进行新颖性、创造性分析可参见本书关于无效宣告请求内容的介绍。

专利交易中的稳定性分析应当特别注意同族不同命的现象。在专利交易实践中，经常会出现虽然 CC 或者 EOU 中使用的专利为授权专利，但是却存在着未被授权的其他同族专利。因此，在进行稳定性分析时，应当优先调查其他同族专利的法律状态，确定是否存在着未被授权或者被无效的同族专利；如果有，应当认真核实未被授权或者被无效的权利要求是否与 CC 或者 EOU 中引用的权利要求一致；如果一致或者相似，应研究该同族未被授权或者被无效的原因，并确认所述原因是否能够影响 CC 或者 EOU 中引用的权利要求的稳定性。一旦出现同族不同命的情形，并且经审核认定 CC 或者 EOU 中引用的权利要求与该未被授权或被无效的同族存在一定程度上的关系，那么就倾向对其稳定性作出否定性评价，或者将此情形作为后续商务侧谈判时的砝码以要求降低相应的交易价格。

四、专利的被引证次数

专利的被引证次数是指某一专利被后续专利引用的次数，其在某种意义上可以反映此专利的重要程度，被引证次数表明基于该专利的后续改进发明越多，该专利在特定技术领域就越处于重要和基础的地位。在专利交易中，如果卖方提供的是专利数量较多的专利包，则一般只提供数量较少的 EOU，对于专利包中的其他专利，往往只提供相关专利的被引证次数来间接佐证待交易专利资料的价值。一般美国的专利数据库可以查到专利的被引证次数，但是中国的专利数据库并不提供此项功能，但是可基于同族专利的情况，通过查找美国同族的被引证次数来间接佐证中国专利的重要情况。

 # 专利交易中的尽职
调查及谈判

一、专利交易的尽职调查

专利交易的买方在对待收购专利的价值评估后，若认为具备收购价值，则可进入商务谈判环节。在正式进行商务谈判前，买方应当先行完成尽职调查，目的在于摸清待交易资产的真实情况并收集用于支持商务侧谈判的各类信息，对于买方而言，尽职调查应尽可能多地发现待交易专利资产所存在的问题，以增加买方在商务侧谈判时的砝码。尽职调查可由买方亲自进行，但是由于涉及的内容较广泛、较复杂，专业性也较高，因此，买方在财务状况允许的情况下，也可考虑聘请专业的第三方调查机构来进行。在甄选调查机构时，买方可重点关注其是否具有专利交易的尽职调查经验，是否具有专业的调查人员（如调查人员是否具有专利代理资格、律师资格），是否有专业的调查工具（如是否具有专业的专利数据库、专业数据库的相应功能是否完备），对专利审查、复审、无效及诉讼等是否具有专业性知识，是否具有多语言

的能力（当专利交易资产涉及多国专利时，多语言能力便显得很重要）。第三方调查机构可从专业的专利代理机构中进行选择，但目前也有提供类似服务的咨询机构。此外，如果待收购专利资产中有美国专利，那么同时可考虑聘请美国律师参与尽职调查中的部分工作，尤其是涉及法律问题时。美国法律赋予律师享有律师客户特权（Attorney – client Privilege）和律师工作成果特权（Attorney Work Product Privilege），这两项特权可使律师与客户之间的沟通内容、律师向客户提供的法律咨询意见受到法律的特别保护，可免受证据发现程序的要求而无需向法院或行政执法部门提供，同时，亦免受可能的故意侵权指控。因此，买方可根据待交易专利资产所涉及国家的法律规定来决定如何有效地利用律师等外部资源，来降低专利交易中可能存在的各类风险。

我们在"交易专利的价值评估"一章中讲到的对专利对应性和稳定性的评估，本质上也是尽职调查的一部分，除此之外，尽职调查还应从以下几方面展开：

（1）未提供 CC 或 EOU 专利的价值评估：实践中，卖方往往是以专利包的形式向买方出售专利资产，但仅提供部分示例性的 CC 或者 EOU，针对有 CC 或者 EOU 的专利，可以通过对应性和稳定性分析来评价其价值，而对于未提供 CC 或者 EOU 的专利，一方面可通过调查被引证次数来验证其在相关技术领域的重要性，另一方面亦可对主要权利要求进行粗略分析，以大致判断是否可被商用化的产品或者强制性标准所使用到，这部分工作尽量是由对相关技术产品或者标准比较熟悉的人来完成。

（2）法律状态：通过专业专利数据库或者调阅相关专利文档等方式确定待交易专利的法律状态，确定其是否已授权，是否存在复审、无效和诉讼情况及相应的进展，是否存在被全部无效或者部分无效的事实或可能，专利剩余有效期是否已经超过法定的有效期限，但又不存在可延长有效期的情形（部分国家专利）。上述法律状态的核查需要借助专业的数据库进行，美国、中国等国家的知识产权局都开放有专业的专利检索数据库，可提供简单的专利在审、授权、有效、失效等信息的查询；关于专利的复审或无效情况，在美国可通过 PRPS（Patent Review Processing System）系统查询专利复审程序的进展和结果，在中国可通过专利复审委员会网站查询复审无效口审和复审无效决定，但是最准确的方式还是通过调取专利审查档案进行核实；关于诉讼信息，在美国可通过 RPX、Westlaw、Lexis Advance 等数据库进行查询，而关于 337 调查案件，则可通过美国电子文档信息系统（Electronic Document Information System, EDIS）查询，在中国，虽然裁判文书公开已成趋势，可目前尚没有出现可以获得全部案件信息的数据库，但是，中国裁判文书网、北大法宝等网站可提供部分的知识产权诉讼案件的查询。

（3）权利限制调查：专利交易的买方一般都希望其购买的专利不存在或者尽量很少存在权利限制，因为，这些权利限制对买方日后行使权利会造成障碍。这些权利限制至少包括：

专利许可限制，即我们通常所说的黑名单，完整的黑名单一般只能从卖方处获得，但卖方在与买方进行专利交易实质谈判前一般很少会完整披露；专利交易并不会影响专利交易前卖方已经达成的专利许可协议的效力，达成后卖方仍可依据已经存在的专利许可协议继续将专利许可给被许可方，在许可合同有效期内，买方不得向黑名单中的被许可方主张权利，这就是专利领域中的"买卖不破租赁"规则，在相关的司法解释中也有体现，《最高人民法院关于审理技术合同纠纷案件适用法律若干问题的解释》第二十四条第二款就规定："让与人与受让人订立的专利权、专利申请权转让合同，不影响在合同成立前让与人与他人订立的相关专利实施许可合同或者技术秘密转让合同的效力。"

专利质押、担保限制，实践中专利权人有时会将专利作为质押物或者担保物来获得一定金额的融资等，质押、担保虽然不影响专利权的所有权归属，亦不影响专利的可交易性，但是仍有必要告知待交易专利的相关权利人，以尽量降低可能存在的交易风险。尽职调查时应当核实进行了质押、担保的具体专利，质押、担保的期限、权利人、权利义务关系，质押、担保合同中是否有对专利转让作出约定的条款等。在美国，质押、担保情况可通过 Public PAIR 数据库进行查询。

专利共有限制，待交易专利若由卖方与他人共有，则需要向卖方核实是否存在共有协议、共有协议是否有对专利转让的规定、卖方出售专利资产是否已获得其他共有人的同意。

专利权属纠纷，需要向卖方或者通过诉讼案件查询数据库核实相关专利是否存在权属纠纷，若有，则需要进一步核实相关纠纷的处理过程及结果。

专利权转让，专利交易前已经进行过的专利转让可能会对专利交易产生一定的影响，买方需要向卖方核实该在先的专利转让是如何发生的、是否存在免予向前任卖方主张权利的限制性约定、是否已经向官方进行了专利转让登记。买方可通过有关专利检索查询系统核实：在美国，可通过美国专利商标局的 Patent Assignment Search 系统进行专利转让查询，该系统提供专利申请号、专利公开号、转让人、受让人等检索方式；在中国，可通过知识产权局的专利检索系统获得特定某一专利的专利转让状态。

不主张权利承诺，卖方在专利交易之前可能与第三方作出过不主张权利承诺，这样的承诺存在的场景包括：卖方与第三方存在着技术开发合作，交易专利来源于合作开发项目，双方约定卖方拥有专利权，但不得向该第三方主张专利权利；卖方与第三方存在诸如产品买卖等商务合作，卖方向第三方提供有关产品或服务，并承诺不向该第三方主张专利权利；卖方与第三方存在纠纷，而承诺不向该第三方主张专利权利是双方达成的和解协议的一部分。

（4）专利缴费情况：专利交易过程中，需要对专利缴费情况进行认真核实和谨慎处理，由于专利交易时间跨度长，从专利交易合同签订到专利转至买方名下，一般都需要经过一段时间，在此期间，交易的专利中可能会存在续缴年费的情况，如果对专利缴费处理不当，会导致专利失效的风险。在美国，可通过美国专利商标局的 Public PAIR 数据库查询交易专利是否已经缴费，并能获得下一个缴费窗口期（六个月 + 六个月延期）；在中国，可通过国家知识产权局的专利检索查询系统进行查询。

二、商务和合同谈判

专利交易的买方就卖方的专利资产进行分析评估并认为具有交易价值后即可进入商务谈判环节。商务谈判的实质就是双方对专利交易的金额协商，并就将要签订的专利买卖合同（PPA）的主要条款进行落实的过程。实践中，双方的商务谈判项目组往往先通过谈判的方式就专利交易合同的主要条款达成一致并形成一份对双方不具有法律约束力的 Term Sheet，商务谈判结束后双方会将该 Term Sheet 转给各自的法务部门，由后者依据 Term Sheet 的内容起草、审核、修改、签订相应的专利交易合同。

（一）专利交易金额

专利作为一种无形财产，并非像房产等有形财产那样容易对其价值进行评估，尤其是每一件专利本质上都是独一无二的，当专利交易的项目涉及多件专利时，一般很难做到对每一件专利的价值作出评估。同时，专利的价值在很大程度上又取决于其保护范围、对应性、稳定性、许可历史等情况，这又大大提升了准确评估的难度。但是，在专利交易金额谈判环节，买方应尽可能多地提出其发现的对应性、稳定性等问题，同时，亦可更多地提出所希望使用交易专利进行权利主张的白名单并明确指出卖方已有的黑名单包括了买方希望进行权利主张的目标竞争厂商，这样做的目的在于降低卖方过高的出价预期，引导卖方的出价更具合理性。实践中，买卖双方往往会参考以往已经进行的同技术领域的专利交易的价值水平，如果专利交易的项目仅涉及数件有限专利时，也可能会参考相关诉讼的情况。

不同级别的专利交易价格是不同的，而且差别显著。在专利交易实践中，标准必要专利由于其商业化程度最高而且不可规避，因此价格最高，往往一件美国标准必要专利的价格至少在一百万美金以上，甚至高达几百万美金，这一类专利最为稀缺，往往是通信、电子行业的买家所争抢的资源；标准必要专利的价格不仅体现在可以通过广泛地提起专利诉讼，而且还能够通过广泛的专利许可而获得收益。能够覆盖众多竞争厂商尤其是世界五百强这种大型企业产品的诉讼级专利，其交易价格有时也高达一百万美金，有时相比标准必要专利还具有一定的优势，比如使用这种专利可以向法院提出禁令救济，在进行专利许可的时候，可以无需遵循 FRAND 义务，相关的许可活动也不像 SEP 许可活动那样容易遭受反垄断审查（参见图 4）。上述提及的专利是以美国授权专利为标准的，其他国家或地区的授权专利价格则相对较低，比如，在中国，一件诉讼级别的专利可能 10 万人民币左右就可买到，而一件标准专利价格据称国外 NPE 也有以 50 万人民币收入囊中的情况。但是，专利价格除了与相关产品的市场规模的大小有关，还与一国保护专利的强度、司法实践中专利赔偿数额的高低有密切关系，随着中国对专利保护的加强、专利赔偿标准的不断提高，中国专利的价格也会逐渐提升。

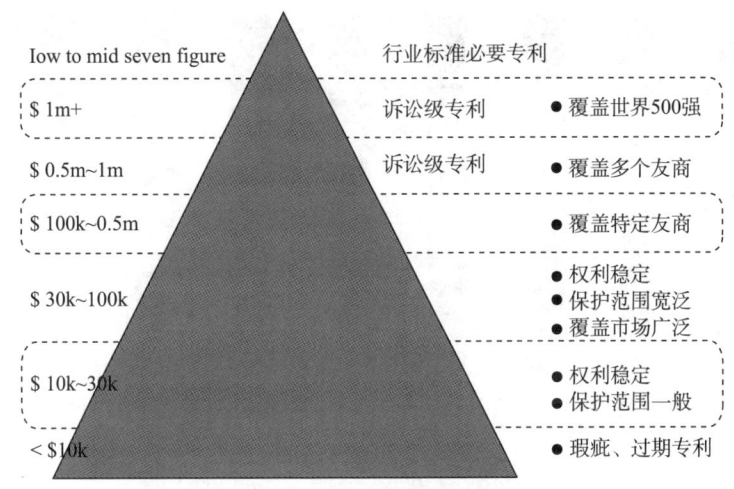

图 4　不同级别的专利的价格

根据美国专利交易服务公司 IP Offerings 的统计，2012 年美国专利交易中每件专利的平均值为 366 811 美元，价格中值则为 211 212 美元；2013 年专利交易中每件专利的平均值为 228 306 美元，价格中值为 170 000 美元；2014 年专利交易中每件专利的平均值为 251 007 美元，价格中值为 123 144 美元（具体可参见表 7）。从这三年的专利交易情况来看，专利交易的价格总体呈下降趋势，这主要是由于美国近几年开始收紧对专利的保护，尤其是美国最高法院 Alice 案之后，一些涉及商业方法的软件专利被无效的比例有时甚至高达 80%，从而使得专利的授权标准大大提高，通过专利主张行为而获取收益的难度加大，专利的平均价值呈现下降趋势。但是，近期美国司法实践也在不断修正 Alice 案所确立的专利授权标准，意在避免矫枉过正、减弱 Alice 案的影响。

表 7　2012～2014 年专利交易总额、专利数量

年份	交易总额	售出专利数量	平均价格
2012	$ 2 949 666 000	6985	$ 422 286
2013	$ 1 007 902 750	3731	$ 270143
2014	$ 467 731 502	2848	$ 164 232

AST 公司按照技术领域对 2010 年至 2014 年上半年的专利交易情况进行了统计（参见图 5）。由下图可知，在该统计时间内，通信和软件技术领域的专利交易活动最为活跃，所交易的专利数量均达到了 1000 件左右，紧随其后的则为电子、半导体、计算等技术领域。由此可见，专利交易主要发生在通信、电子等高科技技术领域，诸如机械、化工等传统技术领域的专利交易则较少，究其原因主要是高科技领域创新较为活跃、市场竞争较为激烈，专利作为一种增强企业竞争实力的手段被提升到了一个较为重要的高度。

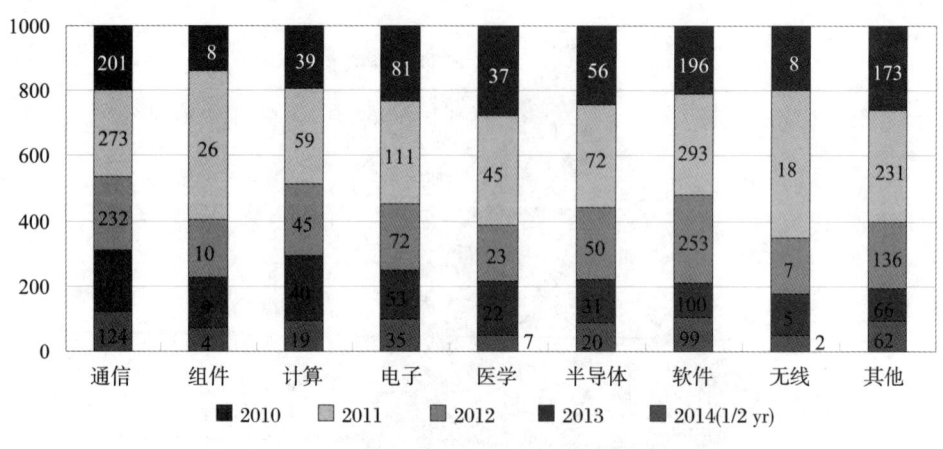

图 5　交易数量（按行业）

（二）专利交易主体的确定

专利交易的买家究竟应以何种身份来购买专利资产也是其需要慎重考虑的事情。专利交易的买家可以从以下几个维度来进行决定：（1）买家的真实身份是否会显著增加专利交易的成本。实践中，专利卖家会视买家的身份来决定专利交易的价格，对于业务广泛、知名度高的公司，卖家往往会出价偏高，其内在逻辑就在于专利对于这种实业范围广泛的公司价值更大；而对于尚未有知名度的公司，卖家的出价往往会低一些。（2）进行专利交易的目的：很大一部分专利交易的目的在于对专利进行运营。在美国，如果需要通过 337 调查来主张权利，那么就需要满足美国法所要求的"国内产业要求"（Domestic Industry Requirement），这就要求专利执有人在美国有实业，而不能只是 PAE 等专利非实施主体；而在中国，如果通过专利诉讼来获得专利侵权损害赔偿，法院优先依据填补原则来判定被告需要赔付的损害时，原告需要证明因被告的侵权所遭受的实际损害，此种情况下，明显有实体业务的实体企业更容易获得侵权赔偿。但是，我们同时也发现，有些专利运营业务进行较好的企业如高通、飞利浦也将其专利资产从实体产业里面剥离出来转移至另外成立的非实业主体，背后的逻辑应当是防止其实体产业因其积极的专利主张行为而遭致被主张者的反主张行为。（3）财务灵活与避税目的：一项有规模的专利交易往往耗资达数亿元人民币，这么大的交易金额会产生很多税费，如果买家在不同国家都有实体，那么，以不同实体进行专利交易的税费也不尽相同。因此，买家可从专利交易的目的等维度来决定最终进行交易的主体。

（三）专利交易的黑名单（Black List）、不主张权利承诺等权利限制情况

一般情况下，好的专利资产都存在一定数量的 encumbrance，即原专利权人已经将其专利许可给了一家或者几家被许可人，行业内将这些在专利交易之前已经存在的被许可人清单称为黑名单（Black List）。专利交易并不会影响专利交易前卖方已经达成的专利许可协议的效力，专利交易达成后卖方仍可依据已经存在的专利许可协议继续将专利许可给被许可方，在许可合同有效期内，对于专利受让方而言，不能使用受让的专利对黑名单中的被许可人进行提出诉讼、收取专利许可费等主张行为，这就是专利领域中的"买卖不破租赁"规则。卖方还有可能针对特定的第三方存在不主张权利承诺，这些不主张权利承诺与黑名单相似，亦不会受专利交易的影响。应当明确约定卖方需要提供已经存在的黑名单以及承诺不向其主张权利的第三方名单，对于每一笔已经存在的专利许可应当明确被许可方、被许可产品、许可期限、地域、被许可的具体专利等必要信息。同时，还应约定卖方承诺不存在其他未明示的黑名单或者不主张权利承诺，对于卖方可能存在的违反承诺的情况，亦应约定相应的赔偿责任。

交易的专利还有可能存在质押、担保等权利限制，对于这种情况，应尽量要求卖方在办理专利转让手续之前进行解质，若无可能，则应就后续的解质约定清楚，约定的内容应包括解质的时间、方式、违约的相应责任；对于交易的专利存在共有的情形，明确约定卖方应当取得共有人的同意并提供相应证据；若交易的专利存在诉讼、无效等情况时，应约定卖方需提供完整的诉讼、无效信息，同时，约定卖方在专利交易完成后仍应尽善意管理人的义务妥善、尽职地继续处理相关纠纷，对于因处理诉讼、无效而产生的相关费用，可依据公平原则进行约定；若买方处理诉讼、无效的相关经验、能力较好，或者买方担心专利交易后卖方可能不会以善意管理人的身份尽职地继续处理相关纠纷，亦可约定在专利交易完成后改由买方处理相关的诉讼、无效，但因此而产生的费用由卖方承担，或者双方依据一定的比例进行承担。对于因诉讼而取得赔偿金的情况，应就赔偿金的分配方案进行约定；对于专利交易前已经存在的无效程序，若专利交易完成后相关专利被无效的，该被无效情形是否会被专利交易金额产生影响，亦应作出相应约定。

（四）专利交易的后续事项

专利交易合同签订后至专利转让手续办理完毕前，可能存在着一个专利缴费的窗口期，即在此期间需要对交易的专利进行年费或者其他官费的缴纳。对于这些费

用，若由买方进行缴纳，则一般需要对外委托代理机构，但这些手续的办理不仅需要一定的时间，而且也比较繁琐。因此，可约定由买方承担最终的费用，但由卖方进行费用的缴纳。

与交易专利相关的资料，包括发明人研发记录，发明实验数据，技术交底书，专利相关文档（专利申请文件、实质审查过程文件、专利证书），专利诉讼、无效文档（起诉书、答辩状、判决书等诉讼程序文件；无效宣告请求书、意见陈述书、无效宣告审查决定等无效程序文件）等资料都是专利交易过程中需要转移给买方的。交易双方应在专利交易合同中约定卖方需要转交给买方的具体资料清单及相应的时间，为了督促卖方及时履行资料交付义务，可在合同中约定买方部分交易价款的支付以卖方已经交付有关资料为前提。

（五）交易专利的清单

双方应当就进行交易的专利以清单的方式进行确认，并明确交易的专利数量、具体的专利号（有同族的明确同族信息）、专利名称、申请日、授权日、有效期、诉讼、无效等必要信息。

 # 专利交易合同

　　专利交易合同应包括专利权转让合同和专利申请权转让合同。企业在签订专利权转让合同或专利申请权转让合同时，应当注意以下几点。

　　（1）转让合同生效要件：企业应当采用书面形式签订专利权转让合同、专利申请权转让合同，这是法定的形式要件；合同签订完成后，需要到国家知识产权局进行登记，并由国家知识产权局进行公告，专利申请权或者专利权的转让自登记之日起生效。

　　（2）专利申请权转让合同效力：因为专利申请权转让合同在签订的时候，合同标的还是专利申请权且尚未授权，在合同签订后，该专利申请可能会被驳回或者被视为撤回。因此，在签订合同时，应当就这些专利申请未被授权的情况发生是否导致合同被解除进行明确约定；如果未对此进行约定的，则依据《最高人民法院关于审理技术合同纠纷案件适用法律若干问题的解释》第二十三条的规定，以专利申请被驳回或者被视为撤回为由请求解除合同的，如果该事实发生在办理专利申请权转让登记之前的，则合同可解除；发生在转让登记之后的，则合同不可解除。

另外，专利申请因专利申请权转让合同成立时即存在尚未公开的同样发明创造的在先专利申请被驳回，当事人以合同是因重大误解而订立，请求人民法院予以变更或者撤销合同的，人民法院会给予支持。

（3）转让合同签订以前已经存在的实施或许可行为的效力：在专利权、专利申请权转让以前，转让人有可能自己就已经对其专利或专利申请进行了实施，同时，也有可能已经许可他人进行了实施。对于许可他人进行实施的情况，由于许可合同先于转让合同，许可合同的效力不会因为转让合同的签订而发生改变，即此属于专利领域中的"买卖不破租赁"。因此，专利权、专利申请权转让合同的签订，不影响在合同成立前与他人订立的相关专利实施许可合同的效力。对于此种情况，已经存在的专利实施许可合同一般都会对待转让专利的价值产生影响，双方在约定转让价款时，应当充分考虑此情况。

但是，对于在专利权、专利申请权转让以前转让人自己已经对其进行实施的情况，在签订专利权、专利申请权转让合同时，合同当事人之间就权利人是否可以继续实施进行明确约定；如果未约定的，则专利权、专利申请权转让合同正式生效后，受让人有权要求转让人停止实施被转让的专利、专利申请。

实践中，专利交易都是隐蔽进行的，一般也较难获得交易双方所签订的专利交易合同。但是，一些美国的上市公司，会根据当地法律法规的要求，对一些专利交易项目进行披露，这为我们了解一些专利交易项目提供了可能。

专利申请篇

 # 专利挖掘的策略和方法

专利挖掘就是通过对研发成果进行分析、梳理、组合，从而甄选出具有专利申请价值的创新性技术方案。专利挖掘是企业专利申请工作中最为基础的一项工作，专利申请的有无、专利申请质量的高低、对企业研发成果保护的强弱，均取决于专利挖掘的实施情况。实践中，企业专利挖掘工作往往是由专利部门进行主导，但具体的专利挖掘素材却主要来自研发工程师，在特定的情况下，还需要邀请外部的专利代理师、专利律师等参与，因此需要多部门、多岗位的共同协作。专利挖掘工作的目标是从研发成果中提炼出具有专利申请价值的技术创新点和相应的技术方案，其工作主要围绕以下三方面进行：确认研发项目所要解决的技术问题，构建为解决该技术问题所采取的技术方案，甄别技术方案中的创新点。

（一）对研发项目所要解决的技术问题的确认

专利挖掘工作的核心是挖掘出具有可专利性的技术解决方案，而每一个技术解决方案都有其要解决的技术问题。企业的研发工作基本都是围绕着技术问题展开的，因此，专利

挖掘工作的首要任务应当是确认这些技术问题。

企业的研发一般可分为两类：一类是致力于解决已有产品所存在的缺陷而进行的研发，如市场上的现有冰箱产品制冷效果不显著、企业为提高制冷效果而进行的研发；另一类是基于满足市场潜在需求而进行的研发，如企业基于市场调研和预测，认为市场上的电视受众可能存在着一边观看电视节目一边购买在电视节目中所出现的商品的需求，为解决电视受众的这一需求，企业对"边看边买"技术的研发。对于第一类研发项目，由于主要是对现有技术方案的改进，因此，现有产品中存在的缺陷往往就是该类研发项目所要解决的技术问题所在，其所要解决的技术问题往往比较容易确定；对于第二类研发项目，由于是基于解决一种全新的市场需求而非解决特定技术问题，企业针对该需求一般不存在相应的技术积累，因此，企业为解决该需求，所面临的任何技术问题都应是专利挖掘工作需要确认的。

对研发工作需要解决的技术问题进行确认的重要意义在于：任何能够解决技术问题的技术解决方案都有可能具有专利申请价值。从企业研发工程师的思维角度来看，研发是为解决技术问题而进行的，实践中，也往往是先有技术问题，然后经过研究开发形成特定的技术方案；基于技术问题的研发，不仅目的性强，而且容易形成具体的技术解决方案。但是对研发所要解决的技术问题的确认并非是一蹴而就的，往往会随着现有技术的调查情况而发生改变。以前面提及的冰箱为例，针对现有冰箱产品存在制冷效果不显著这一技术问题，研发工程师所提出的解决方案是增加冷凝管的长度从而增大冷凝管与空气的接触面积，进而提升制冷效果。针对这一技术方案，专利工程师进行了现有技术检索，发现现有技术已经存在这一技术方案，同时，研发工程师又发现，虽然这一技术方案能够提高制冷效果，但是由于其是通过增加冷凝管的长度来实现，带来的不利后果就是冷凝管成本的增加以及冷凝管所占空间的增大。在这种情况下，将研发所要解决的技术问题修正为在提高冷凝效果的同时，并不显著增加冷凝管成本以及冷凝管所占的空间。

因此，现有技术调查是确认技术问题的重要环节。只有对现有技术进行调查后，才能够获知企业正在进行的研发是否已经成为现有技术的一部分；也只有对现有技术了解后，才能够归纳出存在的问题或者缺陷，这正是研发所要解决的技术问题。实践中，现有技术文献往往并不会记载其技术方案所存在的问题或缺陷，因此，就需要研发工程师、产品工程师根据相关行业经验，结合其对现有技术的深入研究以及对行业技术现状和发展趋势、市场上对相关产品性能的需求的了解，对现有技术中所存在的问题或缺陷进行总结、归纳。

企业往往通过检索专利数据库来获得现有技术，但是，专利的公开存在着一定的滞后性，大部分的专利申请都是在申请后的十八个月后才进行公开，在创新及技术更迭如此迅速的今天，这种滞后性会严重影响现有技术的准确性。因此，对于重要的研发项目，建议扩充现有技术的获取范围，除了专利检索数据库的检索外，还可考虑通过国内外期刊网站、搜索引擎网站、防御性公开网站进行检索。另外，还可以参加行业学术会议、技术会议来获知行业发展前沿及热点问题。在获取现有技术资料后，建议对现有技术资料中所公开的与研发成果相关的具体技术方案，可初步通过专利摘要、权利要求书、说明书附图或者文章摘要等来获取其具体技术方案。

（二）对为解决技术问题所采取的技术方案的确认

在对研发项目所要解决的技术问题进行确认后，需要对为解决技术问题采取的技术方案进行确认。在进行专利挖掘时，研发工程师基于技术问题往往会先提出一个具体的技术方案，针对该技术方案，企业可通过专利评审会或者技术发散会的形式引导研发工程师形成不同的或者质量更高的技术方案。在专利评审会或者技术发散会上，专利工程师基于其专业经验，从专利法的维度来审视技术方案是否具有可专利性：技术方案从整体上来看是否是一个非授权客体的算法；技术方案从整体上是否与现有技术构成实质不同，从而符合专利法所规定的新颖性、创造性等授权要求。与此同时，专利工程师还可以进一步引导研发工程师进行技术发散，形成可解决相同技术问题的不同的技术方案。

同样以前面提及的冰箱为例，由于增加冷凝管的长度这一技术方案被现有技术所公开，专利工程师引导研发工程师将研发方向修正为在提高冷凝效果的同时并不显著增加冷凝管成本以及冷凝管所占的空间。在新修正的技术问题的指导下，研发工程师构想出一个新的技术解决方案：将原来使用的较粗的冷凝管改为较细的冷凝毛细管，同时，将冷凝毛细管加工成排状，并将成排的冷凝毛细管并排进行排列，这样不仅在用料上没有显著增加成本、在空间上也没有占用过多空间，而且通过冷凝毛细管的使用能够增加与空气的接触面积，从而显著提升冷凝效果。

以"边看边买"的用户需求为例，为了解决这一用户需求，最为关键的是能够对电视节目中所出现的商品进行识别，并能实时地向用户进行相关商品信息的推送。但是，基于现有的技术手段，直接识别电视节目画面中的商品并提供购买该商品的相应链接相对比较困难，因此，研发工程师想到的变通技术方案是：在制作电视节目之前，就将电视节目中所出现的商品相关的推送广告、在线购买链接等商品信息进行整合，并将整合后的商品信息与电视节目一并存储到服务器端。当用户通过手机、电视等用户终端从服务器端接收电视节目时，如果所接收到的电视节目中包含商品信息，则用户终端在播放该电视节目时，实时地也将相应的商品信息一并向用户进行播放，同时，将购买该商品的在线链接提供给用户。

实践中，专利工程师一般可通过两条途径从研发部门获得技术方案：其一是研发工程师基于其正在进行的研发项目主动提交的；其二是专利工程师组织研发工程师一起进行头脑风暴而形成的。对于第一种方式，一般而言有过专利申请经验的研发工程师可能更容易通过这种方式来提交技术方案。为了使研发工程师能够清楚地了解什么样的技术方案可以申请专利，专利工程师有必要对其进行必要的专利知识培训；同时，为了使研发工程师能够高质量地提交技术方案，专利工程师应当制定一份通俗易懂的技术交底书模板，并要求研发工程师按照技术交底书的要求提交技术方案。技术交底书模板应当包括后续提交专利申请时所需要的主要内容：发明所属的技术领域；背景技术情况及背景技术存在的缺陷（意在引出发明所要解决的技术问题）；发明的目的（即发明所要解决的技术问题）；发明内容（即为解决技术问题所采取的具体技术方案）；具体的实施方式。

对于第二种头脑风暴的方式，往往会由专利工程师、研发工程师、技术专家等共同组成专利评审组，对研发工程师提交的技术方案上会评审，由参会者从技术方案的创造性的高度、是否是可专利性的客体、是否还有更好的技术方案等维度，共同对技术方案进行头脑风暴式的发散讨论，从而形成创造性高度更高、具体实施方式更多、潜在的保护范围更广的技术方案。

（三）对技术解决方案中技术创新点的确认

技术解决方案是由一个个具体的技术要素构成的，但是并不是所有的技术要素都应纳入专利申请的保护范围，企业往往只需要对技术解决方案中对现有技术作出改进的技术点（即创新点）进行专利保护即可。在确定技术问题后，专利工程师应当以技术问题为导向，从研发工程师所提供的技术解决方案中提炼创新点，然后以创新点为中心，重构符合专利法要求的技术方案，并在此基础上进行专利申请文件的撰写。需要指出的是，为了解决特定的技术问题，研发工程师所提供的技术解决方案可能会存在多个创新点，在此种情况下，专利工程师可根据企业专利布局的指导思想、专利的授权前景等来决定：是针对每一个创新点形成的较小的技术方案分别进行专利申请，还是将所有的创新点都融入到一个较大的技术方案中只申请一件专利。一般来讲，创新点的识别一是依靠经验，二是依靠现有技术的查新情况。前沿技术的研发一般都是以市场需求为导向的，所要解决的技术问题一般也是全新的技术问题，同时，现有技术往往不存在相应的技术方案。因此，以前沿技术研发为代表的基于需求驱动的研发项目所产生的技术解决方案往往都会存在创新点，专利工程师在时间较紧张的情况下，可以不进行现有技术查新（研发项目的前沿性决定了即便查新也较难发现现有技术），并直接在研发工程师所提供的技术方案的基础上形成可进行专利申请的技术方案。对于致力于解决已有产品所存在的缺陷的研发项目，专利工程师最好能够进行现有技术查新，基于查新情况，对技术方案的创新点进行适当地调整。一般而言，当研发成果能够导致装置部件的添加、减少、替换，部件间关系的变换或者材料变换，组合物组分或构成比例的变化，或者方法步骤的增加、减少、顺序变化时，往往就意味着创新点的产生。因此，在专利挖掘时，专利工程师应特别关注这些变化，以确保创新点没有被遗漏。可以通过尝试以下几种方式来提炼创新点：

（1）研发工程师的自认。研发工程师对其研发项目所要解决的技术问题、为解决该问题所采取的技术手段最为熟悉，同时，对所专注的技术领域的技术现状也非常了解，一般都能够比较准确地归纳出其研究成果相较于现有技术的创新点。因此，在专利挖掘时，应特别留意研发工程师所自认的创新点，这往往是研究成果中最具有专利申请价值的内容，但是专利工程师仍需要从该创新点是否是可专利的客体（如是否是纯粹的数学算法）、该创新点的创新高度是否达到专利法所要求的创造性等维度进行把关。实践中，专利挖掘经验较少的研发工程师往往不能很直接地指出研究成果的创新点，在此种情况下，专利工程师就需要引导研发工程师，通过对研发成果所要解决的技术问题或缺陷、相应的技术手段及其效果等的质询，来归纳总结出创新点。此外，长期从事技术研发尤其是前沿技术研发的研发工程师，有时会低估其研究成果的创造性高度，在对研究成果陈述时可能会不自觉地遗漏具有专利申请价值的创新点。因此，专利工程师在关注研发工程师自认的创新点以外，还需要通过质询等方式来确定是否还存在其他的创新点。

（2）专利挖掘跟踪记录表。企业的研发活动一般都具有时间上的持续性，同时，在不同的时间范围内，都具有特定的细化研发目标。因此，专利工程师可对企业所进行的研发项目进行细化，定期跟踪每个研发项目的进展情况，并将阶段性的研究成果详细记载在专利挖掘跟踪记录表中。在专利挖掘时，专利工程师应对照专利挖掘跟踪记录表，来追问研发工程师的最新研发进展情况，以避免研发工程师由于疏漏而忘记报告其阶段性的研究成果；专利工程师亦可对照专利挖掘跟踪记录表中所记载的每一个阶段性研究成果来审核是否具有专利申请的价值以及是否已经被申请了专利，从而避免遗漏具有专利申请价值的创新点。

（3）技术鱼骨图。企业的研发一般都是多维度的，既有可能包括软件层面的，又有可能包括硬件层面的；既有可能包括系统层面的，又有可能包括应用层面的；既有可能包括音频技术层面的，又有可能包括视频技术层面的。专利工程师可根据其对企业研发活动的调查情况，根据一定的标准（如软件——硬件标准，系统——应用标准等）梳理并细化出企业研发活动所涉及的细分技术领域，并据此绘制出企业的技术鱼骨图。在绘制技术鱼骨图时，应遵循研发活动的一般规律（如空间规律、时间规律、难易规律等）。如研发目标为装置时，可依据装置的空间规律（如依据从上到下或从左到右的顺序来拆分装置部件）绘制鱼骨图；如研发目标为软件时，可依据软件方法的时间规律（如依据软件方法的执行顺序来拆分方法步骤）绘制技术鱼骨图。这样做的目的不仅在于使技术鱼骨图具有一定的层次性，而且技术鱼骨图所体现出来的研发逻辑性还有利于后续专利挖掘工作的开展。在专利挖掘时，专利工程师可依据技术鱼骨图，调查并记录每一个细分技术领域所作出的创新成果；同时，专利工程师亦可梳理出研发活动较为活跃、研发成果较多的核心技术领域

（比如，一般而言相对于硬件研发，软件研发成果会更多），并围绕着核心技术领域进行重要创新点的挖掘。

（四）提高专利挖掘效率的策略

1. 需要对企业的研发状况有清楚的了解

对于专利工程师而言，若想提高专利挖掘的效率，首先需要做的就是对企业的研发状况进行摸底调查。专利工程师应当通过调查走访对企业的研发方向、研发实力、研发组织架构、研发人力、专利布局情况、竞争对手的研发状况等进行了解和熟悉。基于调查情况，可绘制出企业的技术路线图（如鱼骨图）和研发组织架构图，标识出企业研发实力较强以及较薄弱的技术分支领域，同时，亦可对各研发组织的研发产出进行标识。

2. 针对不同的部门、不同的职位实行不同的挖掘策略

对企业的研发状况进行摸底调查的目的在于针对不同的研发组织、不同的研发岗位制定不同的专利挖掘策略。即使在同一家企业内部，不同的研发组织、研发岗位的研发产出也是完全不一样的。以通信电子行业为例，从事通信标准技术、数字编解码技术等先行技术研发的组织或岗位，其研发产出要相对较多，可将这些研发组织或岗位作为专利挖掘的重点攻关对象；而产品测试、硬件设计等组织或岗位研发产出要相对较少，专利产出率较低。就具体研发岗位而言，了解产品或技术亮点的产品经理相较于编写软件代码的程序员更容易提出符合专利工程师要求的技术方案，而专利挖掘的目标之一就是发现研发亮点，因此，为提高专利挖掘的效率，专利工程师可更多地与产品经理合作进行专利挖掘。

3. 加强专利挖掘培训

对于没有专利申请经验的研发工程师而言，往往都会认为其正在进行的研发项目很难产生专利，这可能是由于他们对什么样的研发成果可以进行专利申请并没有切身感受，同时，对如何通过专利挖掘来产出可专利的技术方案也并不了解，因此，有必要通过专业培训的方式来提升他们进行专利挖掘的能力。培训内容可根据研发工程师的情况而定，但至少应使其认识到专利是什么、专利对于企业的价值、基于研发项目挖掘创新亮点和提取技术方案的方法、撰写技术交底书的方法等。

4. 实施相应的激励机制

从企业进行专利挖掘的实际情况来看，研发工程师对专利挖掘的积极性并不是很高，原因可能是多方面的，但主要原因应在于：专利挖掘并非是工作任务的一部分，是否进行专利挖掘以及专利挖掘的产出多少均未能与其工作绩效相挂钩；企业并未对研发工程师开展专利挖掘进行物质性奖励，或者虽有奖励但是奖励标准并不高。一般研发工程师是利用日常工作以外的时间进行的，挖掘一件专利所需要的时间平均在一个工作日以上，如果加上后续撰写技术交底书的时间，为了申请一件专

利总共的时间可能是两个工作日。因此，企业为此支付的奖励金如果只有几百元的话，该奖励标准可能无法达到研发工程师的心理预期。为了调动研发工程师开展专利挖掘的积极性，企业应制订并实施适宜的激励机制，实践中可行的方案包括：给每个研发组织或者研发工程师设定专利挖掘数量任务，并将其作为业绩考核指标；对专利挖掘进行奖励并适当提高相应的标准。企业可根据专利挖掘能力的不同阶段，制订与其能力相适应的奖励标准；如果企业研发工程师进行专利挖掘的经验不多、能力不足，企业可制订普惠性的奖励标准，以更广泛地调动研发工程师开展专利挖掘的积极性；如果企业研发工程师已经具备一定的专利挖掘经验、企业专利挖掘工作的侧重点在于提高专利挖掘的质量，则企业可有所侧重地对高质量的专利挖掘进行奖励并提高相应的奖励标准，针对此部分的奖励可与后续针对专利申请的奖励合并。

专利申请策略及
申请文件的撰写

企业的专利申请工作都是围绕着能够申请并获取符合企业需求的专利而展开的。无论是专利工作刚刚起步的创业型企业，还是已积累了大量专利、专利管理体系已较为完善的成熟型企业，专利申请都是其专利工作中最为基础、核心的部分。这不仅决定了企业的研发成果能否得到有效保护，企业专利申请的数量、质量，还决定了企业能否获得日后通过诉讼、许可、交易等专利运用形式而获取收益的无形财产，由此可见，专利申请工作在企业专利工作中是极其重要的。

一、企业专利申请工作的指导思想

（一）以数量为导向，还是以质量为导向

不管是何种规模、处于何种发展阶段的企业，可能都会存在这样的困惑：企业的专利申请工作应该是以数量为导向，还是以质量为导向；也有企业可能会认为申请专利就是应该获得能被授权的专利，因此应以质量为导向。而本书认为，

企业的专利申请工作应当经历以数量为导向向以质量为导向的过渡过程。这是因为，虽然企业申请专利的终极目标是获取有质量的专利，但是，有质量专利的获取需要满足多个条件，其中最为重要的就是企业专利工程师撰写有质量的专利文件的经验以及企业研发工程师提出有质量的专利提案的经验。企业专利工程师需要通过撰写大量的专利申请文件才能具有撰写出高质量专利申请文件的能力，而研发工程师同样需要经历提出大量的专利提案的过程才能具备提出高质量专利提案的能力。因此，可以说企业专利工程师撰写专利申请文件的能力以及企业研发工程师提出专利提案的能力都是需要经过数量的累积过程的，也就是说企业的专利申请工作都应经过以数量为导向这一过程，而这一过程的终极目标正是为以质量为导向服务的，待企业专利工程师和研发工程师的相关经验都积累到一定高度后，企业可将专利申请工作转向为以质量为导向。

（二）有质量专利的评判标准：可授权、可运用

前面我们已经述及企业专利申请工作的终极目标应当是获得有质量的专利，关于何为有质量的专利，本书认为，首先，应当是从可授权维度上而言的，所要申请的专利应当是能够满足法定的授权条件，不仅经过审查员的初审、实审后可被授权，而且即使在日后被他人基于各种原因而提起无效也能够经受得住无效程序的考验；其次，应当是从可运用维度上而言的，申请的专利即使能够得到授权，但如果不能基于该专利进行诉讼、许可或交易等专利运用形式实现其价值，则专利对企业而言也无实质性价值。因此，从更高的维度上来讲，有质量的专利应当是指具有可诉讼、可许可、可交易价值的专利。

二、企业专利申请文件的撰写

企业在撰写专利申请文件时，应当从哪些维度来确保专利申请文件的质量，本书认为可分别从前面所提及的可授权维度与可运用维度来进行把握。可授权维度意在确保专利申请提出后能够最大可能地得到授权；而可运用维度意在使授权专利具有可被运用的价值。

（一）可授权维度上的专利文件撰写技巧

1. 重点确保权利要求书的撰写质量

虽然专利申请文件包括请求书、摘要、权利要求书、说明书、说明书附图等几部分，但是权利要求书无疑是其中最重要的部分，这体现在权利要求书是专利审查过程中审查员重点审查的对象，专利法所规定的专利授权条件包括新颖性、创造性

等几乎都是围绕着权利要求来设置的，有些授权条件比如说明书应当清楚、完整，虽然表面看起来与权利要求无关，但是只有当说明书不清楚、不完整的内容与权利要求所要求保护的内容存在关联时，此内容才能够成为无效该权利要求的理由。因此，在撰写专利申请文件时，应当优先确保权利要求书的撰写质量，专利申请文件其他部分的撰写都应基于权利要求书来展开，实践中，亦可尝试先对权利要求进行布局，然后基于已经布局好的权利要求来撰写说明书等其他部分，这样做的好处在于：一方面，可以使说明书能够充分公开权利要求所要保护的技术方案，使得权利要求得到说明书的支持；另一方面，权利要求实际上包含了其所要保护的技术方案的框架或者主流程，是说明书的提纲，布局好权利要求就意味着对案件已经有了一个总体的把握，无论后续进行讨论还是修改等，都能够提高相应的效率。

2. 优先确定核心区别技术特征

权利要求的撰写过程其实就是确定需要进行专利保护的技术方案的过程，而技术方案又是由一个个具体的技术特征构成的，因此，权利要求的撰写过程实质上也是确定技术特征的过程。在专利审查过程中，审查员指出最多的问题就是专利的新颖性与创造性问题，而此两类问题的审查重点就是权利要求中是否记载了不同于现有技术的区别技术特征。因此，撰写权利要求的首要一步就是确定技术方案的核心区别技术特征。

一般而言，企业可基于现有技术的检索与分析情况来确定区别技术特征，初步将其检索到的最接近的技术文件中所没有公开的技术特征确定为区别技术特征，但该初步确定的区别技术特征是否能够成为专利审查过程中审查员用于评价新颖性与创造性时的区别技术特征，取决于该技术特征是否是惯用技术手段的直接替换或者是否是本领域的公知常识性技术特征，同时，还取决于审查员所可能检索到的最接近的现有技术。基于现有技术来确定区别技术特征的方式，往往适用于企业或其委托的外部专利代理机构有条件进行现有技术检索的情况；当企业或其委托的外部专利代理机构无条件进行现有技术检索时，可考虑将企业在专利挖掘过程中所确定的创新点作为区别技术特征。创新点是技术方案中为解决关键技术难点的技术特征；或者是构思最巧妙、最难被本领域技术人员想到的技术特征；或者是使该技术方案具有显著特点的一个技术点。关键创新点很可能不只有一个，因为一个技术方案可能存在多个技术难点。创新点本质上可能并不属于技术方案与现有技术的区别或者边界，但是技术方案的创新点与区别技术特征的竞合是大概率事件。关于如何来确定技术方案的创新点，具体可参见本书中的"专利挖掘的策略和方法"一章。

3. 确定最少技术特征集并构造相应的权利要求

在确定好核心区别技术特征后，应以该核心区别技术特征为中心确定可纳入权利要求保护范围的最少技术特征集。一般而言，权利要求中所记载的技术特征越少，相应的保护范围也就越大，因此，写入权利要求中的技术特征越少越好；但是，这样随之带来的风险就是在后续的审查过程中，审查员可能会指出其不具有新颖性或者创造性、不具有授权前景。因此，在构造权利要求时，应尽可能去预见在后续的专利审查过程中会出现的与审查员的博弈。一般而言，具有授权前景的专利往往都会经过一轮、两轮的审查意见，在对相应的权利要求进行修改或者意见陈述后，才能够获得授权。因此，可考虑将最有可能经受得住新颖性、创造性审查的区别技术特征放在从属权利要求而非独立权利要求中，这样审查员在后续审查过程中若指出独立权利要求不具有新颖性或创造性时，可通过修改将从属权利要求上位至独立权利要求的方式，既实现了对审查意见进行有针对性的答复，同时，又能确保授权的独立权利要求有相对大的保护范围。

（二）可运用维度上的专利文件撰写技巧

1. 权利要求的用语应尽量规范

权利要求中的用语越规范，由其所界定的保护范围也就越清楚、明确，因此，在撰写权利要求的时候，应尽量使用比较规范的术语来进行描述。但是，专利通常是对比较前沿的技术的保护，在提交专利申请之时，针对所要保护的技术方案可能并不存在一种当时就被本领域的技术人员普遍接受的规范性术语。在这种情况下，企业可能会创设一种新的技术术语，或者借用已有的技术术语来表达该新的技术内容，为了使新创设或者借用的技术术语能够获得比较清楚、明确的含义，建议在说明书中对该技术术语的具体含义作清楚的解释和说明。针对权利要求中技术特征、技术术语的解释问题，北京市高级人民法院在其于 2017 年 8 月发布的《当前知识产权审判中需要注意的若干法律问题（2017）》中指出："权利要求解释是包括专利授权确权案件在内的专利纠纷案件的基础问题，也是行政机关与法院、不同审级法院之间产生分歧最为突出的方面之一。产生这一问题的主要原因在于法律规定过于原则以及语言的多义性和模糊性。根据专利法第五十九条第一款规定，发明或者实用新型专利权的保护范围以其权利要求的内容为准，说明书及附图可以用于解释权利要求的内容。根据该款规定，说明书及其附图可以用于解释权利要求。但具体的解释规则，法和细则都没有规定，实践中完全依靠审判中总结出来的一些规则来执行。然而，在一些案件中，针对技术特征、技术术语的理解，不同的审查员和法官还是会作出不同的解释。这里我们需要明确两点：第一，一般来讲，不能用说明书及附图所载明的具体实施方式来限定权利要求中的技术特征，特别是不能用说明书中的下位概念来限定权利要求中的上位概念；要坚持权利要求区别解释原则，即同一专利权利要求书中记载的不同权利要求有其各自不同的保护范围，也就是说独立权要求的保护范围要大于从属权利要求的保护范围，不能通过解释导致相反的结论；第二，原则上内部证据优先，当说明书对技术特征有唯一、确定解释时，应按照说明书的内容进行解释。当说明书对该技术特征的解释存在矛盾时，这说明该专利存在说明书未充分公开的缺陷。在无效请求人未提出这个无效理由的情况下，法院应根据外部证据，按照本领域普通技术人员的通常理解进行解释。"因此，当由于技术术语模糊而需要对权利要求进行解释时，可参考北京高院的上述内容进行。

2. 说明书应尽可能多地公开实施例但应避免"捐献原则"的适用

实践中，为了满足专利法对"说明书应当完整""权利要求书应当以说明书为依据"的要求，在撰写说明书时应尽可能多地公开具体实施方式。但是，这些被公开的具体实施方式如果没有被上位的权利要求所覆盖，就可能会由于"捐献原则"的适用而不能获得保护。《专利权纠纷问题解释》中首次确立了"捐献原则"，该司法解释第五条规定："对于仅在说明书或者附图中描述而在权利要求中未记载的技术方案，权利人在侵犯专利权纠纷案件中将其纳入专利权保护范围的，人民法院不予支持。"在司法实践中，也发生了多起导致"捐献原则"适用的情况。在乐雪儿公司与被申请人陈某弟等侵害发明专利权纠纷案案号〔(2013) 民提字第 225 号〕中，最高人民法院认为："步骤 6 和步骤 7 的互换构成等同。而对于步骤 10 和步骤 11 的互换，涉案专利说明书在第 3 页中明确记载了 10、11 步的步骤可以调换，而这一调换后的步骤并未体现在权利要求中，因此调换后的步骤不能纳入涉案专利权的保护范围，关于第 10、11 步的调换方案应适用捐献原则。"因此，在尽可能多地公开具体实施方式的同时，应尽量能够对这些实施方式进行上位从而构建出一个较适当的权利要求；同时，还应当预见到如果该权利要求在后续的专利审查过程中被审查员指出不具有授权前景，需要进行修改的情况下，这些被公开的具体实施方式是否仍可被新修改的权利要求所覆盖，从而避免"捐献原则"被适用。

3. 尽量使权利要求侵权可视化或易被证明侵权

任何企业都希望可以申请到具有可诉、可许可或者可交易价值的专利，而专利诉讼、许可、交易实践表明，权利要求写得越表象，越容易证明侵权成立，潜在的价值也就越高。这是因为，侵权可视化程度越高，越容易被权利人用来提起专利侵权诉讼或者进行专利许可或交易，诉讼过程或者许可、交易的谈判过程，其实质就是权利人证明专利被侵权或者被使用的证明过程，侵权可视化程度越高的专利越容易帮助权利人实现上述作用。

专利侵权诉讼等实践表明，相对于方法权利要求，产品权利要求的侵权可视化程度往往会更高。比如，下面是一件中国专利申请中的方法独立权利要求：

一种由设置有提供牺牲阴极保护的涂层的钢来制造部件的方法，所述方法包括按以下顺序进行的以下步骤以及由以下步骤组成：

提供根据权利要求 1 至 12 中任一项所述的经预先涂覆的钢板，

切割所述板以获得坯件，然后

在非保护性气氛下将所述坯件加热至高达 840℃ 至 950℃ 的奥氏体化温度 Tm，然后使所述坯件在所述温度 Tm 下保持 1 至 8 分钟的时间 tm，然后对所述坯件进行热压淬以获得部件，所述部件以使得所述钢的显微组织包含选自马氏体和贝氏体中的至少一种组分的速率冷却……

与此同时，该中国专利申请还包括如下一项产品独立权利要求：

一种设置有提供牺牲阴极保护的涂层的钢板，所述涂层包含 1 重量% 至 40 重量% 的锌，0.01 重量% 至 0.4 重量% 的镧，以及任选的最高达 10 重量% 的镁，任选的最高达 15 重量% 的硅，以及任选的以累积重量计最高达 0.3 重量% 的可能存在的选自以下中的附加元素：Sb、Pb、Ti、Ca、Mn、Cr、Ni、Zr、In、Sn、Hf 和 Bi，剩余部分由铝和残余元素或不可避免的杂质形成，所述残余元素或不可避免的杂质特别地来源于由钢带通过热浸镀浴而由热浸镀浴造成的污染，或者来源于为这些相同浴的供料的锭或来源于为真空沉积工艺供料的锭的杂质。"

通过将上述专利的方法权利要求与产品权利要求进行对比分析后可知，方法权利要求保护的是由设置有提供牺牲阴极保护的涂层的钢来制造部件的方法，若权利人使用该方法权利要求来提起侵权诉讼的话，那么权利人将很难证明被告使用了这种方法，因为，根据生产实践，与该方法相应的生产工艺流程一般都是在被告的场地控制范围内的，权利人很难进入该范围以获得有关侵权证据。而如果使用产品权利要求来进行权利主张的话，权利人只要设法从公开渠道购买到被告生产或销售的被控侵权产品，并通过专业分析证明被控侵权产品的元素构成与其权利要求的限定一致即可，可见产品权利要求相对于方法权利要求更便于进行侵权主张，当然这一结论也并非绝对。

此外，《专利法》第十一条规定："发明和实用新型专利权被授予后，除本法另有规定的以外，任何单位或者个人未经专利权人许可，都不得实施其专利，即不得为生产经营目的制造、使用、许诺销售、销售、进口其专利产品，或者使用其专利方法以及使用、许诺销售、销售、进口依照该专利方法直接获得的产品。"由此可见，产品权利要求的侵权行为比方法权利要求的侵权行为多出"制造"这一行为，这给我们的启示就是，权利要求如果能写成产品权利要求的就要尽量写成产品权利要求；能写成硬件实体的就优先写成硬件实体产品权利要求；对于软件类专利，可设法写成功能模块型权利要求。

4. 尽量写成直接侵权型权利要求

对于专利侵权，中国当前专利立法与司法实践还只承认直接侵权，对于间接侵权仍存有争议。虽然《专利权纠纷问题解释（二）》第二十一条规定了"帮助侵权"（即明知有关产品系专门用于实施专利的材料、设备、零部件、中间物等，未经专利权人许可，为生产经营目的将该产品提供给他人实施了侵犯专利权的行为，权利人主张该提供者的行为属于《侵权责任法》第九条规定的帮助他人实施侵权行为的，人民法院应予支持）、"教唆侵权"（即明知有关产品、方法被授予专利权，未经专利权人许可，为生产经营目的积极诱导他人实施了侵犯专利权的行为，权利人主张该诱导者的行为属于侵权责任法第九条规定的教唆他人实施侵权行为的，人民法院应予支持）两种类型的"间接"侵权，但这还不属于纯粹意见上的间接侵权，权利人在主张权利的时候，仍需要连带将直接侵权人列为共同被告。因此，在撰写权利要求时，应综合考虑寻找潜在侵权人的便利性以及降低诉讼的不确定性，对权利要求进行恰当的布局；应尽量将权利要求撰写成直接侵权型权利要求，避免出现间接侵权型权利要求和共同侵权型权利要求；对于方法权利要求，应尽量从一侧（一个执行主体）去撰写方法步骤，避免出现多个执行主体参与其中，从而降低主张权利时可能面临的侵权举证上的困难；同一技术方案，尤其是涉及多个侵权主体的情况，其表现形式在不同的侵权主体上可能会各不相同。因此，可基于方便举证原则，针对不同侵权主体的表现形式布局不同的权利要求。

下面是专利权人上海智臻网络科技有限公司起诉苹果公司时所使用的一项权利要求，其主张苹果公司在其产品中实现的 Siri 功能使用了该专利：

一种聊天机器人系统，至少包括：一个用户；和一个聊天机器人，该聊天机器人拥有一个具有人工智能和信息服务功能的人工智能服务器及其对应的数据库，该聊天机器人还拥有通讯模块，所述的用户通过即时通讯平台或短信平台与聊天机器人进行各种对话，其特征在于，该聊天机器人还拥有查询服务器及其对应的数据库和游戏服务器，并且该聊天机器人设置有一个过滤器，以用来区分所述通讯模块接收到的用户语句是否为格式化语句或自然语言，并根据区分结果将该用户语句转发至相应的服务器，该相应的服务器包括人工智能服务器、查询服务器或游戏服务器。

通过观察该权利要求，我们可以发现这是一项系统型权利要求，具体包括了"用户"和"聊天机器人"，"聊天机器人"还拥有"查询服务器及其对应的数据库"和"游戏服务器"。若要使用该权利要求进行权利主张，则权利人需要证明被告制造、使用、许诺销售、销售或者进口了所有上述产品，而这显然是非常困难的。

5. 留意可能会对权利要求的保护范围造成影响的技术特征或技术要素

根据《专利纠纷问题规定》第十七条的规定："专利权的保护范围应当以权利要求记载的全部技术特征所确定的范围为准，也包括与该技术特征相等同的特征所确定的范围，即专利权的保护范围应包括由权利要求所记载的技术特征及其等同特征所确定的范围。"但根据中国的有关司法实践，有些技术特征或技术要素是不能适用等同原则的，在撰写权利要求的时候，就需要特别留意这些特殊的技术特征或技术要素。

在专利独立权利要求中有一个非常特殊的技术要素，即记载在前序部分中的"主题名称"。专利要求保护的发明或者实用新型技术方案的主题名称本身并不能构成一个独立的技术特征，因此，对于专利主题名称是否对专利的保护范围构成限定作用，审判实践对此看法不一：有的案件并不专门针对主题名称是否对专利保护范围有限定作用进行剖析，在侵权特征对比时，并不将主题名称作为一个技术特征来专门对比，而是直接认定被诉侵权产品与涉案专利属于同一技术主题，如在珠海格力电器股份有限公司诉广东美的制冷设备有限公司侵害实用新型专利权纠纷案中（珠海市中级人民法院民事判决书［2012］珠中法知民初字第165号），一审法院直接将被诉侵权产品主题认定为属于一种可拆装式空调室内机管路安装挡板；有的案件则直接认定主题名称对专利保护范围不构成限定作用，如在哈尔滨工业大学星河实业有限公司与江苏润德管业有限公司侵犯发明专利权纠纷案中（南京市中级人民法院民事判决书［2010］宁知民初字第566号），一审法院认为，法律没有规定可以将主题名称用来限定独立权利要求的保护范围，发明的主题或者发明创造的名称，对保护范围不起限定作用。对此，最高人民法院在哈尔滨工业大学星河实业有限公司与江苏润德管业有限公司侵犯发明专利权纠纷再审案中（最高人民法院民事判决书［2013］民申字第790号）认为，通常情况下，在确定权利要求的保护范围时，权利要求中记载的主题名称应当予以考虑，而实际的限定作用应当取决于该主题名称对权利要求所要保护的主题本身产生了何种影响。该案中，确定权利要求2和6的保护范围时，均应当考虑其主题名称对所要求保护的主题本身实际上所起的限定作用。由此可见，权利要求中的主题名称虽非具体技术特征，但是在界定是否对专利的保护范围产生影响时，应当基于其对权利要求所要求保护的技术方案起到的实际限定作用来确定。因此，在撰写权利要求时，应当考虑所要申请保护的技术方案可能会延及的技术主题以及技术主题可能对技术方案所起到的实际限定作用。

此外，《专利权纠纷问题解释（二）》又针对以制备方法界定产品的技术特征以及对数值特征进行界定的技术特征的等同，进行了专门规定，体现在：对于权利要求中以制备方法界定产品的技术特征，被诉侵权产品的制备方法与其不相同也不等同的，人民法院应当认定被诉侵权技术方案未落入专利权的保护范围；权利要求采用"至少""不超过"等用语对数值特征进行界定，且本领域普通技术人员阅读权利要求书、说明书及附图后认为专利技术方案特别强调该用语对技术特征的限定作用，权利人主张与其不相同的数值特征属于等同特征的，人民法院不予支持。因此，在撰写权利要求时，若需要以制备方法界定产品的技术特征或需要对数值特征进行界定时，应考虑到可能对权利要求所产生的限定作用。

 # 国内申请与国外申请的选择

一、中国国内申请与国外申请的现状及分析

　　根据中国国家知识产权局《2015 年专利统计年报》记载，2015 年，国家知识产权局受理中国公民及法人申请的发明专利国内申请共计 4 853 594 件，中国公司及法人向国外申请发明专利申请共计 34 923 件。由此可见，中国国内申请与国外申请的比例达到了 139∶1，比例非常悬殊。中国国内发明专利申请数量与国外发明专利申请数量相差如此悬殊，原因是多方面的：其一，大部分企业的业务范围还仅限于国内，尚未到国外拓展业务，目前尚无到国外布局专利的需求。目前国外申请的主体主要是华为、中兴等跨国公司，因其业务已经遍布全球，知识产权战略尤其是专利申请战略已经成为其企业经营战略的一部分。其二，国外申请的费用较高，包括国外申请代理人服务费、翻译费、申请费等费用，一件专利申请的费用动辄几万元，对大部分企业而言都是一个不小

的负担。其三，企业内部专利负责人对国外申请业务不熟悉，对国内申请与国外申请的利弊认识不足，不能很好地开展国外申请业务。

对于上面所提及的第一个原因，随着中国企业的不断发展壮大以及从加工型企业到技术创新型企业的成功转型，中国企业申请国外专利的需求必然与日俱增，但这是一个缓慢变化的过程。对于第二个原因，近几年，国家及地方政府为了推动科技创新，促进创新型国家的建设，中央和地方都在不断加大财力的投入，对专利申请给予财政支持，虽然这样的财政支援不能普惠到每一个申请人，但是，对于确有资金困难的申请人而言，可以解决燃眉之急，因此，这个问题也容易得到解决。对于第三个原因，主要是人的问题，通过对国外申请的实践经验介绍，也可以解决。

二、PCT 申请与《巴黎公约》申请之对比

我们这里所说的国外申请包括两类，其一是《专利合作条约》（以下简称 PCT 条约）框架下进入指定国国家阶段的申请（以下简称 PCT 申请），其二是《保护工业产权巴黎公约》（以下简称《巴黎公约》）框架下要求一成员国优先权的国外申请（以下简称《巴黎公约》申请）。中国是《专利合作条约》《巴黎公约》的缔约国，中国申请人依约可进行 PCT 申请与《巴黎公约》申请。

PCT 申请相对于《巴黎公约》申请有着显著的优势：首先，PCT 申请可自优先权日起三十个月内进入指定国家，而《巴黎公约》申请则必须自优先权日起十二个月内向其他《巴黎公约》成员国提出申请，这样，PCT 申请的申请人有足足三十个月的时间用于对专利的价值进行评估并决定是否进入指定国家；当向三个以上国家提出时，PCT 申请相对于《巴黎公约》申请所花费的费用更少，尤其是在一些指定国，通过 PCT 方式提出的申请将享受一定幅度的官费减免；在 PCT 条约指定的期限内所作出的对申请文件的修改将对所有进入国都产生效力。PCT 申请相对于《巴黎公约》申请还有其他的一些优势，在此不再赘述。

三、国外申请实践经常出现的问题及解决方案

虽然 PCT 申请相对于《巴黎公约》申请有着诸多优势，但是，PCT 申请却很难解决申请实践中经常出现的一些问题。譬如，在中国的专利审查实践中，以"权利要求得不到说明书支持"这一理由发出审查意见通知书或者驳回决定的情况很多，尤其是以说明书的一个实施例来支持权利要求的时候更是如此；而在美国以这一理由发出审查意见通知书或者驳回决定的情况则相对要少，即使中国申请文件与美国

申请文件的内容完全一致，情况亦如此。

其实，PCT 条约所提供的各种便利主要是程序层面的。在 PCT 申请进入指定国国家阶段后，是否对其授予专利权以及以何种条件来授予专利权则由各缔约国自行决定，因此，也就有了专利申请实践中经常会出现的同一件 PCT 申请在有的国家会被授权而在其他国家却被驳回，这主要是由于各缔约国自己的法律规定以及审查实践不同所致。

如果按照美国法及其审查实践来撰写申请文件并提出 PCT 申请同时指定中国为指定国，随后将该 PCT 申请进入中国国家阶段，那么这件按美国标准来撰写的 PCT 申请在后续的实质审查程序中很可能会被审查员以"权利要求得不到说明书支持"这一理由而发出审查意见通知书或者驳回决定，除非在实质审查程序中按照审查员的要求对权利要求书进行修改，从而使得权利要求能够得到说明书的支持。但是，我们往往希望在不对权利要求书进行修改的情况下可以获得授权，那么可能的解决方案就是对说明书进行修改，通过增加更多的实施例从而克服"权利要求得不到说明书支持"这一缺陷。但是，这样的解决方案在 PCT 申请中是无法实现的，这是因为，虽然 PCT 条约也为申请人提供对申请文件修改的机会，但这样的修改也只能以条约所允许的方式进行，而这些被允许的修改往往也仅是对申请文件中存在的明显错误的修改、译文错误修改以及在不超出原始提出的国际申请所公开范围的情况下对权利要求的修改。而我们在上面的解决方案中所提及的增加说明书实施例的修改属于 PCT 条约所不允许的修改。PCT 申请无法解决上面的这一实践问题，那么《巴黎公约》申请是否可以呢？

一件《巴黎公约》申请可以要求在《巴黎公约》成员国提出的在先申请的优先权，只要在后申请的权利要求所记载的技术方案在在先申请中有过记载（不论是在权利要求中还是在说明书中有过记载），即在后申请的主题与在先申请的主题相同（技术领域、所解决的技术问题、技术方案和预期的效果相同），那么，在后申请就可以要求该在先申请的优先权，而不论该在后申请的权利要求是否与在先申请的权利要求保持一致、该在后申请的说明书是否与在先申请的说明书保持一致、该在后申请的权利要求在文字记载或者叙述方式上与在先申请公开是否完全一致。这也是《巴黎公约》申请与 PCT 申请的最大不同之一，《巴黎公约》在后申请不仅可以要求在先申请的一项优先权，还可以要求在先申请的多项优先权。同时，中国《专利审查指南 2010》规定："要求外国优先权的申请中，除包括作为外国优先权基础的申请中记载的技术方案外，还可以包括一个或多个新的技术方案。"例如，中国在后申请中除记载了外国首次申请的技术方案外，还记载了对该技术方案进一步改进或者完善的新技术方案，如增加了反映说明书中新增实施方式或实施例的从属权利要求，或者增加了符合单一性的独立权利要求。在这种情况下，对于该中国在后申请中所要求的与外国首次申请中相同主题的发明创造给予优先权，有效日期为外国首次申请的申请日，即优先权日，其余的则以中国在后申请之日为申请日。由此可见，《巴黎公约》申请不仅可以要求在先申请的优先权，而且还可以在此基础上，增加新的技术方案或者新的实施方式。《巴黎公约》申请在处理方式上如此灵活，也许可以为上面提及的这一实践问题提供解决思路。

中国《专利审查指南 2010》第二部分实质审查中第三章中的第 4.2.4 节规定：

（3）一件中国在后申请中记载了技术方案 A 和实施例 a_1、a_2、a_3，其中只有 a_1 在中国首次申请中记载过，则该中国在后申请中 a_1 可以享有本国优先权，其余则不能享有本国优先权。

（4）一件中国在后申请中记载了技术方案 A 和实施例 a_1、a_2。技术方案 A 和实施例 a_1 已经记载在中国首次申请中，则在后申请中技术方案 A 和实施例 a_1 可以享有本国优先权，实施例 a_2 则不能享有本国优先权。

应当指出，本款情形在技术方案 A 要求保护的范围仅靠实施例 a_1 支持是不够的时候，申请人为了使方案 A 得到支持，可以补充实施例 a_2。但是，如果 a_2 在中国在后申请提出时已经是现有技术，则应当删除 a_2，并将 A 限制在由 a_1 支持的范围内。

从上面的规定可以得知，一件记载了技术方案 A 和实施例 a_1、a_2 的在后申请，如果技术方案 A 和实施例 a_1 已经在在先申请文件中被记载，那么新增加的实施例 a_2 被允许记载在在后申请的条件是 a_2 在在后申请提出时还未成为现有技术，也就是说，在后申请提出时，只要实施例 a_2 没有成为现有技术，那么，实施例 a_2 就被允许记载在在后申请中，进而 a_2 可作为用于支持概括较宽范围的技术方案 A 的具体实施例与实施例 a_1 一起来使得记载技术方案 A 的权利要求可以得到说明书的支持，进而满足专利法有关"权利要求应该得到说明书的支持"这一要求。同时，需要指出的是，虽然中国《专利审查指南 2010》的有关上述规定是针对国内优先权而言的，但亦理应同样适用于国外优先权。

通过上述分析可以得知，《巴黎公约》申请相对于 PCT 申请可以很好地解决上面所提到的"权利要求得不到说明书支持"这样的缺陷；同时，正如前面提及的《巴黎公约》申请不仅可以要求在先申请的优先权，而且还可以在要求在先申请优先权的基础上，增加新的技术方案或者新的实施方式，自然亦可以对在先申请中存在的诸多问题进行改正，进而使得在后申请相对于在先申请更加完善；而 PCT 申请由于存在着对申请文件的修改不得超出原始提出的国际申请所公开的范围这样的硬性规定，申请人很难对申请文件作出其所希望的、有效的修改，而且一经修改，无论是主动修改还是被动修改，由于其 PCT 原始提出的国际申请所公开的范围已经确定，因此，在进入国家阶段后的实质审查阶段，很容易引发审查员发出"修改超范围"这样的审查意见通知书，这也就是说，PCT 申请相对于《巴黎公约》申请可能更容易引起"修改超范围"这样的实质性问题。而无论是"权利要求得不到说明书支持"，还是"修改超范围"，都是影响专利申请是否可被授权的实质性问题，并且这两类问题在实际的审查实务中，也是审查意见通知书以及驳回决定中出现比例很高的理由。

四、建　议

下面就进中国的专利申请与出中国的专利申请分别提出如下建议。

（一）进入中国的专利申请

一般而言，需要进中国申请专利的都是外资企业，而这些企业在向中国申请专利之前，已经在本国或者其他国家提出了专利申请，在进中国时只需要选择是以要求《巴黎公约》优先权的方式进入，还是以 PCT 申请进入中国国家阶段的方式进入，对此提出以下建议。

1. 尽量以要求《巴黎公约》优先权的方式进入中国

由前述可知，专利申请在进入中国之前，已经在其他国家提出了申请。尤其是许多外资企业，把美国作为其专利申请最重要的目的国，许多申请都是按照美国法的要求与审查实践进行撰写的。正如我们前面所提及的，这样的申请如果在进入中国之前不加以完善，则在后续的审查程序中，审查员很容易就会发出"权利要求得不到说明书支持""修改超范围"等审查意见，而如果以要求《巴黎公约》优先权的方式进入中国，则可以对申请进行充分的完善，这其中包括增加说明书中的实施例、重新拟定权利要求等。

2. 对权利要求进行中国本土化修改

中国专利法对可专利的授权客体一直有着比较严格的规定，许多客体在其他国家具有可专利性但在中国却不能被授予专利权，比如，计算机程序、数据结构等在美国法下是可被授权的，但在中国却不能被授权。涉及计算机软件的专利申请，只有该申请是按照中国《专利审查指南 2010》的要求，以装置权利要求或方法权利要求的形式提出时，才可能被授予专利权，纯粹的计算机程序本身则不可以。因此，涉及这些非授权客体的权利要求在进入中国前，需要进行中国本地化修改，要么直接删除，要么将其修改成中国专利法允许的授权客体。比如，涉及计算机程序的权利要求，虽然申请主题是计算机程序，但在大多数的情况下，其整个技术方案是基于计算机程序的处理流程，而这里面的特定处理流程往往是可以成为可专利的客体的。因此，可根据说明书以及权利要求书的相关记载，重新针对该特定流程撰写方法权利要求。

此外，我们认为，计算机程序的可专利性在中国是必然趋势。从美国、欧盟的计算机程序可专利的历程中可以看出，这些国家和地区最开始都是以著作权法对计算机程序进行保护，但随着计算机程序的功能及其技术特性越来越强大，只保护作品形式而不保护作品内容的著作权法已经不能对计算机程序进行有效的保护。因此，软件产业就开始诉求通过专利法对计算机程序进行保护，因为专利法可对计算机程序的内容进行保护。于是，这些国家和地区的立法机构在软件产业相关的利益集团的推动下，从最初不承认计算机程序具有可专利性到开始承认满足特定要求的计算机程序具有可专利性，而且近几年，计算机程序的可授权要求门槛有越来越低的趋势，比如，2017 年修订的《专利审查指南 2010（修订版）》允许采用"介质 + 计算机程序流程"的权利要求的表达方式。由此可见，计算机程序的可专利性已经不是什么问题，因为任何人都非常清楚，离开了计算机程序，整台计算机就是一堆废品，毫无利用价值可言。

中国至今尚未直接承认计算机程序的可专利性，但是，我们还是希望中国能够尽早地承认计算机程序的可专利性，这有利于对国内相关产业的参与者进行积极引导。为了表示这种诉求，对于进入中国的专利申请，如果权利要求所要求保护的主题是计算机程序等，则可以考虑对这些权利要求进行保留，以此来表示一种诉求。等到进入实质审查阶段后，可再按照审查员的要求对相应权利要求进行删除或者修改。

（二）出中国的专利申请

需要到国外申请专利的，包括以下两种情况：一是国内企业将其发明创造向其他国家提出专利申请，这种情况下，国内企业一般都已经对该发明创造在国内提出了专利申请，需要考虑的是向其他国家提出《巴黎公约》申请还是通过 PCT 进入指定国家；二是外资企业的中国子公司在中国国内完成发明创造后，将该发明创造向该外资企业所在国或者其他国家提出专利申请。对此提出以下建议。

1. 优先在中国完成专利申请

对于国内企业而言，在将国内完成的发明创造向其他国家申请专利之前，一般都已经在国内完成了专利申请。因此，优先在中国国内完成专利申请一般不存在什么问题，这项建议主要是针对外资企业而言的。现在，许多外资企业在中国国内投资建立有全资的研发子公司，并对其研发子公司进行研发资助以产生研发成果。对于在中国产生的研发成果，许多外资企业都希望直接以其名义优先在其所在国或者其他国家提出专利申请。对此，存在两方面的问题：其一，中国子公司产生的研发成果若直接以该外资企业的名义在国外提出专利申请，实质已经构成了技术出口，依照相关法律法规的规定，必须履行必要的行政审批程序；其二，《专利法》规定，在中国完成的发明创造，在向国外提出专利申请以前，必须经过国家的保密审查，否则其在中国提交的专利申请将不被授权。

正是基于上述风险的存在，外资企业在向国外提出专利申请之前，最好还是以其中国子公司的名义先在中国完成专利申请。如果外资企业想要成为该专利申请的申请人之一，那么，有两种办法可供选择：其一，与其在中国的子公司约定双方共有专利申请权，但这已经构成实质意义上的技术出品，依照相关法律法规的规定，需要履行必要的行政审批程序；其二，外资企业将研发人员派往其在中国的子公司参与项目研发，就其参与部分所产生的发明创造，外资企业与其在中国的子公司自然拥有专利申请权。

2. 按照中国法的要求以及审查实践来撰写申请文件

不同国家对专利申请文件的要求各不同，其审查实践也千差万别，很难撰写出一份可以同时满足不同国家法律要求的申请文件。一般而言，提出专利申请后，都有对权利要求进行修改的机会，只要这样的修改能够获得说明书的支持，因此，说明书撰写的好与坏就显得尤为重要。而根据专利申请实践来看，中国法及审查实践对说明书应当公开充分、权利要求应当得到说明书的支持等方面要求相对较严。为了满足这种要求，需要在说明书中尽可能多地公开技术内容。按照这种高标准来撰写的专利申请文件在后续进入不同国家时，对权利要求进行适应性修改的可能性都会相对较高。

3. 撰写专利申请文件时，应考虑到中国与其他国家在专利授权客体方面的差异

我们在前面已经提到，许多在其他国家可被授权的授权客体诸如计算机程序、存储介质等在中国是不被授权的。但一件发明创造有必要向国外提出专利申请的时候，在按照中国法的要求以及审查实践撰写专利申请文件时，就必须要考虑这种差异性。虽然在中国提出的专利申请中的权利要求没必要就上述客体要求进行保护，但是在说明书中则有必要进行记载，以便在进入其他国家时，依照说明书的记载对权利要求进行修改或者重新撰写，以对相关客体要求进行保护。

4. 根据具体情况来决定以要求《巴黎公约》优先权的方式还是以 PCT 进入指定国国家阶段的方式提出国外申请

对于已经优先在中国提出专利申请的情况，该以何种方式向国外提出专利申请，即应以中国专利申请作为优先权基础要求《巴黎公约》优先权，还是以 PCT 申请进入指定国国家阶段的方式提出国外申请，不能一概而论。一般而言，如果对提出国外申请的目的国的法律以及专利审查实践了解不多，或者提出国外申请的目的国较多时，可以考虑以 PCT 申请进入指定国国家阶段的方式提出国外申请；而如果对提出国外申请的目的国的法律以及专利审查实践有充分了解，能够对专利申请文件进行目的国本地化完善，或者提出国外申请的目的国较少时，则可以考虑以要求《巴黎公约》优先权的方式提出国外申请。

 # 职务发明奖励及报酬制度

　　根据中国《专利法》的有关规定，企业对职务发明享有法定的申请专利的权利。但是，专利被授权或者被实施后，企业依法应当对职务发明的发明人或设计人给予奖励或报酬。关于奖励和报酬的数额标准，《专利法实施细则》《促进科技成果转化法》却作出了不同的规定，这给企业应当按照哪部法律来进行操作带来了困惑。但是，这两部分法律都规定企业可以通过规章制度的制定或者与职务发明的发明人或设计人签订合同的方式来排除法定标准的自动适用。此外，2015年4月2日，国务院法制办向社会发布了《职务发明条例草案（送审稿）》（以下简称《送审稿》），公开向社会征求意见。《送审稿》不仅明确规定了企业对于职务发明享有申请知识产权、作为技术秘密保护或者公开的权利，发明人对于职务发明享有署名权以及获得奖励、报酬和补偿的权利等实体性权利，而且还以立法的形式对企业和发明人规定了一些程序性权利和义务，以保障企业和发明人对职务发明各自所享有的实体权利得以实现。虽然送审稿还尚未被批准、颁布实施，但是，里面规定的一些内容尤其是制度层面的发明报告制度，是非常值得企业借鉴的。因此，企业有必要通过制

订并发布规章的形式来建立职务发明制度，并就发明报告制度、职务发明奖励、报酬标准进行明确。

一、将对职务发明的管理规章制度化

对企业的职务发明进行规章制度化管理的目的不仅在于使企业对职务发明的管理规范化，而且还在于能够在法律所允许的框架内，根据企业的实际情况建立行之有效的制度。以企业所承担的对职务发明的奖励和报酬这一义务为例，《专利法实施细则》《送审稿》都规定了不同数额标准，具体体现如下：

《专利法实施细则》第七十七条将奖金的法定标准规定为："一项发明专利的奖金最低不少于3000元；一项实用新型专利或者外观设计专利的奖金最低不少于1000元。"关于报酬，《专利法实施细则》第七十八条规定："在专利权有效期限内，实施发明创造专利后，每年应当从实施该项发明或者实用新型专利的营业利润中提取不低于2%，或者从实施该项外观设计专利的营业利润中提取不低于0.2%，作为报酬给予发明人或者设计人，或者参照上述比例，给予发明人或者设计人一次性报酬；被授予专利权的单位许可其他单位或者个人实施其专利的，应当从收取的使用费中提取不低于10%，作为报酬给予发明人或者设计人。"

《促进科技成果转化法》规定了相对《专利法实施细则》较高的标准，体现在该法第四十五条第一款第（一）项规定："将该项职务科技成果转让、许可给他人实施的，从该项科技成果转让净收入或者许可净收入中提取不低于百分之五十的比例"；第（三）项规定："将该项职务科技成果自行实施或者与他人合作实施的，应当在实施转化成功投产后连续三至五年，每年从实施该项科技成果的营业利润中提取不低于百分之五的比例。"此外，该法还对《专利法实施细则》尚未规定的以职务发明成果进行作价投资的情形作出规定，体现在该法第四十五条第一款第（二）项："利用该项职务科技成果作价投资的，从该项科技成果形成的股份或者出资比例中提取不低于百分之五十的比例。"

而《送审稿》却作出了与上述两法都截然不同的规定，体现在该《送审稿》第二十条："单位未与发明人约定也未在其依法制定的规章制度中规定对职务发明人的奖励的情况下，对获得发明专利权或者植物新品种权的职务发明，应给予全体发明人的奖金总额最低不少于该企业在岗职工月平均工资的两倍；对获得其他知识产权的职务发明，给予全体发明人的奖金总额最低不少于该企业在岗职工的月平均工资。"同时，《送审稿》第二十四条还规定，对于以技术秘密予以保护的职务发明，企业也应当参照第二十条等的有关规定向发明人支付合理的补偿。按照《送审稿》规定的高标准对发明人进行奖励报酬的支付，尤其是对《送审稿》首次规定的对技术秘密发明人给予补偿的义务的履行，会给企业造成一定的资金压力；此外，《送审稿》第二十一条对企业需要向发明人支付的报酬的支付方式、支付数额也进行了规定，这有利于企业以择一的方式向发明人履行支付义务。但是，《送审稿》规定的这些支付方式，均涉及对营业利润或者销售收入的计算。对于企业而言，一项产品或者服务并非只涉及一项职务发明，很难确定实施某项职务发明的具体的销售收入或者营业利润。

《专利法实施细则》《促进科技成果转化法》和《送审稿》对职务发明奖励、报酬标准的规定的不一致给企业带来了标准适用上的困惑，但是三部法律均规定，企业可以与发明人约定或者在其依法制定的规章制度中来对职务发明人的奖励和报酬进行规定。其中，与职务发明人约定的方式会涉及与职务发明人一一签订合同，这对于企业也存在难以执行或者效率低下的问题。因此，对于企业而言，以规章制度的方式进行规定并依此规定执行则是比较合适的方式。

企业在其规章制度中可对以下内容进行规定：

（1）发明报告制度。企业可在其规章制度中就企业和发明人之间对发明人报告的发明所享有的权利、所承担的义务权利归属的确定原则及争议解决方式等内容进行规定。这主要借鉴了《送审稿》第六条第二款有关从事研究开发的企事业应当建立发明报告制度的规定，有利于界定发明人所作出的发明的属性、明晰发明人与企业间的权责划分。

（2）奖励、报酬、补偿制度。企业可在其规章制度中就给予发明人奖励、报酬、补偿的条件、程序、方式、数额等内容进行规定，并按此规定执行。上述内容的规定一方面可以排除法定奖励、报酬标准的自动适用，另一方面还可以减少企业与员工之间就职务发明的奖励、报酬所可能产生的争议。

参照《送审稿》第六条第四款的有关规定，企业在制订上述制度时，还应注意：

（1）应该征集发明人的意见，并尽可能将发明人的有关建议吸纳至规章制度中。

（2）在制订好上述制度后，应当向发明人以及其他员工进行充分公开，使得员工能够对有关制度充分了解。公开的方式可以是以企业邮件的形式发送至每位员工的企业邮箱，亦可以是在企业公告栏内进行公示。

二、建立发明报告制度

为了保护企业对职务发明的合法权益，并预防权属纠纷发生的可能，《送审稿》首次在立法上规定了发明报告制度。虽然《送审稿》尚未被审批通过，但发明报告制度本身对企业加强职务发明的管理能够起到积极作用，企业可根据自身实际情况，逐步建立起这项制度。依此制度，发明人在作出有关发明后应当向企业报告，企业可依此制度解决与发明人之间的关于发明是职务发明还是非职务发明的争议，并决定对发明进行后续处理的方式。关于发明报告制度，企业应以规章制度的方式就以下几方面的内容作出规定：

（1）报告的时间和报告人。企业应当明确规定发明人完成与企业业务有关的发明后应该向企业进行报告，并且结合企业业务的实际情况明确发明人履行发明报告义务的具体时间范围；此外，企业还应当明确履行发明报告义务的主体，一般而言报告主体应当是完成发明的发明人，但发明人为多数人，可规定由发明人共同确认的代表人或者企业指定的代表人进行报告。

（2）发明报告的内容。发明报告的内容是确定发明人所作出的发明是否是职务发明以及企业决定是否对所述发明进行后续处理的重要依据，因此，发明报告的内容应该尽量详实。企业可规定发明人就以下内容作出报告：全体发明人的姓名、各发明人对发明所作出的贡献度、发明作出的具体时间、发明的名称、发明所要解决的具体技术问题、发明解决具体技术问题所采用的具体的技术方案、发明所取得的有关技术效果、与发明最相关的现有技术的情况、发明在公司产品中的使用情况等。其中，发明的名称、发明所要解决的具体技术问题、发明解决具体技术问题所采用的具体的技术方案、发明所取得的有关技术效果、与发明最相关的现有技术的情况是企业决定对所报告的发明进行知识产权申请、公开或者以技术秘密加以保护的重要依据，因此，这些内容越详实越好。

（3）是否是职务发明的意见。企业应当明确要求发明人就其报告的发明是职务发明还是非职务发明给予明确；在发明人主张其报告的发明属于非职务发明的情况下，应当要求发明人阐述具体理由，尤其是应当指出发明与其所履行的本职工作或者企业交代的任务不相关的具体理由。在发明人主张其报告的发明属于非职务发明的情况下，企业应当认真给予对待。

（4）对发明人擅自申请职务发明的情况的处理。公司应当明确告知发明人对于其擅自将职务发明申请知识产权的，该申请产生的权利应由公司享有，据此所获得的有关收益也应当全部归还企业。

三、建立职务发明奖励、报酬、补偿制度

正如前面所提及的，以规章制度的方式来建立职务发明奖励、报酬、补偿制度，对于企业而言较为适当。对此，企业可以在规章制度中就以下内容进行规定：

（1）给予奖励、报酬、补偿的条件。企业应当在规章制度中明确规定给予发明

人奖励、报酬和补偿的条件。给予奖励的条件应当是企业就发明人的职务发明申请并获得了知识产权；给予报酬的条件应当是企业转让、许可他人实施或者自行实施所获得的知识产权并取得了经济效益；给予补偿的条件应当是企业决定对发明人的职务发明作为技术秘密加以保护。在实践中，不少企业为了鼓励发明人多提职务发明，在职务发明提交专利申请后就开始给予发明人奖励，而在该专利申请最终获得授权后，企业会再给予额外奖励或者不再给予其他奖励。对于这种操作方式，企业可在规章制度中明确规定其在将专利申请提交后给予发明人的奖励即是专利法所规定的专利申请被授权后所应当给予的奖励，这样即使在该专利申请被授权后、企业未再次支付额外奖励的情况下，仍可避免与发明人之间可能产生的有关职务发明奖励的纠纷。

（2）奖励、报酬、补偿的标准。由于专利法等法律规定的奖励、报酬、补偿标准对于部分企业而言相对较高，因此，可在规章制度中就其给予发明人的奖励、报酬、补偿标准进行明确。企业在确定奖励、报酬和补偿标准时，应当注意以下几点：首先，企业在确定有关标准时，应尽量征询发明人的意见，并尽量采纳发明人的建议；其次，企业不能变相取消发明人所享有的获取奖励、报酬和补偿的权利或者对发明人就上述权利的行使附加不合理的条件，例如，企业在规章制度中规定其支付给发明人的每个月的固定月薪中包括了应当给予发明人的奖励，这样的规定可能会被认定为无效；最后，针对发明人为多人的情况，企业应当在规章制度中明确各职务发明人所能获得的份额的确定方式，一般而言应根据各发明人对职务发明的贡献度来确定应得的份额，但在实践中，也有不少企业要求各发明人通过自行协商的方式来确定各自应得的份额或者直接规定各发明人所得份额均等。

（3）奖励、报酬、补偿的支付形式、期限。企业应当在规章制度中明确规定其支付发明人奖励、报酬和补偿的形式和期限。支付形式可以是以现金的方式体现，也可以是以配置股票、期权的形式支付，还可以通过提高工资、提高岗位、给予休假等方式体现。奖励可以在企业获得专利权后一定期限内进行支付；报酬可以在企业获得专利许可费、转让费后的一定期限内进行支付；补偿可以在企业作出对职务发明以技术秘密的方式加以保护的决定后的一定期限内进行支付。

（4）明确向职务发明人告知的事项。企业的奖励报酬制度不仅要求其需要对前面提及的事项进行明确规定，而且还需要明确向发明人告知如下事项：首先，明确告知发明人所享有的权利，包括对发明享有署名权以及获得奖励、报酬和补偿的权利；了解企业所获得经济效益的有关情况的权利；在劳动、人事关系终止后，对在终止前完成的与企业业务有关的发明继续享有署名权以及获得奖励、报酬和补偿的权利。另外，还需要向发明人明确告知因奖励、报酬、补偿而与企业发生纠纷时，可以寻求的救济途径，包括：双方进行协商；请求县级以上人民政府知识产权主管部门进行调解；向法院提起诉讼；依法向仲裁机构申请仲裁。

其他篇

 # 涉知识产权的合同起草与审核

　　企业知识产权工作既非纯粹的技术岗位，也非纯正的法律岗位，而是综合运用技术知识、法律知识、管理知识等多学科知识于一身的一种工作。同时，其工作范围也不仅仅涉及知识产权的获取与维护，许多与知识产权相关的其他工作也属于其工作范围，这其中就包括涉知识产权的合同起草与审核。

　　虽然，合同的起草与审核是企业法务的基本工作内容，但是，对于有些合同的起草与审核，企业法务却是难以独自胜任的，需要知识产权工作人员进行协助。这样的合同包括对内与研发人员签订的劳动合同或保密合同，对外与其他法人或个人签订的技术合同、知识产权许可与转让合同，甚至有时候还包括产品采购与销售合同等，在这里，我们将其统称为涉知识产权的合同。

一、劳动合同、保密合同

　　我们这里所说的劳动合同，并非一般意义上与企业员工

所签订的劳动合同，而是指与诸如研发人员等知晓企业技术信息、商业秘密的特殊岗位的员工签订的劳动合同。许多企业尤其是从事研发的企业一般都会与员工约定诸如保密企业研发信息的条款，这类条款有时出现在劳动合同里面，有时则是以保密合同进行约定。因此，在此一并就劳动合同、保密合同进行说明。

企业在以劳动合同或保密合同与员工就知识产权相关的内容进约定时，需要注意以下几点：

（1）虽然《专利法》《专利法实施细则》已经就员工在什么情况下作出的发明创造属于职务发明进行了规定，同时，也对职务发明申请专利的权利规定为由单位享有。但是，根据我们对企业研发人员的了解，大部分的研发人员都对企业拥有对职务发明创造申请专利的法定权利不了解，从而导致有的员工将与工作相关的成果拿来自己申请专利。因此，我们建议企业在与员工签订劳动合同或保密合同时，应当就企业拥有对职务发明创造申请专利的法定权利、员工应尊重企业的该项法定权利、同时不得从事有损企业该项法定权利的行为等内容进行明确约定，以提高员工认识。

（2）有些研发人员在完成本职工作之外，可能还会利用企业的物质技术条件完成一些发明创造。虽然这样的发明创造依法不属于职务发明，但是，《专利法》第六条第三款规定："利用本单位的物质技术条件所完成的发明创造，单位与发明人或者设计人订有合同，对申请专利的权利和专利权的归属作出约定的，从其约定。"由此可见，企业可以以合同的方式与员工约定就此类发明创造申请专利的权利归公司享有，但为了体现公平，企业最好应给予相应的奖励。

（3）《专利法》第十六条规定："被授予专利权的单位应当对职务发明创造的发明人或者设计人给予奖励；发明创造专利实施后，根据其推广应用的范围和取得的经济效益，对发明人或者设计人给予合理的报酬。"同时，《专利法实施细则》第七十六条规定："被授予专利权的单位可以与发明人、设计人约定或者在其依法制定的规章制度中规定专利法第十六条规定的奖励、报酬的方式和数额。"由此可见，在职务发明被授予专利权后，发明人或者设计人有权要求企业给予奖励；在发明创造专利被实施后，发明人或者设计人有权要求企业给予合理的报酬，即要求企业给予职务发明奖励与报酬是职务发明人或设计人的法定权利。但是，企业可以以合同的方式与员工进行约定，约定的内容不仅可以包括奖励和报酬的数额，而且还可以包括奖励和报酬的支付方式。支付方式除了可采取货币形式之外，还可以采取诸如股票、期权、提高职位、提升工资、带薪休假等支付方式，只要能达到专利法规定的合理的原则要求即可。实践中，有的企业以专利提出申请、被授权或者被实施作为支付奖励、报酬的条件；也有的企业对奖励报酬采取一次性补偿方式，而补偿的具体总额则按照研发领域的平均发明价值确定。

如果约定的奖励和报酬采用货币形式支付的，则约定数额既可以比法定标准高，也可以比法定标准低，企业根据自身情况约定相应的具体标准。但是，通过约定方式来确定奖励和报酬数额的，其数额标准应具有一定的合理性，不应显著过低，否则后续一旦发生纠纷诉至法院，法院可能会依据案件的具体情况重新确定一个合理的奖励和报酬标准。

依据《专利法实施细则》第七十八条的规定，专利实施的方式应当包括专利权人自己实施以及许可给他人实施，但不论哪种方式，企业均负有向发明人或设计人支付报酬的义务。实践中，专利权人除了自己实施或者许可他人实施其专利外，还可能将专利转让给他人，对于通过专利转让而获得收益的，专利权人是否也需要向发明人或设计人支付报酬，《专利法》和《专利法实施细则》并未给予明确规定，但是《促进科技成果转让法》规定，专利权人在将其专利进行转让或出资时，职务发明人享有获得报酬的权利。鉴于转让与许可的类似性，应参考专利法及其实施细则对专利许可时职务发明创造报酬的确定规则来确定专利转让时职务发明创造的报酬。

（4）发明人、设计人请求支付职务发明创造奖励与报酬的前提条件应当是发明人、设计人是专利权所属单位的职工。当发明创造是通过委托开发的方式产生时，委托方和受托方可以通过合同对发明创造的归属进行约定，约定的有无以及约定内容的不同，均会对发明人、设计人的奖励与报酬的请求权产生影响，具体体现在：

①委托方和受托方若没有约定申请专利的权利归属的，依照合同法的有关规定，应由受托方享有申请专利的权利。专利被授权后，受托方作为职务发明创造权利的享有者，对其职务发明创造发明人、设计人负有支付奖励和报酬的义务；委托方由于不享有专利权，因此，也就不涉及支付职务发明创造奖励与报酬的问题。

②若委托方和受托方约定申请专利的权利归委托方所有时，由委托方享有申请专利的权利。此时，发明人、设计人作为受托方的员工，无权请求委托方支付职务发明创造奖励和报酬，因为职务发明创造奖励和报酬请求权是一种从属性权利，其产生以职务发明的存在，即以发明人、设计人所在单位享有职务发明创造的权利为前提，只有被授予专利权的单位才有义务向职务发明创造的完成人支付奖励和报酬。受托方因不享有专利权而不涉及职务发明创造奖励和报酬的支付；委托方虽享有专利，但与发明人、设计人不涉及劳务关系，故亦不涉及职务发明创造奖励和报酬的支付。

③若委托方和受托方约定申请专利的权利归双方共有的，专利被授权后，委托方不涉及职务发明创造奖励与报酬的支付；受托方作为共有专利权人，应向其职务发明人、设计人支付职务发明创造的奖励与报酬。专利权共有人可以单独实施或者以普通许可方式许可他人实施该专利；许可他人实施该专利的，收取的使用费应当在共有人之间分配。如果发明人、设计人所在的受托方从委托方许可他人实施专利中分得许可费，发明人、设计人可针对该许可费向受托方请求支付职务发明报酬。

（5）研发人员跳槽是各企业普遍面临的问题，但实践中却经常发现有些员工跳槽到新企业后不久便以发明人的名义将新公司作为申请人就其在原企业从事的工作相关的发明创造申请专利。虽然，《专利法实施细则》第十二条规定，"退休、调离原单位后或者劳动、人事关系终止后一年内作出的，与其在原单位承担的本职工作或者原单位分配的任务有关的发明创造"仍然属于职务发明创造，进行申请专利的权利仍属于原企业。但是，由于离职员工对此缺乏认识，导致上述情况经常会发生。对此，企业可以考虑在员工离职时，通过与员工签订保密合同的形式要求离职员工在离职后1年内不得在新公司就其在该公司承担的本职工作或者该公司分配的任务有关的发明创造申请专利。

（6）雇用高校的在校学生从事研发实习在各研发类企业中普遍存在，有的实习内容还是校企合作项目。在这种情况下，在公司实习的在校学生并不是专利法意义上的员工，有关职务发明相关的规定并不能自然适用于实习生，所以，需要企业以诸如保密合同等合同的形式就实习期间产生的发明创造归属与实习生进行约定。同时，如果实习生在公司实习的内容是校企合作项目，由于校企合作项目属于技术合作开发或技术委托开发，实习生前来企业实习在性质上是受学校委派，因此，企业还需要与实习生所在的学校就发明创造的归属以合同的方式进行约定。

（7）许多研发人员尤其是从事前沿技术或先行技术研发的研发人员都希望能够将其研发成果通过论文的形式进行发表或者拿出来与其他企业同行讨论、分享，但殊不知此类行为可能导致企业无法就研发成果申请专利，其行为已经导致研发成果在申请专利之前已经公开。因此，企业需要以合同或者制度形式就此作出相应约定或规定，要求员工必须在经企业专利部门批准的情况下才可以就其研发成果发表文章或者拿出来进行交流。

二、采购合同

随着社会分工越来越细化，由企业独立生产完整的一件产品的可能性越来越低。实践中，企业往往自己只生产产品的部分部件，而其余部件则是从第三方采购，然后由该企业组装成最终的成品。然而，在专利侵权诉讼中，被告往往是产品的最终组装企业，但真正对原告的专利权构成侵权的产品却是从第三方采购的产品部件。为了防止企业由于只是对侵权产品部件进行组装而可能导致的侵权责任，需要在其采购合同里面就潜在的知识产权侵权责任承担进行约定。

（1）为了防止采购的产品部件出现侵犯他人知识产权的可能，企业需要在采购合同中约定需要由产品部件提供商承担相应侵权责任的知识产权瑕疵担保条款。知识产权瑕疵担保条款的内容不仅需要概括约定提供商需要就其提供的产品部件是否存在侵犯他人知识产权的情况作尽职调查、对因知识产权侵权而给企业造成的损失承担赔偿责任，还应当就侵权诉讼或侵权主张发生时，由谁来处理相关纠纷、处理相关纠纷产生的费用由谁来支付等内容作出相应的约定。关于纠纷发生时由谁来主导纠纷的处理，建议合同双方根据自身的知识产权纠纷处理经验和能力，约定由较好的一方来处理，这样会取得有利于双方共同利益的处理结果；关于因处理相关纠纷而产生的必要费用，双方可根据公平原则，约定由合同一方或者双方按一定比例进行承担。

（2）对于将由其他企业提供的、存在侵犯他人知识产权的产品部件进行组装并出售产品的行为，《专利权纠纷问题解释》对其进行了定性，该司法解释第十二条规定："将侵犯发明或者实用新型专利权的产品作为零部件，制造另一产品的，人民法院应当认定属于专利法第十一条规定的使用行为；销售该另一产品的，人民法院应当认定属于专利法第十一条规定的销售行为。将侵犯外观设计专利权的产品作为零部件，制造另一产品并销售的，人民法院应当认定属于专利法第十一条规定的销售行为，但侵犯外观设计专利权的产品在该另一产品中仅具有技术功能的除外。"由此可见，企业对侵权产品部件进行组装制造另一产品的行为被定性为使用侵权产品的行为，而对此产品进行销售的行为则被定性为销售侵权产品的行为。

为了保护善意第三人的合法权益，中国《专利法》规定了合法来源抗辩制度。《专利法》第七十条规定："为生产经营目的使用、许诺销售或者销售不知道是未经专利权人许可而制造并售出的专利侵权产品，能证明该产品合法来源的，不承担赔偿责任。"对于上述被定性为使用侵权产品以及销售侵权产品的行为，如果行为人能够证明该产品存在合法来源的，则无需承担侵权赔偿责任。此外，《专利权纠纷问题解释（二）》第二十五条规定："为生产经营目的使用、许诺销售或者销售不知道是未经专利权人许可而制造并售出的专利侵权产品，且举证证明该产品合法来源的，对于权利人请求停止上述使用、许诺销售、销售行为的主张，人民法院应予支持，但被诉侵权产品的使用者举证证明其已支付该产品的合理对价的除外。"对于主张合法来源抗辩的、侵权产品的使用者，如果能够证明其已经就该侵权产品支付合理对价的，则专利权人无权请求其停止使用侵权产品。由此可见，合法来源抗辩一旦成立，则具有两方面的法律效果：其一，对于侵权产品的使用者、许诺销售者、销售者而言，可无需承担损害赔偿责任；其二，对于已经支付合理对价的使用者而言，可继续使用侵权产品。但合法来源抗辩成立的关键在于能够证明存在"合法来源"。"合法来源"是指通过合法的销售渠道、通常的买卖合同等正常商业方式取得产品。对于合法来源，使用者、许诺销售者或者销售者应当提供符合交易习惯的相关证据。在专利侵权诉讼实践中，被控侵权的被告虽然也提供了相关合同、票据等证据证明其被控侵权产品存在"合法来源"，但很多情况下，却并未被法院所认可，究其原因就在于相关证据并未形成一个完整的证据链条、不能充分证明被控侵权产品就是相关证据中所指向的产品。因此，对于采购第三方产品部件的企业来言，应当在采购合同中对其采购的产品部件进行翔实约定，约定的内容至少应当包括采购部件的具体名称、型号、价款等；对于采购的产品部件上并未标识名称、型号等产品信息的，采购合同最好还应当约定提供方应当提供反映采购产品所采用的技术方案的设计图纸、规格说明等，并将这些资料作为采购合同的一部分。对于相关票据，尽量做到"一合同一票据"，使得票据上所显示的产品名称、型号、数量、价款等信息与采购合同保持一致。

三、技术合同

技术合同是当事人就技术开发、转让、咨询或者服务订立的确立相互之间权利和义务的合同。据此，技术合同包括四类，即技术开发合同、技术转让合同、技术咨询合同和技术服务合同。企业在签订技术合同时，应当根据技术合同种类的不同，约定不同的知识产权条款。

（一）技术开发合同

技术开发合同是指当事人之间就新技术、新产品、新工艺或者新材料及其系统的研究开发所订立的合同。技术开发合同包括委托开发合同和合作开发合同。当事人之间就具有产业应用价值的科技成果实施转化订立的合同，可以视为是技术开发合同。

企业在签订技术开发合同时，应注意以下几方面问题：

（1）技术开发合同的形式要求：企业应当采用书面形式签订技术开发合同，这是签订技术开发合同的法定形式要件。

（2）委托开发成果的专利申请权归属：委托开发合同当事人应当就委托开发完成的发明创造的知识产权归属进行明确约定；双方当事人既可以约定归双方共同所有也可以约定归一方所有。如果未约定的，则发明创造申请专利的权利依法属于研究开发人。

（3）合作开发成果的专利申请权归属：合作开发合同当事人应当就合作开发完成的发明创造的知识产权归属进行明确约定；双方当事人既可以约定归双方共同所有也可以约定归一方所有。如果未约定的，则发明创造申请专利的权利依法属于合作开发的当事人共有。

（4）专利权的实施：技术合同当事人可以就专利权的实施进行约定；如果未约定，但当事人共有专利权的，则共有人可以单独实施或者以普通许可方式许可他人实施该专利，许可他人实施该专利而收取的使用费则应当在共有人之间进行分配；

对于委托开发合同而言，如果约定由研究开发人取得专利权的，则委托人可以免费实施该专利；对于合作开发合同而言，如果当事人一方声明放弃共有的专利申请权的，则放弃专利申请权的一方可以免费实施该专利。

（5）关于技术秘密成果的约定：委托开发或合作开发当事人若决定对开发成果以技术秘密的形式进行保护的，当事人可以就技术秘密成果的使用权、转让权以及利益的分配办法进行约定；如果未约定的，则可以补充协议进行约定；未能补充协议的，则依法按照合同有关条款或交易习惯进行确定；如果仍无法确定的，则依法当事人都有使用和转让的权利，包括当事人均有不经对方同意而自己使用或者以普通使用许可的方式许可他人使用技术秘密，并独占由此所获利益的权利。当事人一方将技术秘密成果的转让权让与他人，或者以独占或者排他使用许可的方式许可他人使用技术秘密，未经对方当事人同意或者追认的，应当认定该让与或者许可行为无效。

（6）技术开发合同当事人一方不得采取欺诈手段，就现有技术成果作为研究开发标的与他人订立委托开发合同并收取研究开发费用，或者就同一研究开发课题先后与两个或者两个以上的委托人分别订立委托开发合同并重复收取研究开发费用，受损害方可依照合同法请求人民法院进行变更或者撤销合同。

（二）技术转让合同

技术转让合同包括专利权转让、专利申请权转让、技术秘密转让、专利实施许可合同。我们在"专利许可合同主要条款的起草与审核""专利交易合同"两章中就专利实施许可、专利权转让、专利申请权转让进行了专门说明。因此，在此只就技术秘密转让合同进行说明。

企业在签订技术秘密转让合同时，应当注意以下几点：

（1）技术秘密转让合同的形式要求：企业应当采用书面形式签订技术转让合同，这是签订技术转让合同的法定形式要件。

（2）使用技术秘密的范围：当事人应当就技术秘密的受让人使用技术秘密的期限、地域、方式以及接触技术秘密的人员等内容进行明确的约定；如果当事人未对技术秘密的使用期限进行约定的，则受让人使用技术秘密的期限依法不受限制。

（3）使用技术秘密的方式：当事人应当就技术秘密的受让人使用技术秘密的方式进行明确约定，即应当明确是独占实施、排他实施还是普通实施；如果没有明确约定的，则依法将被普通实施。同时，还应当就受让人是否可以再许可他人实施进行明确约定。

（4）保密义务：当事人应当约定合同双方对技术秘密承担保密义务。同时，需要就技术秘密的让与人是否可以就技术秘密进行申请专利作出特别约定，如果没有约定的，则技术秘密的让与人所承担的保密义务不包括不得申请专利的内容。

（5）侵权责任承担：受让人按照约定使用技术秘密而侵害他人合法权益的，当事人可以就侵权责任承担进行约定；未约定的，则依法由让与人承担。

（6）后续改进技术成果的分享：当事人可以就使用技术秘密后续改进的技术成果的分享办法进行约定。未约定的，则可以补充协议进行约定；未能补充协议的，则依法按照合同有关条款或交易习惯进行确定；如果仍无法确定的，则一方后续改进的技术成果其他各方依法无权分享。

（三）技术咨询合同和技术服务合同

技术咨询合同包括就特定技术项目提供可行性论证、技术预测、专题技术调查、分析评价报告等合同；技术服务合同是指当事人一方以技术知识为另一方解决特定技术问题所订立的合同。

企业在签订技术咨询合同和技术服务合同时，应注意以下几方面的问题：

（1）侵权责任承担：技术咨询合同的当事人可以就委托人按照受托人符合约定要求的咨询报告和意见作出决策，而对他人包括知识产权在内的权利造成侵权的责任承担方式进行约定；未约定的，则依法将由委托人承担。

（2）保密义务：技术咨询合同和技术服务合同的当事人可以就合同履行过程中所使用的未对外公开的技术信息和经营信息约定保密义务。

（3）新技术成果的归属：技术咨询合同和技术服务合同的当事人可以就合同履行过程中受托人利用委托人提供的技术资料和工作条件完成的新的技术成果、委托人利用受托人的工作成果完成的新的技术成果的归属进行约定；未约定的，则受托人利用委托人提供的技术资料和工作条件完成的新的技术成果依法将归属于受托人；委托人利用受托人的工作成果完成的新的技术成果依法将归属于委托人。

四、技术进出口合同

技术进出口，是指从中华人民共和国境外向中华人民共和国境内，或者从中华人民共和国境内向中华人民共和国境外，通过贸易、投资或者经济技术合作的方式转移技术的行为。具体包括专利权转让、专利申请权转让、专利实施许可、技术秘密转让、技术服务和其他方式的技术转移。

企业在签订技术进出口合同时，应当注意以下几个问题：

（1）禁止或者限制进出口的技术目录：国家对技术进出口实行分类管理，对于禁止进出口的技术，不得进出口；对于限制进出口的技术，实行许可证管理；未经许可，不得进出口；而对于属于自由进出口的技术，实行合同登记管理。因此，进出口合同的当事人在签订技术进出口合同之前，应当就其属于禁止进出口的技术、还是属于限制进出口的技术、还是属于自由进出口的技术进行确定（具体可参考《中国禁止进口限制进口技术目录》《中国禁止出口限制出口技术目录》）。

（2）侵权责任的承担：技术进出口合同的让与人应当保证自己是所提供技术的合法拥有者或者有权转让、许可者。技术进出口合同的受让人按照合同约定使用让与人提供的技术，被第三方指控侵权的，受让人应当立即通知让与人；让与人接到通知后，应当协助受让人排除妨碍。技术进出口合同的受让人按照合同约定使用让与人提供的技术，侵害他人合法权益的，由让与人承担责任。

（3）保密义务：技术进出口合同的受让人、让与人应当在合同约定的保密范围和保密期限内，对让与人提供的技术中尚未公开的秘密部分承担保密义务。

（4）改进技术成果归属：当事人可以就技术进出口合同有效期内的改进技术的成果归属进行约定；未约定的，改进技术成果依法属于改进方。

（5）合同生效期：对于限制进出口的技术，申请人取得技术进出口许可意向书后，方可对外进行实质性谈判，签订技术进出口合同，技术进出口合同自技术进出口许可证颁发之日起生效；而属于自由进出口的技术，合同自依法成立时生效，不以登记为合同生效的条件。